DE
L'EST A L'OUEST

VOYAGES ET LITTÉRATURE

PAR

XAVIER MARMIER

PARIS

LIBRAIRIE DE L. HACHETTE ET Cie

BOULEVARD SAINT-GERMAIN, N° 77

1867

DE

L'EST A L'OUEST

VOYAGES ET LITTÉRATURE

IMPRIMERIE GÉNÉRALE DE CH. LAHURE
Rue de Fleurus, 9, à Paris

DE
L'EST A L'OUEST

VOYAGES ET LITTÉRATURE

PAR

XAVIER MARMIER

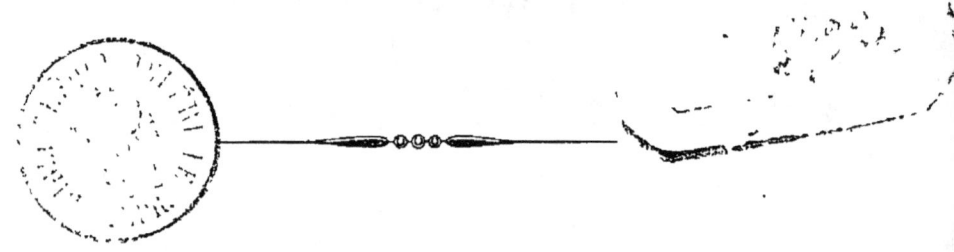

PARIS
LIBRAIRIE DE L. HACHETTE ET Cie
BOULEVARD SAINT-GERMAIN, N° 77
—
1867
Droits de traduction et de reproduction réservés

DE L'EST A L'OUEST

VOYAGES ET LITTÉRATURE

I

LA SIBÉRIE ORIENTALE ET OCCIDENTALE.

M. Atkinson est un artiste que le désir de peindre de nouveaux sites et de nouvelles physionomies a conduit dans des régions où peu de touristes ont pénétré, et où nul artiste, que nous sachions, n'avait jusqu'à présent taillé ses crayons. Il n'a point la prétention de joindre à ses qualités de dessinateur celles de l'écrivain, et, en faisant la narration de son lointain trajet, il n'avait point, dit-il, l'intention de le publier. De judicieux amis ont vaincu sa modestie; nous devons leur en savoir gré. Si M. Atkinson n'a pas composé un de ces récits de voyage où le talent du narrateur réunit, coordonne et développe avec habileté les scènes attrayantes et les incidents dramatiques, il y a dans son livre un ton de simplicité et un accent de vérité qui de prime abord plaisent au lecteur. Il est des relations d'ailleurs qui n'ont pas besoin des parures de l'esprit, des combinaisons artificielles de l'imagination pour nous intéresser : et comment ne pas s'intéresser à un voyage qui, à partir de Moscou, se prolonge à travers la Sibérie, la Mongolie, les steppes des Kirghises, jusqu'aux confins de la Chine?

M. Atkinson a consacré sept années de sa vie à cette aventureuse odyssée. Il lui suffirait de signaler les traits les plus caractéristiques et les principales stations de quelques-unes de ces contrées pour corriger sur plus d'un point ou élargir nos connaissances géographiques. Mais il fait mieux; il observe et décrit des scènes de mœurs curieuses, des paysages ignorés, des villes et des établissements dont nous n'avions qu'une fausse ou vague idée, et çà et là, chemin faisant, il joint à sa description des dessins qui annoncent la perspicacité du coup d'œil et la fermeté d'exécution d'un artiste distingué. Par son luxe de typographie, par la variété de gravures disséminées dans le texte, le volume de M. Atkinson est l'un des plus beaux livres modernes de la librairie anglaise, qui publie de si beaux livres; par l'éloignement et la nature des lieux où il nous transporte, c'est aussi l'une des productions les plus notables de la littérature des voyages.

M. Atkinson, qui aspire, avant tout, à voir les cités et les provinces les moins explorées, ne s'arrête ni à Moscou, la glorieuse capitale des anciens tzars, ni à Kasan, la vieille capitale des Mongols; il s'en va tout droit, au beau milieu de l'hiver, vers l'immense chaîne de montagnes qui s'étend sur les frontières de l'Europe et de l'Asie, depuis la mer de glace jusqu'à la mer Caspienne, vers l'Oural, cette merveilleuse artère métallique de la Russie.

En voguant sur la Tchoussawaia, il dessine une croix

en pierre, érigée au bord de cette rivière, à l'ombre d'un bouleau, en face d'un amas de rocs sauvages. A cette croix se rattache un des souvenirs d'une des grandes familles de Russie. Une femme qui portait un nom déjà illustre descendait dans une barque la Tchoussawaia avec des mineurs. Elle s'arrêta le soir en ce lieu désert pour y passer la nuit. Surprise tout à coup par les douleurs de l'enfantement, elle mit au monde un fils qui devait se signaler un jour par son active et intelligente coopération à de nouvelles explorations métallurgiques. C'était un des descendants de cette célèbre famille enrichie par la découverte des précieuses mines de la Sibérie; c'était l'arrière-grand-père de M. Anatole Demidoff.

Bientôt nous voilà dans le domaine princier de ce gentilhomme russe, un domaine de plus de trois millions d'acres, des forêts de plusieurs milles d'étendue, des vallées d'où l'on tire du porphyre, du jaspe, des marbres de différentes couleurs; d'autres qui renferment des mines d'or et de platine, et des mines de fer, de cuivre inépuisables.

Le principal établissement manufacturier de ce nabab de l'Oural est à Nijne-Tagilsk, une ville de vingt cinq mille âmes, située dans un joli vallon au bord du Tagil. Il y a là de grandes et belles maisons, bâties en briques ou en pierres, une église d'un caractère imposant et un magnifique édifice, occupé par l'administration des mines. Il y a là une quantité de forges, de fourneaux, de machines de premier ordre, les unes provenant des meilleurs ateliers de l'Angleterre, d'autres façonnées sur les lieux mêmes sous la surveillance d'un ingénieur de Tagilsk, qui a passé plusieurs années dans le Lancashire. Quiconque, dit M. Atkinson, manifeste, dans la seigneurie de Tagilsk, quelque disposition pour les sciences et les arts mécaniques est sûr de trouver un généreux appui en M. Anatole Demidoff. Il a envoyé à ses frais plusieurs jeunes gens en France et en Angleterre pour y faire de fructueuses études. Il a donné la liberté à ceux de ses paysans qui se distinguaient par leur travail, et les a enrichis. Enfin, il a recours aux hommes les plus experts de l'Europe pour obtenir une juste appréciation de la nature des mines dans cette région.

A Tagilsk, les fonderies de fer et de cuivre sont établies sur la plus large échelle, et près de là on trouve des masses de fer magnifique de quatre-vingts pieds d'épaisseur et de quatre cents pieds de longueur. Longtemps les savants ont été en dissidence sur l'origine de ce minerai. On croit généralement aujourd'hui que des fissures des collines voisines il est descendu dans la vallée.

Ekaterineburg est la capitale de ces riches districts de l'Oural. Cette ville fut bâtie en 1723 par Pierre le Grand, qui la fit fortifier pour la protéger contre les tribus turbulentes de baschkirs qui l'avoisinent. On y compte environ douze mille habitants. Dans les faubourgs, construits en dehors des remparts, est une population d'exilés ou d'ouvriers libres, employés aux travaux des mines. Ekaterineburg est le siége du Conseil auquel est confiée l'inspection de toutes les mines et forges de la Sibérie; c'est le point central de tous les établissements métallurgiques appartenant à la couronne. Le gouvernement russe y a fondé un hôtel des monnaies, un hôpital pour les ouvriers et plusieurs écoles. Au-dessus des divers édifices qui décorent cette ville s'élève une maison gigantesque, bâtie par un homme qui avait acquis dans l'exploitation des mines une énorme fortune. Malgré la haute position que lui donnaient ses richesses, il fut condamné au fouet et à l'exil pour avoir exercé de mortelles cruautés sur ses ouvriers. Chose étrange! ceux qui traitent si impitoyablement les paysans sont eux-mêmes pour la plupart sortis de la classe des paysans.

D'autres industriels, plus humains que celui-ci, ont construit dans la capitale de l'Oural d'élégantes habitations, et l'on n'est pas peu surpris de trouver dans cette cité sibérienne tout le luxe des plus belles villes de l'Europe, des ameublements somptueux, des serres où s'épanouissent les plantes des tropiques.

A peu près au milieu d'Ekaterineburg est une haute digue qui traverse la vallée de l'Issetz. Là sont les principaux ateliers du gouvernement, tous largement construits et pourvus des meilleurs ustensiles, fabriqués en grande partie en Angleterre. C'est un ingénieur anglais qui, depuis quinze ans, dirige le plus considérable de ces établissements. C'est lui-même qui a organisé la machine avec laquelle on frappe ici des monnaies de cuivre, qui, chaque année, se répandent dans l'intérieur de la Russie. A cette machine est jointe la fournaise où l'on fond l'or de l'Oural, qui est réduit en lingots et envoyé à Saint-Pétersbourg. Près de là est la fabrique où l'on taille avec un art merveilleux le jaspe, le porphyre, la malachite, cette admirable production de l'Oural.

Il y a ici des jaspes de toutes sortes de couleurs : gris foncé, pourpre, violet ; des jaspes d'un blanc mat, et d'autres sillonnés par des veines brunes et grises. Les porphyres offrent la même variété de nuances et le même éclat. Il y a aussi une jolie pierre qu'on appelle orlite, qui est d'une couleur écarlate, mélangée de veines noires et jaunes, et qui devient à demi transparente lorsqu'on la polit. De ces différentes pierres on fait des piédestaux, des colonnes, des vases ciselés d'après les plus purs modèles antiques, des tables où l'on dessine, par de patientes incrustations, des fleurs, des oiseaux, des arbustes. Il est tel de ces objets de luxe auquel cinq à six hommes travaillent assidûment pendant plusieurs années. En Angleterre, le prix de la main-d'œuvre rendrait un pareil labeur à peu près impossible ; mais à Ekaterineburg le salaire des artisans est très-minime. « J'ai vu là, dit M. Atkinson, un ouvrier du premier mérite, un artiste employé à faire une mosaïque sur un vase de jaspe, et qui recevait pour toute rétribution 3 schillings 18 pence par mois (environ 5 fr.)

et trente-six livres de farine de seigle. Un autre découpait pour le même prix une tête d'Ajax d'après l'antique dans un jaspe de deux couleurs. C'était une œuvre d'une délicatesse extrême qui, en Europe, eût suffi pour illustrer celui qui l'exécutait. Pour un misérable salaire tel que celui que nous venons d'indiquer, d'autres ouvriers taillent avec un goût exquis l'émeraude, la topaze, l'améthyste, l'aigue-marine.

Voici, en général, quelle est la solde de ceux à qui l'on confie ces travaux d'art ou de joaillerie : deux surveillants à 275 francs par an, plus leur provision de farine de seigle ; cent soixante artisans divisés en quatre classes. Le traitement régulier de ceux de la première classe est de 4 fr. 50 c. par mois ; de la seconde, 3 fr. 25 c. ; de la troisième, 2 fr. 25 c. ; de la quatrième, qui se compose en grande partie d'enfants, 1 fr. 25 c.

A la direction des mines appartiennent un grand nombre de fonctionnaires qui résident avec leurs familles à Ekaterineburg. Le chef de l'Oural, à l'époque où M. Atkinson visita cette province, était un général d'artillerie qui, depuis plusieurs années, faisait fondre là des obus, des grenades, des canons. Probablement une grande partie de ces instruments de guerre a été employée à la défense de Sébastopol. Il y avait là aussi dans le même temps un inspecteur des mines, investi d'une grande autorité. Le voyageur anglais le cite comme un ingénieur d'une rare intelligence.

Ce qui surprend surtout l'étranger dans cette lointaine contrée, c'est le luxe des riches Sibériens. Dans ce pays dont le nom, en général, n'éveille parmi les peuples de l'Europe qu'une idée de souffrance et de misère, les femmes des fonctionnaires ou des négociants sont vêtues des plus brillantes étoffes de France et d'Angleterre. Il suffit de la moindre recommandation pour jouir dans leurs maisons d'une généreuse hospitalité, pour être convié à des dîners où l'on sert à profusion les mets les plus recherchés et les vins les plus fins. M. Atkinson se plaint seulement d'avoir été obligé de boire trop de vin de Champagne. Qui croirait qu'il faut aller en Sibérie pour gémir d'une telle infortune?

Les bals et es soirées sont aussi organisés avec une grande élégance. Par malheur, on s'y livre trop à la passion du jeu : jeunes et vieux, tout le monde s'y abandonne; et il en résulte souvent de cruelles catastrophes. Les femmes jouent comme les hommes, et quelquefois encore avec plus d'ardeur. « J'ai vu, dit M. Atkinson, une mère de onze enfants qui, chaque jour, à moins qu'elle ne soit malade, passe cinq à six heures à tenir des cartes, oubliant complétement alors et les affaires de sa maison, et son mari et sa famille. J'en ai vu une autre qui joue presque tout le jour et souvent la nuit. Elle a dans sa fatale habitude son temps réglé, comme le négociant le plus ponctuel. Dès le matin, ses cartes sont rangées sur la table. Si personne ne se présente pour faire sa partie, elle s'en va chez une amie, puis chez une autre jusqu'à l'heure du dîner. Après dîner, elle fait une sieste de deux heures, puis se relève pour tenter de nouveau la fortune. Un jour, elle apprend qu'un habile joueur vient d'arriver à Ekaterinebourg. Aussitôt elle engage une partie avec lui, partie qui se prolonge jusque dans la nuit, et cette fois-là elle gagne une somme considérable. Le lendemain, elle recommence et perd tout. Elle prie alors son heureux adversaire de vouloir bien lui accorder un délai de vingt-quatre heures, pour qu'elle prenne sa revanche. Dans ces vingt-quatre heures, elle doit recevoir par la poste son revenu d'un semestre. La somme si désirée lui est, en effet, remise; elle court en toute hâte rejoindre celui qui l'a déjà si cruellement appauvrie, et, à la fin de la soirée, elle rentrait chez elle sans un denier. »

J'aime mieux la réputation que s'est acquise, dans le même district, une autre femme nommée Anna Petrovna. Cette femme, c'est le Nemrod de son sexe, c'est le Gérard des bêtes fauves de la Sibérie. Comme une amazone, elle a vécu dans le célibat; les courtisaneries des hommes n'ont pu l'attendrir, elle ne s'émeut qu'aux rugissements des animaux féroces. Issue d'une famille de chasseurs, dès sa jeunesse elle se plut à braver les fatigues et les périls de la chasse. Elle manie le fusil et la carabine comme un montagnard des Alpes, et elle a tué une quantité de loups et d'ours. Un soir, un de ses frères raconte devant elle qu'il a vu un ours énorme, et projette de le poursuivre avec plusieurs de ses camarades.

Anna l'écoute en silence; mais, le lendemain matin, elle sort de sa chambre à la dérobée, selle son cheval, suspend son fusil à son épaule, et s'en va dans la direction qui lui a été indiquée. Elle erre à travers la forêt pendant plusieurs heures, puis enfin aperçoit le monstrueux animal couché dans de hautes herbes. Tandis qu'elle s'avance avec précaution de son côté, tout à coup l'ours se relève et marche fièrement vers elle : aussitôt elle ajuste son fusil, vise la bête colossale et la tue d'un seul coup ; puis elle la dépèce, et revient en triomphe étaler aux regards surpris de ses frères sa dépouille de Numée.

La Sibérie orientale, qui occupe un si grand nombre de lapidaires, produit des aigues-marines, des améthystes supérieures à celles du Brésil, des topazes, du béryl[1]; mais les belles émeraudes y deviennent rares. Il y a une trentaine d'années, des enfants recueillirent par hasard une quantité de globules singuliers, qu'ils portèrent comme des objets de curiosité à leurs parents. Ceux-ci les gardèrent longtemps sans se douter de leur valeur, puis enfin ils les envoyèrent à Ekaterineburg : c'étaient des émeraudes d'une rare grosseur et de la couleur la plus parfaite. Comme toutes les pierres précieuses découvertes en Sibérie appartiennent à l'empereur, celles-ci devaient lui être remises ; mais elles furent envoyées en un autre pays.

---

1. Espèce d'émeraudes d'un vert pâle.

Quelques temps après, une princesse d'Allemagne apparaissait à la cour de Russie, avec une parure qui surpassait par son éclat toutes celles de l'empereur de Russie. On lui demande d'où proviennent ces merveilleuses émeraudes, et l'on apprend qu'elles ont été taillées en Sibérie. Aussitôt un officier est expédié à Ekaterinebourg pour faire une enquête sur cette trahison. Il trouva encore plusieurs de ces pierres précieuses dans la maison du directeur de la fabrique de Granilnoï. Le malheureux homme jura ses grands dieux qu'il ne les gardait que pour les remettre à qui de droit. Il fut arrêté et mourut en prison.

Les mines d'or que M. Atkinson a vues dans cette partie de la Sibérie n'ont à présent, dit-il, pas grande importance. Mais il raconte qu'en 1824, l'empereur Alexandre, visitant les mines de la vallée de Zazewa, d'où l'on avait extrait d énormes pépites, prit une bêche et se mit à creuser la terre. Après avoir travaillé pendant une heure, sans trouver autre chose que quelques menus grains d'or, il remit son instrument à un mineur qui, en continuant la fouille commencée par les mains impériales, en tira un bloc d'or natif qui pesait vingt-quatre livres. Une pyramide fut élevée à l'endroit où le labeur d'Alexandre avait été suivi d'une si rare découverte. Le mineur fut affranchi et doté d'une pension viagère. Pendant plusieurs années encore, ces mines furent exploitées avec un grand succès. En 1843, on découvrit près de là une autre veine cachée sous de vieux bâtiments.

Il y a un demi-siècle, cette vallée de Zazewa Alexandroffsky se couvrait au printemps d'un vert gazon parsemé de fleurs; les biches et les daims y paissaient tranquillement. L'homme a dévasté cette fraîche et paisible prairie, lacéré ce sol, dénudé ces rochers; mais, quelles que soient les œuvres de l'homme, elles n'ont qu'une durée limitée. Le puissant souverain qui s'arrêta là pour recueillir une poussière d'or est lui-même retombé en poussière, et la pyramide élevée en son honneur s'est écroulée. On l'a remplacée par un monument plus solide, par un bloc de granit dans lequel on a renfermé la bêche dont l'empereur s'était servi. Sur cette base de granit s'élève une colonne corinthienne surmontée du buste d'Alexandre.

Malgré l'enthousiasme avec lequel, dit M. Atkinson, les Russes parlent des qualités de la sainte Russie, ils reconnaissent pourtant la supériorité des Anglais, du moins dans les arts mécaniques. Un grand nombre d'ingénieurs et d'artisans anglais ont été employés dans ces districts de la Sibérie. Quelques-uns s'y sont signalés par leurs excentricités, en même temps que par leurs œuvres. Tel fut, entre autres, un habile mécanicien, nommé Major, dont M. Atkinson nous raconte la dramatique histoire. Il entra au service de la Russie sous le règne de l'empereur aul, vécut longtemps à Ekaterineburg, et y construisit vec habileté diverses machines. Avec des appointements onsidérables, dans un pays où tout était bon marché, il ouvait avoir un grand train de maison. Il se faisait estimer es ouvriers par ses qualités de cœur, et les amusait par es bizarreries, surtout par son étrange jargon. Ordinairement, quand il avait quelques instructions à leur donner, l commençait par leur parler russe, puis ajoutait à cette angue quelques mots d'allemand, quelques bribes de rançais, une sentence anglaise, et terminait le tout par un clatant jurement.

Ses habitudes n'étaient pas moins étranges que son ngage. Le matin, en s'habillant, il couvrait ses jambes de rois paires de bas, puis les recouvrait de deux larges ottes russes. Ainsi chaussé, il s'en allait visiter les ateers ; s'il apercevait sur une machine la moindre rouille, appelait le surveillant des travaux pour lui reprocher sa égligence ; puis tirant un de ses bas, il se mettait lui-ême à essuyer la tache qu'il avait remarquée. A une seconde, à une troisième machine, même remarque et même ération. Quelquefois il s'en revenait les jambes nues ; ais ceux à qui il avait donné cette leçon étaient tenus de les lui rapporter l'un après l'autre, sous peine de recevoir plusieurs coups de verge de bouleau et d'être injuriés en plusieurs langues.

Lorsque l'empereur Alexandre visita l'Oural, il se montra très-satisfait des travaux accomplis par Major, et, pour l'en récompenser, lui donna une pièce de terre avec les minéraux qu'elle pouvait contenir. Major y trouva un sable aurifère qu'il se mit à laver, et dont il retirait annuellement un bénéfice de quatre-vingt mille francs. Il vivait alors à la campagne, fort retiré, sans autre domestique qu'une vieille femme. Un dimanche soir, il était dans son cabinet; sa servante était dans sa chambre près de la porte d'entrée. Surprise tout à coup par un bruit confus, elle voulut sortir pour en connaître la cause; au même instant, elle fut saisie par deux bras vigoureux et traînée au bas de l'escalier. A ses cris de détresse, Major s'avança un flambeau à la main. Il reçut un coup de hache sur la tête et tomba roide mort. Les malfaiteurs s'emparèrent alors de son trésor, puis se retirèrent en fermant toutes les portes.

Ce ne fut que le matin du troisième jour qu'on découvrit cet assassinat. Une sévère investigation fut aussitôt commencée; on reconnut que tous les objets de valeur avaient été enlevés et que les lettres et les papiers de Major étaient restés intacts sur la table. Les soupçons s'arrêtèrent d'abord sur quelques ouvriers; mais, après les avoir arrêtés et examinés, on reconnut leur innocence. Quelques années s'écoulèrent, et quoiqu'on s'entretînt encore fréquemment de ce crime, on ne pouvait parvenir à découvrir ceux qui l'avait commis. Longtemps après, on apprit qu'une quantité d'or dérobée dans les mines était expédiée en Tartarie. Un officier fut envoyé sur les lieux pour chercher les auteurs de ce nouveau rapt. Il arriva à Ekaterineburg, déguisé en paysan, se mêla aux ouvriers, et en vivant et en buvant avec eux ne tarda pas à recueillir de précieux renseignements. Il apprit que trois hommes, demeurant à une longue distance de la ville, étaient complices du vol des mines, et que c'était par leur entremise que l'or était transporté en pays étranger. Il parvint à s'introduire chez l'un d'eux et offrit de lui vendre de l'or qui, disait-il, avait été dérobé. Cet homme prit des balances pour peser le métal qui lui était présenté, et l'officier s'aperçut que, pour faire cette opération, il employait de faux poids. Il lui en fit humblement l'observation. « Que dis-tu, filou, s'écria le recéleur en colère, tu n'es pas content de voler tes patrons, tu voudrais encore me tromper? Bientôt j'espère apprendre que tu es puni comme tu le mérites. Quel prix veux-tu de ce que tu m'apportes? »

L'officier fixa une somme.

Le recéleur la réduisit de moitié, et s'emportant de nouveau :

« Je te donne, dit-il, trois minutes pour te décider, et pour prendre ce que je te propose, sinon je te dénonce à la police. »

L'officier demanda pardon, prit l'argent qui lui était offert, et se retira, non sans subir encore une sévère admonestation de celui dont il avait osé suspecter la probité. Mais le lendemain, à sa grande surprise, le digne homme était arrêté et emprisonné. L'officier, de retour à Ekaterineburg, fit arrêter aussi un marchand qui avait été accusé du meurtre de Major, puis acquitté. Interrogé de nouveau, et trahi par les révélations d'une femme, il fut obligé de confesser son crime. On retrouva la cassette qu'il avait enlevée dans la maison de Major, et la hache avec laquelle il avait frappé sa victime. Cet homme était associé à ceux qui volaient l'or dans les mines. A l'aide de plusieurs chevaux vigoureux, c'était lui qui le transportait avec une rapidité extrême à une longue distance. Il fut condamné ainsi que ses complices au supplice de la flagellation, c'est-à-dire à passer au milieu de trois mille soldats rangés sur deux lignes, et à recevoir de chaque soldat un coup de verge. Avant d'arriver au terme de cette cruelle marche, lui et ses compagnons étaient morts.

Un autre Anglais, nommé Patrick, eut, comme Major, une fin tragique. Il venait de Manchester et était employé, en qualité d'ingénieur, dans les forges du général Levalofski. Il fut assassiné à la chasse, et l'on ne put découvrir le meurtrier. Trois ans après, un paysan entra dans la boutique d'un horloger d'Ekaterineburg et offrit de lui vendre une montre de fabrique anglaise. Un officier qui se trouvait là l'examina, et y lut le nom de Patrick. Cet homme fut arrêté, interrogé, fouetté, mais resta ferme dans ses dénégations, et, jusqu'à présent, ce mystère n'a pu être encore éclairci.

Malgré ces sinistres traditions, M. Atkinson quitte à regret ces districts de l'Oural où il a été si affectueusement accueilli, et il s'en va, de steppe en steppe, vers les frontières de la Russie asiatique. Il traverse de longues vallées et de vastes forêts de pins, avant d'arriver dans les steppes de l'Asie, où il retrouve des points de vue à peu près semblables à ceux de l'Oural. Chemin faisant, il visite plusieurs établissements métallurgiques et passe d'agréables heures avec ceux qui les dirigent. Réception hospitalière, dîners pompeux, et toujours des flots de vin de Champagne, plus que les coteaux d'Aï n'en peuvent produire.

Un soir, il part avec un postillon à qui son maître a recommandé la célérité, et qui obéit à la lettre à ses injonctions. Les chevaux courent à travers une forêt sombre. Les grelots suspendus à leurs colliers résonnent dans le silence de la nuit. Tout à coup quelques hommes surgissent au bord de la route, s'écriant qu'ils demandent une aumône. Le postillon lance ses chevaux au grand galop et laisse en un instant bien loin derrière lui ces mendiants de mauvais aloi. Au lever du soleil, le voyageur est sur un haut plateau en face d'une plaine sans borne comme l'océan, la plaine de Sibérie, cette immense région qui fut conquise par le cosaque Jermak, comme le Pérou par Pizarre.

Il s'avance rapidement vers les montagnes de l'Altaï, et traverse avec une promptitude extrême trois stations hantées par des brigands. Grâce à l'activité de son cocher, il échappe à ces dangereuses rencontres, mais il ne parvient pas si aisément à se soustraire à diverses exactions. A Kiamsk, un juif polonais, chargé du service de la poste, ne consent à lui fournir des chevaux qu'à la condition de les lui faire payer à un prix exorbitant. M. Atkinson, qui a dans son portefeuille une recommandation spéciale des autorités de Saint-Pétersbourg, se rend chez le chef de la police et lui dit les prétentions du maître de poste. Aussitôt deux cosaques montent à cheval, et, quelques minutes après, reviennent traînant après eux le juif récalcitrant.

« Est-il vrai, lui demande le commissaire, que tu prétends n'avoir point de chevaux disponibles?

— Oui, répond l'israélite.

— Et que, pour en procurer, tu exiges une double taxe?

— C'est la nécessité qui m'y oblige.

— Qu'on lui donne, s'écrie le commissaire, vingt-cinq coups de verge! »

Aussitôt dit, aussitôt fait. Le juif est couché par terre et dépouillé de ses vêtements.

« Grâce! dit-il, je donnerai à l'instant même les chevaux de relais au prix fixé par les règlements. »

Mais déjà un actif cosaque lui avait infligé une rude flagellation.

Il se releva à demi meurtri, et l'attelage qu'il refusait fut préparé en un instant.

Près des montagnes de l'Altaï, M. Atkinson entend résonner sur sa tête les mugissements de la foudre. Les nuages amassés à la surface du ciel s'entraînent et se dispersent de côté et d'autre, laissant derrière eux une vapeur flottante, pareille à un voile diaphane. Le soleil, incliné à l'horizon, projette sur ce rideau de vapeur une teinte rouge qui, peu à peu, se répand comme la flamme d'un brasier sur les cimes des collines, et colore les bords des nuages. Puis le soleil disparaît et cette vive clarté s'évanouit, et ces jets de lumière qui ont illuminé l'espace, et l'obscurité qui leur succède, laissent dans l'âme du voyageur une de ces saisissantes impressions qu'on n'oublie jamais.

Il s'en va de là dans les grandes scènes de l'Altaï, tantôt esquissant un site imposant, tantôt le décrivant en quelques mots concis, tantôt contemplant des forêts de cèdres gigantesques, des pyramides de rocs, les lacs et les cascades, les défilés et les précipices.

Il visite les mines d'argent de Zivianovsky qui sont à présent les plus importantes de ce riche district. Il en est où le minerai est extrait d'une profondeur de trois cents et de quatre cents pieds. Mais les procédés employés pour pomper les masses d'eau qui souvent se répandent dans l'intérieur de ces mines sont très-insuffisants, et l'exploitation de ces précieux filons est très-défectueuse. Un général d'artillerie vient de temps à autre inspecter les travaux, puis se retire sans avoir prescrit ou indiqué la moindre amélioration.

En descendant vers l'Irtisch, un soir, M. Atkinson montre à son guide une colonne de fumée blanche qui s'élevait à une longue distance, il supposait qu'elle provenait d'un campement de Kirghises. Le guide répond qu'il n'y a point de tribu de Kirghises de ce côté. En effet, ce n'était point la fumée de feux de bivacs, c'était celle d'un incendie qui consumait sur un vaste espace les herbes desséchées du steppe.

Quelques jours après, il assistait dans un autre steppe à une scène patriarcale. Il recevait l'hospitalité dans le *yourt*, dans la demeure d'un chef de Kirghises. Les tapis étaient étendus sur le sol, et l'on offrait au voyageur du thé avec des raisins secs et des abricots. Ce sultan du steppe possède trois mille chevaux, trois cents chameaux, une quantité de bœufs et de brebis. Il porte une veste en velours noir, un châle rouge à la ceinture, un magnifique bonnet brodé sur la tête, et des bottes rouges à hauts talons à ses pieds. Sa femme a une veste en soie ornée de galons de diverses couleurs, une coiffure en toile blanche qui retombe sur ses épaules, un châle vert sur ses flancs, et des bottes vertes. Ses enfants courent autour d'elle dans une nudité complète. Le soir, on égorge, on fait rôtir un mouton, et tous les habitants de l'aoule prennent part à ce festin.

Un peu plus loin, M. Atkinson nous décrit les mœurs d'une autre réunion de Kirghises. La principale provision des gens de cette peuplade est le lait de jument, le *koumis*. Les juments sont traites chaque matin et chaque soir à cinq heures. Le lait est recueilli dans des seaux en cuir de quatre à cinq pieds de longueur et d'autant de largeur. On le laisse fermenter pendant une quinzaine de jours. C'est alors que les Kirghises aiment à le boire, et il n'en est pas un qui, en été, n'ait une fiole de koumis pendue à la selle de son cheval.

Le matin surtout l'aoule présente un spectacle curieux. A ce moment, tous les bestiaux sortent du campement pour retourner aux pâturages; les chevaux hennissent, les moutons bêlent, les vaches beuglent, les chameaux gémissent, les chiens aboient. C'est un mélange de cris et un vacarme dont on ne peut se faire une idée. Cependant les femmes courent de côté et d'autre avec leurs seaux; les valets conduisent, secondés par leurs chiens, les différents troupeaux dans diverses directions, et bientôt, à une longue distance, la plaine en est couverte.

De ces campements d'une nature primitive, M. Atkinson continue sa route à travers d'immenses forêts de cèdres et de plantes admirables, telles que la *ferula*, qui s'élève à douze pieds de hauteur, et porte à sa sommité une grappe de fleurs jaunes de dix-huit pouces de diamètre, dont

'ours est très-friand. Notons aussi le *delphinicum* à la
eur bleue lancéolée et l'aconit à la fois bleu et jaune. Non
oin s'épanouissent des roses rouges, diverses espèces de
éraniums, et quelques fleurs qui n'ont point encore été
écrites par les botanistes. C'est tout un jardin florissant
e lui-même, sans culture, un jardin d'un éclat merveil-
eux, au milieu d'une nature sauvage.

Dans ces mêmes lieux habitent des ours monstrueux.
uelque temps avant mon arrivée dans ces montagnes, dit
. Atkinson, un paysan, qui faisait une partie de chasse
vec un de ses amis, aperçoit à l'écart un de ces redouta-
les animaux, tire sur lui et ne fait que le blesser. L'ours
e précipite sur lui et lui ronge le bras jusqu'à l'os. Le
alheureux, sans défense, poussait des cris lamentables
t implorait le secours de son camarade; mais celui-ci
enfuit épouvanté.

Cependant, quelques heures après, il revient avec plu-
eurs autres compagnons. L'infortuné chasseur avait dis-
ru. L'ours après avoir apaisé sa faim, l'avait traîné dans le
ois pour le mettre en lieu de sûreté et en faire à son aise
second repas. Pour mieux garder sa proie, il l'avait
couverte d'une quantité de branches et de feuilles; puis,
tisfait sans doute de sa prudente précaution, il était allé se
omener. Les paysans, cependant, finirent par découvrir
pauvre victime, vivant encore, mais horriblement mu-
ée. Ils l'emportent sur un brancard, pansent ses plaies,
i administrent tous les remèdes que sa douloureuse si-
ation exigeait. Au bout de deux mois, il recouvre ses
rces, mais il était fou. On le conduit dans un hôpital. Là il
cessait de parler de l'ours, il demandait un fusil, il voulait
rouver son ennemi. Un matin, il profite d'un moment
ses gardiens étaient éloignés, s'échappe de la maison
on le tenait enfermé, se procure une carabine, de la
udre, des balles, une hache, puis disparaît. On se met à
poursuite, on le cherche de tous côtés. Impossible de le
oindre. Huit jours après, il reparaît à l'hôpital, portant

sur ses épaules la peau d'un ours noir énorme : « Je savais bien, s'écrie-t-il, avec un accent de triomphe, que je finirais par le rejoindre et par me venger. » On le complimenta sur son courage. La raison lui revint. Il a repris son ancienne vigueur, et il est devenu l'un des plus infatigables chasseurs du pays.

M. Atkinson se complaît surtout près des escarpements de l'Altaï, où il admire des paysages plus beaux, dit-il, que tous ceux qui sont le plus recherchés en Europe. De lac en lac, il remonte vers la source de la Katounaia, et s'arrête dans un steppe habité par des Kalmouks, qui trouvent là pour leurs bestiaux d'excellents pâturages. Au printemps, ces Kalmouks offrent un sacrifice à leurs idoles; les riches immolent des chevaux; les pauvres, des chèvres ou des moutons. Dans ces cérémonies, on commence par enlever, au son des tambourins, la peau de l'animal, puis on la pose sur un pieu, et l'on a soin d'en tourner la tête du côté de l'orient. Ensuite, la chair de la victime est mise dans un chaudron, et, lorsqu'elle est cuite, tous les assistants s'en régalent, de telle sorte qu'en réalité les dieux auxquels cet holocauste est consacré n'en ont que le fumet.

Le désir de l'infatigable artiste anglais était de gravir au sommet du Biclouka, l'une des plus hautes cimes de l'Altaï. Il part avec quelques Kalmouks qui doivent lui servir de guides et prendre soin des chevaux, et, du milieu d'une vallée, il contemple, dans sa sublime élévation, cette montagne divisée en deux pics aigus, découpée sur ses flancs par de profonds ravins où les glaciers descendent par des pentes effroyables vers la vallée du Katounaia. A la base de cette montagne, s'épanouissent des primevères, des violettes, des anémones, fleurs éphémères, qui éclosent en un beau jour d'été et bientôt sont ensevelies sous un linceul de neige. A quatre cents pieds plus haut, on ne trouve plus que quelques variétés de mousses cramponnées aux rochers. Bientôt cette débile végétation disparaît encore ; le sol est dépouillé de toute plante.

Là, au printemps, bondit un torrent fougueux, qui, dans sa course impétueuse, laboure la montagne, détache d'énormes blocs de pierre, et plus bas déracine sur son passage les arbres séculaires qui, en tombant de çà, de là, en travers de ce cours d'eau enflé par la fonte des neiges, servent de ponts aux ours pour se rendre d'une rive à l'autre. Le hardi touriste britannique s'engage dans un de ces défilés rocailleux, que les Kalmouks appellent des *bomb*, un défilé si étroit que deux chevaux ne peuvent y passer de front. Au milieu d'un des ces périlleux passages, le Kalmouk qui dirige la caravane ordonne une halte et envoie un de ses hommes à l'autre extrémité du sentier qu'un amas de rocs dérobe aux regards. Une heure après, le messager revient, ayant hissé au haut d'un pic son bonnet, comme un signal pour les chasseurs qui se dirigeraient vers ces mêmes Thermopyles. Le chef de la troupe ordonne alors à tous ses compagnons de laisser tomber leurs rênes sur le col de leur cheval; car, dans ce difficile trajet, ce qu'il y a de plus sûr est de se confier à l'instinct de cet intelligent animal. Ce terrible passage n'a pas plus de cinq cents pieds de longueur, mais il faut plus d'un quart d'heure pour le franchir, et il est d'un aspect effrayant; d'un côté, des rocs perpendiculaires, de cinq à six cents pieds de hauteur; de l'autre, un abîme sur lequel on n'ose arrêter ses regards. Il suffit d'un faux pas pour y être englouti. Cependant les chasseurs de martre s'aventurent sans crainte au bord de ces précipices, et il en est, dit M. Atkinson, qui ne redouteraient pas de chevaucher sur le toit d'une cathédrale, si on y plaçait seulement une planche de dix-huit pouces de largeur.

Non-seulement les Kalmouks sont d'intrépides cavaliers, mais ils sont aussi de très-habiles nageurs. M. Atkinson en cite un entre autres, qu'il appelle Chort, et dont il fait un curieux portrait: « Un petit homme, dit-il, mais vigoureusement constitué, souple et alerte comme une panthère; de sa tête ronde tombe sur ses épaules une longue touffe de cheveux, et ses yeux noirs petillent sur une figure d'un étonnant caractère. Il est spécialement chargé de la garde des troupeaux, et franchit à cheval fièrement les ruisseaux et les torrents. Un jour, il traversait avec seize chevaux une rivière profonde. Un de ces animaux lui échappe et disparaît dans l'eau. A l'instant, Chort se jette à la nage, le relève, le remet en mouvement. Douze fois de suite; il recommence le même exercice, et enfin amène sains et saufs tous ses quadrupèdes sur la plage vers laquelle il se dirigeait. »

Une autre fois, pendant que M. Atkinson taillait ses crayons pour dessiner un paysage, tout à coup voilà Chort qui se dépouille de ses vêtements et s'élance dans un courant rapide. On pouvait croire qu'il était saisi d'un accès de folie; mais il nage vigoureusement, et soudain s'enfonce dans l'eau, puis reparaît à la surface et glisse comme une anguille, et vole comme une flèche, et tournoie de côté et d'autre comme un poisson. Après ces différentes manœuvres, où il courait risque à tout instant d'être englouti dans les flots impétueux, ou de se briser la tête contre les pointes de rocs, il revient en riant sur le rivage.

Bientôt M. Atkinson arrive dans le pays des Gobi, vastes steppes entourés de chaînes de montagnes. Le désir de voir des lieux inconnus des Européens l'a déterminé à braver les périls de cette excursion. Là, il est obligé d'être constamment sur ses gardes et de tenir son fusil à la main, non point pour se défendre contre les bêtes fauves, mais contre des bandes de brigands qui pillent les passants et les égorgent, ou les condamnent à l'esclavage. Par bonheur, il a pour escorte trois braves cosaques, sept vigilants Kalmouks et une ample provision de balles et de poudre. En s'engageant dans cette sauvage contrée, il voulait atteindre les montagnes de Tangnou, qu'il avait entrevues du haut du Biclouka, et un large lac où s'épanchent plusieurs rivières.

Quelques-uns des pics de la chaîne de Tangnou s'élèvent

à onze mille pieds de hauteur. La route qui y conduit est traversée par différentes rivières qui coulent dans l'Oubra. Après douze jours de marche, en remontant le cours d'une de ces rivières, la caravane arrive sur un plateau élevé, d'où les regards planent sur un panorama d'une grandeur sublime : d'un côté, de profonds marécages ; de l'autre, des murailles de granit, des pics de neige, de larges blocs de marbre blanc, et, sur les pentes des montagnes, un gazon touffu, parsemé d'une quantité de fleurs de toutes sortes. Point de brigands, mais plusieurs troupeaux d'antilopes qui, à l'approche des voyageurs, s'enfuient d'un pied léger vers une caverne, pas assez vite cependant pour que quelques-unes ne soient atteintes par les balles meurtrières.

Encore quelques jours de marche, et nous voici dans les longues plaines de la Mongolie, sur la route suivie par le terrible dévastateur Gengiskan. Qu'il devait être saisissant le spectacle de ces légions de barbares cheminant à travers ces steppes déserts. A leur place, on ne voit plus à présent que des bandes de loups. A peine les voyageurs avaient-ils mis pied à terre, pour établir leur campement, que ces animaux féroces se réunissaient autour d'eux. Le chef de la caravane fait allumer un feu de broussailles ; les loups s'arrêtent à quelque distance de ce foyer, mais on voit leurs yeux scintiller comme les étincelles du brasier. A un signal convenu, on fait sur eux une décharge générale, et les victimes roulent sur le sol en poussant de lugubres hurlements. Tous les fusils sont aussitôt rechargés. Les loups pourtant se tiennent dans l'éloignement ; mais bientôt ils se glissent au milieu des chevaux, et cosaques et Kalmouks se hâtent de courir pour défendre leurs quadrupèdes. Nouvelle décharge et nouveaux hurlements. Par malheur, les provisions de broussailles sont à peu près épuisées, et, en face de cette troupe vorace, le feu est un des meilleurs moyens d'intimidation. Quatre Kalmouks se traînent sur le sol jusqu'aux bords d'un lac, d'où ils rapportent des brassées de rameaux. Le feu est rallumé. Le nombre des loups pourtant s'est accru, et ils se montrent plus hardis; ils s'avancent encore du côté des chevaux, et quelques-uns ne craignent même pas de s'approcher du foyer. Les fusils sont encore braqués sur eux, et, cette fois, ceux qui ont échappé aux balles s'enfuient pour ne plus revenir. A la lueur du jour, les voyageurs trouvaient huit de ces animaux gisant sur le sol, et les traces de sang de plusieurs autres.

Ce ne sont pas seulement les loups qui menacent d'un mortel péril les voyageurs dans ces vastes plaines, arides et désolées. Il y a là encore des troupes de sangliers voraces, et une multitude de serpents. « Nous en avons vu, dit M. Atkinson, une fourmilière sur un plateau de rocs. Assoupis au soleil, ils levaient la tête à notre approche, et sifflaient. Quiconque s'endormirait en cet endroit, la nuit, courrait grand risque de ne pas se relever. J'ai observé quatre variétés de ces reptiles; les uns, tout noirs, très-agiles; d'autres, d'une couleur grise et de deux à trois pieds de longueur. Ceux-ci sont les plus nombreux, et quelquefois j'ai marché sur l'un d'eux sans l'apercevoir. J'étais heureusement protégé contre leurs morsures par mes grandes bottes. Il en est d'autres qui ont la peau cendrée et rayée d'une bande rouge. D'un coup de fusil, j'en tuai un devant lequel fuyaient les Kalmouks; il n'avait pas moins de trois pieds de longueur, et l'on dit que son venin est des plus dangereux. »

De ces steppes, peuplés de tant d'affreux animaux, le courageux voyageur pénètre dans la Tartarie chinoise, et là enfin, après de longs jours passés au milieu des sables arides du désert, il a la joie de revoir une habitation humaine, un aoule de Kirghises, dont il fait une intéressante description.

« Nous l'aperçûmes, dit-il, du haut d'un monticule, à deux ou trois lieues de distance. Après un instant de délibération, nous nous décidons à nous diriger de ce côté.

Bientôt nous arrivons au milieu d'un nombreux troupeau de chevaux et de chameaux ; les pâtres s'approchent de nous et nous demandent d'où nous venons et où nous allons. Puis nous apprenons par eux que cet aoule, qui est très-considérable, appartient au sultan Basparihan, et qu'il est en ce moment dans sa tribu. Tous les Kirghises que nous rencontrons ont une hache de bataille, suspendue à la selle de leur cheval. L'un d'eux, qui a regardé d'un air d'admiration nos armes, s'élance en riant pour annoncer à son maître notre arrivée. Les yourtes de ce chef sont rangées dans un frais vallon, où paissent des troupeaux de moutons et de chèvres, entre un lac de deux lieues environ d'étendue et une rivière.

« Quelques hommes s'avancent à cheval à notre rencontre. L'un d'eux me place la main sur la poitrine, en disant : « Aman. » Je lui réponds par le même salut.

« A notre approche, tout l'aoule paraît être en mouvement. Des Kirghises galopent de différents côtés ; d'autres amassent des branches d'arbustes et quelques-uns viennent se ranger autour de nous comme pour nous escorter. Ceux-ci nous conduisent près d'une large yourte, devant laquelle s'élève un poteau, sur lequel flotte une longue queue de cheval. Un homme d'une haute taille s'avance à l'entrée de cette demeure, prend les rênes de mon cheval, puis me tend la main pour m'aider à descendre et m'introduit dans la yourte.

« C'est le sultan lui-même, vêtu de ses plus beaux habits : une veste de velours noir surmontée d'un collet de martre zibeline; un bonnet pointu sur la tête, orné d'une plume de hibou qui indique qu'il descend de Gengiskan, et un châle cramoisi noué sur ses flancs en guise de ceinture.

« Sur le sol est étendu un tapis de Bokkara. Il s'y asseoit en face de moi. Je l'invite à se placer à mes côtés, ce dont il paraît très-satisfait. Un instant après, deux enfants entrent apportant du thé et des fruits. Ce sont ses fils. Ils ont, comme lui, un bonnet pointu en peau de renard et des vestes en soie brodée. La sultane est en visite chez une autre sultane qui demeure à une vingtaine de lieues de distance.

« La yourte est divisée en deux compartiments, par des rideaux de soie. L'un de ces compartiments est la chambre à coucher. Dans celui que nous occupons, un aigle noir d'une grandeur démesurée et un faucon sont enchaînés sur leur perchoir; en face, il y a trois chevreaux et un agneau parqués dans une espèce de petite cabane; derrière moi, un amas de coffres et de tapis de Bokkara; un large koumis est suspendu sur ma tête; à la porte, une dizaine de Kirghises et un groupe de femmes aux yeux noirs observent tous mes mouvements.

« Le sultan engage la conversation avec un de mes cosaques, et il m'est aisé de voir qu'il parle de moi. Ma jaquette de chasse, mes longues bottes, mais surtout ma ceinture et mes pistolets excitent sa curiosité. Il demande à examiner ces armes, les prend entre ses mains, les retourne en tous sens, puis manifeste le désir que je m'en serve devant lui, et me propose de tirer sur un chevreau, probablement parce qu'il suppose que ces petits ustensiles ne peuvent pas même blesser un faible animal. Mais j'arrache un feuillet de mon album, j'y fais une marque au centre, et, à quinze pas de distance, je le perce dans le cercle que j'avais tracé. Cette première épreuve ne suffit pas. Le sultan se fait apporter un vase de Chine en bois et le pose lui-même sur un pieu. A la même distance, ma balle traverse ce vase. Cette fois les Kirghises me regardent avec plus de respect, et j'étais content de mon expérience, car je savais que cette tribu, au sein de laquelle je venais de m'aventurer, était une race de pillards bien redoutée dans la contrée.

« Pendant ce temps, on avait égorgé un mouton et l'on préparait le dîner. Une cinquantaine d'hommes, de femmes, d'enfants en attendaient leur part. Comme tout le monde ne pouvait trouver place dans la yourte, le sultan fait étendre un tapis au dehors, s'y asseoit et me fait asseoir près de lui. En face de nous, mais à une distance respectueuse, se rangent, en cercle, les principaux membres de la communauté, puis derrière eux les hommes, ensuite les femmes et les enfants, et, un peu plus loin, se tiennent les chiens alléchés par l'odeur des chaudrons.

« Quand tous les convives sont assis par terre, deux hommes s'avancent dans l'intérieur du cercle, tenant à la main une espèce de cafetière. Ils s'approchent du sultan et de moi, et nous versent de l'eau sur les doigts. La même cérémonie s'accomplit pour tous les assistants, depuis le chef de la peuplade jusqu'au plus humble pâtre. Les femmes seules sont obligées de faire elle-mêmes leurs ablutions.

« Les cuisiniers apportent alors des quartiers de mouton fumants sur de grands plateaux en bois, à peu près semblables à ceux dont se servent les bouchers de Londres. Ni assiettes, ni fourchettes. Mon hôte prend de la main droite un de ces morceaux de viande et le met dans la mienne, puis se sert lui-même.

« D'autres plateaux, également chargés de mouton bouilli et de riz, sont présentés aux éminents personnages qui se trouvent les plus rapprochés de nous. Ils y puisent à pleines mains, puis les plateaux circulent dans une seconde rangée d'hommes, arrivent ensuite aux enfants, et, en dernier lieu, aux femmes qui n'y trouvent plus guère que des os. Ces os, complétement dénudés, sont enfin abandonnés aux chiens. Mais plus d'une pauvre jeune fille leur dispute encore ce rude aliment.

« A la fin de ce sauvage repas, les mêmes hommes présentent aux convives, dans le même ordre, des vases remplis de l'eau dans laquelle les moutons ont été bouillis, et les Kirghises la boivent avec délices. Tout étant achevé, les mêmes hommes que nous avons vus au commencement du dîner reviennent avec leur cafetière pour nous faire

faire une nouvelle ablution, puis chacun se lève et retourne à ses occupations habituelles.

« Mon noble ami Basparihan, qui venait de voir de quelle façon je maniais le pistolet, désirait juger de notre adresse à nous servir de nos fusils. Il ordonna à quelques-uns de ses tirailleurs d'apporter les leurs. Je leur donnai de la poudre et des balles. Ils placèrent leur but à soixante pas de distance et le manquèrent. Je le fis transporter à cent quarante pas plus loin, et mes cosaques et moi nous l'atteignîmes à chaque coup. Cette expérience produisit sur lui une vive impression.

« Le lendemain matin, je partais pour me rendre dans un autre aoule. Basparihan m'avait offert de m'accompagner jusqu'à une certaine distance et de me donner le spectacle d'une chasse à l'aigle et au faucon.

« Au lever du soleil, nous nous mîmes en marche. Le sultan avait fait préparer pour lui, pour ses fils et pour moi de magnifiques chevaux. Un de ses fils portait le faucon, un robuste Kirghise tenait l'aigle enchaîné et chaperonné. Près de Basparihan chevauchaient trois de ses chasseurs armés de leurs fusils, et autour de nous caracolaient une vingtaine de Kirghises, parés d'une veste de couleur éclatante, et armés de leur hache de combat.

« Après deux heures de marche, nous arrivons sur les bords d'une rivière revêtue de joncs et de broussailles.

« Ici, dit le sultan, nous trouverons du gibier. »

« Bientôt, en effet, nous voyons les traces de plusieurs sangliers, puis un vigoureux cerf se lève du milieu des roseaux et s'élance dans la plaine. Aussitôt l'aigle est délivré de ses entraves et de son capuchon, il prend son essor, il disparaît dans les airs. Je croyais qu'il n'avait pas aperçu l'animal; mais, quelques minutes après, il se montre de nouveau, il tournoie un instant, puis tout à coup descend en droite ligne avec la rapidité d'une flèche et s'abat sur le cerf, qui s'affaisse sur le sol. L'aigle lui a plongé une de ses griffes dans le col, une autre dans le dos, et de son bec acéré il le déchire jusqu'au foie.

« Le Kirghise se précipite vers lui, le chaperonne, et l'arrache à sa proie pour le lancer sur une autre proie, et il ne tarde pas à reprendre son vol pour tuer en un clin d'œil une antilope. Il chasse ainsi, à coup sûr, le renard et le loup. A moins que l'animal qu'il poursuit ne parvienne à se réfugier dans quelque grotte, il n'échappera pas à l'étreinte de ses serres inflexibles. »

Tous ces sultans des Kirghises ne sont pas aussi hospitaliers que l'honnête Basparihan. Il en est qui ne reçoivent pas sans quelque méfiance cet étranger qui leur arrive avec une escorte de cosaques et de Kalmouks. Il en est un qui est très-redouté, car il mène une vraie vie de brigand. M. Atkinson veut pourtant le voir, et le rapace Koubaldos l'héberge et le laisse partir sans le piller. Mais, quelques heures après, il monte à cheval pour le poursuivre et le dévaliser. Par bonheur, le prudent Anglais a eu soin de lui dissimuler la route qu'il se proposait de suivre, et, tandis que le bandit du steppe le cherche sur la route où il espère l'atteindre, M. Atkinson chevauche d'un autre côté vers les montagnes de Saian.

Dans ces montagnes, une longue traînée de lave le conduit à un volcan éteint. Il descend dans un des foyers de ce cratère, à quatre-vingts pieds de profondeur, et passe la nuit sur des blocs de lave. Le lendemain, il gravit au sommet d'un des larges cônes de ce même cratère, dessine la sombre scène qui l'environne, et veut y établir pour le soir son campement. Grande alarme parmi les cosaques qui disent que l'intérieur de cette montagne est habité par une légion de diables et d'autres esprits malfaisants. Mais M. Atkinson que ni les serpents, ni les sangliers, ni les tigres, ni les farouches sultans de la contrée n'ont pu effrayer, ne se laisse pas émouvoir par les craintes superstitieuses de ses fidèles compagnons.

En dépit des diables, il plante sa tente sur cette colline

de lave et de cendres rouges qui s'élève à environ huit cents pieds de hauteur. Près de là est un autre cône d'une formation plus récente et plus étendue. Ces deux volcans sont dominés par des rocs de deux mille pieds de hauteur et des montagnes couvertes de neige. D'une de ces montagnes descend un ruisseau qui coule à flots précipités dans un abîme. D'autres abîmes ont été ouverts par les éruptions du volcan, et l'on ne peut, sans une sorte de saisissement, en mesurer la profondeur.

M. Atkinson termine son récit par la description du lac Baïkal, l'*ultima Thule* de sa longue excursion dans la Sibérie orientale. Ce lac, très-peu connu, est d'une profondeur immense. Les gens du pays l'appellent la *mer Sainte*, et disent qu'il y éclate parfois de terribles orages. M. Atkinson s'y aventure dans une barque conduite par sept rameurs. C'était au mois d'août, une époque de l'année un peu tardive pour entreprendre un tel trajet dans cette froide région. Mais ses bateliers sont des hommes robustes et résolus : ils rament avec vigueur tout le jour; vers le soir, ils abordent sur la plage, à l'embouchure d'une rivière, pour y passer la nuit. Le lendemain, ils se remettent bravement à l'œuvre. M. Atkinson est récompensé de la résolution qu'il a prise par l'aspect des différentes scènes qui se déroulent autour de lui : tantôt des masses de rocs gigantesques d'où les torrents fougueux tombent en cascades dans le lac; tantôt d'étroits et frais vallons où coule mollement un limpide ruisseau, puis des montagnes d'une grandeur solennelle, telles que l'Amardaban, qui s'élève à quatre mille pieds de hauteur. Dans une de ses haltes de la nuit, un de ses bateliers lui raconte qu'un soir il était là, tout seul, à demi accroupi près du feu qu'il venait d'allumer, quand tout à coup un bruit singulier le réveille. Il tourne la tête et voit un ours qui se dirigeait sournoisement vers la rivière. « Je connais les ruses de cet animal, ajoute le bon batelier, je devinai aussitôt ses intentions. Il faut vous dire que lorsque l'ours aperçoit un homme près d'un bûcher, il commence par aller se plonger dans l'eau, puis revient éteindre le feu en y secouant ses longs poils humides, et alors se jette sur sa victime. C'était ce que celui-ci voulait faire. Mais je ne lui en donnai pas le temps : j'armai ma carabine, et, au moment où l'artificieux coquin revenait de la rivière, je lui lançai une balle dans la tête. »

Après une excursion de trois semaines sur le Baïkal et le long de ses affluents, M. Atkinson se décide enfin à rentrer dans une ville pour y passer l'hiver. Il rentre en Russie, et, le 3 octobre, arrive à Irkoutsk, capitale de la Sibérie orientale.

« Là, dit-il en terminant sa narration, j'ai fait connaissance avec un grand nombre de personnes et j'ai obtenu plus d'une sympathie. »

Le livre curieux qu'il vient de publier doit lui acquérir bien d'autres sympathies en Europe.

II

ALBERT THORWALDSEN.

Vers le milieu du siècle dernier vivait à Copenhague un honnête ouvrier qui gagnait péniblement sa vie à ciseler des têtes de Chimères, de Tritons et d'autres figures symboliques pour la proue des navires. A voir l'humble artiste isolé avec sa jeune femme, dans une des rues les plus obscures de la cité danoise, qui eût dit que cet homme pouvait se glorifier d'une haute origine, qu'il comptait parmi ses ancêtres des chefs de clans, des princes et de riches propriétaires? Le fait pourtant est constaté par des traditions authentiques. La famille de cet ouvrier remontait jusqu'aux temps fabuleux de l'histoire du Danemark, jusqu'au roi Harald Hildetand (Harald à la dent d'or), qui fut tué, en 735, à la bataille de Bravalla. Les descendants de Harald se retirèrent en Norvége, puis une de leurs lignées alla s'établir en Islande. Un d'eux, nommé Olaf

Paa, se distingua par l'intelligent et magnifique emploi qu'il fit de sa fortune. Le savant Finn Magnussen le cite avec éloge dans ses recherches sur l'archéologie danoise, et la saga de Laxdal fait un brillant tableau de sa demeure. « Il avait fait construire une salle à manger, la plus large, dit l'auteur de la saga, et la plus belle qu'on eût jamais vue. Les parois et le plafond étaient couverts de peintures représentant les principaux événements racontés dans les légendes. Quand cette salle fut achevée, Olaf y donna un grand banquet auquel apparut le scalde Ulf Uggason, qui composa un chant sur les différentes scènes retracées le long des murailles. »

« Les dieux avaient promis à Harald un descendant dont la renommée s'étendrait des extrémités du nord jusqu'aux régions méridionales. Le génie de l'art avait d'un de ses rayons éclairé l'esprit d'Olaf Paa. »

Le 19 novembre 1770, le modeste ciseleur de Copenhague présentait sur les fonts de baptême un enfant qui devait réaliser les prédictions faites à son royal aïeul Harald, et porter à son plus haut degré de développement les naïves conceptions de l'artiste Olaf, son autre aïeul. Cet enfant, c'était Bertel (Albert) Thorwaldsen.

La première chose qui frappa les regards de Bertel, quand il commença à réfléchir, ce fut un ciseau de statuaire et quelques ouvrages qui ressemblaient à de la sculpture. Il alla fort peu de temps à l'école et n'y apprit presque rien[1]. A l'âge de onze ans, il commença à fréquenter les cours gratuits de dessin, et ne tarda pas à s'y distinguer par son application. Il passa successivement par l'école linéaire, par l'école de bosse et de dessin. En 1787, il concourut et gagna une médaille d'argent. Il était à cette époque d'une nature excessivement calme, très-sé-

---

1. On raconte qu'à l'âge de dix-sept ans, se trouvant mêlé à une société de jeunes gens qui voulaient jouer la comédie, il dut renvoyer un rôle qui lui avait été confié, parce qu'il ne pouvait le lire.

rieux, parlant peu, et travaillant avec ardeur. Lorsqu'il avait une fois pris son crayon, ses camarades essayaient en vain de le distraire. Il restait la tête penchée sur son ouvrage, et ne répondait à leurs questions que par des monosyllabes. Malgré les éloges qu'il avait plus d'une fois reçus, son ambition fut lente à s'éveiller. Son père voulait l'associer à ses travaux de ciseleur, et il n'avait rien à objecter à la volonté de son père. Souvent il allait lui porter à dîner sur quelque navire en construction, et tandis que le pauvre ouvrier se reposait de son labeur du matin, l'enfant prenait le ciseau et achevait de découper une fleur ou de modeler une figure. Cependant les succès qu'il avait obtenus à l'Académie avaient déjà fait quelque bruit, à en juger par cette anecdote que raconte un de ses biographes. Bertel s'était présenté à l'église pour être confirmé. Le prêtre le voyant assez mal habillé et fort peu instruit, ne fit d'abord pas grande attention à lui; mais quand il eut entendu prononcer son nom, il lui demanda si c'était son frère qui avait remporté un prix à l'Académie de dessin. « Non, monsieur, dit Bertel, c'est moi. » Dès ce moment le prêtre le traita avec une sorte de distinction, et ne l'appela plus que M. Thorwaldsen.

En 1789, il gagna un second prix. Son père, le trouvant alors suffisamment instruit, voulait le faire sortir de l'école, mais ses professeurs s'y opposèrent. Il consacra une partie de sa jeunesse à ses études; le reste du temps il l'employait à travailler pour sa famille. On voit encore à Copenhague plusieurs sculptures de lui, qui datent de ce temps-là. L'époque du grand concours approchait. Thorwaldsen n'avait d'abord pas envie de s'y présenter. Il était retenu tout à la fois par un sentiment d'orgueil et par un sentiment de modestie; il ne se croyait pas en état de remporter le prix, et il ne voulait cependant pas avoir la honte d'échouer. Mais ses amis s'efforcèrent de vaincre ses répugnances. Pendant plusieurs mois, les plus intimes ne l'abordaient jamais sans lui dire : « Thorwaldsen, songe au concours. »

Quand le jour solennel fut venu, le pauvre Bertel traversa avec de grands battements de cœur le vestibule de l'Académie. Les élèves devaient d'abord se réunir dans une salle commune pour y recevoir le programme du concours, puis se retirer chacun dans une chambre à part pour y faire leur esquisse. C'était d'après ces esquisses que l'on était admis à concourir, et c'était justement là ce qui effrayait Thorwaldsen. Quant il se vit seul dans sa cellule, en face de son programme, sa frayeur redoubla ; il ouvrit la porte et s'enfuit par un escalier dérobé. Au moment où il exécutait ainsi sa retraite, il fut rencontré par un professeur, qui lui reprocha si éloquemment son peu de courage, que Thorwaldsen honteux retourna à ses crayons. Le sujet du concours était un bas-relief représentant Héliodore chassé du temple. Le jeune artiste acheva en deux heures son esquisse, et gagna la seconde médaille d'or [1].

En 1793, il y eut un nouveau concours. Cette fois il s'y présenta avec plus de résolution et remporta le grand prix, auquel était attaché le titre de pensionnaire de Rome avec une rente de 1200 francs. Les fonds n'étaient pas disponibles. Thorwaldsen les attendit trois années. Il passa ce temps à continuer ses études, à donner des leçons de dessin, et fit quelques travaux pour le palais du roi.

Enfin, en 1796, il obtint son stipende de voyage. Il se crut en ce moment si riche, qu'il alla trouver un de ses amis qui aspirait aussi à devenir artiste, lui offrit de l'emmener à Rome et de partager avec lui sa pension. Mais son ami savait mieux que lui ce que valaient quatre cents écus, il refusa. Thorwaldsen partit le 20 mai 1796 sur une frégate qui faisait voile pour la Méditerranée.

1. Nous empruntons à l'excellent ouvrage de M. Thiele : *Thorwaldsen og Hans verker*, ces détails sur la première jeunesse du célèbre sculpteur.

Ce qui était triste alors, c'était de voir sa malheureuse mère qui pleurait et s'écriait qu'elle ne reverrait jamais son fils. En partant, il lui avait fait remettre par un ami une petite boîte pleine de ducats. Elle la garda avec l'intention de n'y jamais toucher, car un jour, disait-elle, son pauvre Bertel pourrait en avoir besoin. Elle gardait aussi, avec une sorte de tendresse religieuse, un vieux gilet qu'il avait porté. Souvent on l'a vue presser ce gilet sur son cœur et le baigner de larmes, en invoquant le nom de son fils bien-aimé. Elle est morte, la bonne mère, sans connaître toute la gloire de celui qu'elle avait tant pleuré.

La frégate sur laquelle était Thorwaldsen fit un long voyage. Elle s'arrêta plusieurs mois dans la mer du Nord. Elle aborda à Malaga, à Alger, à Tripoli, à Malte. A la fin, Thorwaldsen n'eut pas le courage de continuer plus longtemps cette expédition maritime. Il s'embarqua sur un bateau qui allait à Naples, et arriva à Rome le 8 mars 1797.

Les premières années qu'il passa dans cette ville furent plus d'une fois traversées par d'amères sollicitudes. Toute l'Europe était alors dans un état d'agitation qui devait se faire sentir jusque dans la retraite du savant et l'atelier de l'artiste. Les grandes questions politiques étouffaient le sentiment poétique. Thorwaldsen travailla avec dévouement, avec enthousiasme, mais sans être encouragé comme il avait le droit de s'y attendre.

Le terme de sa pension était écoulé, et il n'avait pas encore appris à compter sur la puissance de son génie. En 1801, il se préparait à retourner en Danemark. Cependant, avant de partir, il tenait à finir une œuvre dont il voulait faire hommage à son pays. C'était un Jason conquérant la toison d'or. Déjà il avait fait et brisé une première ébauche de ce chef aventureux des Argonautes. Il en refit une seconde dans des dimensions plus larges, et Canova qui la vit, Canova, qui était alors le roi de l'art, s'écria *Questa opera di quel giovane Danese è fatta di uno stilo nuovo e grandioso*[1]. Un des compatriotes de Thorwaldsen, l'érudit Zoega, qui jusque-là n'avait témoigné qu'une froide estime au jeune artiste, rendit justice à cette composition. Une femme qui s'est fait en Danemark une réputation par ses poésies et par son salon littéraire, Mme Frédérique Brunn parla aussi de la statue de Jason avec enthousiasme.

Tous ces éloges, si doux qu'ils fussent à l'oreille de Bertel, ne changeaient rien à sa situation matérielle. Il ne lui restait que l'argent nécessaire pour se rendre en Danemark, et il allait partir. Déjà sa malle était fermée, et le *veturino* l'attendait à la porte, quand tout à coup, le sculpteur Hagemann, de Berlin, qui devait être son compagnon de voyage, vint lui dire que son passe-port n'étant pas en règle, il ne pouvait encore se mettre en route. Une rencontre providentielle avait sauvé Thorwaldsen, au moment où il abandonnait le concours, une rencontre non moins heureuse le sauva une seconde fois. Le banquier Hope entra par hasard dans son atelier, aperçut la statue de Jason et en fut frappé. « Combien voulez-vous, dit-il, pour exécuter cette statue en marbre? — Six cents scudi, répondit avec embarras Thorwaldsen, qui craignait de trop demander. — Je vous en donne huit cents, » repartit Hope, et la somme fut immédiatement payée. Thorwaldsen resta à Rome, et le génie dont il était doué prit son libre essor. Quelques années après, ce n'était plus le pauvre pensionnaire de Copenhague, vivant avec sollicitude d'un modique revenu, poursuivant à l'écart, dans un complet oubli, une carrière incertaine. C'était un artiste illustré par ses œuvres, recherché par de grands personnages, honoré des plus hauts témoignages de bienveillance. Le bruit de ses succès s'était répandu en Danemark et y avait excité un vif sentiment d'orgueil national. Il fut nommé

---

1. Cette œuvre du jeune Danois est d'un style nouveau et grandiose.

membre de l'Académie dont il avait été l'élève. Plusieurs travaux lui furent demandés pour le palais du roi et l'hôtel de ville. Une carrière de marbre ayant été découverte, le prince Christian, qui est devenu roi de Danemark, engagea Thorwaldsen à venir employer son génie au service de son pays. Thorvaldsen était alors forcément retenu à Rome par plusieurs entreprises. On espérait en 1812 voir arriver Napoléon dans l'antique ville des Césars. On voulait disposer pour lui un palais sur le mont Quirinal. Le sculpteur danois fut invité à y travailler. En trois mois, il fit un de ses chefs-d'œuvre, une frise en stuc, de soixante pieds de longueur, représentant le triomphe d'Alexandre. Les Danois ouvrirent une souscription pour qu'il reproduisît en marbre cette magnifique composition. Leur vœu fut exaucé[1].

Thorwaldsen, cependant, continuait à rester à Rome. Quelquefois, au milieu de sa rapide et brillante fortune, il tombait dans de profonds accès de mélancolie; la mélancolie des grandes âmes, tourmentées par des rêves, que les plus nobles satisfactions de ce monde sont impuissantes à satisfaire. Ce fut dans une de ces heures sombres qu'il tailla un de ces célèbres bas-reliefs représentant *la nuit*, et presque aussitôt, par l'effet continu de la même inspiration, il fit pour pendant, *le jour*.

Les prières de ses compatriotes le déterminèrent enfin à quitter l'Italie pour retourner sur les rives de la Baltique. En 1819, il rentrait, au milieu d'une foule avide de le voir, dans les rues de Copenhague. Dans l'espace de vingt-trois ans, dit M. Thiele, il avait bien changé, mais son cœur avait gardé toute la fraîcheur, toute la jeunesse de ses premières affections. Son imagination ravivait tous ses

---

1. Il existe quatre exemplaires de ce triomphe d'Alexandre. Le premier, qui est au palais Quirinal et qui n'est qu'une esquisse; le second dans la galerie Sommariva; un troisième plus développé; le quatrième que l'on voit au palais de Christiansborg à Copenhague, et qui est le plus complet de tous.

souvenirs, et son âme se dilatait à la vue des lieux où il avait vécu dans son enfance. Quand il arriva à la porte de l'Académie, un homme l'attendait sous le vestibule ; c'était le vieux portier qui l'avait vu venir là tant de fois. Thorwaldsen lui sauta au cou et le serra dans ses bras.

Pendant une année, il fut encensé, chanté, béni. Quand il repartit, il avait une escorte comme un roi. Il passa par Berlin, Dresde, Varsovie, Vienne, partout accueilli avec enthousiasme, et comblé de marques de distinction. De retour dans son atelier de Rome, il y modela sa grande et majestueuse statue de Copernic, puis sa statue du Christ et les douze Apôtres qui décorent à présent la nef de l'église Notre-Dame de Copenhague. Le peuple romain, avec son sentiment inné pour les œuvres d'art, parlait de l'artiste danois avec admiration. Dans un de ses brillants discours, l'improvisatrice Rosa Taddei l'appelait le fils de Dieu : *figlio di Dio*. Le gouvernement pontifical lui confiait, à lui artiste protestant, l'exécution du monument de Pie VII, et quand le roi Louis de Bavière arrivait à Rome, c'était Thorwaldsen qu'il allait d'abord chercher.

Enrichi par le produit de ses œuvres, entouré de toutes les jouissances du luxe et de toutes celles que devaient lui donner ses relations avec un monde juste appréciateur de son génie, Thorwaldsen résolut pourtant de retourner à Copenhague. C'était là qu'il avait connu les premières émotions de la vie. C'était là qu'il voulait mourir. Il en était sorti pauvre et libre ; il y retournait avec l'auréole de la gloire et de la fortune, mais libre encore. Plus d'une fois, on lui avait fait de brillantes promesses de mariage ; il les avait écartées pour se dévouer sans réserve à son art chéri. Cependant l'amour était entré dans son cœur. Il avait connu les joies de la paternité, et il laissait à Rome une fille à laquelle il a donné son nom.

Thorwaldsen avait l'âme tendre et compatissante. On cite de lui plusieurs traits qui prouvent sa générosité. En voici un entre autres : Un pauvre artiste danois, qui avait été malade, vient un jour le remercier des secours qu'il avait reçus de lui, et lui annoncer son départ pour le Danemark.

« Vous ne voyagerez sans doute pas à pied? dit Thorwaldsen.

— Pardon, je ne puis faire autrement.

— Mais vous êtes encore trop faible pour supporter une telle fatigue. » Puis lui remettant entre les mains une poignée de scudi : « Tenez, ajoute-t-il, vous louerez un cheval. »

L'ouvrier, après avoir compté cette somme, lui dit qu'elle ne le mènerait pas plus loin que Florence.

« Eh bien, dit en riant Thorwaldsen en ouvrant de nouveau son secrétaire, combien vous faut-il pour vous rendre commodément en Danemark? »

L'ouvrier fixa le chiffre qu'il croyait nécessaire, et Thorvaldsen versa gaiement ses écus entre ses mains, et le reconduisit jusqu'à la porte en lui faisant promettre de voyager en voiture.

En général, Thorwaldsen causait peu. Ce n'était que dans l'intimité qu'il s'abandonnait à la libre et vive expansion de son caractère, et quelquefois alors il éclatait en saillies singulières. Un jour, il eut une discussion avec un sculpteur qui vantait fort impertinemment ses propres ouvrages. « Ah! ah! s'écria Thorwaldsen, liez-moi les mains, et je parie de tailler le marbre avec les dents mieux que vous avec votre ciseau. »

Le célèbre artiste avait conservé les modèles en plâtre de tous ses ouvrages. Il voulait transporter toute cette collection dans son pays natal avec ses statues et ses tableaux. Une souscription fut ouverte en Danemark pour fonder un musée qui porterait son nom et où toutes ces richesses d'art seraient déposées. Dans chaque province du royaume, cette liste se couvrit de signatures. Les servantes mêmes, les paysans y apportèrent leur denier. En peu de temps on recueillit une somme de 300 000 francs. Le roi donna le terrain. L'édifice fut commencé.

En 1838, une frégate fut expédiée de Copenhague pour aller chercher en Italie Thorwaldsen et ses collections. « Depuis longtemps, dit le poëte Andersen avec un naïf enthousiasme, nous n'avions vu des aurores boréales aussi belles que cette année. Leurs rayons rouges et argentés scintillaient à l'horizon. On eût dit que les ancêtres de Thorwaldsen venaient eux-mêmes dans l'éclat de ces lueurs septentrionales assister au triomphe de leur petit-fils. »

L'étendard danois hissé au-dessus de la tour Saint-Nicolas annonça aux habitants de Copenhague l'approche de la frégate qui ramenait l'illustre sculpteur. Tout le monde se précipite vers le port, et une joie universelle éclate dans la capitale du Danemark. Les canons tonnent, les navires se pavoisent de leurs pavillons, la mer est couverte d'une quantité de chaloupes parées comme pour un jour de fête. Ici apparaissent les étudiants avec des bannières emblématiques, là une cohorte de jeunes femmes agite ses mouchoirs à l'aspect de la barque qui se détache de la frégate et conduit Thorwaldsen vers le quai. Des cris d'admiration, des vivat, des hurrahs retentissent au loin. Le peuple détache les chevaux attelés à la voiture de son artiste bien aimé, et le conduit au palais de Charlottembourg, où son atelier est orné de fleurs et de guirlandes. Le soir, une troupe d'artistes vient chanter sous ses fenêtres, et les rues sont éclairées par des torches flamboyantes.

Les fêtes succèdent aux fêtes. Tantôt c'est l'académie de musique qui célèbre le retour du célèbre Danois, tantôt les étudiants qui se glorifient de le nommer membre honoraire de leur réunion. Thorwaldsen dans sa modestie ne pouvait croire qu'il fût l'unique objet de tous ces hommages. Un soir qu'il passait dans une rue illuminée en son honneur : « Il y a donc là, dit-il, un grand mariage ? »

car il se rappelait que l'usage en Danemark est d'éclairer ainsi la demeure des nouveaux époux.

Près de la riante baie de Prestœ s'élève au milieu d'une fraîche enceinte de verdure la jolie ville de Nysœ, habitée par un homme d'un cœur généreux, d'un esprit élevé, le baron Stampe. Ce fut là que Thorwaldsen se retira après ses premières ovations, et il illustra par de nouveaux travaux la demeure hospitalière qui lui était ouverte. La baronne Stampe s'occupait de lui avec une sorte de tendresse filiale, et par ses soins assidus, par ses encouragements, soutenait l'activité de son hôte illustre. Pendant une excursion qu'il entreprit à l'île de Moe, un atelier fut préparé pour lui dans le jardin du château, en face de la mer. Thorwaldsen y fit ses dernières compositions: *le Christ portant sa croix*, *l'Entrée à Jérusalem*, *Rébecca à la fontaine*. Il y fit aussi son buste, celui du poëte Œhlenschlaeger, celui de Holberg, et ceux de la noble famille qui lui témoignait une si cordiale affection.

Sans cesse pourtant de nouvelles fêtes le rappelaient à Copenhague, et souvent il se montrait au théâtre assis à côté d'Œhlenschlæger. L'âge lui avait donné une beauté imposante. « Sa figure, dit le poëte Heiberg, avait le caractère plastique d'une de ses admirables statues. Quand il passait au milieu de la foule, elle s'écartait comme par l'effet d'une puissance suprême. »

Son génie s'alliait à une douceur qui charmait tout le monde. Chaque jour son atelier de Copenhague était rempli de visiteurs. A Nysœ, il travaillait plus librement.

En 1841, il fit avec la famille Stampe un dernier voyage en Italie, visita Berlin, Dresde, Francfort, les villes du Rhin, Munich, et partout fut reçu en triomphe.

Après avoir passé l'hiver à Rome, il revint en Danemark et rentra dans son heureuse retraite de Nysœ. Il y composa encore son beau bas-relief représentant les joies de Noël dans le ciel, puis le Génie de la poésie, qu'il donna à Œhlenschlæger en lui disant : « C'est votre médaillon. »

Ce fut là que l'on célébra son dernier anniversaire de naissance, par la représentation d'une des comédies de Holberg, dans une soirée à laquelle fut convié un cercle d'hommes d'élite. Le matin même, Andersen et quelques autres de ses amis étaient venus chanter à sa porte : Thorwaldsen, sortant de sa chambre en pantoufles, s'était mis à chanter et à danser joyeusement avec eux.

Le 24 mars 1844, quelques personnes de son intimité se trouvaient réunies autour de lui à Copenhague dans la maison de M. Stampe. Thorwaldsen, était d'une gaieté extraordinaire, causait avec vivacité, racontait toutes sortes d'histoires, et parlait avec bonheur du voyage qu'il devait prochainement faire en Italie. Ce soir-là, on représentait pour la première fois au théâtre la *Griseldis* de Halm (M. Munchbillinghausen). Thorwaldsen goûtait peu la tragédie. Ce qui lui plaisait surtout, c'était la comédie, et notamment les bonnes, franches comédies de Holberg. Mais l'œuvre de Halm était fort vantée, il voulait la voir. A six heures, il se rendit seul au théâtre, se dirigea vers sa place habituelle en saluant çà et là plusieurs de ses amis, s'assit pendant qu'on jouait l'ouverture du spectacle, pencha la tête et devint immobile. Ceux qui étaient près de lui crurent qu'il était évanoui. On l'emporta hors de la salle. Il était mort.

La fatale nouvelle se répandit dans la ville avec la rapidité de l'éclair et y causa une grande émotion. En disséquant son corps, on reconnut que cette mort si subite provenait d'une lésion dans l'organe du cœur.

Sa figure conserva sa sereine expression. Lorsqu'on le déposa dans le cercueil, avec un linceul blanc et une couronne de laurier sur la tête, il ressemblait à une belle statue de marbre.

Son corps fut exposé dans la grande salle de l'Académie. Il y avait cinquante ans que, dans cette même salle, il recevait la première récompense de son travail. Le jour des funérailles, le prince royal se plaça à côté de son cercueil; venaient ensuite les membres de l'Académie, puis les étudiants de l'université et les enfants des écoles, et une quantité de personnes de toutes les classes de la société. Par un sentiment spontané tout le monde avait pris le deuil, et ceux qui suivaient le convoi, et ceux qui de leurs fenêtres le regardaient passer dans la rue.

Le cercueil était couvert de guirlandes de fleurs et de couronnes ; l'une tressée par les mains mêmes de la reine, une autre façonnée en argent. C'était l'offrande des enfants des écoles. Quand le cortége entra dans l'église, où au milieu des draperies noires, brillaient d'un doux éclat la statue du Christ et celle des douze apôtres, l'orchestre entonna une marche funèbre, le roi quitta son siége et vint sur la porte à la rencontre du mort illustre. L'orgue gémit, les assistants répétèrent d'une voix douloureuse l'hymne de deuil, un prêtre prononça l'oraison funèbre, puis les étudiants réunis en cercle autour du catafalque chantèrent un chant d'adieu.

Ainsi finit la glorieuse carrière d'Albert Thorwaldsen. La fortune avait répandu sur lui ses faveurs. Les grands seigneurs s'enorgueillissaient de le voir dans leurs salons. Le peuple, sachant qu'il était né dans les rangs du peuple, était fier de sa renommée, de ses succès, et le regardait comme un élu de Dieu. Même après sa mort, il semblait avoir conservé la puissance d'être utile aux malheureux. Des matelots du quartier de Nyboden, qui se rappelaient que son père avait travaillé pour leurs navires, combinèrent le chiffre de son âge, le jour de sa naissance, celui de sa mort: 74, 19, 24, mirent ces chiffres à la loterie et gagnèrent.

Du Danemark, la nouvelle de la mort de Thorwaldsen se répandit bientôt dans les autres contrées de l'Europe et y excita des regrets unanimes. Des services funèbres furent célébrés pour lui à Berlin et à Rome. La place qu'il occupait au théâtre de Copenhague quand il rendit le dernier soupir fut voilée d'un crêpe et couverte de branches de laurier.

La veille même du jour où il expira, on venait, d'après son expresse volonté, de terminer sa tombe au centre de son musée. Il ne pouvait avoir un plus beau monument que ce musée même qui renferme ses trésors. Désormais les étrangers qui visiteront le Danemark ne seront plus attirés seulement par la fraîcheur de ses bois et le riant aspect de ses îles. Ils voudront voir les œuvres d'art et le mausolée de Thorwaldsen, ils voudront voir aussi le jardin de Nysœ où fut son atelier. Le nom de Thorwaldsen se perpétuera en Angleterre par ses statues de Jason et de Byron; en Suisse, par le lion couché de Lucerne; à Roeskide, par sa statue de Christian IV. Il vivra dans le cœur de tous ceux qu'animera l'amour de l'art.

III

UNE VIE DE POËTE.

ANDERSEN.

Grâce à l'esprit de curiosité et à l'ardeur d'investigation qui caractérisent notre époque, nous avons pénétré dans des études littéraires dont on avait à peine l'idée il y a cinquante ans. Les hommes du dix-huitième siècle s'étaient fort occupés de l'Italie, de l'Espagne, et quelques-uns de l'Angleterre. J'ai tout lieu de croire pourtant qu'ils comprenaient peu Calderon, cet aigle majestueux de la poésie espagnole; et quant au génie de Shakspeare, on sait avec quelle réserve ils l'acceptaient. De l'autre côté du Rhin, rien n'attirait alors les regards de nos critiques. Voltaire ne vit en Allemagne qu'un roi qui s'enorgueillissait d'élaborer péniblement de méchants vers français et qui parlait avec un profond mépris de la littérature allemande. Un poëte encore sollicitait son attention; c'était Gottschedt, qui, de moitié avec sa savante épouse, traduisait ou imitait les pièces du théâtre français[1]. Lessing était là pourtant qui, d'une main vigoureuse, commençait à ébranler les portes de Gaza de cette littérature d'imitation et de convention. Mais Voltaire ne le connut pas; et quand notre poëte railleur rentra en France avec ses souvenirs de Potsdam, plus d'un aimable lettré du temps dut répéter sérieusement la question posée par le père Bouhours: « Un Allemand peut-il avoir de l'esprit? » Gœthe, Schiller, Wieland, Herder, et tant d'autres qu'il serait trop long d'énumérer, ont glorieusement répondu à cette insolente question. Tandis que les diplomates du congrès de Vienne restreignaient nos limites politiques, la France littéraire s'élançait de par-delà ces limites jusqu'au cœur de l'Allemagne, séduite et charmée par l'éclat de la pléiade poétique de Weimar. Une fois sur la terre germanique, les routes étant ouvertes, l'étoile polaire brillant à l'horizon, nous n'avions qu'un pas à faire pour arriver dans les régions du Nord. Il y avait là encore une poésie attrayante, ignorée, qui, après avoir longtemps végété sous la férule de la scholastique du moyen âge, dans la servile imitation des écrivains allemands et français, venait enfin de s'affranchir de cette loi de contrefaçon. Elle s'élevait comme une jeune vierge du sein des flots de a Baltique, déroulant, telle que les pâles filles d'Ossian, ses longues boucles de cheveux blonds au souffle des vents, en répétant de sa voix naïve les refrains populaires des *Kœmpeviser*. Ceux-là le savent, qui ont eu le bonheur d'entendre cadencer

---

1. Il existe à la bibliothèque de l'Université de Leipzig, une lettre de Voltaire à Mme Gottschedt, lettre curieuse dans laquelle le poëte voyageur, pour rendre hommage à celle qui a traduit quelques-unes de ses œuvres, mêle à ses charmantes tournures de phrase plusieurs mots allemands.

les vers d'Œhlenschlæger, les chants de Tegner, aux bords du lac d'Esrum et dans les vertes forêts de la Smaland. Ceux-là savent aussi quelle précieuse récolte leur offrait le Nord, ceux-là qui, s'avançant dans les domaines de la science et de l'érudition, trouvaient en Danemark Bartholin, Torfesen, Suhm, Langebek, le philologue Rask, le légiste Schlegel, le savant Finn Magnussen; et en Suède, Rudbeck, Ihre, Lagerbring, Swedenborg le philosophe, Lieligren l'antiquaire. La France a tendu une main amicale à ces pacifiques descendants des vieux guerriers scandinaves. Holberg, Oehlenschlæger, Wessel, Léopold, sont entrés dans notre collection de théâtres étrangers. Tegner a été plus d'une fois traduit et analysé; puis Geier et Fryxell, ces deux charmants narrateurs de l'histoire de Suède; puis Mlle Bremer, qui a dépeint les mœurs de sa nation, les frais et pittoresques paysages du Nord, dans une série de tableaux d'une vérité parfaite et d'une rare simplicité.

Parmi les écrivains d'un ordre secondaire qui, dans cette étude nouvelle, ont à leur tour attiré l'attention, il en est un qui est venu lui-même recueillir deux fois en France les témoignages d'une sympathie qu'il devait éveiller à la fois par son affectueuse et honnête nature, par le caractère original de ses œuvres, par les curieuses et intéressantes péripéties de son existence; c'est Andersen. Il a écrit plusieurs romans qui ont eu une sorte de succès populaire en Allemagne, en Angleterre, en Russie; mais le plus intéressant de ces romans, c'est sa biographie même. C'est cette vie d'un malheureux enfant né, comme Hogg, dans une des classes les plus obscures de la société, animé dès son bas âge par le secret instinct et la vague ambition d'une vocation plus élevée, et luttant, avec un courage opiniâtre, avec une patience infatigable, contre la misère qui l'écrase, contre les entraves qui l'arrêtent sur son chemin : légende de plus à ajouter au matyrologe des poëtes; page à mettre dans un recueil d'histoires instructives, à côté de la biographie du petit pâtre lorrain, devenu le savant Duval.

En l'année 1804, un jeune cordonnier épousait à Odensée, en Fionie, une brave et bonne fille qui ne lui apportait en dot que ses qualités de cœur. Le mariage, comme on peut le croire, se célébra fort modestement; les époux n'avaient pour toute ressource que le fruit de leur labeur journalier. Le mari façonna lui-même son lit de noces avec des planches achetées à l'encan et qui avaient servi au catafalque d'un gentilhomme du pays. Ce fut sur cette couche funèbre, transformée en couche nuptiale que, le 2 avril 1805, naquit notre poëte Jean Christian Andersen. Le jeune couple n'avait pour demeure qu'une chambre obscure; mais l'ingénieux cordonnier avait tapissé les murailles de cette chambre d'une quantité d'images recueillies par hasard çà et là. Puis il aimait les livres, et il était parvenu à en composer une petite bibliothèque. Il avait eu dans son enfance l'espoir de faire ses études; des malheurs de famille l'obligèrent à entrer comme apprenti dans un atelier, et jamais il ne se consola de n'avoir pu suivre ses projets.

« Un jour, dit Andersen, j'étais avec mon père sur le seuil de notre porte; il vit un étudiant qui, ses livres sous le bras, s'en allait au gymnase. Il murmura en essuyant une larme dans ses yeux : « Je devais aussi aller au gymnase. » Mais il avait une intelligence au-dessus de son état et une imagination qui se complaisait aux fictions du poëte. Le soir, pour se reposer du travail de la journée, il lisait à haute voix les comédies de Holberg ou les contes des *Mille et une Nuits*. Le dimanche, il façonnait pour son fils des marionnettes; il lui érigeait sur une table un théâtre où l'enfant faisait manœuvrer les figurines en bois qui, pour lui, représentaient les principaux personnages du comique Holberg, ou les califes de Bagdad et les sultanes de l'Orient. Tels furent les premiers éléments d'éducation de celui qui devait un jour aussi créer ses personnages, et porter sur le théâtre royal de Copenhague ses conceptions dramatiques. En été, le jeune artisan s'en allait les jours de fête hors des murs de la ville, et se promenait rêveur et silencieux à travers champs, tandis que son fils courait gaiement le long des sentiers et que sa femme cueillait dans les haies des branches vertes dont elle décorait leur modeste asile. En 1814, le passage d'un régiment danois qui s'avançait vers le Holstein pour se joindre aux troupes françaises, éveilla tout à coup dans le cœur inquiet de l'ouvrier une ardeur irrésistible. Il adorait Napoléon, il voulait combattre pour lui, se signaler par son courage, rentrer à Odensée avec l'épaulette d'officier. Ni les supplications, ni les terreurs de sa femme ne purent le retenir. Il partit et revint peu de temps après. La paix avait mis fin à cette expédition guerrière. Mais à peine de retour dans sa demeure, il tomba malade et mourut. Christian resta seul avec sa mère, et une vieille grand'mère qui de temps à autre venait le voir et lui disait des contes de sorciers. La pauvre veuve n'avait plus de ressource que dans son propre travail. Elle passait une partie de la journée tantôt dans une maison, et tantôt dans une autre, chez des gens qui l'employaient à laver leur linge. Pendant ce temps, Christian demeurait au logis, disposant ses marionnettes, lisant et relisant les quelques livres que lui avait laissés son père. On le fit entrer à l'école élémentaire gratuite, mais il était d'une nature timide qui l'empêchait de s'associer à ses condisciples. Il devint l'objet de leurs plaisanteries, quelquefois de leurs mauvais traitements. Leurs jeux bruyants l'effrayaient. Dès que l'heure de la classe était finie, il se hâtait de fuir la troupe turbulente et se retirait comme un oiseau effarouché dans son gîte. Cependant il arrivait à l'âge où il devait aussi songer à gagner sa vie. Sa mère le voyant constamment occupé à habiller des marionnettes, jugea qu'il avait une vocation décidée pour le métier de tailleur, et voulut le mettre en apprentissage. Mais ses lectures romanesques lui avaient donné d'autres idées. Il ne voulait point exercer l'obscure profession d'artisan, il voulait devenir un homme célèbre. Souvent le soir, dans les longues veillées d'hiver, il avait chanté devant sa mère, son aïeule et quelques voisines, des refrains populaires, et les bonnes femmes vantaient la douceur de sa voix claire et fraîche comme celle d'une jeune fille. Souvent aussi, il avait déclamé devant le même auditoire des scènes de comédie, et l'on admirait son accent solennel, son geste pompeux. De temps à autre une troupe d'acteurs ambulants s'arrêtait à Odensée; Christian avait gagné les bonnes grâces d'un des gardiens du théâtre qui lui donnait des billets gratis. Quand il voyait ces rois et ces reines revêtus de leur robe de pourpre portant si fièrement le manteau sur l'épaule et la couronne de clinquant sur la tête, il se disait que nulle existence au monde ne valait celle de l'acteur; puis quand il se rappelait les succès obtenus sous le toit maternel par son chant, par sa déclamation, il se disait que la nature l'avait formé exprès pour porter aussi sur la scène l'épée de chevalier ou le diadème royal, pour recueillir ces applaudissements qui faisaient palpiter son cœur. Être acteur, c'était là son ambition suprême, son rêve idéal. Sa mère n'avait aucune prévention contre une telle carrière; seulement elle s'effrayait de voir son fils porter sa pensée si haut, lui qu'elle s'était toujours figuré assis sur un banc de tailleur, des ciseaux à la main, exerçant son intelligence dans la façon d'une redingote et les ornements d'un gilet. Bien des raisons furent employées par la sollicitude maternelle pour détourner l'enfant aventureux de ses projets gigantesques; mais il persistait dans sa résolution, et, pour l'accomplir, il amassait pièce par pièce, skelling par skelling, toute la menue monnaie que des personnes charitables lui donnaient, tantôt comme une aumône et tantôt pour le remercier d'un de ses chants. Déjà il avait, dans sa jeune audace, dépassé la gloire des acteurs d'Odensée, il aspirait à l'éclat d'un théâtre plus grand, du théâtre royal de Copenhague. Un jour, en comptant ses richesses, il se trouva possesseur d'une somme de treize rigsdalers (environ 35 francs). Treize rigsdalers ! Avec une pareille somme que ne pouvait-on pas entreprendre? Si loin qu'on allât, verrait-on jamais la fin d'un si large trésor? L'innocent Andersen ne pouvait le supposer; mais il ne voulut point se laisser éblouir par la fortune, et, pour le moment, il se bornait modestement à s'en aller s'établir dans la capitale du royaume. Avant de lui donner la permission de partir, sa mère voulut encore tenter une épreuve; elle fit venir chez elle une vieille femme qui lisait dans l'avenir et rendait des oracles infaillibles. La sibylle danoise, après avoir humé lentement une tasse de café, prit la main du jeune Christian, en observa les lignes d'un œil expérimenté, et déclara qu'un jour, en l'honneur de cet enfant, les rues d'Odensée seraient illuminées. Une telle sentence mettait fin à toute sollicitude. La bonne veuve, rassurée par cette parole qui lui inspirait la plus parfaite confiance, dit adieu à son fils, non toutefois sans pleurer, et Christian partit. C'était par une belle journée d'été. La diligence qui l'emportait vers Copenhague roulait rapidement sur une route de sable entre les champs féconds, les riantes prairies, les vertes forêts de la Fionie, et l'enfant s'en allait contemplant d'un regard avide ce vaste espace ouvert pour la première fois devant lui, heureux comme on l'est à quinze ans, lorsqu'on s'élance dans la vie avec la plénitude de ses illusions et qu'on tient le monde dans ses rêves; rêves trompeurs, folles chimères ! Le candide voyageur ne devait pas tarder à sentir toute l'amertume de la destinée du pauvre et à regretter son obscure demeure d'Odensée.

En arrivant à Copenhague, il alla se loger dans une auberge comme un homme qui n'est point en peine de sa fortune. Quelques jours après, sa bourse, cette fameuse bourse, qui ne renfermait pas moins de treize beaux écus, était épuisée. La diligence en avait pris un tiers, le compte de l'hôtelier avait bien vite absorbé le reste. Il fallait de toute nécessité la remplir. Andersen, qui ne doutait encore de rien, se présente chez une actrice pour laquelle il avait une lettre de recommandation. Dès qu'il fut près d'elle, il se mit à chanter ses meilleures chansons et à déclamer les rôles qui avaient tant de fois enchanté les voisines de sa mère. L'actrice se moqua de lui ; il la quitta de l'air superbe d'un génie méconnu, et s'en alla tout droit chez le directeur du théâtre lui demander un engagement. Le directeur, après l'avoir toisé des pieds à la tête, lui dit qu'il était trop maigre.

« A cette brutale réponse, je restai, dit-il, atterré. A qui avoir recours? A qui demander un conseil ou une consolation? Je ne connaissais personne. La mort me semblait mon unique refuge; mais dans ce moment de désespoir j'élevai ma prière vers Dieu, j'invoquai son appui avec l'ardente confiance d'un enfant qui implore la tendresse de son père, — et je pleurai. »

Le lendemain, le malheureux orphelin, perdu dans cette grande ville si étrangère pour lui, précipité du faîte de ses espérances dans un profond découragement, employa un de ses derniers skellings à acheter une feuille d'annonces, où il trouva le nom d'un industriel qui demandait un apprenti. Il alla s'offrir, et le jour même où il entrait à l'atelier, les jeunes artisans, dont il devait partager les travaux, l'effrayèrent tellement par leurs plaisanteries, qu'il renonça à ce dernier asile et s'enfuit.

« Je m'en allais, dit-il, dans les rues avec le douloureux sentiment de ma misère, de mon isolement, quand tout à coup je me rappelai avoir lu dans un journal à Odensée le nom d'un M. Siboni, directeur du Conservatoire de musique. Avant de mourir, ou de retourner en Fionie, je pouvais encore faire une dernière tentative, — et j'allai chez lui. Ce jour-là, il avait plusieurs personnes à dîner, entre autres le compositeur Weyse, le poëte Baggensen[1]. Je racontai à la domestique qui vint m'ouvrir la porte non-seulement le but de ma visite, mais toute mon histoire. Elle m'écouta avec intérêt, et reporta, je crois, tout mon récit à son maître, car j'attendis longtemps son retour. Enfin j'entrai ; toute la société se rangea autour de moi ; on me pria de chanter, je chantai, puis je déclamai quelques scènes ; puis soudain, surpris et subjugué par le sentiment de ma malheureuse situation, je me mis à fondre en larmes. Baggesen dit qu'on ferait quelque chose de moi. Siboni promit de former ma voix et de me faire débuter comme chanteur au théâtre. Je passai tout à coup d'une amère douleur à une sorte de ravissement. Je riais et pleurais comme un enfant. La domestique en me reconduisant vers l'escalier, me posa la main sur la joue, et me dit que le professeur Weyse m'engageait à aller le lendemain chez lui. Le lendemain, le généreux artiste, qui avait été pauvre aussi, et qui sympathisait avec les souffrances du pauvre, me remit le produit d'une collecte qu'il avait faite pour moi, une grosse somme de soixante-dix écus. J'écrivis à ma mère une lettre enthousiaste qu'elle montra à toutes ses connaissances : je me croyais désormais à l'abri de toute sollicitude. L'avenir que j'avais rêvé m'apparaissait brillant et sans nuages. Pour comprendre Siboni, qui parlait peu danois, j'étudiai l'allemand, et j'allai régulièrement chez lui recevoir les leçons qu'il me donnait avec bonté. Mais six mois après, je perdais ma voix, soit par l'effet de l'âge, soit peut-être parce que j'avais passé tout l'hiver au froid et à l'humidité, n'ayant pour me couvrir que de légers vêtements. »

C'en était fait encore une fois des espérances du pauvre Andersen. En perdant sa voix il perdait son unique perspective, sa carrière théâtrale, et il se trouvait de nouveau obligé d'aller demander un refuge à sa ville natale, ce qui

---

1. L'un des meilleurs écrivains modernes du Danemark. M. Fauriel a traduit en français un de ses poëmes : la Parthénaïde.

lui semblait le dernier degré de l'humiliation après les magnifiques projets qu'il avait si emphatiquement confiés à sa mère. La Providence vint encore à son secours. Il se souvint qu'un colonel Guldberg, qu'il avait connu à Odensée, avait un frère à Copenhague. C'était un écrivain de mérite, et qui plus est, un homme de cœur. Il accueillit avec bienveillance le jeune aventurier, l'interrogea sur ce qu'il avait appris, reconnut qu'il ne savait pas même correctement sa langue, promit de lui donner des leçons de grammaire danoise, de grammaire allemande, et pour le mettre d'abord à l'abri du besoin, lui fit accepter le produit d'un livre qu'il venait de publier, cent écus.

Avec cette nouvelle fortune, Andersen se mit en pension chez une vieille femme qui faisait un honteux métier. Il y avait là une assez belle fille qu'un homme âgé, qu'elle appelait son père, venait voir à la chute du jour d'un air mystérieux. Andersen allait lui-même lui ouvrir la porte, le conduisait dans la chambre de la jeune fille, puis revenait s'asseoir devant une table avec ses livres. Dans sa juvénile innocence, il n'avait pas le moindre soupçon sur la nature de ces relations; il n'a su que plusieurs années après qui était cette fille et qui était ce prétendu père.

Aux rapports que le bon Andersen avait eu la joie de se créer avec plusieurs personnes généreuses, il en joignit d'autres qui semblaient devoir le conduire enfin par une autre voie à son but. Il fit connaissance avec un danseur de théâtre, qui entreprit de le façonner à l'art chorégraphique. L'élève se donnait une peine infinie pour se rendre souple et léger, pour tourner sur la pointe des pieds et prendre une tournure gracieuse Mais tous ses efforts furent inutiles, et après de longues et patientes tentatives, le maître lui déclara qu'il ne pourrait de lui faire qu'un figurant. Figurant! ce n'était pas là ce qu'il avait rêvé; cependant c'était un commencement, une entrée au théâtre; et une fois là, son sort n'était-il pas assuré? De l'état de figurant, il s'éleva presque à celui d'acteur. Son maître le désigna pour figurer avec une robe noire de diable dans un ballet, et son nom parut en toutes lettres sur l'affiche du spectacle. « Ah ! ce fut là, dit-il, un moment solennel de ma vie. Voir mon nom imprimé ! c'était pour moi un signe d'immortalité. Je regardais ce nom à tous les coins de rue ; le soir, j'emportai le programme du ballet dans ma chambre, je me mis au lit, je relus encore ce nom qui me paraissait écrit en plus gros caractères que tous les autres, et je m'endormis avec bonheur ! »

Cette apparition sur la scène, qui lui avait donné tant d'ardentes émotions, n'eut pas le moindre succès. Décidément le malheureux Andersen ne pouvait ni danser, ni chanter ; il fallait qu'il se résignât à l'emploi de figurant, triste et misérable emploi pour lequel la direction lui allouait un traitement de six francs par mois.

« Les différents dons que j'avais reçus étaient, dit-il, à peu près épuisés ; mais je n'osais parler de mes besoins à ceux qui m'avaient déjà tendu une main généreuse, et dans les jours rigoureux d'hiver je n'avais qu'un pantalon de toile. J'espérais toujours que ma voix me reviendrait : je voulais être acteur à tout prix. Quand je rentrais dans ma chétive mansarde, je m'enveloppais dans la couverture de mon lit pour me réchauffer, je lisais et je répétais des rôles de comédie. A cette époque, j'avais encore toute la candeur, toute l'ignorance et toutes les naïves superstitions d'un enfant. J'avais entendu dire que ce qu'on faisait le 1er janvier, on le faisait ordinairement toute l'année. Je me dis que si je marchais le 1er janvier sur le théâtre, ce serait d'un bon augure. Ce jour-là, tandis que les voitures circulaient dans les rues, tandis que les parents allaient voir leurs parents et les amis leurs amis, je me glissai par une porte dérobée dans les coulisses, je m'avançai sur la scène. Mais alors le sentiment de ma misère me saisit tellement, qu'au lieu de prononcer le discours que j'avais préparé, je tombai à genoux et je récitai en pleurant le *Pater noster*. »

Au lieu d'être appelé à ce rang d'acteur, objet de tous ses vœux, Andersen reçut une lettre de la direction du théâtre qui le destituait de son emploi de figurant. Pour se venger d'un tel affront, il composa en quinze jours une tragédie, dont pas un mot, dit-il, n'était écrit correctement. Elle fut présentée sous le voile de l'anonyme, par une personne de confiance, au comité de lecture, qui répondit que quand on avait le malheur d'écrire avec une telle ignorance des premières règles de la syntaxe et de la prosodie, on ne devrait pas au moins montrer ses productions. Ce rude échec ne découragea pas Andersen. Il se remit à l'œuvre et enfanta une autre tragédie. Celle-ci n'était guère mieux écrite que la première, mais il s'y trouvait des idées, des scènes qui fixèrent l'attention des personnes auxquelles il la lut. Elle ne fut pas reçue au théâtre, mais elle eut pour le poëte un heureux résultat. Elle lui acquit la protection d'un homme qui jouissait d'une haute considération, et d'une assez grande influence, M. le conseiller Colin. C'est lui que le reconnaissant Andersen se plaît surtout à citer parmi ses bienfaiteurs, et c'est à M. Colin en effet qu'il dut une existence nouvelle, une carrière inattendue. M. Colin comprit qu'il y avait dans un naïf adolescent qui composait des tragédies sans savoir sa langue, un germe de talent que l'éducation devait développer. Il obtint du roi, et de la direction des études, une place gratuite d'élève au gymnase de Slagelse, et Andersen partit avec joie pour cette petite ville, soupirant seulement au souvenir du passé et se disant combien son père serait heureux s'il le voyait admis dans une école latine. Il entra dans la plus basse classe avec les petits enfants, et se trouva d'abord très-troublé de la situation où il était entré si inopinément. « J'étais, dit-il, comme un oiseau sauvage que l'on enfermerait tout à coup dans une cage. J'avais la meilleure volonté d'apprendre, mais toutes les sciences dont on me parlait ressemblaient pour moi à un océan infranchissable. Une vague suivait l'autre; après la grammaire venait la géographie, puis l'histoire et les mathématiques. Je me voyais confondu devant une telle quantité de choses, et j'avais peur qu'elles ne fussent perpétuellement au-dessus de mon intelligence. Le recteur[1], qui exerçait sur tous ceux dont il était entouré son humeur railleuse, ne m'épargna pas. A mes yeux, c'était une espèce de divinité, je recueillais chaque parole qu'il prononçait comme une sentence sacrée. Un jour que j'avais mal répondu à ses questions, il me dit que j'étais une bête. Je fus accablé sous le poids de cet arrêt, et je racontai mes angoisses à Colin, qui heureusement me rassura. Je n'en restai pas moins vivement sensible aux railleries du recteur et aux épithètes injurieuses qu'il m'adressait à tout instant. Cependant je travaillais avec ardeur et sans relâche. Souvent le soir, quand le sommeil appesantissait mes paupières, je me lavais la tête avec de l'eau froide pour me réveiller et pour continuer mon étude. A la fin de la première année, j'eus la joie de porter à mon protecteur un témoignage satisfaisant de ma conduite et de mes progrès, et la joie plus grande d'aller passer quelques semaines avec ma mère à Odensée. »

L'année suivante Andersen entra dans une classe supérieure, mais ce temps d'étude fut le plus malheureux temps de sa vie. Trop âgé pour pouvoir s'associer gaiement aux jeux des enfants, trop timide pour se lier avec les écoliers plus grands, il se tenait à l'écart, en proie à une morne tristesse. « Après l'heure de la classe, dit-il, les portes de l'école étaient fermées, je continuais à étudier dans ma chambre sombre, mon latin; je ne sortais pas, je ne voyais personne, et chaque soir, tombant à genoux, je conjurais le ciel de mettre fin à ma douloureuse existence. Dépourvu de toute espèce de confiance en moi, je n'osais dans mes lettres parler de mes souffrances, raconter comment mon cruel recteur se plaisait à me poursuivre de ses sarcasmes,

---

1. C'est ainsi qu'on désigne en Danemark le principal d'une école.

à m'accabler de son dédain. Je ne me plaignais de personne que de moi. Mes lettres à Colin portaient pourtant l'empreinte d'une douleur qui le touchait vivement, mais il ne devinait pas la cause réelle de cette douleur, et il ne l'attribuait qu'à ma propre nature. »

La poésie seule consola Andersen dans son abandon. Entre ses heures de classe et ses heures d'études, il écrivit quelques élégies dont le plaintif et harmonieux accent endormait sa souffrance. En voici une entre autres que nous aimons à citer comme une de ses meilleures compositions lyriques. Elle a pour titre *l'Enfant mourant*.

Ma mère, je suis las, et le jour va finir,
Sur ton sein bien-aimé laisse-moi m'endormir,
Mais cache-moi tes pleurs, cache-moi tes alarmes ;
Tristes sont tes soupirs, brûlantes sont tes larmes.
J'ai froid. Autour de nous regarde : tout est noir ;
Mais lorsque je m'endors, c'est un bonheur de voir
L'ange au front rayonnant qui devant moi se lève,
Et les rayons dorés qui passent dans mon rêve.

N'entends-tu pas des chants, des chants harmonieux
Tels qu'un jour nous devons en écouter aux cieux ?
L'ange est à mes côtés, il m'appelle, il m'attire,
Je l'entends qui me parle et je le vois sourire.
Je vois de toutes parts d'admirables couleurs :
C'est l'ange aux ailes d'or qui me jette des fleurs.
Dans ce monde, ma mère, aurai-je aussi des ailes ?
Ou bien, faut-il mourir pour les avoir si belles ?

Pourquoi me presses-tu tristement dans tes bras ?
Pourquoi ces longs soupirs que je ne comprends pas ?
Pourquoi ces pleurs ardents sur ta joue enflammée ?
Oh ! tu seras toujours ma mère bien aimée.
Mais je t'en prie encor, ne pleure pas ainsi.
Si je te vois souffrir, hélas ! je souffre aussi.
J'ai mal, et la douleur assoupit ma paupière.
Adieu. L'ange m'embrasse. Adieu, ma pauvre mère.

Cette poésie fut envoyée à Copenhague, et les personnes qui l'avaient lue en parlaient encore, lorsque le sardonique recteur alla passer quelques jours dans cette ville. A son retour à l'école, il fit comparaître devant lui Andersen, et lui demanda à voir ces vers qu'il avait entendu citer dans plusieurs maisons : le jeune poëte les lui apporta en tremblant. Le recteur les lut, et déclara que ce n'était qu'une plate niaiserie. Dès ce jour, il se montra envers son craintif élève plus froid, plus dur, plus rigoureux que jamais. La position d'Andersen était telle qu'il n'avait plus la force de la supporter. Par bonheur, un des maîtres de l'école ayant eu occasion de voir Colin, lui raconta tout ce que son pauvre protégé n'avait osé lui dire. Colin, touché de compassion, l'arracha à cette affreuse demeure.

Quelque temps après, Andersen entra comme étudiant à l'université de Copenhague, y prit successivement ses grades, et tout en suivant assidument les cours des professeurs, publia un recueil de poésies qui lui ouvrit l'entrée des principales maisons de Copenhague. Cette fois enfin il avait franchi le pénible étroit où sa petite barque avait si souvent failli se briser. Cette fois il commençait à réaliser ses rêves de célébrité. Les poëtes danois les plus illustres, Œhlenschlæger, Ingemann lui tendaient fraternellement la main, et les belles dames accueillaient avec un bienveillant sourire cet enfant du peuple, qui d'une voix naïve murmurait de tendres élégies et de fraîches idylles.

Avec le produit de ses premières œuvres, il fit un voyage en Jutland, cette curieuse province du Danemark, puis en Allemagne; puis son généreux bienfaiteur Colin lui fit assigner sur les fonds de l'État une allocation spéciale qui lui permit d'étendre plus loin ses excursions. Il visita la France, la Suisse, et s'en alla à Rome, où il écrivit son *Improvisateur*, qui obtint en Danemark un grand succès, et fut presque immédiatement traduit en plusieurs langues. A son retour, le roi Frédéric VI lui accorda une pension littéraire de 1000 francs.

Il repartit de nouveau pour les contrées étrangères,

parcourut l'Allemagne méridionale, les bords du Danube, entra en Orient, et raconta ce long voyage dans un livre intitulé *le Bazar du Poëte*, vrai bazar en effet, où le jeune touriste rassemble avec amour et range avec habileté les richesses qu'il a recueillies dans différentes régions : les majestueux paysages du Tyrol, les anciennes images chevaleresques de Hongrie, les œuvres d'art de la Grèce, les perles du Bosphore.

En 1845, le fils du cordonnier d'Odensée, le pauvre figurant du théâtre de Copenhague, fut invité par le comte de Rantzau Breitenbourg à se rendre près du roi et de la reine de Danemark dans la petite île de Fœhr, située dans la mer du Nord, près de l'archipel des Halligen. « Il y avait, dit-il, juste alors vingt-cinq ans que je venais seul et sans ressources chercher fortune à Copenhague, et je devais célébrer cet anniversaire en paraissant devant mon roi. Au bonheur de recevoir cette noble marque de distinction, s'est joint celui de voir une terre étrange, peu connue, qui a fait sur moi une profonde impression. Au delà des vastes forêts qui environnent Flensbourg s'étend une longue plaine de sable aride et silencieuse, où l'on ne voyage que lentement, où l'on n'entend que le cri de l'oiseau solitaire voltigeant sur la bruyère. De là, j'avais à traverser une île marécageuse détrempée par la pluie, où les chevaux s'enfonçaient parfois jusqu'au jarret; puis enfin j'arrivai sur la digue qui borde la mer du Nord. Une barque poussée par un bon vent me conduisit en une heure à l'île de Fœhr. Le chef-lieu de cette île est Wyck, petite ville bâtie à la façon hollandaise, très-calme et très-morne en temps ordinaire. Mais lorsque j'y arrivai, elle était animée et brillante. Le roi et la reine occupaient l'établissement des bains; la bannière danoise flottait dans les airs, la musique résonnait de tous côtés. Chaque jour j'avais l'honneur d'être invité à la table de Leurs Majestés; le soir je leur lisais quelques-unes de mes compositions. Je fis avec elles une excursion aux îles de Halligen. La mer, qui les a détachées de la terre ferme, les creuse, les mine, et chaque année y exerce de tristes ravages.

« Leur sol, couvert d'une verdure sombre, alimente quelques troupeaux de brebis. Dans celle d'Oland, il y a une petite ville dont les maisons sont étroitement serrées l'une contre l'autre, comme pour se prêter un mutuel appui à l'heure du péril. Toutes ces habitations, construites en poutres, n'ont que d'étroites fenêtres, pareilles à celles qu'on voit aux cabines des navires. Là, les mères de famille passent solitairement la moitié de l'année à tourner leur rouet avec leurs filles. Chaque demeure possède quelques livres danois, allemands, frisons. Les bonnes gens lisent et travaillent au sein de cette mer orageuse, qui écume, bondit et sans cesse les menace d'un mortel désastre. En 1825, les vagues inondèrent les maisons et engloutirent une quantité de personnes. Pendant plusieurs jours et plusieurs nuits, les malheureux inondés restèrent à moitié nus sur le toit de leur demeure; ni du continent, ni de Fohr, on ne pouvait venir à leur secours, et les frêles maisons, ébranlées, sapées par les flots impétueux, s'abîmaient dans l'onde avec leurs habitants. Toute la terre du cimetière fut emportée; la vague en se retirant laissa à découvert les cercueils brisés, les morts d'un autre temps, près des victimes de cette dernière catastrophe. Cependant les Halligandais sont profondément attachés à ce sol fatal, et ne le quittent que pour y retourner. Quand nous visitâmes leur île, tous les hommes étaient sur mer. Nous fûmes reçus par des femmes et des jeunes filles qui avaient fait venir de Fœhr des fleurs pour construire en l'honneur des majestés danoises un arc de triomphe; seulement cet arc était si petit, qu'on ne pouvait passer sous ses rameaux. Il fallait en faire le tour. Mais il était impossible de ne pas reconnaître le bon vouloir qui se manifestait par cette œuvre inachevée, et la reine fut vivement émue en apprenant que les Halligandaises avaient coupé leur unique rosier pour le mettre dans un endroit marécageux où elle devait passer. »

Cette royale famille de Danemark qui associait Andersen à ses excursions ne s'est point bornée envers lui à ces témoignages honorifiques. Christian VIII a augmenté la pension que son prédécesseur, Frédéric VI, avait accordée au poëte, et maintenant avec cette pension, avec le produit toujours croissant de ses livres, Andersen peut poursuivre en paix sa carrière littéraire, et rassembler assez d'écus danois pour satisfaire à ses penchants nomades, pour visiter les contrées étrangères qu'il affectionne. En 1840, il a eu la joie de faire représenter et d'entendre applaudir un drame (*Le Mulâtre*) sur ce même théâtre de Copenhague où il avait vainement sollicité le plus modeste emploi d'acteur. Il a publié successivement trois romans et plusieurs nouvelles qui lui ont fait une honorable réputation, non-seulement en Danemark, mais dans plusieurs Etats de l'Europe. Son *Improvisateur* est un tableau animé d'une existence aventureuse d'artiste, au milieu de la nature italienne, au milieu d'une populace ignorante et passionnée, parmi les ruines antiques et les magnifiques scènes de Rome et de Naples. Son *O. T.*[1] est une peinture moins variée mais plus vraie, selon nous, et mieux sentie, des paysages mélancoliques de la Fionie, et des mœurs danoises. Enfin son *Musicien* (*Kun en spielmand*) est une vive et saisissante image des douleurs profondes, des luttes désolantes de l'artiste qui entre témérairement dans le monde sans fortune et avec un talent de second ordre.

Dans ses différents écrits Andersen a souvent raconté ses propres souffrances, et s'est souvent peint tel qu'il fut dans sa pénible jeunesse et tel qu'il est resté. C'est là ce qui fait le principal charme de ses écrits; c'est cette simplicité et cette tendresse d'enfant, cette sympathie pour le pauvre, pour celui qui souffre et qui résiste courageusement à une rigoureuse destinée. C'est l'inspiration d'un

---

1. Initiales de *Offentligt Tugthuus*, maison publique de correction.

esprit intelligent jointe aux leçons de l'expérience; la religieuse résignation d'un cœur chrétien unie à une ferme volonté d'action.

Ces diverses péripéties, ces émotions d'une vie inquiète et malheureuse, que le poëte a reproduites çà et là dans ses œuvres, il les a retracées en détail, explicitement, dans les deux petits volumes qui composent sa biographie. Le premier volume renferme l'histoire de son enfance et de sa jeunesse. Nous l'avons lu avec un extrême intérêt; mais s'il nous était permis de donner un conseil à l'auteur, nous l'engagerions à supprimer presque en entier le second. Ce n'est qu'une fastidieuse nomenclature des différents lieux qu'Andersen a parcourus et des personnes qu'il a connues. Pour nous qui l'aimons, il nous est pénible de voir, qu'après avoir si modestement et si naïvement retracé les premières phases de son existence, il ait pu employer deux cents pages à énumérer les succès qu'il a obtenus, les villes où il a rencontré des gens qui appréciaient ses livres, les vers qui lui ont été adressés, les compliments de toute sorte qu'il a reçus. Qu'on raconte mystérieusement en une heure d'abandon, à un ami fort prudent et fort dévoué, ces petits triomphes de l'arène littéraire, soit; mais prendre le public entier pour un ami de cœur, et la presse pour organe de ses confidences intimes, c'est trop de candeur ou de vanité.

IV

JEAN-PAUL RICHTER.

S'il y a dans la Germanie, au delà du Rhin, au nord des Alpes, un vrai Germain qui, malgré ses défauts et ses excentricités, se soit fait aimer, respecter, admirer, cet homme est Jean-Paul Richter. Dans l'esprit de beaucoup de gens, il est vrai, son nom n'éveille encore qu'une idée confuse, une sorte d'appréhension pareille à celle qu'excite la pâle et sèche image de la logique transcendantale représentée par le philosophe Hegel, ou la suprême énergie de la volonté idéale figurée par Fichte. Mais quelles grandes choses en ce monde n'ont d'abord été une sorte de pierre d'achoppement pour ceux qui n'étaient point initiés à cette grandeur! Gœthe lui-même, Gœthe, qui étendit si loin et de tant de côtés différents ses regards, n'a pas été sur ce point exempt de blâme. Il ne comprit jamais Richter ; il jugeait selon l'apparence, ce qui n'est pas une bonne façon de juger. Pour mesurer la hauteur de ces idées, il employait un thermomètre trop froid. Mais lorsque ce génie olympien fronça ses sourcils et secoua sa tête immortelle à l'aspect de la muse naissante de Jean-Paul, il n'ébranla point l'Olympe. Il ne put empêcher l'Allemagne ni l'Europe d'admirer les rayons célestes, les clartés brillantes du génie de Richter, qui projetait dans le monde un rayon lumineux pareil à celui d'une comète. Nous ne reviendrons pas sur le parallèle que les critiques ont tant de fois forcément cherché à établir entre Gœthe et Jean-Paul. Nous n'avons aucun goût pour ces inutiles comparaisons. Une forêt sauvage est une forêt sauvage ; un lit de fleurs est un lit de fleurs. Lequel des deux vaut le mieux, nous ne savons ; mais tous deux ont leur prix. Gœthe et Richter sont l'un et l'autre grands ; lequel est le plus grand comme dieu ? disaient les Grecs ; c'est ce que nous ne pouvons déterminer. Mais pour nous autres simples mortels, il suffit que nous puissions sympathiser avec la grandeur particulière de chacun d'eux et nous l'approprier autant que possible.

Nous serions très-tentés d'écrire sur Jean-Paul un long article, et de nous laisser entraîner de côté et d'autre comme lui, si nous étions soutenus par l'inspiration ; mais les biographies des hommes même les plus distingués n'ont un intérêt complet que pour celui qui connaît déjà leurs œuvres, et madame de Staël nous a dit avec son autorité que, malgré leur mérite, les œuvres de Jean-Paul ne sortent point des frontières de l'Allemagne[1]. Bien que cette sentence porte plutôt l'empreinte des jugements d'un autre siècle que celle de notre époque, le fait est pourtant qu'à part quelques esprits dispersés çà et là, Jean-Paul a fait peu de conquêtes hors de sa terre natale, et sa biographie ne peut par conséquent exciter autant d'attention que celle

---

1. « Jean-Paul Richter a sûrement plus d'esprit qu'il n'en faut pour composer un ouvrage qui intéresserait les étrangers autant que les Allemands, et néanmoins rien de ce qu'il a publié ne peut sortir de l'Allemagne. » *De l'Allemagne*, deuxième partie, chap. xxviii.

de Gœthe ou de Schiller. Cependant le livre dont nous allons extraire quelques passages est un lien de plus à ajouter à ceux qui nous unissent déjà à l'Allemagne. Nous avons assez vécu dans les sphères classiques de Weimar ; avec ce livre, nous plongeons au centre de l'Allemagne, au milieu des montagnes couvertes de forêts profondes où battent de nobles cœurs, où vécut celui qui ne vit jamais le spectacle le plus en harmonie avec sa propre nature.... la mer ! Né dans la petite ville montagneuse de Wunsiedel, entre Bayreuth et la Bohême, Jean-Paul s'en alla de Bayreuth à Berlin, de Berlin à Cobourg, de Cobourg à Heidelberg, et mourut sans avoir reposé ses regards sur les flots d'azur de la Méditerranée, sans avoir entendu le murmure harmonieux des vagues de la Baltique. Ah ! c'est là un vrai Allemand, un Allemand par l'imagination. Il vous éblouit par toutes ses facettes et tous ses rayons de soleil ; il conduit dans votre cerveau une telle danse de figures nébuleuses, de fantômes du Brocken, que vous finissez par douter si vous n'êtes pas vous-même un fantôme. — Un Allemand pour la bonté, la simplicité et la fidélité du cœur ; un homme qui a toujours le cœur sur la main et toujours les bras ouverts, qui bénit chacun et ne maudit que le diable ; un Allemand pour la piété d'âme et pour la pureté inaltérée du sentiment chrétien, sans la moindre notion de ce qu'on appelle en Écosse, orthodoxie, et en Angleterre, église. Richter est un prédicateur à sa manière, un prédicateur qui, en jouant et en riant, nous présente un enseignement sérieux ; ses jeux ne sont point ceux d'un homme rude, mais d'un innocent enfant ; et son sérieux n'est point celui d'un aigre théologien presbytérien, mais celui d'un séraphin qui regarde en face le soleil et qui est entouré de ses rayons. Richter est encore Allemand par la profondeur de sa philosophie et la subtilité de ses théories graves, mais non obscures ; subtilité délicate, mais non affectée. Il est Allemand par l'étendue et la variété de son érudition, par son labeur opiniâtre et son infatigable persévérance. On ne peut s'imaginer combien de livres il a lus, non-seulement de livres de littérature, mais de livres de science. L'histoire de la nature surtout l'a occupé à toutes ses branches, depuis l'étoile du ciel jusqu'à l'étoile de la mer. Il a extrait d'une quantité d'in-4°s les éléments de ses conceptions fantastiques, les matériaux de ses édifices plus solides. C'est selon nous un très-grand mérite ; c'est pour beaucoup de personnes un défaut, car rien ne choque tant les lecteurs superficiels que de trouver dans des œuvres d'imagination des allusions à des faits scientifiques que leur esprit léger ne peut concevoir. A toutes ces qualités de Richter, il faut en joindre une que peu d'Allemands possèdent. C'est un écrivain d'un *humour* infini, d'un *humour* de la meilleure espèce, folâtre, brillant, élevé plutôt que tranchant et sarcastique, large sans être grossier, et raffiné sans tomber dans l'afféterie. Quant à ses défauts — et leur nom est Légion — ah ! comme ils sont encore d'un caractère allemand : manque de goût, mélange du sublime et du grotesque, exubérance de mots et d'images, licence sentimentale. Mais ne nous arrêtons point à ces taches, celui qui les prend trop au sérieux n'est point fait pour lire Richter. Il faut une certaine délicatesse de tact pour cueillir des roses sur ce buisson touffu sans se piquer les doigts aux épines, et John Bull, avec ses églises régulièrement construites, sa religion d'état, son intelligence appliquée aux lignes droites de chemins de fer, est précisément de nature à s'irriter des bonds capricieux et des scintillements électriques d'un génie pareil à celui de Jean-Paul. Mais sur le fronton de l'étrange édifice de ces œuvres germaniques, nous voudrions placer en grosses lettres ces paroles de la sibylle de Cumes.

PROCUL, O PROCUL, ESTE PROFANI !

Que ni les purs mathématiciens, ni les purs disciples de Bentham, ni les purs mécaniciens, ni les botanistes, ni ceux qui font profession d'un goût raffiné, et ceux qui comptent et ménagent strictement les syllabes, n'entrent ici : *Procul, ô procul, este, profani.* Ce sol est un sol enchanté. Nous ne voulons point entrer en dispute avec vous, nous ne voulons disputer avec personne. Gardez votre terrain, et laissez-nous en paix avec notre ami Jean-Paul.

Richter naquit, comme nous l'avons dit, dans la petite ville de Wunsiedel, en 1763, à peu près à l'époque où le traité de Hubertsbourg mettait fin à la guerre de Sept ans, quatre années après Schiller et quatorze années après Gœthe. Il était, comme tant d'autres écrivains distingués, le fils d'un ecclésiastique, et souvent il rendit grâces au ciel de n'être pas né parmi des badauds de Berlin ou de Vienne, ou dans une voiture comme les enfants de l'aristocratie, qui, dès leur bas âge, s'en vont de contrée en contrée à travers l'Europe, et ne connaissent pas les joies du foyer domestique. Un vicariat champêtre, des montagnes, des bois, des ruisseaux murmurants, des écoles de village, telles furent les premières images qui frappèrent ses regards, tel fut le paisible horizon où il vit flotter une quantité d'images fantastiques. Dès son enfance, le futur poëte en prose, car jamais il n'écrivit un vers, manifesta une vive ardeur pour l'étude et une grande aptitude pour les idées spéculatives. Sa mère, dans une pieuse ambition, le destinait à l'église; mais la théologie avec ses barrières, ses dogmes ardus, ne pouvait avoir aucun charme pour une nature d'esprit si sensible, si mobile et si indépendant. De plus, un grand nombre de questions s'agitaient alors dans l'Église allemande, et au milieu des discussions confuses des docteurs, le jeune et honnête étudiant aurait eu de la peine à mettre en pratique la manière que Méphistophélès prescrit à l'écolier indécis qui vient le consulter.

« Le mieux est de n'écouter qu'une voix, et de jurer sur la parole du maître[1]. »

---

1. Am besten ist's auch hier wenn ihr nur Einen hört
    Und auf des Meister's Worte schwört.

Richter, se trouvant égaré sans gouvernail et sans compas sur cet océan théologique, abandonna cette science, au grand regret de sa mère, et comme le vieil Horace, stimulé à la fois par Apollon et par la pauvreté, il se fit écrivain. Il s'en alla à Hof sans argent, sans espoir, étudiant, rêvant, faisant toutes sortes de projets, et commençant à jeter de côté et d'autre de singuliers éclairs. Sa mère se trouvait dans une triste situation. Un procès lui avait enlevé le petit patrimoine de son père; obligée de quitter le lieu où ce brave homme exerçait honnêtement la profession de tisserand, elle s'était réfugiée dans une pauvre demeure, où on la voyait faire sa cuisine, laver, filer, dans une chambre qui devait servir à toutes les œuvres de la journée. Cette chambre fut le cabinet d'étude de Paul. Il y porta douze gros volumes d'extraits de différents auteurs, une tête qui à elle seule valait toute une bibliothèque, un cœur tendre et ouvert à toutes les généreuses sympathies, un esprit ferme, résolu, élevé. Il venait de publier les deux volumes du *Procès groenlandais*[1]. Le succès que cet ouvrage avait obtenu l'engagea à écrire un volume de satires qu'il intitula: *Choix de papiers du diable*. Mais plusieurs années s'écoulèrent avant qu'il trouvât un second éditeur. Il travaillait pourtant avec ardeur; prisonnier tout l'hiver dans la chambre de sa pauvre mère, — n'ayant d'autre distraction que de regarder par la fenêtre les rues silencieuses et froides de la petite bourgade de Hof. Il n'avait pas même, dit-il, le sort des prisonniers condamnés au pain et à l'eau, car souvent le

---

1. *Grœnlændische Processe*. Cet ouvrage parut en 1783. Jean-Paul n'avait alors que vingt ans. Ses principaux ouvrages se sont succédé dans l'ordre suivant : *Choix de papiers du diable*, 1788; *la Loge invisible*, 1793; *Hesper*, 1795; *Quinters Fixlein*, 1796 et 1800; *Récréations biographiques sous le crâne d'une géante, fleurs, fruits épines*, 1796; *la Vallée de Campan*, 1797; *Palingénésie*, 1798; *Titan*, 1800-1805; *les Années de fléau*, 1803; *Voyage du prédicateur Schmelzle à Flœtz*, 1809; *Introduction à l'esthétique*, 1804; *Lavana*, 1807.

pain manquait, et si par hasard un florin entrait dans la maison, c'étaient des cris de joie à briser les vitres. En même temps, il souffrait de l'exiguïté extrême de son costume ; peut-être eût-il ri lui-même de cette dernière indigence, mais la soif et la faim ! c'étaient là d'impitoyables souffrances, et il vivait ainsi, dénué de tout secours, privé de tout conseil ; mais il avait en lui une force de géant, et des profondeurs de sa misère, son âme s'élevait plus pure et plus énergique, affermie par ses propres douleurs, ennoblie par sa lutte comme celle d'Hercule par ses travaux. « Qu'est-ce que la pauvreté, disait-il en ce temps-là même, qu'est-ce que la pauvreté, pour qu'un homme en gémisse ? la peine qu'une jeune fille éprouve quand on perce ses oreilles pour y suspendre des joyaux. »

Cette exiguïté de costume dont nous avons parlé, est dans les habitudes de Jean-Paul une affaire capitale, un de ces traits où souvent se révèle le caractère des grands hommes. Par l'effet de la nécessité, et par une fantaisie particulière, il s'était composé un costume fort différent de celui que l'on portait à son époque. Il écrivit un jour à sa mère : « Comme il m'est impossible de prolonger la durée de mon habit, j'ai résolu de m'en passer, et je m'en passerai si vous voulez bien m'envoyer quelques sarraux. Il faut seulement qu'ils aient un collet *à la Hamlet*, qu'ils soient ouverts sur la poitrine et laissent le col dégagé. J'ai aussi fait couper mes cheveux (c'était le temps des queues et des chevelures poudrées). Mes amis disent que cette coiffure me sied, et j'épargnerai ainsi l'argent qu'il faudrait donner au perruquier. Il me reste seulement quelques boucles légèrement frisées. » En se plaçant ainsi au-dessus des usages vulgaires, et en se réjouissant de ces petites économies, le jeune philosophe n'imaginait pas à quelle persécution devait le livrer ce costume *à la Hamlet*. Les bons bourgeois de Hof furent scandalisés de voir une tête sans poudre, et un col découvert. Quelques amis dévoués de Jean-Paul lui adressèrent à ce sujet de vives représentations. Elles furent inutiles. Jean-Paul était déterminé à maintenir sur ce point sa poétique liberté. Si peu importante que fût la question, elle se rattachait aux conditions de la vie morale. Il s'éleva à cet égard une discussion philosophique. Le pasteur Vogel, l'un des prophètes de la future renommée de Jean-Paul, lui écrivit :

« Vous tenez compte de l'intérieur et non de l'extérieur, du noyau et non de la coquille. Mais, avec votre permission, ne trouvez-vous pas en toute chose la matière et la forme? Si l'une est défigurée, l'autre ne l'est-elle pas? Vous condamnez vraisemblablement la philosophie de Diogène, qui, pour se mieux distinguer des autres hommes, se plaçait dans un tonneau. Comment vous justifierez-vous de mettre en pratique une philosophie du même genre? Ouvrez donc les yeux, mon ami, remarquez que vous n'êtes point le seul enfant de ce monde, et que, de même que les fourmis dans leurs fourmilières, vous devez vivre dans le tumulte de la vie.

« Ne blâmeriez-vous pas le peintre qui exagérerait la vérité du costume au point de représenter des Romains avec un habit à manches et des cheveux frisés? Maintenant deux proverbes: Ne nagez point contre la marée; apprenez à hurler avec les loups; — vulgaires sentences, direz-vous, oui, mais sagesse élevée. La vraie philosophie ne consiste pas à adapter la nature des autres à nous-mêmes, mais plutôt la nôtre à la leur. Quiconque oublie cet axiome n'ira pas loin sans broncher. Que voulez-vous donc? Prendre au milieu de l'Allemagne l'apparence d'un Breton? Ne pourriez-vous en même temps dire aux gens de mettre leurs lunettes pour vous regarder? Non, votre modestie vous le défend. Évitez donc chaque chose, si petite qu'elle soit, qui aux yeux de vos contemporains peut porter atteinte à votre valeur. »

A ces affectueuses remontrances, Paul répondit: « Votre bon cœur plutôt que votre bonne tête vous a dicté vos arguments. Vos proverbes ne sont pas des raisons, ou s'il faut leur accorder cette importance, on en tirerait de trop grandes conclusions; car si je voulais nager avec le courant, plus d'une fois le courant pourrait engloutir ma vertu; la région du vice est aussi étendue que celle de la mode, et si je dois hurler avec les loups, pourquoi ne volerais-je pas aussi avec eux? Si l'on maltraite la coquille, on maltraite aussi, dit-on, le noyau. Mais pourquoi? Voyons comment on outrage la coquille. Vous faites un reproche à Diogène de ce que d'autres considéraient comme un avantage. La conduite adoptée par ce grand homme lui a-t-elle enlevé sa philosophie, son cœur noble, son esprit, sa vertu? Non, mais elle lui a donné la paix, l'indépendance de jugement, elle l'a délivré des besoins affligeants, elle l'a rendu insensible aux blessures, et dans cette situation il pouvait prononcer la sentence du vice. Grand homme! rends grâces au ciel de t'avoir fait naître dans une contrée où l'on admirait ta sagesse au lieu de la blâmer. Les fous seuls condamnent le sage, mais ce sage, comme Socrate, ennoblit sa prison.

« Le peintre, dites-vous, aurait tort de mépriser la vérité du costume. C'est vrai. Mais cette sentence spécieuse ne m'est point applicable. Je n'ai pas besoin de dire que le peintre de costumes n'est pas un peintre de premier ordre. Celui-là est plus grand qui crée d'après Dieu et non point d'après le tailleur, qui représente des corps et non point des habits. Les créatures des peintres plaisent par la forme, voilà ce qui me concerne. Est-il dans ma destinée de plaire par mon organisation extérieure? Je ne le désire pas.

« Mais en voilà assez. Je crois que la préoccupation constante du jugement que les autres portent sur nos actions empoisonne notre repos, notre raison, notre vertu. »

Cette controverse humoristique dura plusieurs mois, comme une partie d'échecs qui se prolonge sans qu'on fasse échec au roi. Enfin Jean-Paul consentit à envelopper sa personne, et mit fin à cette affaire tragi-comique en adressant à ses amis la circulaire suivante :

AVIS.

« Attendu que les cheveux coupés excitent autant de répulsion que les cheveux rouges, et que l'aversion produite par ces cheveux courts retombe sur la personne qui les porte, attendu qu'une telle façon de tailler ses cheveux n'est point chrétienne, ou qu'en d'autres termes, les chrétiens ne veulent point l'admettre; attendu que pour le soussigné la chevelure n'a pas été une cause de souffrance moins grande que pour Absalon, quoique par des raisons toutes différentes; attendu qu'il lui a été notifié que le public se proposait de l'envoyer dans la tombe, comme le soussigné ne se résigne point à une telle extrémité, il a l'honneur d'informer le noble, savant et intéressant public, que dimanche prochain il se montrera dans les principales rues de Hof avec une queue fausse; il espère que cette queue sera comme un aimant, un nœud d'amour, une racine magique qui attirera bon gré mal gré à lui l'affection de tous ceux qui la verront, quels qu'ils soient:

« J.-P. F. R. »

Mais rentrons dans un autre ordre d'idées. Ce fut dans les jours de ces années passées à Hof, près de sa mère, que Richter étudia le plus, et il est intéressant de voir de quelle façon il poursuivait ses études. On peut indiquer comme un plan celui qu'il mit en pratique, et dont il pouvait dire : Je suis certain d'une chose, c'est d'avoir tiré de moi tout ce qu'il est possible de tirer de la matière, et on ne peut rien exiger de plus.

D'abord, dans les règles qu'il s'était tracées, il s'efforçait de faire un juste partage de son temps et de ses forces, et de n'employer à rien d'inutile ses facultés. Il ménageait ainsi de telle sorte son capital, que l'avenir devait lui donner les intérêts toujours croissants du présent. Il puisait l'élément de son esprit à trois grandes sources : à la nature vivante, en communion avec la vie humaine, dans les livres et dans le monde intérieur de la pensée. Là étaient les matériaux qu'il devait mettre en œuvre.

Nous avons déjà mentionné sa bibliothèque manuscrite. A l'âge de quinze ans, avant d'entrer au gymnase de Hof, il avait rempli d'énormes in-quarto d'extraits des ouvrages les plus célèbres qu'il pouvait emprunter, et des publications périodiques, et s'était fait ainsi une sorte de répertoire de toutes les sciences. En commençant ce travail, comme il avait le projet d'étudier la théologie, ses extraits étaient d'une nature théologique et philosophique, son second volume renfermait l'histoire naturelle, la poésie; puis il avait abordé la médecine, la jurisprudence, et enfin la science universelle. Il avait ainsi devancé une des formes actuelles de notre librairie. Il avait composé une collection de manuels de géographie, d'histoire naturelle, d'observations intéressantes, d'aventures comiques, d'épisodes accidentels.

La nature était pour lui comme un grand livre dont il faisait des extraits, où il recueillait les faits, dont il prévoyait l'emploi, et il écrivit ainsi un volume de notes auquel il donna le titre de *Nature*.

Quand il méditait un nouvel ouvrage, il commençait par coudre des feuillets blancs, sur lesquels il traçait l'ébauche des principaux caractères, des principales scènes, des pensées qu'il devait ensuite élaborer, et il intitulait ces recueils : *Carrière de Titan; Carrière d'Hesper*, etc. Un de ses biographes nous a conservé le travail préliminaire qu'il fit pour son Titan. C'est un volume de soixante et dix pages, imprimées en caractères serrés.

Dès sa première jeunesse Richter travailla aussi à se composer un Dictionnaire et le continua toute sa vie. Il y rassemblait tous les synonymes et toutes les nuances d'acception dont un mot était susceptible. Pour un seul mot, il en a trouvé plus de deux cents. Si en songeant à cette masse d'écriture, on se rappelle qu'il copiait lui-même toutes ses lettres, on ne comprendra pas comment il trouvait le temps de suffire à toutes ses entreprises. Il s'était fait une loi de n'employer que la moitié du jour à écrire; l'autre moitié, il la consacrait à l'invention, à la conception de ses différentes œuvres, auxquelles il rêvait en se promenant en plein air.

Ces promenades dans les vallées, dans les montagnes, l'habituaient à supporter toutes les vicissitudes des saisons, et lui donnaient une telle prévision des changements atmosphériques, que ses concitoyens l'appelaient le prophète du temps. On le regardait avec surprise, gravissant les collines, un livre à la main, la poitrine découverte, les cheveux au vent, chantant le long de son sentier. Ceux qui l'ont vu à cette époque le représentent avec une taille svelte, une figure pâle et maigre, un beau front élevé, sur lequel flottaient de légères boucles de cheveux blonds. Ses yeux étaient d'un bleu doux et limpide, mais quelquefois animés d'une flamme soudaine et étincelante. Son nez était délicatement formé et sa bouche charmante. Il portait un habit gris, un chapeau de paille, et s'en allait toujours suivi de son chien.

Quand il rentrait dans la pauvre chambre où sa mère travaillait sans cesse, où lui-même passait la moitié du jour devant son pupitre, il entendait raconter tout ce qui occupait et agitait la société de Hof. Il apprenait à connaître la valeur des plus petites choses. Les joies, les chagrins, les sentiments de haine et d'affection de la vie se déroulaient devant lui dans cette peinture de Téniers.

Lui-même était un des principaux personnages de ce tableau. Il lisait son Platon, tandis que, le dimanche, sa mère répandait un sable frais sur le plancher, ou préparait quelques mets de luxe pour les jours de fête. Les deniers qu'il gagnait avec peine servaient à acheter l'oie de la Saint-Martin, tandis qu'il rêvait à sa gloire future. Pendant longtemps il resta oublié dans cette humble société. Il n'avait pas besoin, comme les autres poëtes, de se rapprocher de temps en temps de la classe laborieuse et souffrante, pour l'étudier. Il appartenait lui-même à cette classe; et c'est là que son cœur s'est ouvert à cette sympathie humaine, qui a fait de lui, en Allemagne, le poëte du pauvre.

Ce qui est très-touchant encore à observer dans le caractère de Richter, c'est le soin avec lequel il prenait à tâche de conserver sa pureté de cœur et le sévère contrôle qu'il exerçait sur ses actions. Comme Quintilien, il pensait que pour bien parler et bien écrire, il fallait être honnête homme. Comme plusieurs personnes pieuses, il notait régulièrement les fautes auxquelles il se sentait le plus enclin, et les victoires morales qu'il remportait *par la grâce de Dieu*. Il s'était fait un petit livre de dévotion, dont nous extrayons les passages suivants :

SUR LE CHAGRIN.

Chaque peine doit m'enseigner à prendre une résolution. Chaque émotion désagréable est une preuve que je n'ai pas été fidèle à ma résolution.

Pour vous trouver mieux, pensez à une situation pire que celle où vous êtes.

Ce n'est pas du mal même, mais de moi que me viennent mes chagrins. Épictète n'était pas malheureux [1].

---

1. Jean-Paul a dit dans un autre de ses livres : « Je ne connais

La vanité, l'insensibilité, l'habitude nous donnent de la fermeté. Pourquoi la vertu ne nous en donnerait-elle pas davantage ?

Ne dites pas que si vous n'étiez point affligé de telles peines, vous supporteriez plus aisément les autres.

Qu'est-ce qu'une douleur de soixante années, en face de l'éternité ?

La nécessité devient de la résignation.

SUR LA GLOIRE.

Le jugement des hommes est si misérable ! Pourquoi ambitionneriez-vous les louanges de l'enfant ?

On ne vous louerait pas, si vous portiez les haillons du mendiant. Ne vous enorgueillissez pas de l'estime que l'on montre à votre habit.

N'attendez pas plus d'estime des autres, parce que vous en méritez davantage ; mais pensez qu'ils attendent plus de qualités de vous.

Ne cherchez point à justifier toutes vos actions. N'appréciez point une chose, par cela seul qu'elle vous appartient, et n'ayez pas toujours les yeux fixés sur vous-même.

N'attendez point des occasions extraordinaires pour faire de bonnes actions. Sachez user des circonstances communes. Une longue promenade continue vaut mieux qu'une course rapide.

---

que trois moyens de se rendre plus heureux : le premier est de s'élever tellement au-dessus du tourbillon de la vie que l'on voie de loin à ses pieds, comme un jardin d'enfants, le monde extérieur avec ses tanières de loups, ses cimetières, ses paratonnerres ; le second est de se retirer à l'écart dans un jardin, de s'y faire un gîte si bien choisi, que de son nid paisible on ne voie ni les tanières de loups, ni d'autres vilains spectacles, mais seulement les moissons qui abritent la demeure de l'oiseau, et la garantissent de la pluie et du soleil ; le troisième, qui est le meilleur et le plus difficile, est de mettre en pratique tantôt l'un, tantôt l'autre de ces deux premiers moyens.

N'agissez pas dans la chaleur de l'émotion ; laissez d'abord la raison parler.

Que chaque jour soit pour vous comme une image complète, et non point comme un fragment de la vie. Jouissez du présent, sans désirer atteindre à l'autre section qui est devant vous.

Efforcez-vous d'acquérir, dans un délai déterminé, la vertu pour laquelle vous vous sentez le moins de penchant.

Si vous voulez être libre, joyeux et calme, prenez l'unique moyen qui résiste à tous les accidents... la vertu.

Un homme qui se faisait une loi d'agir selon ces principes était, au point de vue moral, un grand homme, abstraction faite de son génie. Pour vaincre le mal, comme il se l'était proposé, il fallait être un héros chrétien. Aussi, voyez comme chaque entreprise s'ennoblit par sa vertu, comme tout ce qu'il touche devient or. Pour augmenter ses modiques ressources, il exerça pendant quatre années la profession de pédagogue ; et cette épineuse profession fut semée de fleurs. Jamais, dit son biographe, les traits distinctifs de sa nature poétique ne se manifestèrent mieux que dans la formation et le gouvernement de sa petite école. Ce qui n'est pour tant d'autres hommes instruits qu'une tâche pénible, fastidieuse, cette routine de l'instruction élémentaire fut pour Jean-Paul une source de pensées pures et élevées. Sa méthode d'enseignement était tout le contraire de celle qu'on employait ordinairement et dont il croyait avoir souffert. Il ne fatiguait point la mémoire de ses élèves ; il ne leur imposait point l'obligation de se charger de la pensée des autres. Il s'efforçait d'éveiller en eux la faculté de penser et de produire. Les œuvres de la science ne leur étaient présentées que comme des combinaisons. En un mot, son but était de faire naître dans l'esprit de ses disciples le désir de l'étude, et de les amener par là à s'instruire eux-mêmes. Son espoir était de développer les talents particuliers que Dieu leur avait donnés ; et quand une fois il leur avait inspiré l'amour de l'instruction, il leur laissait le choix de leurs études. Leur zèle et leur émulation étaient entretenus par le cahier de notes qu'il appelait un livre rouge, dans lequel il tenait un compte exact de la conduite, du travail de ses élèves. A la fin de chaque trimestre, ce livre était montré à leurs parents et à leurs amis ; et tous ces enfants éprouvaient une telle ardeur, qu'il fallait plutôt songer à la comprimer qu'à l'aiguillonner. Pendant une partie de la journée ils devaient suivre leur propre impulsion ; puis Jean-Paul leur donnait ses leçons, leur faisait parcourir successivement les diverses branches des connaissances humaines, et leur enseignait à joindre des faits et des idées par un principe de comparaison ou d'association. Du règne des plantes et des animaux, il portait leur pensée vers les régions étoilées, et révélait à leur imagination ces sphères immenses avec leurs habitants. Ensuite il les ramenait dans le domaine de l'histoire ; il leur représentait les livres, les saints, les martyrs des anciens temps ; puis appelait leur attention sur leur propre nature et sur la destinée de l'homme. Avant tout, il s'efforçait de diriger leur cœur vers leur Père céleste. Il leur disait que rien ne pouvait leur être plus salutaire que de penser constamment à Dieu et à l'immortalité.

Mais Richter n'était pas condamné à poursuivre cette humble profession de maître d'école. Il devait sortir de son obscurité, s'élever en Allemagne au rang de Herder, de Schiller, de Wieland, de Gœthe ; non moins remarquable que ces hommes d'élite, par l'éclat, l'originalité, la vigueur du talent, il leur était supérieur par la pureté et l'élévation de ses qualités morales. Le premier ouvrage de lui qui obtint un vrai succès et qui commença sa célébrité, fut *la Loge invisible*. Le récit suivant de son biographe présente un intéressant tableau des douces et heureuses émotions que le noble poëte éprouva après la publication de ce livre.

« Les semaines qui suivirent cette publication furent, dit-il, pour Jean-Paul, des semaines de fêtes. Il avait eu le courage de parler selon la plénitude de sa nature, et une quantité de cœurs répondaient à sa parole. Dans la splendide région qui s'ouvrait devant lui, il résolut de donner pleine carrière à son génie. Mais il savait que les pensées poétiques les plus riches ne pouvaient exister qu'autant qu'elles restaient unies à des idées de paix, de satisfaction, à de fermes résolutions, que la vérité de ses peintures devait sortir de la vérité de son cœur. Enfin, pour être poète de ses œuvres, il voulait l'être dans sa conduite. »

Il continua son livre de dévotion, ses règles et ses projets de morale. En se levant, il jetait un regard scrutateur sur ce qu'il avait fait la veille. Là où il sentait qu'il avait été assailli par une passion, il établissait un double rempart et célébrait gaiement sa victoire. Sa vive et ardente imagination l'exposait souvent à se mettre en colère ; son esprit tournait parfois à la satire ; mais bientôt il rentrait dans son inoffensive et affectueuse nature. La vue d'un enfant attendri suffisait pour le désarmer. « Dieu me préserve, disait-il alors, de jeter une seule goutte d'absinthe dans la coupe de l'humanité. » Lorsqu'il était obligé de défendre ses droits, il les défendait avec tant de calme et de douceur, que les trésors de sa vie, l'amour et la vérité, restaient toujours intacts.

Depuis l'humble fleur des champs jusqu'aux astres du ciel, chaque chose touchait son cœur : enfants et vieillards, pauvres et riches, il eût voulu dans l'ardeur sacrée de ses émotions embrasser tous les hommes et les rendre tous heureux. Nul de ceux qui venaient à lui ne le quittait sans être consolé ; s'il ne pouvait les aider autrement, il leur donnait au moins de bons conseils ; s'il se trouvait en état de faire quelque petit présent à un pauvre montagnard, ou à un ouvrier ambulant, c'en était assez pour le rendre heureux tout le jour. « Maintenant, se disait-il, ce pauvre homme va tirer son argent de sa poche, et il se réjouira de satisfaire à un de ses désirs, et souvent peut-être il se rappellera ce don inattendu, et la main de qui il l'a reçu. » L'amour était le principe vital de son caractère et de ses écrits. Devant l'idée de l'infini, toutes les différences de rangs s'effaçaient à ses yeux, tous les êtres lui apparaissaient également grands ou également petits.

Chaque circonstance entretenait en lui ce principe. Au moindre incident, il entendait résonner à son oreille la voix de l'humanité. Voici ce qu'il écrivait une fois dans son journal.

« J'ai ramassé par terre dans le chœur de l'église une feuille de rose flétrie que les enfants foulaient aux pieds, et sur cette petite feuille couverte de poussière, mon imagination a élevé tout un monde réjoui par tous les charmes de l'été. Je songeais au beau jour où l'enfant tenait cette fleur à la main, et regardait par les fenêtres de l'église le ciel bleu et les nuages flottants, où la froide voûte du temple était inondée de lumière, où l'ombre, qui çà et là voilait encore quelques arceaux, lui rappelait celle que les nuées dans leur cours projettent sur le gazon. Dieu de bonté, tu as répandu partout les sources de la joie ; tu ne nous invites point aux plaisirs turbulents, mais tu donnes au moindre objet un parfum salutaire. »

La nature surtout attirait ses regards. Il vivait et écrivait au milieu des champs, dans les montagnes, dans les bois. L'hiver, c'était encore un bonheur pour lui de regarder par la fenêtre ses étoiles chéries et les rayons de la lune. La campagne avait pour lui l'aspect solennel d'une église. « Entres-tu, se disait-il, avec une âme assez pure dans ce vaste temple ? N'apportes-tu aucune mauvaise passion dans ce lieu où les fleurs s'épanouissent, où les oiseaux chantent, aucune haine au sein de cette nature généreuse ? As-tu le calme du ruisseau où la nature se reflète comme dans un miroir ? Ah ! que mon cœur n'est-il aussi vierge, aussi paisible que la nature quand elle sortit des mains de son créateur? »

« Chaque nouvelle excursion dans ce temple augmentait sa force, et il en revenait avec de nouveaux trésors. Il aimait à voyager à pied, le mouvement du corps entretenait l'activité de son esprit, et il faisait le long de sa route des observations d'autant plus agréables qu'elles étaient plus inattendues. Un jour d'été le rendait heureux, les exhalaisons d'une matinée de printemps, d'une soirée fraîche, semblaient l'enivrer de leurs parfums; mais les heures de la nuit étaient celles qui le charmaient le plus, celles où il aimait à rester en silence sur le gazon, regardant les nuages. Nous notons encore dans son journal ce passage caractéristique : « J'ai pris ce matin mon écritoire et j'ai écrit en me promenant. Je me réjouissais d'avoir vaincu deux de mes défauts : une disposition à m'emporter dans la conversation, et à perdre ma gaieté quand j'ai souffert tout le jour de la poussière et des cousins. Rien ne nous rend si indifférents aux petites contrariétés de la vie que le sentiment d'une amélioration morale. »

Richter avait enfin pris sa place en Allemagne, et il semble qu'il ait dû alors se sentir attiré comme Gœthe, Wieland, Schiller et les autres *dii majorum gentium*, vers Weimar, seule capitale littéraire des États germaniques, auxquels ni les événements de 1813, ni le zollverein n'ont pu donner une capitale politique. A Weimar, plusieurs hommes des plus distingués se montrèrent mieux disposés envers Richter que le magistral Gœthe. Le vénérable Wieland, qui avait lu quatre-vingts fois Tristram Shandy, l'appelait le Yorick, le Rabelais, le plus pur esprit de la Germanie. Le grave Herder, avec sa nature sympathique, appréciait l'élément chrétien, la pensée religieuse de Richter, qui n'impressionnaient pas aussi vivement l'auteur païen d'Agathon. Weimar cependant, avec Gœthe pour roi et pour dieu, n'était point la ville qui convenait à notre poëte ; il y avait là trop de littérature pour celui dont la bonté du cœur était le premier besoin, et les grandeurs un accident agréable ou désagréable, selon les circonstances. Il y avait à Weimar trop d'esprit et pas assez d'âme. Richter y eût trouvé pourtant l'affranchissement de toutes ces petites formalités, de toutes ces règles minutieuses d'étiquette qui lui avaient été si pénibles à Hof. Mais ne devait-il pas y trouver aussi, comme il le disait : « l'égoïsme fardé et le scepticisme non fardé, le Voltaire français dans une idole allemande ? » Pour un vrai Teuton comme lui, c'était une situation inadmissible. Aussi la visite qu'il fit à Weimar, en 1796, l'accueil qu'il y reçut, ne purent le détourner des habitudes de sa vie paisible et retirée. Sa véritable région était au milieu des montagnes de sapins. Hof et Bayreuth, ce centre de l'Allemagne. devait posséder le plus grand homme de cœur de l'Allemagne. Le passage suivant du journal de Richter nous montre combien il y avait peu de sympathie entre les pieuses joies de son caractère moral et la frivole, calme et artistique attitude de Gœthe: « — Dès le second jour de mon arrivée à Weimar, j'avais perdu l'opinion idéale que je m'étais faite des grands hommes. Ils ressemblent aux autres hommes. Ici, chacun s'aperçoit qu'ils sont comme la terre qui, des sphères lointaines, des sphères célestes, apparaît comme un globe brillant, mais qui, lorsqu'on y pose le pied, n'est plus que de la *boue de Paris*. Le jugement que l'on porte sur Herder, Wieland, Gœthe, est aussi contesté que tout autre. Qui croirait que ces trois chefs de notre littérature s'évitent et vivent l'un à l'égard de l'autre dans un état d'inimitié ? Désormais je ne serai plus troublé par l'aspect d'un grand homme, je ne le serai que par celui de l'homme vertueux[1]. Avec cette émotion de trouble, que

---

1. M. de Chateaubriand exprime une pensée semblable dans le récit de sa visite à Washington : « La grandeur de l'âme ou celle de la fortune ne m'impose point : j'admire la première sans en être

j'éprouvais encore, je me présentai timidement chez Gœthe. Chacun me l'avait représenté comme un être indifférent à toute chose. « Il n'admire rien, me disait madame de Kalb, il n'admire pas même sa personne. Ses paroles sont de glace ; les curiosités seules émeuvent ses fibres. » En conséquence, je priai Knebel[1] de me pétrifier, ou de m'incruster dans quelque source minérale, afin de pouvoir me montrer comme une statue ou comme un fossile. Madame de Kalb me recommanda par-dessus tout d'être calme et réservé. J'entrai dans sa maison ou plutôt dans son palais, bâti dans le style italien, et rempli, comme un panthéon, de statues et de tableaux. Le dieu parut, froid, parlant par monosyllabes, sans accent. Sa figure est large, animée, son œil est comme un globe de lumière. « Les Français, dit Knebel, marchent vers Paris. — Hum ! » dit le dieu. Du récit guerrier, l'entretien tomba sur l'art, sur les publications littéraires, et Gœthe fut lui-même. Sa conversation n'est pas si riche, si abondante que celle de Herder ; mais elle est posée, forte, pénétrante. Il nous lut ensuite, ou plutôt il nous déclama un poëme inédit, où son cœur éclata à travers sa croûte de glace, de telle sorte qu'il serra la main de l'enthousiaste Jean-Paul. (Mon enthousiasme se révélait par ma physionomie, car je ne prononçais pas un mot.) Il me la serra de nouveau quand je le quittai, et m'engagea à retourner le voir. Par le ciel, nous voulons nous aimer. »

Il nous est pénible d'ajouter à ce passage une mention défavorable sur notre cher poëte Schiller. Mais les écrivains, et surtout les poëtes, sont une étrange race. Celui qui croit les trouver semblables à leurs œuvres ne les connaît guère. Quelle différence entre le Vésuve lors-

---

écrasé ; la seconde m'inspire plus de respect. Visage d'homme ne me troublera jamais. »

1. Un des hommes distingués de la petite cour de Weimar, auteur d'un recueil de poésies, d'une traduction de Lucrèce et de Properce.

qu'on le voit calme, revêtu d'un vert gazon, et ce même Vésuve lorsqu'il lance dans les airs des torrents de lave et de feu!

« J'ai été voir, dit Jean-Paul, ce Schiller, cet homme de pierre, dont tous les étrangers s'écartent comme d'un précipice. Sa figure est imposante, mais anguleuse; il est doué d'un pouvoir saisissant, mais sans amour. Son entretien est presque aussi excellent que ses écrits. Comme je lui apportais une lettre de Gœthe, il me fit un accueil empressé, m'engagea à m'asssocier à la rédaction des *Heures* [1], et il voulait me faire donner un diplôme de naturalisation à Jena. »

Malgré cette courtoisie, Jean-Paul ne retourna point chez Schiller, et son alliance intime avec Herder acheva de l'écarter du parti de Gœthe. Celui-ci écrivit à Schiller. « Je suis content que vous ayez vu Richter; son amour de la vérité, ses désirs de perfectionnement, m'ont disposé en sa faveur. Mais l'homme social est une sorte d'homme théorique, et je doute que Richter puisse se joindre à nous dans une voie pratique, bien qu'en théorie il paraisse avoir quelque prétention à être des nôtres. »

Le poëte de Weimar et le philosophe de Hof ne furent jamais amis. Richter ne put dissimuler le désappointement que lui causa la nature des dernières œuvres poétiques de Gœthe [2]. Quelque temps après son retour à Hof, il écrivit à Knebel, en faisant allusion à une de ses œuvres, que

---

1. *Die Horen*, recueil périodique dont Schiller entreprit la publication en 1793, avec la collaboration des principaux écrivains de l'Allemagne.

2. Gœthe publia vers cette époque ses épigrammes connues sous le nom de *Xénies*, et quelques chants lyriques. Si ces compositions n'étaient pas de nature à éveiller la sympathie de Jean-Paul, le délicieux poëme d'Hermann et Dorothée, qui a paru en 1798, devait ce nous semble, captiver son cœur. Les plus grands hommes ont leur faiblesse. Jean-Paul a eu tort de ne point apprécier à sa véritable valeur l'illustre poëte de Weimar, et le tort plus grand et moins compréhensible pour nous de méconnaître l'âme noble, généreuse et souffrante de Schiller.

dans ces temps d'orage on avait plus besoin d'un Tyrtée que d'un Properce. Cette remarque arriva aux oreilles de celui contre qui elle était dirigée, et Gœthe, ordinairement si indifférent à la censure, à la critique, parut très-offensé de ce qu'il appelait l'arrogance de M. Richter.

Mais si ce vaste génie de Gœthe auquel il manquait un point de vue important, le point de vue moral, ne rendit pas complète justice à Richter, un autre homme sut l'apprécier : c'était Herder. « Je place, disait-il, le riche, fécond, poétique esprit de Jean-Paul, bien au-dessus de toutes les productions de notre époque, qui n'ont de poétique que la forme, qui sont des œuvres sans âme, des ruisseaux sans eaux, et j'échangerais volontiers toute la grâce artistique de notre littérature contre les trésors de cette vertu vivace, de ce cœur tendre, de ce génie créateur. » La femme de Herder parlait de Jean-Paul avec le même enthousiasme : « S'il est parfait comme auteur, — dans les relations ordinaires, sociales et domestiques, c'est, disait-elle, un dieu. Dans son aspiration vers les choses les plus élevées, il est heureux au milieu des plus petites, sympathise avec tout ce qui l'environne, et s'occupe de toutes les réalités de la vie. »

Des hommes de génie se sont fait gloire de manifester une ardente passion, de condamner le mariage et de maudire le coin du feu. Jean-Paul n'était point d'une telle nature. En 1798, il épousa une honnête jeune personne de Berlin, Mlle Camille Meyer, dont il eut deux filles et un fils, et voici dans quels termes il parlait d'elle quelques années après leur union : « J'ai appris de ma Caroline que la source de l'amour envers l'humanité n'enlève rien à la puissance de l'amour individuel. Chaque jour cette source s'élargit. Ma femme a une admirable adoration de la poésie et de la nature, un merveilleux désintéressement et une complète abnégation d'elle-même. Il n'y a rien qu'elle ne puisse faire pour moi et pour les autres. Les soucis de ce monde ne sont rien pour elle. Son intelligence et son sentiment du devoir sont infinis. L'affection qu'elle a pour moi, elle la porte sur tout ce qui me touche ; elle voudrait faire elle-même mes vêtements. Comme nous n'avons eu jusqu'à présent aucune discussion, je ne puis dire que je suis satisfait, mais je suis certainement heureux. Depuis que je l'ai épousée, je l'aime beaucoup plus profondément, plus romanesquement qu'auparavant. »

Richter avait les vertus domestiques dans toute l'extension du mot. Pour connaître son bonheur domestique, il faut lire ces pages écrites par une de ses filles : « Il m'est doux de vous représenter ce cher père tel qu'il arrivait dans la chambre de ma mère avec sa robe de chambre brune, car sa première pensée était de venir chaque matin lui souhaiter le bonjour. Son chien sautait en avant, les enfants s'attachaient à lui, et lorsqu'il se retirait, cherchaient à mettre leurs petits pieds dans ses pantoufles pour le retenir, puis se suspendaient aux pans de ses vêtements jusqu'à ce qu'il fût arrivé à la porte de son cabinet de travail, où son chien seul avait le privilége de le suivre.

« Dans notre enfance, nous habitions une maison à deux étages. Mon père travaillait à l'étage supérieur. Nous nous traînions sur nos mains le long de l'escalier jusqu'à son cabinet, et nous frappions à sa porte jusqu'à ce qu'il l'ouvrît et nous laissât entrer. Alors il tirait d'un vieux coffre une trompette et un fifre avec lesquels nous faisions une effroyable musique pendant qu'il continuait à écrire. Nous nous aventurions plusieurs fois dans la journée à aller jouer avec un écureuil qu'il gardait près de lui à cette époque, qu'il apportait le soir dans sa poche, et qui faisait partie de notre cercle de famille.

« Il avait ordinairement dans sa chambre des animaux qu'il cherchait à apprivoiser : tantôt une souris, tantôt une grenouille, ou une grande araignée blanche placée dans une boîte en papier recouverte d'un verre ; au bas de la boîte était une petite porte, par laquelle il donnait des mouches mortes à sa prisonnière. En automne, il faisait pour elle et pour sa grenouille des provisions d'hiver.

« Notre père était bon en tout, et ne pouvait souffrir qu'on fît la moindre peine aux plus chétifs animaux. Ainsi, il ne sortait jamais sans ouvrir d'abord la cage de ses serins, de peur qu'ils ne s'ennuyassent pendant son absence. Je l'ai vu prendre un tendre soin d'un chien qui arriva un soir dans notre maison, et qu'il voulait renvoyer le lendemain. Vous rirez peut-être de ce rapprochement de souvenirs, mais il s'occupa avec la même sollicitude d'une servante qui devait nous quitter, et la veille de son départ, il s'informa de tous ses besoins et la traita avec une bonté extraordinaire.

« Nous pouvions prendre avec lui toutes sortes de libertés : — Dansez ! lui disions-nous, et il se mettait à danser. D'autres fois, nous le priions de parler français, et il appuyait sur les consonnes nasales d'une façon qui faisait éclater de rire ma mère.

« Le soir il nous racontait différentes histoires, ou nous parlait de Dieu, des autres mondes, de son grand-père, et d'une foule d'autres choses. Dès que notre récit devait commencer, c'était à qui de nous s'asseoirait plus près de lui sur le canapé. Comme la table couverte de papiers nous empêchait d'y arriver de front, nous nous élancions par derrière du haut d'un coffre sur le dos du canapé, où il reposait, les jambes étendues, ayant son chien couché à côté de lui ; et lorsque nous nous étions installés tant bien que mal, il disait son histoire.

« Mon père avait le don de se créer une foule de petites jouissances. Ainsi il faisait lui-même, après dîner, toutes ses boîtes pour ses animaux apprivoisés. C'était aussi une satisfaction particulière pour lui de préparer son encre, et il en préparait plus qu'il n'en avait besoin. Il ne pouvait pas même attendre qu'elle fût reposée. Une heure après qu'il en avait mêlé les ingrédients, il la regardait et disait :

— La voilà déjà noire, que sera-ce demain ou dans quinze jours?

« Toute idée de destruction lui était très-désagréable, surtout la destruction de ce qui tenait à l'esprit de l'homme. Il ne brûlait jamais une lettre; loin de là, il recueillait avec soin les billets les plus insignifiants. — Les pertes matérielles, disait-il, peuvent être réparées; mais ce qui vient du cœur, du cerveau, le retrouve-t-on jamais! Que le nom disparaisse, mais que le sentiment intime qui s'est manifesté dans une lettre soit conservé. Il gardait aussi d'épais volumes remplis de remarques faites par lui sur les habitudes et les traits particuliers de ses enfants.

« A l'heure des repas, il s'asseyait à table avec gaieté et écoutait avec une vive sympathie tout ce que nous disions; quelquefois il reprenait une de nos naïves relations, et l'arrangeait de telle sorte que le petit narrateur se trouvait avoir de l'esprit Il ne nous donnait jamais de leçons directes, et cependant nous instruisait sans cesse. Il appelait la table autour de laquelle nous nous réunissions pour souper, *une table d'hôte française* où il servait douze mets tirés de différentes sciences et de différents arts. Nous goûtions de tout avec avidité, et quelquefois nous ne craignions pas de plaisanter ce bon père sur ses récits.

« Quand nous avions commis une faute, il n'employait envers nous qu'une sorte de punition passive : tantôt il nous châtiait par un mot sévère, tantôt en refusant d'accéder à une de nos demandes; mais il infligeait quelquefois à mon frère une peine corporelle : — Max, lui disait-il, cette après-midi, à trois heures, vous viendrez chez moi recevoir le fouet. Et Max ne manquait pas au rendez-vous. »

La vie paisible de Richter présente plusieurs autres tableaux, qui, comme celui que nous venons de retracer, sont de véritables idylles; mais nous ne voulons point essayer de les reproduire, et nous arrivons à celui qui les couronne tous. Dans aucun livre de biographie, nous n'avons trouvé une scène de mort si douce, si pleine de joie et d'amour, que celle de Jean-Paul.

On meurt, disent les prêtres, comme on a vécu, et l'exemple du tendre poëte de Hof peut être invoqué comme un témoignage de la vérité de cet axiome. Avant de citer ces dernières pages, nous remarquerons seulement que sur la fin de sa vie, Jean-Paul était, comme Milton, privé de la lumière. Ses yeux ne pouvaient plus jouir de l'aspect de ces vertes prairies, de ces fleurs, qui l'avaient tant charmé. Au mois d'octobre 1823, son neveu Othon Spazier, à qui nous devons la plupart de ces détails biographiques, fut appelé près du vieux poëte aveugle, malade, et écrivit la narration suivante :

« L'invitation de cet homme immortel me causa dans ma solitude une délicieuse émotion. L'image vénérée de cette belle vieillesse, juste récompense de sa noble vie, m'apparut dans un pur éclat. Je partis dans les jours pluvieux d'octobre, et le 24 j'entrai dans son cabinet. J'éprouvai en arrivant là le même sentiment de joie que j'avais ressenti autrefois lorsque, assis au sein de sa famille, je prêtais l'oreille à ses sages paroles. Les fenêtres de sa chambre, placée à l'orient, s'ouvraient sur des jardins, des masses d'arbres et de maisons, et le vaste espace de montagnes qui bornaient l'horizon. Un parfum de fleurs et de fruits répandu dans sa retraite donnait à la pensée l'impression des riants jours de l'été des climats méridionaux, des coteaux de vignes du Rhin. En face d'une des fenêtres était le canapé où il lisait à demi penché, et devant ce canapé, une table couverte de plumes, de papiers de différentes couleurs, de verres, de fleurs et de livres, parmi lesquels je remarquai une petite édition anglaise de Swift et de Sterne. A côté d'une autre fenêtre était un piano; puis la cage des serins, touchant par une petite échelle à la table de travail du poëte. Les oiseaux descendaient en toute liberté par cette échelle, et faisaient jaillir de côté et d'autre l'eau des vases de fleurs. Souvent dans ses moments d'inspiration, Jean-Paul, surpris par une de ces brusques invasions, s'arrêtait pour laisser tranquillement ses petits serins voyager sur son papier et mêler ces gouttes d'eau à l'encre qui tombait de sa plume. Dans un coin de la chambre s'ouvrait une porte dérobée par laquelle il descendait au jardin. Sur un coussin reposait son chien aux poils blancs et soyeux. A la muraille étaient suspendus sa gibecière et un bâton. C'étaient là les trois compagnons de ses promenades, quand, par une belle journée, il s'en allait à travers l'avenue de châtaigniers au petit cottage de Rollwenzell.

« Tout dans cette chambre occupait sa place habituelle, mais la main qui la gouvernait semblait être absente. Des rideaux verts voilaient les fenêtres ; l'homme robuste que nous avions vu braver si gaiement les rigueurs de l'hiver, était couché sur des coussins, le corps immobile, les yeux à jamais fermés. « Le ciel, disait-il, me frappe avec une double verge, et l'une est très-dure (il parlait de sa cécité), mais je me relèverai. Hélas ! nous avons tant de choses à dire et à faire ! Il nous faudrait des millions d'heures, ou tout au moins de minutes. » Sa voix était plus faible, et je souffrais de l'entendre parler de lui-même. Il était tard. Bientôt sa femme m'engagea à me retirer en me disant de revenir le lendemain matin.

« Le lendemain il commença une révision complète de ses œuvres. Son neveu les lisait et Jean-Paul indiquait les corrections qu'il voulait y faire. Il écoutait avec douceur et patience chaque remarque de son neveu, l'examinait, la critiquait ou la louait. Il passa ainsi en revue toute sa vie intellectuelle. Dans les innombrables comparaisons qui remplissent ces soixante-quatre volumes, il ne trouva que deux à trois répétitions.

« Le 14 novembre, les rideaux tombèrent sur le lit mortuaire. Quel calme ! quelle image touchante ! Écoutez :

« L'après-midi, Jean-Paul pensant qu'il était nuit, dit

qu'il était temps d'aller se reposer. On le plaça dans son lit, et selon la coutume on mit devant lui une petite table avec un verre d'eau et ses deux montres. Sa femme lui apporta une guirlande de fleurs qu'une dame avait envoyée pour lui, car chacun cherchait à donner quelque agrément à ses derniers jours. Il promena sa main sur ces fleurs qu'il ne pouvait plus voir et dont il ne pouvait plus sentir le parfum ; leur image rajeunissait encore son esprit : Ah! mes belles fleurs, dit-il, mes chères fleurs !

« Ses amis, assis autour de lui, gardaient le silence. Il étendit ses bras pour se reposer, et bientôt tomba dans un paisible sommeil. Nul bruit ne troublait la tranquillité de son appartement. Sa femme, assise au chevet de son lit, contemplait dans une muette immobilité la figure de son époux chéri. Son neveu tenait entre ses mains un Platon ouvert à l'endroit où le philosophe raconte la mort de Socrate. En ce moment, un beau jeune homme entra dans la chambre, leva les mains vers le ciel et répéta à voix basse sa prière hébraïque. C'était Emmanuel, l'un des meilleurs amis de Richter.

« Vers les six heures le médecin arriva. Richter semblait encore dormir. Toute sa figure avait une expression plus calme, son front paraissait plus radieux. Mais il était froid comme du marbre, et les larmes de sa femme tombaient sur lui sans l'émouvoir. Sa respiration devint moins régulière, ses traits pourtant présentaient une plus douce sérénité. Une légère convulsion passa sur son visage. C'est la mort, dit le médecin, et tout était fini. L'esprit avait quitté sa demeure.

« Les assistants tombèrent à genoux et prièrent. En ce moment leur âme suivait vers le ciel cette âme qui s'éloignait de la terre, et ils ne pleuraient pas. »

Ainsi mourut Richter, grand et saint comme poëte, plus grand et plus saint comme homme. Il fut enseveli à la lueur des torches, le manuscrit inachevé de son livre sur l'immortalité de l'âme fut posé sur son cercueil, et les étudiants du gymnase l'accompagnèrent en chantant l'ode de Klopstock : « Oui, mon âme, tu ressusciteras. »

Nous avons essayé de faire ressortir quelques-uns des traits les plus saillants de cet homme que l'Allemagne appelle Jean-Paul l'unique, titre qu'il n'a pas moins mérité par sa vie littéraire que le Grand Frédéric n'a mérité le sien par sa carrière militaire et son administration. Il est fâcheux seulement qu'on ne puisse faire apprécier du public les œuvres d'un écrivain, tout aussi bien que les actions héroïques d'un soldat et le gouvernement d'un royaume. D'un des cercles polaires à l'autre, les canons et les trompettes retentissent dans le monde entier, et si large que soit le théâtre des événements politiques, il s'y trouve assez d'acteurs pour y remplir leur rôle et exciter l'admiration. Mais la voix des sages est d'une mélodie plus délicate, et quelquefois la voix du poëte le plus exquis ne résonne que lorsqu'elle frappe l'oreille nationale. Ainsi de Béranger, ainsi de Burns. Les traducteurs ont mis la main à leur œuvre ; mais qu'ils travaillent tant qu'ils pourront à leur donner un autre vêtement, Béranger n'en sera pas moins lourd et gauche avec ses bottes de Wellington, et le poëte écossais n'en perdra pas moins ses teintes les plus fines dans une traduction allemande. Les écrits de Jean-Paul portent ce cachet indélébile de nationalité, et il faudrait un talent habile pour le rendre aussi populaire que le *Wallenstein* de Schiller et le *Faust* de Gœthe. Ces écrits se composent pour la plupart de nouvelles ou de récits fictifs qui se divisent en deux séries : Nouvelles philosophiques et idéales, très difficiles à translater dans notre langue, si nette et si positive. Nouvelles de la vie commune, qui souvent nous sembleraient puériles. Nous ne désespérons pas cependant de voir paraître un bon choix de ses œuvres. La biographie de Spazier, dont nous venons de citer plusieurs extraits, peut être considérée comme une excellente introduction à ce travail. Nous sommes persuadés que nulle personne intelligente ne lira cette biographie sans éprouver le désir de faire plus ample connaissance avec l'écrivain dont elle retrace le caractère et dépeint le génie, et l'on verra alors que les romans de Jean-Paul ne sont point seulement d'amusantes arabesques, mais qu'ils renferment à chaque page un principe de régénération morale.

V

LE PRINCE DE METTERNICH[1].

Il n'a pas été accordé à beaucoup d'hommes de jouir si longtemps d'une prééminence incontestée, comme celle qui a appartenu à l'homme d'État dont nous inscrivons le nom en tête de ce récit. On dit qu'un des traits caractéristiques de notre époque, c'est que de simples individus ne peuvent plus être les arbitres des destinées humaines. L'intelligence acquise par les masses leur donne la faculté d'abaisser le pouvoir colossal exercé autrefois par des magnats intellectuels, et si un génie solitaire veut encore conquérir une grande influence, il ne peut plus y arriver par la magie de ses forces individuelles, mais par les sympathies des autres hommes, en les associant à ses desseins, et en faisant d'eux les instruments de ses volontés.

Telle ne fut point pourtant l'obligation de M. de Metternich. Comme politique, il doit être rangé dans la caté-

---

1. Extrait d'une revue radicale anglaise.

gorie des Wolsey et des Richelieu, plutôt que dans celle des hommes d'État modernes. Mais par les œuvres qu'il a accomplies, il mérite d'être placé au-dessus des Wolsey et des Richelieu. Au seizième et au dix-septième siècle, lorsque les populations européennes échappaient à peine au réseau de la servitude, lorsque la multitude était si alourdie, et l'esprit public maintenu dans un si grossier état de médiocrité, c'était pour un homme de génie, qui possédait pour ainsi dire le monopole des connaissances de son temps, c'était une chose facile de régir tout un royaume, de dominer un peuple docile comme un troupeau, et de l'obliger à une servile obéissance.

Mais Metternich a plié à ses propres idées la société, à une époque où cette société était aussi éclairée que lui et marchait dans une voie diamétralement opposée à celle qu'il voulait suivre. Il a tracé sa route avec la froide placidité d'un homme qui n'a qu'à parler pour être obéi. Les peuples se réjouissaient de la vigueur de leur nouvelle intelligence, et il les a arrêtés dans leurs progrès, — il leur a imprimé un mouvement rétrograde avec une facilité d'autant plus étonnante qu'il était seul dans ce conflit, seul avec les plus simples ressources.

Lorsqu'il entra dans sa carrière, la littérature de son pays avait acquis la plus grande gloire, et l'énergie nationale était surexcitée par les plus orageux et les plus mémorables événements. Acquérir quelque influence sur une telle époque, c'était un signe de haute intelligence ; mais la dominer, la guider au milieu des circonstances les plus graves et la détourner de sa tendance naturelle, c'était, il faut l'avouer, la marque d'un haut génie, et tel a été le privilège de M. de Metternich. Si le système qu'il établit en Autriche fut renversé, sa chute n'a été que momentanée. Comme une balle élastique, il n'est tombé que pour rebondir ; et maintenant que celui qui l'a fondé est dans le cercueil, ce système paraît aussi fermement assuré que jamais.

D'autres hommes ont accompli par l'épée des entreprises étonnantes. Mais leur empire s'est écroulé, et leurs conquêtes n'ont point subsisté. Ils ont surgi comme de brillants météores, ils ont ébloui les nations par leur splendeur, puis ils ont disparu dans une mystérieuse obscurité. Ainsi de César, d'Alexandre et de Napoléon. De ces trois hommes, Napoléon fut certainement l'esprit le plus éminent. Metternich pourtant, par la seule puissance de sa plume, en est venu à vaincre Napoléon et à doter l'Autriche de quelques-unes des plus riches dépouilles de l'empire français. Cette Autriche, il l'avait vue déchue de son ancienne grandeur, englobée comme un État secondaire dans la Confédération, et soumise à la France. Il en fit l'une des plus grandes monarchies de l'Europe, fortifiée sur le Pô, sur le Danube, sur le Rhin; touchant d'un côté aux riches plaines de l'Italie, appuyée sur la haute Allemagne, l'Illyrie, les provinces slavoniennes, et s'étendant jusqu'aux ravins des Riesengebirge. Comme ministre de cet immense empire, Metternich fut le Titan de son siècle. Sans recourir au glaive, partout où il étendit son action, il remporta la victoire. Par de secrètes stipulations avec les princes, l'Italie était à ses pieds. Il gouvernait la Germanie au moyen de la Confédération qu'il avait lui-même organisée, et qui, outre les troupes impériales, plaçait sous son contrôle une armée de trois cent mille hommes. Napoléon lui-même, dans la suprématie de son pouvoir, avait à peine une armée plus considérable que celle que Metternich acquit par des moyens pacifiques et conserva, en persuadant à l'Europe qu'elle était nécessaire au maintien de la paix générale. Sa carrière fut bien plus longue que celle du héros français, bien que ce héros ait vécu plus longtemps que ceux qui l'avaient précédé, si l'on en excepte Frédéric le Grand. Pendant le cours de l'existence de Metternich, quatre souverains se succédèrent sur le trône de Russie; cinq rois occupèrent le trône de France; trois empereurs d'Autriche disparurent devant lui, et le gouvernement de l'Autriche resta en sa possession. Dès l'âge de vingt-cinq ans jusque vers la fin de sa vie, il fut le véritable régent de cet amas de populations hétérogènes réunies sous le sceptre de la maison de Habsbourg ; et le prestige de sa haute situation, joint au succès de sa tactique, lui donna près des princes étrangers plus de crédit qu'ils n'en accordaient souvent à leurs propres conseillers. Son nom était également respecté à Rome, à Pétersbourg, à Paris, pendant la Restauration, à Londres pendant la régence, et à Vienne. Son action n'était donc point, comme celle des autres potentats, restreinte dans les limites de son pays, elle s'étendait aux plus importants États du globe. Partout où il s'élevait quelque grande question, sa voix avait la prépondérance. Pendant plus d'un demi-siècle, il présida aux conseils de la diplomatie et fut le guide de la politique européenne.

Mais c'est par la tâche qu'il entreprit d'imposer une ferme barrière à l'élan de l'esprit humain, et d'arrêter le courant démocratique, que Metternich réclame surtout notre attention. Les peuples qui auraient pu graduellement s'élever d'une liberté à une autre ont été, en politique, ramenés par lui à l'état d'enfance. Ses regards étaient constamment fixés sur l'Europe pour voir s'il ne s'y trouvait pas quelque trône vacillant à soutenir, quelque tribune à fermer, quelque germe de liberté à écraser. Lui-même se nommait le premier constable de l'Europe. Seulement, son bâton de constable ne lui servait point à assurer cet ordre, en vertu duquel les hommes jouissent de la plus complète liberté, mais à sacrifier l'ordre pour éteindre la liberté. Les moyens essentiels de compression s'affaiblissaient périodiquement. Il fallait toute la vigueur de cet homme extraordinaire pour sauver l'Europe de ses commotions, réparer les chaînes brisées, et maintenir le système qu'il avait adopté. Selon lui, il n'y avait pour les sociétés aucune loi de progrès. Les hommes étaient destinés à tourner comme des animaux dans le même cercle, en arrivant seulement à une arène plus élevée. Il implantait dans le domaine de la politique l'infaillibilité de ses convictions religieuses. D'après ses principes, les rois étaient, comme les prêtres, les mandataires du ciel. Une aveugle soumission à leurs décrets, tel était l'idéal, l'Élysée terrestre d'une société. Le rapide développement de la science, la transmission électrique de la pensée, l'économie du travail, la rapidité des bateaux à vapeur n'avaient pour lui aucune importance. Le rayon d'un avenir d'or ne luisait point à ses yeux. Dans son monde politique, l'arc-en-ciel de l'espérance n'éclairait point son horizon ; et il n'interrogeait point le temps où les épines du sentier de l'humanité seraient remplacées par des fleurs, et les déserts embellis par des jardins ; où, au sein d'une rude nature, s'élèverait un édifice social qui contrasterait avec celui de nos jours, comme un palais de Palladio avec une hutte celtique. Pour Metternich, le présent n'était qu'une mauvaise répétition d'un servile passé, et il était déterminé à rendre l'avenir plus servile encore que le présent.

C'est une chose singulière que ce phénomène politique, dont le monde a subi l'ascendant pendant plus d'un demi-siècle, n'ait pas produit en Allemagne de meilleures appréciations que celles que nous inscrivons en tête de cette notice. La plupart de ces écrits ne sont que de vagues éloges dont Metternich lui-même aurait été peut-être honteux, et qui semblent composés par des écrivains désireux avant tout d'obtenir les faveurs de la chancellerie [1]. Mais si la presse allemande est enchaînée, et si les faiseurs de livres politiques, entravés par les liens de la Confédération, ne peuvent parler librement de la carrière de Metternich, dans notre île britannique nous ne sommes

1. On annonce en Allemagne un nouvel ouvrage sur Metternich : *Furst Metternich und seine Zeit* (le prince Metternich et son temps), par M. Schmidt-Weissenfels, qui sera publié à Prague en dix livraisons.

point soumis aux mêmes rigueurs. Si nous n'avons pas eu le bonheur d'être guidés par Metternich, nous avons cependant éprouvé son influence, et nous rendrons justice à sa mémoire. Plusieurs de ses actes politiques sont liés aux plus profondes pensées des Anglais. Nous voulons essayer de retracer les mérites de l'homme que l'Angleterre a tour à tour observé avec joie et avec défiance, examiner ses œuvres dans leurs rapports avec les intérêts de l'Angleterre, et dans l'effet qu'elles ont eu sur les derniers développements politiques de l'Europe. Nous croyons que les idées de Metternich ont eu et ont encore des partisans dans une certaine classe de nos hommes d'État. Par cette raison nous voulons essayer de faire voir de quelle façon cette politique a neutralisé l'influence de l'Angleterre au dehors, et enlevé à notre diplomatie cette autorité dans les conseils de l'Europe que le succès de nos armes nous donne le droit de réclamer. La crise actuelle donne à cette étude un caractère particulier d'opportunité. Quand l'état des partis en Angleterre est à peu près le même, et quand l'empire qui fut régi par Metternich vacille indécis entre le renouvellement de son absolutisme et l'inauguration d'un progrès constitutionnel, il nous semble qu'il importe de passer en revue la vie de cet homme, de dénoncer le mal qu'il a fait, le bien qu'il a empêché ; et de montrer aussi jusqu'à quel point l'Angleterre, par la faiblesse de quelques-uns de ses ministres, a pris part aux fâcheux résultats d'un si long système.

Clément-Wenceslas-Lothaire, comte de Metternich, naquit à Coblentz, le 15 mai 1773. Il descendait d'une des meilleures familles de l'empire, d'une famille qui avait toujours occupé un haut rang soit dans l'Église, soit dans l'État ; au seizième siècle, cette famille donnait des archevêques à Trèves, des gouverneurs à Mayence. et plus tard des chanceliers au cabinet impérial de Vienne. Ses domaines, agrandis d'âge en âge, étaient dans leur totalité plus considérables que quelques principautés d'Allemagne. Ce qui est étonnant, c'est que cette riche et puissante famille n'ait pas cherché à acquérir une souveraineté indépendante. François-Georges, le père de Clément, né à Coblentz en 1746, fut le premier investi du titre de prince de l'empire. Cette dignité lui fut accordée en récompense des services qu'il avait rendus comme ministre de conférence à Vienne. Il s'occupa avec un soin scrupuleux de l'éducation de son fils. Après lui avoir donné différents maîtres, il le fit entrer à l'université de Strasbourg, puis à celle de Mayence. A l'âge de dix-huit ans, Clément assistait, en qualité de maître des cérémonies, au couronnement de Léopold II, et dès cette époque son père l'initiait aux secrets de la politique autrichienne.

C'est dans les impressions de sa jeunesse que nous devons chercher les premiers germes des idées qu'il s'appliqua à propager si obstinément en Europe. Son amour pour l'absolutisme lui est venu de diverses circonstances qui, en troublant la clarté de son intelligence, le poussaient vers une voie opposée à celle vers laquelle il eût dû être porté par ses convictions. Ses premières sympathies furent pour les institutions libérales. A Strasbourg, il proclamait avec Benjamin Constant, comme l'aurore d'une ère de bonheur pour l'humanité, l'avénement du gouvernement constitutionnel en France. Mais quand les Français déclarèrent la guerre à la caste à laquelle il appartenait, quand ils renversèrent le trône dans le sang et souillèrent l'autel, quand ils s'avancèrent sur la rive gauche du Rhin et confisquèrent son propre patrimoine; alors, ses rêves de progrès s'évanouirent. Étouffer la liberté, défendre la cause de l'absolutisme, tel devait être désormais le but principal de sa vie. Les voyages qu'il fit en Hollande et en Angleterre n'altérèrent pas en lui cette tendance. Il visitait l'Angleterre en 1794. Les principaux whigs venaient de se rallier aux tories, et Pitt était investi d'un pouvoir absolu par un Parlement vénal. La Hollande offrait encore un plus triste spectacle. Dans la terreur de l'invasion, ce petit État avait suspendu les fonctions de son sénat, et ne pensait qu'à ce qu'il pouvait attendre de ses généraux pour sa défense. Sans aucun doute, Metternich se trompa sur la situation réelle de l'Angleterre et de la Hollande, lorsqu'il déclara, avec une légèreté peu digne de son génie, que pour ces deux pays comme pour l'Allemagne il n'y avait de gouvernements véritables que ceux qui s'appuyaient sur l'absolutisme.

En entrant dans la carrière diplomatique, il fut chargé de représenter la noblesse westphalienne à la cour de Rastadt. Son père présidait aux délibérations de cette assemblée, et il y montra une dissimulation qu'une vingtaine d'années plus tard son fils devait habilement mettre en pratique à Prague et à Schœnbrunn.

Par les articles secrets du traité de Campo-Formio, l'Autriche abandonnait l'intégralité de l'empire germanique, et concédait la rive gauche du Rhin en échange de Venise et d'une portion de la Bavière. A la même époque la France, dans son état de turbulence, et en face des manifestations hostiles de la Russie, jugeait le moment favorable pour recommencer la guerre. Avant que le Congrès en fût venu à décider les conditions de la paix entre les députations de l'empire germanique et la République française, le prince François Metternich avait à jouer deux rôles, dont l'un eût suffi pour épuiser l'adresse d'un Talleyrand. Il devait persuader aux princes allemands que l'empereur, son maître, protégeait leurs intérêts, tandis que ce même empereur recevait une large indemnité à leurs dépens. Il devait aussi persuader aux envoyés de France que l'Autriche voulait la paix, tandis qu'elle ne cherchait qu'à gagner du temps pour reconstituer son armée, et organiser avec l'Angleterre une troisième coalition.

Metternich eut l'art d'employer trois semaines à l'échange et à la vérification des lettres de créance. Les formalités de l'empire, les questions d'étiquette et de préséance, mises en avant par trente-cinq cours allemandes, lui donnèrent encore un autre délai. Talleyrand, qui était alors ministre des affaires étrangères, fit deux fois le voyage de Paris à Rastadt dans le but d'abréger tous ces retards. Bonaparte, en retournant à Paris, se montra aussi à ce Congrès, et en fit exclure le comte Fersen, qui avait aidé la famille royale dans sa malheureuse tentative d'évasion, et qui en ce moment représentait, à Rastadt, la maison de Saxe. Mais le futur empereur se lassa bientôt des oiseuses discussions de cette assemblée et partit.

Les sécularisations que l'on demandait sur la rive droite du Rhin pour les territoires concédés sur la rive gauche, la question des dettes locales, de la navigation, des droits de péage, offraient à François Metternich un moyen de traîner les choses en longueur, et il le saisissait habilement. Lorsque Bonaparte débarqua en Égypte, l'interminable Congrès n'avait encore rien achevé. Mais lorsque la prise de Malte détermina la Russie à entrer en campagne ; lorsque la Porte, menacée d'un démembrement de ses domaines, joignit son pavillon à celui de la Russie et de l'Angleterre, et lorsque la victoire d'Aboukir retentit en Europe, le prince Metternich mit brusquement fin aux délibérations. Les envoyés français furent très-courtoisement informés que l'empereur rappelait son ministre, et que les négociations ne pouvaient se continuer. Cependant, ils avaient entre les mains des papiers dont la publication ne pouvait manquer de compromettre l'Autriche aux yeux des princes de la Confédération. Il importait de reprendre ces papiers, et l'on n'y parvint que par la plus indigne violation du droit des gens. Les trois ministres de la République, en quittant Rastadt, furent assaillis par une troupe de hussards qui en tuèrent deux et laissèrent le troisième, couvert de sang, se traîner à la légation de Prusse.

Si le jeune Metternich avait été envoyé à Rastadt tout exprès pour y aiguiser sa subtilité et y développer son entendement, le poste était on ne peut mieux choisi. On eût dit que l'Autriche devinant en ce jeune diplomate son futur ministre, prenait à tâche de lui faire connaître le caractère et les principes des cours étrangères. De Rastadt, il se rendit avec le titre de secrétaire de légation à Pétersbourg ; de là, en qualité de ministre, à Dresde, puis bientôt après à Berlin. Les écrivains étrangers peuvent ne pas comprendre le sens de ces rapides changements, mais les Anglais ont de bonnes raisons pour s'en souvenir. Metternich fut envoyé à Pétersbourg, à Dresde, à Berlin, non pas tant pour y représenter l'Autriche et y rédiger des protocoles que pour y négocier des coalitions, et ces coalitions, c'était l'Angleterre qui en était le nerf et qui les mettait en mouvement.

En 1798, nous nous trouvions, relativement à la France, dans la même situation qu'en 1668. Mais au lieu d'un souverain belliqueux, nous avions un insouciant ministre, et au lieu d'avoir en face de nous les troupes mercenaires d'un régime despotique, nous devions résister aux menaces d'un audacieux premier consul et aux ardents soldats d'une jeune république. Sous le règne de Guillaume, nous soudoyions des milices étrangères pour défendre notre cause, mais notre souverain était sur les champs de bataille, dirigeait les opérations, commandait les forces alliées, examinait les troupes réunies pour le combat. Sous le régime de Pitt, au contraire, nous nous bornions à donner de l'argent à profusion, comme si les rochers de notre île étaient transformés en lingots et les sables de notre plage en topazes et en émeraudes. De là il arriva ce qu'il était aisé de prévoir. Dès que nos alliés eurent encaissé leurs subsides, leur organisation militaire languit. Les puissances étrangères ne se réunissaient point en une action simultanée, et quand l'une d'elles trouvait quelque avantage à faire séparément la paix avec l'ennemi, elle la faisait.

C'est ainsi qu'à Campo-Formio et à Lunéville, l'Autriche fit voir l'égoïsme qui a toujours été l'élément de sa politique, en adjoignant à notre ennemi les troupes que nous avions équipées et payées pour le combattre. Ainsi agit la Prusse dans la troisième coalition, qui se termina par la bataille d'Austerlitz et par l'horrible carnage d'Iéna. Si les conseils de Metternich avaient été suivis, ces désastres n'auraient pas eu lieu. Il engageait la Russie, la Suède, l'Autriche à ne pas commencer les hostilités avant que la Prusse fût entrée dans leur ligue pour seconder leurs opérations, et pendant qu'il était à Berlin, en 1805, il avait obtenu la coopération de la Prusse. Mais malgré ses promesses, cette puissance hésitait à remplir ses engagements et le zèle militaire du comte Stadion précipita la collision avant que toutes les levées fussent rassemblées sur le champ de bataille. De là, les funestes événements qui mirent l'Allemagne aux pieds de Napoléon et dont la nouvelle tua Pitt, comme s'il avait été frappé par une balle française en rase campagne.

En principe, nous ne sommes point opposés aux coalitions. Elles ont été souvent nécessaires, et sans aucun doute elles le seront souvent encore pour arrêter la marche d'une insolente conquête. C'est par les coalitions que l'Angleterre a sauvé ses libertés et garanti son sol de l'invasion étrangère. Mais si jamais cette sorte de combinaison dut être mise en œuvre, c'est lorsqu'un général sans rival dans la tactique militaire, et toujours victorieux, s'emparait de la souveraineté de l'Europe. Évidemment, alors, les États subjugués n'avaient d'autre moyen de salut que de s'allier l'un à l'autre pour combattre à la fois l'ennemi commun. Si l'Angleterre était restée seule, son indépendance nationale eût été bientôt anéantie. Grâce à la mollesse des puissances étrangères, Napoléon maîtrisait l'Espagne, conquérait l'Italie, subjuguait l'Allemagne, asservissait la Hollande. Déjà il affectait, à Paris, le langage et les prétentions des Césars. Pour compléter sa domination, pour réduire l'Europe à l'état des anciennes vassales de Rome, il ne lui restait plus qu'à vaincre l'Angleterre et à s'emparer de l'empire des mers.

Nous ne pouvons donc regretter d'avoir organisé des coalitions; mais ce que nous sommes en droit de regretter, c'est d'y avoir accompli une tâche plus grande que notre situation ne le comportait, en balayant les flottes de Napoléon et en chassant de l'Espagne ses troupes; ce que nous regrettons, c'est d'avoir confié la direction de ces coalitions aux agents des despotes étrangers, c'est d'avoir contracté des emprunts ruineux pour payer des subsides, c'est d'avoir livré le patrimoine de la postérité à des Etats absolutistes et de n'en avoir obtenu que de désastreux résultats.

On a calculé que des quatre cents millions prélevés par Pitt pour la guerre, il n'en passa pas plus de trois cents par ses mains : le reste fut distribué à des prêteurs, pour les engager à exposer leurs fortunes dans la périlleuse tentative de salarier des puissances étrangères, afin de les déterminer à défendre leurs propres intérêts. Quand nous supputons tous les subsides que Pitt imposa à l'Angleterre, et quand nous réfléchissons aux résultats de ces colossales dépenses, le nom de ce ministre nous apparaît plus odieux que celui des ministres de Charles II. Digby et ses collègues organisaient un système de tyrannie légale, mais la nation bientôt s'en affranchit. Pitt, au contraire, se servit de la constitution même pour imposer à la nation un système gigantesque de restrictions sociales, auquel la nation ne put échapper sans y sacrifier son honneur. Comme un joueur effréné, il tira pour une somme effroyable des traites sur la postérité, et appauvrit des millions d'êtres à venir pour se procurer les moyens de continuer sa ruineuse partie. Un ministre qui de nos jours oserait tenter une telle prodigalité serait bientôt dépossédé de son pouvoir, et l'exécration du peuple le suivrait dans sa retraite. Cependant tel est l'aveuglement d'un parti, que les sectateurs de cet homme lui ont fait une apothéose politique et le proclament un héros. Pitt mourut avec la pensée d'avoir ruiné le pays dont les destinées lui étaient confiées, et ses partisans lui élèvent un piédestal, sur lequel ils le représentent comme le sauveur de la nation.

Après la journée d'Austerlitz, Napoléon usa largement de sa victoire. Il dépouilla l'Autriche de la couronne impériale qu'elle portait depuis six siècles. Il lui enleva le Tyrol, Venise, les villes du Danube et les Bouches de Cattaro. D'une partie des territoires qu'elle lui abandonnait, il enrichit Bade, la Bavière, le Wurtemberg. De quatre petits électorats, il fit quatre royaumes puissants qui, à l'ouest, devaient tenir l'Autriche en échec. Au sud, elle était contenue par les Républiques cisalpine et transalpine ; au nord, par l'Helvétie et la Confédération du Rhin. Napoléon n'avait qu'à commander. L'Autriche, abattue, acceptait toutes les conditions qui ne lui laissaient que l'ombre d'une souveraineté.

En ce moment de crise, Metternich fut soudain rappelé de Berlin et nommé ambassadeur à Pétersbourg. Mais peu de temps après il fut envoyé avec le même titre à Paris. On présumait que, par ses habitudes de la vie des cours et de l'étiquette des palais, il se rendrait agréable au nouvel empereur, et en effet il y réussit. Pendant son court séjour à Paris, il fut considéré comme le plus grand casuiste en matière de cérémonial impérial.

La solennité de Notre-Dame s'accomplit sous ses auspices. Lui-même réglait les réceptions du château. Chaque nouveau courtisan qui échangeait son ancien costume pour un vêtement de fonctionnaire trouvait en Metternich un guide infaillible. Il était le modèle et l'oracle de la société parisienne, rejetant ses habits républicains pour adopter les modes impériales. Napoléon, charmé de la bonne grâce, de la dignité et des complaisances du nouvel envoyé d'Autriche, lui accorda la plus entière confiance. Metternich avait alors trente-trois ans. A la vigueur, à la souplesse de la maturité de l'âge, il joignait les apparences de la candeur juvénile. « Vous êtes bien jeune, lui dit un jour Napoléon, pour représenter l'ancienne maison d'Autriche. — Sire, répondit spirituellement le diplomate, Votre Majesté était encore plus jeune à la bataille d'Austerlitz. »

Nul doute que Metternich ne se laissa point abuser par l'éclat et les décorations du nouvel empire : l'intérêt qu'il manifestait pour toutes ces nouvelles créations n'était pour lui qu'un moyen de pénétrer dans les conseils de l'empereur et d'étudier ses dispositions. Le fait est que la mission qu'il remplit à Paris, en 1806, était pleine de duplicité. Depuis la paix de Presbourg, l'Autriche avait formé avec l'Angleterre le projet de reprendre les armes dès qu'il se présenterait une occasion favorable. Avant de partir pour Paris, Metternich avait reçu des instructions à ce sujet. Des troupes devaient être envoyées en Espagne en assez grand nombre pour obliger Napoléon à concentrer les siennes sur un point, et au premier revers qu'il éprouverait, l'Autriche devait attaquer ceux qui restaient les confédérés de la France en Allemagne.

Metternich accomplit sa tâche avec une remarquable dextérité. Probablement, Napoléon lui apparaissait au milieu des vanités de sa cour, comme le héron apparaît aux yeux du chasseur qui va le prendre au piége et qui s'amuse à le voir tournoyer. Pendant qu'il était appelé à émettre son avis sur les divers modes d'organisation de la cour impériale, pendant que Napoléon le croyait tout occupé de donner à la nouvelle monarchie l'aspect le plus imposant, Metternich étudiait le caractère du vainqueur d'Austerlitz et prenait ses mesures pour démolir l'édifice impérial. Pendant qu'il ne cessait de répéter à l'empereur combien l'Autriche lui était dévouée, et combien elle était opposée aux intérêts anglais..., l'Autriche, à l'aide des guinées britanniques, élargissait ses magasins et préparait ses armements. Cependant l'ambassadeur de France à Vienne fut instruit de ces préparatifs et en prévint le cabinet des Tuileries. La nouvelle des désastres de Dupont et de Moncey à Barcelone et à Valence, et l'arrivée de vingt mille soldats anglais à Salamanque, venaient presque en même temps confirmer ces avertissements diplomatiques. Napoléon, qui conspirait contre tout le monde, entrait en fureur quand quelqu'un conspirait contre lui. Il demanda avec un accent d'indignation une explication à Metternich sur les projets de l'Autriche. Le rusé diplomate répondit que les intentions de l'Autriche étaient éminemment pacifiques, que ses nouvelles levées n'étaient destinées qu'à comprimer la fermentation de ses sujets, qui, après l'entrevue d'Erfurt, craignaient de voir leurs territoires exposés à une nouvelle spoliation. Napoléon partit pour l'Espagne, apaisé par ces protestations que Metternich répétait non-seulement dans le cabinet de Talleyrand, mais aux soupers des Tuileries.

Dans tous les événements où Napoléon était le principal acteur, il arrivait bientôt au dénoûment. Sa décision était prompte, et à sa décision succédait l'action avec la rapidité de la foudre. Cette infatigable énergie, qui fut l'un des principaux éléments de ses succès, il la manifesta d'une façon particulière dans cette circonstance critique, et par là il échappa aux dangers qui le menaçaient sur l'Èbre et sur le Rhin. Après le désastre de Baylen, l'Autriche jugea le moment favorable pour déclarer la guerre. Elle attaqua la Bavière et le Wurtemberg. Pendant que Napoléon était retenu en Espagne, l'archiduc Charles appelait l'Italie à s'affranchir du joug de la France, lui promettant des institutions nationales et une complète liberté. Au nom de cette même liberté, l'Allemagne était aussi invitée à chasser les Français et leurs partisans par delà l'Alsace et la Lorraine.

Mais Napoléon n'était pas homme à perdre la rive gauche du Rhin, le Tyrol et l'Italie pour le plaisir de défendre un point dans la Péninsule espagnole. Avec la promptitude de l'éclair, il rassure ses alliés allemands et rentre dans sa capitale pour y organiser une nouvelle armée. Pendant ce temps, M. de Stadion engageait M. de Metternich à quitter au plus vite Paris, et au moment où le jeune diplomate recevait cette dépêche de son ministre, il voyait entrer chez lui Fouché, qui le déclara prisonnier. L'empereur était tellement irrité de la duplicité de l'ambassadeur d'Autriche, qu'il refusa de le voir et ordonna à Fouché de le faire conduire hors de la frontière par une compagnie de gendarmerie. Fouché, sachant que Metternich était un homme habile dont il pourrait avoir besoin un jour, résolut de le ménager. Il lui laissa la faculté d'arranger lui-même son départ, et, pour sauver les apparences aux yeux de son maître, il le fit escorter par un officier jusqu'à Saint-Denis.

La bataille d'Essling, qui suivit de près ces événements, menaçait la fortune de Napoléon. Mais la bataille de Wagram fut plus désastreuse pour l'Autriche que celle d'Austerlitz. Par la façon dont il avait été provoqué à cette nouvelle lutte, Napoléon aurait été excusable d'anéantir la maison de Habsbourg et de diviser entre ses confédérés les domaines qu'elle avait conservés. Le fait est qu'il en eut l'idée. Mais l'habile Metternich, qui avait pris la direction des affaires à la place de l'infortuné M. Stadion, sut profiter des côtés faibles de Napoléon, qu'il avait si bien observés aux Tuleries. Stadion fut accusé d'être seul coupable de tout ce qui venait de se passer, Metternich se prétendant trompé par lui tout aussi bien que l'empereur de France. Désormais l'Autriche ne devait plus avoir qu'une politique, celle que Napoléon voudrait lui-même lui prescrire. L'Autriche, ajoutait Metternich, ne pouvait plus se révolter, et il valait mieux, pour la sécurité de la France, la laisser subsister que d'enrichir de ses dépouilles quelque royaume qui au premier revers de l'empereur se tournerait contre lui. L'intérêt de Napoléon était d'affaiblir l'Allemagne par son fractionnement. Si l'Autriche était rayée de la carte de l'Europe, les États auxquels seraient livrées ses possessions hériteraient de ses prétentions et de ses désirs d'indépendance. Plusieurs Autriches apparaîtraient avec plusieurs Stadions, et, au lieu de rester dans l'alliance d'une des plus anciennes monarchies de l'Europe qui donnait au nouvel empire la dignité de dix siècles, Napoléon serait inquiété et harcelé par des parvenus. Pour seconder ces artificieux raisonnements, Marie-Louise fut invitée aux sombres fêtes de Schœnbrunn. On fit même entendre à M. de Champagny que, comme Joséphine ne paraissait pas devoir donner un héritier au trône, François II serait assez disposé à devenir un nouvel Agamemnon, dans le cas où Napoléon voudrait cimenter l'union des deux couronnes par une alliance plus étroite.

Si jusque-là l'Autriche n'avait pu reprendre son ancienne position, la faute n'en était pas à Metternich, car il avait parfaitement joué son rôle. Mais il avait été subordonné à Stadion, et Stadion, avec la vivacité de son tempérament, et par l'impulsion de Pitt, s'était laissé en entraîner à des mesures précipitées. L'Autriche se trouvait dans une situation semblable à celle de l'ancienne Rome, après les folles campagnes de Marcellus. Mais elle eut en Metternich plus qu'un Fabius. A ce moment de crise terrible, Metternich fut nommé chancelier ; il avait alors trente-six ans, et il était investi d'une sorte de pouvoir dictatorial. Mais l'empire qu'il devait gouverner n'était plus que l'ombre de ce qu'il avait été : épuisé par la guerre, accablé sous le poids de ses dettes, dépouillé d'un tiers de ses domaines, et de toutes parts comprimé par ce gigantesque empire français qui s'étendait depuis la Baltique jusqu'aux Pyrénées. En peu d'années pourtant Metternich releva l'Autriche de son abaissement et lui rendit une prospérité éclatante. En 1808, l'Autriche n'avait pas plus d'influence sur la politique extérieure que la république de San-Marino. En 1813, elle était l'arbitre de l'Europe. Metternich opéra cet étonnant changement, d'abord par le mariage de Marie-Louise, qui contribua à précipiter Napoléon dans son expédition contre la Russie, puis par sa tactique de Fabius, par ses cauteleuses lenteurs, par la perspicacité avec laquelle il s'empara des cartes embrouillées dans le jeu fatal qui commença à Moscou et finit à Waterloo.

Après le traité de Vienne, Napoléon, si flatté qu'il fût d'une perspective d'alliance matrimoniale avec la maison de Habsbourg, ne jugeait pas cette puissance capable de servir ses desseins, et désirait entrer dans la famille d'Alexandre pour accomplir avec lui le partage de l'Europe. La position des trois cours vis-à-vis l'une de l'autre était la même que dans les conférences d'Erfurt, avec cette différence que maintenant l'intérêt de l'Autriche consistait surtout à détacher Napoléon d'un accord complet avec l'empire russe, car, si cet accord avait lieu, elle devait encore déchoir. Le refus de la mère d'Alexandre de donner sa fille à un empereur *parvenu* fut pour Metternich une bonne fortune. Non-seulement Napoléon se rejeta vers Marie-Louise, mais de ce mariage résulta l'hostilité entre les cours de Paris et de Pétersbourg que, dès l'année 1806, Metternich cherchait à susciter.

Dès que les articles du contrat furent décidés, le chancelier d'Autriche conduisit à la frontière l'Iphigénie germanique, et nul doute qu'il ne lui donna des instructions pour qu'elle saisît chaque occasion d'augmenter le mécontentement de Napoléon envers la Russie.

Une occasion ne se fit pas longtemps attendre. Les rigueurs du blocus continental s'affaiblissaient en Hollande et en Russie. Napoléon, pour punir son frère de désobéir à ses injonctions, le déposséda du royaume qu'il lui avait confié, et en même temps, pour la même raison, les agents français s'emparaient des domaines du duc d'Oldenbourg, beau-frère d'Alexandre. La guerre avec la Russie éclata, et telle était la colère de Napoléon qu'il ne voulut pas attendre le printemps pour entrer en campagne. La Russie fut envahie au milieu de l'hiver. L'Autriche s'était engagée à donner à la France un contingent de soixante mille hommes. Mais Metternich ne voulut pas exposer tant de milliers de soldats aux rigueurs d'un hiver septentrional, à cinquante-six degrés de latitude. Il stipula que, comme l'Autriche n'entrait dans cette expédition qu'à titre d'auxiliaire, ses troupes formeraient une partie de l'armée de réserve et agiraient sur les bords de la Vistule. Il fut convenu aussi qu'en cas de succès, l'empereur François serait récompensé de sa coopération par la cession de l'Illyrie. En cas de malheur, Metternich savait qu'il pouvait compter sur une plus large part. Entraîné par sa fatale confiance, Napoléon accorda à la Prusse des stipulations semblables à celles de l'Autriche, et entra, au mois de septembre, en Russie avec une armée de réserve composée d'ennemis secrets, disposés à l'abandonner au premier revers et à se réunir aux Russes pour le renverser.

La nouvelle de l'horrible retraite à travers Mojaïsk et Wiazma, à travers les plaines désertes, par les nuits glaciales de novembre, éveilla dans toute l'Allemagne un nouvel espoir. En désertant la cause de la France, les souverains de Prusse et d'Autriche étaient soutenus dans leur idée de défection par l'enthousiasme populaire. La Germanie entière se réjouissait de la défaite de Napoléon. Des quatre cent mille hommes qu'il avait conduits au delà du Dniéper avec un si imposant appareil, il en revenait à peine vingt-cinq mille dans le plus déplorable état. Alors la Prusse chevaleresque, au lieu de s'opposer à la marche des hordes cosaques, manifesta son héroïque dévouement pour la liberté, en s'alliant aux troupes russes pour les aider à écraser les derniers restes de l'ennemi qu'elle avait juré de défendre. Metternich, plus prudent et plus fin, enjoignit à Schwartzenberg, qui commandait le contingent autrichien, de conclure un armistice et de revenir à Vienne. La situation était difficile. Napoléon, de retour à Paris, avait levé une armée de trois cent cinquante mille conscrits, et pouvait reparaître en Allemagne avec l'impétuosité d'un tourbillon. Il était de l'intérêt de l'Autriche de conserver une apparence d'alliance avec lui. Mais en même temps Metternich négociait secrètement avec les ennemis de la France, et à l'aide des subsides de l'Angleterre, faisait ses préparatifs.

Pour mieux tromper la vigilance de Napoléon, Schwartzenberg se rendit à Paris en qualité d'envoyé extraordinaire. Mais bientôt, malgré ses manœuvres diplomatiques, Napoléon découvrit la trame organisée contre lui. Lorsqu'il somma le contingent autrichien de reprendre une attitude offensive, il lui fut répondu que le commandant de cette armée ne pouvait obéir qu'aux ordres de Vienne et non à ceux de Paris, que depuis le commencement des hostilités les circonstances étaient bien changées, que l'Autriche désirait la paix et emploierait tous ses efforts à l'obtenir. Mais, pendant le cours de ces débats, Metternich réunissait derrière les montagnes de la Bohême un corps d'armée de deux cent mille hommes.

Les batailles de Lutzen et de Bautzen, dans lesquelles les nouvelles recrues de la France entrèrent en lutte avec les vétérans de la Russie et d'Allemagne, secondèrent la tactique de Metternich. Dans le dernier engagement, qui se termina par un armistice, des hussards français interceptèrent une correspondance de l'Autriche avec les alliés. Napoléon avait rappelé son envoyé à Vienne, M. Otto, parce que, disait-il, ce ministre s'était laissé jouer par le chancelier, et il l'avait remplacé par M. de Narbonne. Il ordonna alors à son nouvel ambassadeur de reprocher à Metternich ses intrigues politiques et de le menacer d'une rupture complète. Mais Metternich, qui disposait d'une armée considérable, ne s'inquiétait plus de ces menaces, observait les événements, et ne songeait qu'à venger l'Autriche de ses désastres. Les alliés, sachant de quelle importance il était pour eux d'obtenir le concours de l'Autriche, s'efforçaient d'attirer de leur côté son premier ministre. Napoléon savait aussi que, si l'Autriche s'adjoignait à son ennemi, elle le mettait en un grand péril, et il désirait conjurer ce péril.

L'étoile napoléonienne pâlissait. Par le traité de Trachenberg, la Suède s'unissait aux alliés, et Wellington venait de chasser les Français de la Péninsule espagnole. Les offres que l'empereur faisait à l'Autriche n'étaient pas si séduisantes que celles des confédérés, et elles ne paraissaient pas si sincères. Évidemment l'intérêt de l'Autriche était de se ranger du côté des Russes et des Prussiens, mais elle cherchait à obtenir de Napoléon par des négociations dilatoires ce que les alliés tendaient à lui arracher par l'épée. Metternich parlait des devoirs d'une intervention armée, de la nécessité d'établir la paix de l'Europe sur une base durable, et, en réalité, il ne songeait qu'à réduire la France à ses anciennes limites et à donner à l'Autriche la part du lion dans le démembrement du vaste empire français.

Cependant Napoléon pressait M. de Narbonne d'obtenir du gouvernement autrichien une explication catégorique. Metternich se rendit au quartier-général de Dresde avec une lettre autographe de l'empereur François. Nous ne raconterons point de nouveau cette scène qui a été racontée en détail par M. Fain et par M. Thiers. On sait que Napoléon en vint, dans son emportement, à dire au chancelier d'Autriche : « Combien l'Angleterre vous a-t-elle donné pour agir comme vous agissez ? » Puis, en se promenant précipitamment de long en large à travers le salon, il laissa tomber son chapeau. Metternich ne se baissa pas pour le ramasser. Il resta immobile et silencieux. L'erreur de Napoléon était de croire que l'empereur d'Autriche ne pourrait aider des alliés à le déposséder d'un trône sur lequel siégeait sa propre fille. Il regardait son mariage avec Marie-Louise comme un pacte de famille, tandis que l'Autriche le considérait comme un sacrifice qu'elle avait dû faire pour échapper à une ruine totale. Napoléon a attribué sa chute à l'illusion qu'il garda sur ce point jusqu'au dernier moment.

Comme Metternich n'avait point achevé ses préparatifs pour la lutte décisive, il demanda que l'armistice fût prolongé jusqu'au 10 août, et qu'un Congrès fût réuni à Prague. Il fut lui-même nommé président de ce Congrès. Caulaincourt, chargé d'y défendre les intérêts de Napoléon, voulait arriver à une prompte décision; mais il fut entravé et arrêté dans ses vœux par les représentants des alliés, qui perdaient leur temps en des discussions de droits de préséance, et ces vains débats traînèrent jusqu'au 7. Le lendemain, l'Autriche présenta comme son ultimatum le partage du duché de Varsovie entre la Russie et la Prusse, l'indépendance de Hambourg et de Lubeck, la reconstitution de la Prusse avec une frontière sur l'Elbe, la cession de l'Illyrie à l'Autriche, la dissolution de la Confédération du Rhin, et l'engagement formel que rien ne serait changé à cette organisation sans le consentement de toutes les puissances. Napoléon accepta quelques-unes de ces conditions, en modifia d'autres; par malheur sa réponse n'arriva que dans la nuit du 10. L'Autriche avait atteint son but. Ses forces étaient prêtes. Dans la matinée du 11, elle se rangeait du côté des alliés et déclarait la guerre à la France.

Il faut rendre justice à Metternich. Tout en travaillant avec tant d'habileté et de persistance contre Napoléon, il ne désirait point son renversement. Après la catastrophe de Leipzig, et lorsque les armées s'avançaient vers la France par la frontière du Nord, tandis que Wellington y entrait par les provinces méridionales, Metternich écrivit à Caulaincourt pour le presser de décider son maître à accepter les conditions des alliés avant qu'il fût trop tard. Le fait est qu'il redoutait la prépondérance que la Russie ne pouvait manquer de prendre dans les conseils de l'Europe, si le czar entrait à Paris et dictait l'abdication de l'empereur. Napoléon, ébloui par quelques succès éphémères, révoqua les pouvoirs qu'il avait confiés à son ministre pour tenter de nouveau les hasards de la guerre.

La capitulation de Paris ne lui laissa bientôt plus d'autre alternative que d'abdiquer. François II s'arrêta avec Metternich à Dijon, ne voulant pas entrer en conquérant dans la capitale d'un royaume dont sa fille était régente. Mais la faible archiduchesse ne tarda pas à se rendre au vœu de son père. On lui représenta que Napoléon n'était pas un Scipion, que son affection pour elle ne l'empêchait pas de trahir la foi conjugale, et que si elle sacrifiait un trône érigé sur les ruines de sa propre maison, elle aurait une principauté en Italie. C'était l'empereur que Marie-Louise avait épousé et non l'homme. L'empereur n'existant plus, elle devait, pour l'honneur de sa maison, se considérer comme veuve. Metternich appartenait à une religion qui regarde les liens du mariage comme indissolubles, et qui n'accorde même que difficilement la simple séparation. Par quelle subtilité de casuiste en vint-il d'abord à admettre le divorce de Napoléon pour le marier avec une princesse d'Autriche, puis à détacher de lui cette même princesse ? C'est ce qu'il n'est pas aisé d'expliquer.

En dissolvant les liens de famille de Napoléon, et en séparant même la mère du fils, il voulait éteindre cette dynastie, et il n'approuvait pas la retraite assignée à l'empereur dans l'île d'Elbe, trop voisine de la France, pour que l'empereur déchu ne tentât pas d'y ressaisir son trône. Une telle supposition devait épouvanter l'Autriche. Mais Alexandre avait engagé sa parole, et répliquait qu'après avoir promis une retraite à Napoléon dans la Méditerranée, on ne pouvait le transporter dans un lointain océan sans manquer à la foi jurée, et sans soulever par là l'indignation de l'Europe.

Les projets politiques de Metternich s'accomplirent par la réalisation même des craintes qu'il avait manifestées. L'empressement de Napoléon à profiter des dissidences de la Russie et de l'Autriche donna à Metternich le moyen d'arracher des mains de Murat l'Italie méridionale, de placer la couronne de Naples sur la tête d'un Bourbon, et d'enchaîner son principal adversaire sur le roc de Sainte-Hélène.

Metternich se trouvait alors dans son élément. Le fracas du canon avait cessé. Au lieu de lutter avec des souverains commandant d'intrépides armées, il s'asseyait dans sa chaise curule avec la carte des royaumes à ses pieds, et, de sa baguette de diplomate, il réglait les nouvelles divisions territoriales de l'Europe. L'Autriche reçut d'abord la récompense qu'elle réclamait pour avoir déserté la cause de Napoléon, en reprenant presque sans contestation ses frontières du côté de la Bavière et du Wurtemberg, la Gallicie, le Tyrol, une partie de l'Italie et l'Illyrie.

L'Angleterre, la plus ferme, la plus constante ennemie de Napoléon, l'Angleterre, qui avait contracté tant d'emprunts et soudoyé tant de coalitions, qui avait chassé d'Espagne les généraux français, qui avait si puissamment contribué aux armements d'Alexandre pendant la campagne de Russie, et à ceux de Schwartzenberg pendant la campagne de Saxe, l'Angleterre, à qui appartenaient les lauriers de la bataille de Waterloo, ne demanda rien pour elle-même et n'obtint pas même ce qu'elle demandait pour les autres. Castlereagh proposait l'annexion de la Lombardie au Piémont, et l'extension de la ligne de la Sardaigne jusqu'à l'Adige. Mais Metternich permit au czar de s'emparer des restes de la Pologne, à la condition que le czar acquiescerait à la spoliation de la haute Italie. Puis il démontra à Castlereagh que, du côté de l'Italie, la France était suffisamment garantie par les Alpes, qu'un royaume lombard-sarde lutterait avec la prépondérance de l'Autriche dans la Péninsule, et que cette prépondérance était liée à celle de l'Angleterre dans la Méditerranée. Ce dernier argument est encore admis de nos jours; les partisans de Castlereagh l'emploient pour étouffer la sympathie du peuple anglais en faveur de la nationalité italienne.

Les traités de Vienne, malgré les efforts de la diplomatie anglaise pour les faire considérer comme des monuments de sagesse politique, n'eurent guère plus de vitalité que ceux de Westphalie. Dans les annales des nations, il n'existe pas de contrats plus vicieux, plus indignes, plus subversifs de tous les droits de l'humanité. Ils reflètent la politique tortueuse du ministre qui présida à leur rédaction, lequel ne cherchait que l'agrandissement de son pays et repoussait toute loi humaine ou divine en contradiction avec ses projets. Les relations internationales, pour être efficaces et durables, doivent être fondées sur un échange d'avantages réciproques et sur le développement des intérêts généraux. Mais Metternich, plus impérialiste que cosmopolite, et plus Autrichien qu'impérialiste, était prêt à tout sacrifier à la famille de Habsbourg. Il avait décrété que les intérêts de cette famille ne pouvaient s'accorder avec les progrès de l'humanité. En conséquence, il voulait que l'humanité rétrogradât. L'Italie et la Pologne furent condamnées. La grande loi des nationalités, si complétement foulée aux pieds par la réorganisation de l'empire d'Autriche, devait être extirpée de l'Europe. La Russie réclamait la Finlande, et la Suède et le Danemark durent étendre leur sceptre sur des pays qui leur étaient opposés. Le Danemark fut indemnisé de la perte de la Norvége par une province démocratique d'Allemagne. La Belgique ultramontaine fut livrée à la Hollande protestante. Les Polonais furent soumis à trois maîtres. L'Alsace et la Lorraine, qui faisaient autrefois partie de l'Allemagne, semblaient devoir, avec le duché de Bade, former un État indépendant; mais ces provinces, animées d'un esprit libéral, auraient pu aussi aider le duché de Bade à résister au despotisme de l'Autriche dans la confédération, et elles restèrent réunies à la France. Les trente-cinq cours germaniques furent adroitement exhumées du passé, afin que l'Autriche pût étendre sa main de colosse sur leurs petits États et les tenir dans la soumission. Le gouvernement du moyen âge fut rétabli en Italie, et le peuple, dans les divers fractionnements des principautés, fut assujetti à une condition plus dure que celle où il se trouvait au commencement du siècle dernier. L'esprit du Congrès éclata surtout dans les discussions qui eurent lieu au sujet de la Saxe, dont la Prusse s'efforçait de s'emparer. Metternich n'avait aucune affection pour le souverain saxon, qui était resté fidèle à Napoléon, mais l'annexion de ses États à la Prusse aurait donné trop de force à ce royaume. C'est pour cette raison qu'il s'arrêta sur le penchant de l'injustice, et répondit aux instances de Hardenberg en démontrant que la Prusse avait une assez belle part dans le démembrement de l'empire. Le fait est que la principale occupation de l'Autriche, de la Russie et de la Prusse fut de se partager les États dont la dissolution s'opérait par la chute de Napoléon. Quant aux intérêts nationaux et aux principes de justice politique, on n'y pensait que pour les violer. Par leurs mutuelles concessions, les souverains obtenaient la licence de commettre une iniquité, et depuis longtemps Metternich n'avait plus d'autre but que de consolider l'organisation funeste à laquelle il avait soumis la moitié de l'Europe. Lorsqu'un jour il en vint à reconnaître l'inutilité de ses efforts, lorsqu'il vit s'écrouler son système sous la pression de l'opinion publique, lorsque le canon français lui annonça avec les cris de joie de tout un peuple la condamnation de la puissance autrichienne en Italie, il dut reconnaître enfin le néant des combinaisons qui l'avaient occupé toute sa vie.

C'est en 1814 et 1815 que Metternich déploya sa plus grande activité. En premier lieu, il présidait au Congrès qui, par l'étendue des questions qu'il résolut, est resté sans rival dans les annales de l'humanité. Puis il avait à recomposer une union fédérale et à la faire accepter par les trente-cinq États de l'Allemagne. Ces deux opérations se continuèrent par lui simultanément. Une partie de ses matinées était employée à discuter avec Hardenberg et Nesselrode, ou à échanger des notes diplomatiques avec Talleyrand; une autre, à recevoir des députations des petits États d'Allemagne, qui, n'ayant point de représentants au Congrès, démontraient de la façon la plus péremptoire combien il leur importait de réunir ensemble leurs contingents, pour pouvoir mettre à la disposition de l'Autriche une nouvelle armée de trois cent mille hommes. La portion libérale de ces États adressait au tout-puissant ministre de vives représentations et réclamait des garanties qu'il jugeait inutiles ou impossibles. Cependant l'œuvre décisive s'accomplissait, et, le lendemain du jour où il fut signé, le fameux traité de Vienne, le pacte de la nouvelle confédération germanique fut annoncé comme une des lois du droit public de l'Europe.

Cette nouvelle loi présentait plusieurs avantages que Metternich eut l'art de faire valoir comme les principaux motifs qui l'avaient dirigé dans ses combinaisons. La reconstitution du vieil empire germanique, détruit par Napoléon à Presbourg, ne pouvait lui être d'une utilité réelle. Elle ne donnait à l'Autriche aucune sécurité positive; en même temps, elle laissait l'Allemagne en proie à des divisions intestines et exposait les petits États à la cupidité des grands. Avant la confédération, l'Allemagne était, on peut le dire, le champ de bataille de l'Europe, le terrain qui éveillait toutes les ambitions ou leur donnait une direction fatale. Là, Gustave-Adolphe combattit pour la liberté religieuse, Frédéric le Grand pour opérer le premier démembrement de l'Autriche, et la France révolutionnaire pour bouleverser le monde. N'hésitons pas à croire que si les diverses parties de l'Allemagne avaient été unies par un lien fédératif, ce pays n'aurait pas été dévasté comme il l'a été par les guerres de l'empire et par la guerre de Trente ans. Car non-seulement les États belligérants n'auraient pu si librement s'attaquer l'un l'autre, mais, dans le cas d'une agression étrangère, ils auraient pu réunir sur leurs frontières une armée colossale, faire reculer l'invasion et assurer la paix de l'Europe. Nous en avons eu un premier exemple en 1831. L'Allemagne, placée entre la France et le reste de l'Europe, empêcha les grandes puissances de se déclarer la guerre : nous en avons eu naguère un autre exemple : l'empereur Napoléon III, après sa victoire de Solférino, s'est décidé à remettre l'épée dans le fourreau pour ne pas provoquer une nation qui peut du jour au lendemain mettre en campagne une armée de trois cent mille hommes. On a souvent dit, pour justifier les traités de Vienne, qu'ils avaient, pendant quarante-cinq ans, maintenu la paix de l'Europe : c'est une erreur. Ces traités, au contraire, ne peuvent produire que de continuelles explosions et si la lave est restée dans le cratère; ou si sa violence a été comprimée, on le doit à la confédération.

Mais, quels que soient les avantages de cette confédération, elle n'a point le caractère, la force et la vitalité qu'elle aurait eus sans Metternich. Sans lui le problème de l'unité germanique eût été résolu par l'organisation d'une représentation nationale, par des lois homogènes, par l'égalité des droits et les libres institutions. Le terrain était suffisamment préparé, et les vices d'un ancien ordre de choses et les malheurs qui en étaient résultés indiquaient assez le remède qu'il fallait employer. Mais Metternich eut l'art de régler ce pacte germanique de façon à soumettre les intérêts des différents États au pouvoir d'une grande monarchie militaire, et de façon que les divers contingents qui devaient servir à la défense de l'Allemagne fussent employés à écraser les germes des idées constitutionnelles au sein de l'union.

Les Allemands demandaient ce qui leur avait été promis, à diverses reprises, lorsqu'ils répandaient leur sang dans la guerre de délibération ; ils demandaient un vrai pacte fédératif, un code de commerce, un système général de finances, une juridiction uniforme et une armée nationale destinée à garder leurs frontières et à protéger le développement des constitutions que les principales puissances de l'Allemagne s'étaient engagées à octroyer. Cette armée, ils l'eurent, mais pour servir à un tout autre dessein que le leur : pour protéger les cours rétrogrades contre l'irritation de leurs sujets lorsqu'elles manquaient à leurs promesses ; pour maîtriser la presse et comprimer tous ces désirs de réformes constitutionnelles qui étaient réveillés en Allemagne par toutes les commotions des autres contrées. En 1826, lorsque la guerre d'indépendance de la Grèce donna la première impulsion aux tendances libérales de l'Europe ; en 1831, lorsque le renversement d'une dynastie menaçait le continent d'une nouvelle guerre de propagande ; en 1835, lorsque la quadruple alliance alluma dans les États libéraux une ardente passion pour les institutions représentatives, l'Autriche, conjointement avec la Prusse, prit de nouvelles mesures pour prévenir les progrès de cette fermentation. Les journaux indociles furent supprimés ; les journaux étrangers d'une couleur suspecte furent interdits, et les universités placées sous un rigoureux contrôle. Bade, le Wurtemberg et la Bavière protestèrent ; mais les représentants de ces États étaient obligés de se soumettre aux votes de l'Autriche, de la Prusse et de ceux dont ces deux grandes monarchies pouvaient disposer. Les Allemands reconnurent enfin qu'au lieu d'une confédération nationale l'Autriche avait tout simplement formé une ligue militaire qui les privait de tous les avantages qu'une union fédérale leur eût assurés.

Ce n'était point assez pour Metternich d'avoir à sa disposition une armée pour écraser les libertés de l'Allemagne ; il désirait astreindre l'Italie au même régime. Les souverains de ce pays furent invités à se réunir à l'Autriche et à fournir un contingent pour défendre leurs intérêts mutuels. Mais ni Victor-Emmanuel, ni Charles-

Félix Ier ne voulurent accepter les propositions de Metternich, et les autres États n'étaient pas de force à former entre eux une confédération armée. A défaut de cette ligue militaire, l'Autriche arriva par un autre moyen à son but. Elle élargit ses forteresses, elle en construisit de nouvelles, y mit des garnisons, et, par de secrètes stipulations, obtint des princes italiens l'autorisation d'occuper leur territoire, dans le cas où quelque mouvement menacerait le système absolutiste dans la Péninsule. Le fameux quadrilatère, les fortifications de l'Adige, les citadelles d'Ancône et de Venise, celles de Plaisance et de Modène, prouvent assez de quelle façon l'Autriche prétendait maintenir son influence en Italie et répondre aux réclamations du peuple. Sa position dans la Lombardie et la Vénétie, que M. Layard a justement comparée à celle d'un conquérant en pays ennemi, nécessitait, sans aucun doute, de tels moyens de défense ; mais la conservation de ces deux provinces n'était pas ce qui occupait le plus les pensées de Metternich dans ces formidables armements. Son désir principal était de réduire les princes d'Italie à l'état de satrapes de la cour de Vienne, de prendre la direction des intérêts du clergé dans toute l'Europe catholique. Non-seulement il eut la satisfaction d'accomplir son œuvre, mais il eut le bonheur d'en jouir à peu près jusqu'à sa chute. De 1815 à 1846, il n'y eut pas un prince en Italie qui ne sentît que, sans l'appui de Metternich, son trône obéirait aux lois de l'équilibre, de même que tout ce qui a perdu son soutien ; et, pendant le même espace de temps, le système réactionnaire du Vatican fut protégé par le chancelier d'Autriche contre toutes les protestations de la diplomatie européenne.

Si ces princes d'Italie avaient formé la confédération qui leur était proposée, ils auraient conservé par là au moins une ombre d'indépendance ; mais, en s'alliant isolément à l'Autriche, ils étaient entièrement à sa disposition ; aussi Metternich les traita-t-il cavalièrement. Il les regardait comme lui appartenant, de telle sorte qu'il pouvait leur enlever ou leur rendre leur sceptre, selon ses convenances. Lorsque le jeune roi qu'il avait placé sur le trône de Naples lui demanda ce que ferait l'Autriche dans le cas où il accorderait au vœu de son peuple une constitution, Metternich répondit tranquillement qu'il enverrait dans ses États une armée qui le déposerait. L'événement redouté ne tarda pas à s'accomplir. Naples se souleva et obligea Ferdinand à proclamer des réformes. Metternich convoqua à Laybach des représentants de la Prusse, de la France et de la Russie, pour aviser aux moyens de raffermir les principes de la Sainte-Alliance. De Laybach, le Congrès fut transféré à Troppau, pour être plus près du théâtre de l'action, et Ferdinand fut invité à s'y rendre. Le Congrès mit à sa disposition une armée autrichienne, chargée de faire justice des chefs du parti révolutionnaire et de déchirer la constitution. L'exemple de Naples et l'abdication de Victor-Emmanuel produisirent un mouvement libéral dans la Sardaigne. En l'absence de Charles-Félix, le prince héréditaire proclama des fenêtres de son palais la nouvelle constitution. Le Congrès expédia à Turin une autre armée qui accomplit la même opération qu'à Naples. Le prince s'enfuit en pays étranger. Les fauteurs de l'insurrection furent promptement fusillés ou enfermés dans les donjons de Mantoue ou du Spielberg ; à Parme, à Modène et dans les légations, des tentatives libérales de même nature furent de même réprimées. L'Autriche, ayant ainsi restauré le despotisme, l'entoura de ses baïonnettes. Les hommes qui furent les victimes de ces mesures inflexibles n'étaient pas de vains discoureurs. Il y avait parmi eux des savants et des hommes d'État qui auraient fait honneur à l'antiquité. Leurs qualités se reflètent dans les œuvres érudites de Foscolo et de Panizzi, dans les touchants écrits de Pellico et de Maroncelli.

L'insurrection d'Espagne, le soulèvement des Grecs contre la domination musulmane éveillèrent parmi les cours d'Europe une inquiétude qui les détermina à réunir à Vérone un nouveau Congrès. Les cortès, en s'emparant de Ferdinand, donnèrent aux puissances alliées un prétexte pour envoyer en Espagne une armée française. Mais l'opposition à ces mesures de coercition éclata du côté d'où elle était le moins attendue. L'Angleterre, quoique gouvernée par un ministère tory, était représentée aux affaires étrangères par un homme qui consultait l'opinion publique. Metternich, au lieu de trouver là, comme autrefois, un mol épicurien, affaibli par des nuits de débauches, rencontra un homme intelligent, énergique, qui condamnait tout le système de politique du chancelier d'Autriche, toutes ces réunions périodiques de diplomates, employés à prescrire des lois aux nations, et leur prescrivait certaines bornes qu'ils ne pourraient franchir sans s'exposer à l'hostilité de l'Angleterre.

Pour Metternich, un tel langage était tout nouveau. Il avait vu l'Angleterre empressée de former des coalitions de souverains contre les gouvernements révolutionnaires de la France. Il l'avait vue se soumettre au fardeau d'une dette énorme pour imposer aux Français un souverain qu'ils connaissaient à peine, et il l'accusait d'être bien peu soucieuse des révolutions qui menaçaient l'existence de ses voisins, après avoir si ardemment combattu celle qui troublait sa propre sécurité. Mais Metternich oubliait qu'entre Pitt et Canning il y avait une grande différence. Il oubliait le système politique suivi par l'Angleterre depuis un siècle. Il oubliait qu'elle avait enseveli deux armées en Flandre, et perdu dans la Méditerranée une partie de sa flotte, pour empêcher l'union de la France et de l'Espagne. Dans les derniers temps, elle avait encore dépensé 150 millions pour chasser d'Espagne les troupes de Napoléon. Pouvait-elle accepter la prédominance de la France à Madrid, après s'y être opposée pendant quatre générations?

Dans la collision entre les Grecs et les musulmans, et

dans l'influence qu'elle pouvait avoir sur les intérêts des États voisins, Metternich montra bien plus de jugement et de perspicacité que les autres ministres de son temps. S'il ne résolut pas la question d'Orient, s'il abandonna à ses successeurs les destinées de l'empire turc avec toutes leurs complications, il attira l'attention des gouvernements européens sur des considérations importantes auxquelles ils ne prenaient pas garde. Il traitait les Grecs de *carbonari*, non-seulement parce qu'ils étaient en révolte contre leurs maîtres, mais parce qu'il voyait en eux les agents d'un despotisme qui ne s'accordait point avec le sien. Les motifs de la Russie, en suscitant la guerre des Grecs, lui semblaient aussi clairs que ceux du chat qui pénètre dans la laiterie. Mais Canning moins perspicace ou moins défiant, voyait les souverains tels qu'ils se montraient à lui, quand leur langage coïncidait avec ses sentiments. Il voyait un empire absolu s'allier à un pays constitutionnel contre un autre empire absolu, il jugeait l'occasion favorable pour faire prévaloir les idées constitutionnelles. Il n'était point seul dans cette erreur. Tandis qu'il cherchait à réaliser ses rêves d'étudiant classique, il mettait en pratique une idée favorisée par les esprits les plus distingués de son temps et par les sympathies de sa nation.

En Angleterre, l'animosité contre les Turcs rappelait celle qui avait aidé Conrad à escalader les murs d'Ascalon, et Richard à planter son pavillon sur les tours de Saint-Jean-d'Acre. Depuis l'époque où Catherine chassait les Turcs de l'Ukraine, l'Angleterre avait regardé les Russes comme les continuateurs des héroïques croisés. Leurs armements contre l'empire musulman apparaissaient comme les offrandes d'un généreux peuple sur la civilisation. Burke, lui-même, dénonça les Turcs comme des barbares qu'il fallait exterminer sans ménagement. Fox, en échangeant des compliments avec Catherine II, la louait surtout d'avoir châtié une race de sauvages, fléau de l'Europe orientale. Les combats des Grecs, en faisant revivre leurs anciennes

9

traditions, donnaient une puissante impulsion à ces sentiments. Il fallait les soutenir dans leur soulèvement. Les Russes devaient envoyer une armée dans les Balkans. Notre flotte, unie à la leur, devait jeter l'ancre au pied du sérail. Le temps était venu enfin où les Turcs devaient être refoulés au delà du Tigre, dans les plaines de la Tartarie d'où ils étaient sortis. La destruction de la flotte ottomane, à Navarin, et la prise d'Andrinople furent acclamées comme des triomphes nationaux. Hobhouse et Machintosh parlèrent à la Chambre des communes, comme s'ils allaient demander une cérémonie d'actions de grâces; et lord Holland, à la Chambre des lords, dit que le jour allait luire où chaque homme libre se réjouirait de l'anéantissement des Turcs en Europe.

Metternich ouvrit les yeux de nos hommes d'État sur le précipice vers lequel ils se jetaient dans leur aveugle sécurité. Il fit voir à l'Angleterre que le petit royaume qu'elle avait établi autour de l'Acropole d'Athènes n'était que l'avant-poste d'un despotisme plus redoutable que celui du sultan, et il arrêta la marche de Diebitsch sur Constantinople. Il détermina le cabinet de Wellington à intervenir entre le général russe et la Porte, et à restreindre des prétentions qui, si elles avaient été admises dans toute leur extension, aurait mis l'empire turc aux pieds de son adversaire.

Dans la rebellion de Méhémet-Ali, il sauva la Porte des griffes d'un vassal soutenu par la France. Pendant la guerre de Crimée, on a fait un reproche à l'Autriche de sa nonchalance. Mais on oubliait l'attitude qu'elle avait prise précédemment. On oubliait que les Russes avaient déjà passé le Pruth en 1828, et que, sans les représentations de Metternich, la Russie aurait été, avec l'appui de l'Angleterre, jusqu'aux portes de Constantinople.

Les événements qui amenèrent pour la seconde fois le renversement de la dynastie des Bourbons furent justement appréciés par Metternich; mais ils prirent une direction qu'il n'avait pas prévue. En 1825, il avait séjourné à Paris pour la santé de sa femme : il y avait été témoin de l'animosité avec laquelle les journaux attaquaient le ministère Villèle et du pouvoir que la presse exerçait sur les esprits. Ce fut en observant ce pouvoir qu'il s'écria : « Si je n'étais premier ministre d'Autriche, je voudrais être journaliste à Paris. » A son retour à Vienne, il approuva les mesures de restriction employées par le gouvernement français ; mais il craignait qu'on n'allât trop vite. « Si Polignac, dit-il, était plus inquiet, je le serais moins. »

Avec ses prévisions habituelles, il renforça les garnisons d'Italie et se prépara à ce qui pouvait arriver. Quand la révolution fut accomplie, il accueillit gracieusement l'envoyé de Louis-Philippe. Il avait découvert la complicité de Charles X avec les Russes pour la spoliation de l'empire ottoman, et cela diminuait son antipathie pour un trône élevé sur des barricades. Cependant il se hasarda à exposer à Louis-Philippe la nécessité d'en revenir à un système de politique conservatrice, ne se doutant pas qu'en suivant cette voie le roi des Français succomberait et entraînerait le prudent ministre dans sa chute.

Mais une autre révolution s'accomplit sans attirer l'attention du vigilant chancelier. Il est vrai qu'elle ne fut point annoncée par le canon et qu'elle ne déployait point un appareil de baïonnettes. Cependant elle devait être plus fatale au système de Metternich que la révolution de Juillet.

Après une longue migration, les whigs rentraient en possession des bureaux de Downing-Street. La politique extérieure et la politique intérieure de l'Angleterre entraient dans une nouvelle voie. Plus de pitié pour les despotes ; mais une croisade régulière en faveur des gouvernements constitutionnels. La situation de l'Europe offrait alors une vaste arène aux théories diplomatiques. L'Italie centrale s'était révoltée contre ses maîtres, la Pologne luttait avec la Russie, la Belgique avec la Hollande, le Portugal entreprenait de chasser don Miguel, et l'Espagne était en proie à une convulsion produite par un changement dans l'ordre de succession.

Metternich devait combattre ardemment pour défendre chaque parcelle de son système.

Cependant nous disjoignons la Belgique de la Hollande. nous établissons doña Maria sur le trône de Portugal, nous déchirons la sixième clause du traité d'Utrecht, pour enlever à don Carlos la couronne d'Espagne, et nous déterminons la Russie et la France à s'unir pour obtenir des réformes dans le gouvernement pontifical, à l'avénement de Grégoire XVI.

Dans ces diverses complications, Metternich mit toute sa tactique en jeu, employant tantôt la force ouverte, tantôt de secrètes machinations. Il fournit à don Miguel et à don Carlos de l'argent et des munitions. Il essaya de placer, sous une apparence d'étendard libéral, un archiduc sur le trône de Pologne; mais les whigs, qui connaissaient la valeur de ses promesses, et qui n'y voyaient probablement qu'un moyen artificieux pour les détacher de leur entente temporaire avec Nicolas, et pour jeter la discorde dans le Congrès de Londres, repoussèrent ses ouvertures.

La Pologne, nous le disons avec douleur, fut abandonnée. Mais, d'un autre côté, les whigs avaient obtenu d'importants résultats. Ils avaient renversé la politique des tories dans nos relations extérieures. Ils avaient accompli l'œuvre déjà pressentie par Fox et commencée par Canning. Ils avaient implanté les principes constitutionnels en Europe, et posé les fondements du système qui doit affermir la liberté des nations Pour la sécurité et l'extension de cette œuvre, ils avaient décidé les pouvoirs contractants à conclure le traité de la quadruple alliance.

Metternich, surpris de rencontrer un parti qu'il ne considérait que comme un instrument bureaucratique, et qui donnait des royaumes, renversait des dynasties et faisait une nouvelle division de l'Europe, eut recours à son spécifique habituel; il convoqua un Congrès.

Il invita le roi de Prusse et l'empereur de Russie à se réunir à lui, à Muntzgratzen, pour aviser au moyen d'arrêter cette diffusion d'idées libérales. Mais l'assemblée qui eut lieu dans cette petite ville de Bohême ne ressemblait guère à celles que le puissant ministre d'Autriche avait présidées à Vérone et à Vienne, et le vétéran de la diplomatie dut avoir de fâcheuses prévisions sur l'avenir de l'absolutisme, quand il vit qu'il n'avait plus, pour le défendre, qu'un empereur dont il se défiait et un roi qu'il méprisait.

La disjonction de la Belgique avec la Hollande et l'établissement de la ligne féminine sur le trône d'Espagne ont été représentés, par les tories réactionnaires, comme des actes essentiellement nuisibles aux vrais intérêts de l'Angleterre, et subversifs du but que nos ancêtres avaient en vue en prodiguant leur sang et leurs trésors dans la guerre de succession. Mais ces messieurs raisonnent comme les tories ont toujours raisonné, — comme Charles Ier, avant qu'il envahît la Chambre des communes pour y saisir seize de ses membres; comme Jacques II, lorsqu'il emprisonna sept évêques qui avaient combattu la déclaration de tolérance. Ils raisonnent comme si les princes étaient encore tout et le peuple rien; comme s'il ne devait y avoir, en Europe, d'autre moyen d'action que les décrets du monarque; comme si ces décrets étaient, pour les nations tremblantes, l'expression même de la volonté du ciel.

Ils agissent comme si, depuis cent cinquante ans, l'esprit humain n'avait fait aucun genre de progrès; comme si la politique nécessaire au temps de la reine Anne devait être absolument la même sous le règne de Victoria.

Les choses en sont venues à ce point que la politique

européenne ne peut plus être dirigée ni par des intrigues de cour, ni par des alliances de famille, ni par des caprices de princes; mais par le caractère des différents peuples, par la communauté de leurs sentiments et l'identité de leurs intérêts. Quant à ces pactes de cabinets, rédigés dans une intention de despotisme, il faut les placer parmi les reliques d'un autre âge, à côté des cuirasses, des haches de bataille et des autres armes de ces générations qui considéraient de tels contrats comme la loi de leurs destinée.

Les whigs poussèrent leur action libérale de l'autre côté des Alpes, dès qu'ils eurent repris possession du pouvoir, c'est-à-dire dès l'année 1831 Cette année-là, les légations s'étant soulevées, ils pressèrent le pape de faire des réformes malgré l'opposition de Metternich. Vers le même temps, ils intervinrent aussi pour obtenir de Parme une apparence de libéralisme qui distinguât ces États des États voisins. Mais ce ne fut qu'en 1847 qu'ils eurent l'occasion d'appliquer à la Péninsule toute leur influence Précédemment, ils avaient été occupés des affaires d'Espagne, de Portugal et des Pays-Bas. Metternich ayant été battu dans ces différents pays, le temps était venu où il devait aussi perdre son ascendant en Italie.

Le premier soin des whigs fut d'accréditer, près des cours d'Italie, un ministre chargé spécialement de défendre ces cours contre les machinations de l'Autriche, et de propager les réformes dont Pie IX avait donné l'exemple. Metternich, alarmé de se voir attaqué sur le terrain qu'il regardait comme son propre terrain, employa une vigueur inaccoutumée à se défendre contre les agressions du premier ministre d'Angleterre.

Lord Palmerston envoie une flotte dans l'Adriatique et dans la Méditerranée. Metternich met des troupes dans Ferrare, puis ordonne au comte Buol de lire au roi de Sardaigne une lettre qu'il adresse au grand-duc de Florence, et dans laquelle il lui défend d'organiser une garde nationale dans ses domaines, sous peine de voir ses domaines occupés par des légions autrichiennes. Il annonce, en outre, que son intention est d'occuper ainsi les États d'Italie qui adopteraient une politique libérale.

Lord Palmerston, de son côté, manifestait la détermination de ne pas permettre que les principautés italiennes fussent envahies par les armes de l'Autriche, ou entravées par les menaces de l'Autriche dans leurs réformes législatives. Il réclamait particulièrement cette indépendance pour les États romains. Metternich réplique par l'entremise de Dietrichstein que la suprématie qu'il prétend conserver en Italie a été pendant près d'un demi-siècle autorisée par l'acquiescement et le silence de l'Angleterre, et qu'elle est fondée sur des droits garantis à l'Autriche par chacun des États protégés.

Dans le cours de ces débats, Metternich demande à Palmerston ce qu'il ferait dans le cas où le roi de Sardaigne envahirait la Lombardie. Le ministre anglais répond qu'il n'a pas à s'occuper d'une hypothèse. Mais Metternich affirme qu'il est de son devoir, à lui ministre d'Autriche, de prendre ses précautions contre les événements, et de ne pas exposer l'avenir aux conséquences incalculables d'un désordre universel. Et, en effet, il se met à l'œuvre, et il lutte de toutes les façons contre le courant qui doit le submerger.

Après avoir perdu son pouvoir en Italie et son ascendant dans les conseils de l'Europe, Metternich vit aussi diminuer son influence dans son propre pays. Il avait déployé dans l'administration intérieure de l'Autriche la même sagacité que dans les régions de la diplomatie. Toutes ces populations dont se compose l'empire autrichien, toutes ces races si différentes l'une de l'autre par leur origine, leur dialecte, leur culte, leurs mœurs, Metternich entreprit d'en faire une unité qui se relierait par une même loi d'obéissance à Vienne. Pour accomplir cette tâche, il s'appliqua à développer les prédilections nationales de chacune de ces populations et à les opposer l'une à l'autre. Ainsi, il envoyait les Croates contre les Bohêmes, les Valaques contre les Italiens, les Allemands contre les Slaves. Joseph II avait voulu effacer toutes ces distinctions de races, assujettir toutes les tribus de son empire à l'élément germanique et en faire un peuple autrichien. Non-seulement Joseph avait échoué dans cette tentative, mais il s'était exposé par là aux plus grands désastres. Metternich, comme nous venons de le voir, avait un système tout opposé, et, lorsqu'il en était besoin, pour mieux accomplir ses desseins, il excitait une guerre intestine, ou soulevait une émeute. En 1848, la Gallicie était imprégnée d'idées révolutionnaires, propagées, disait-on, par les sociétés secrètes de Cracovie. Metternich, aussitôt, révoque l'édit qui permettait de substituer à la corvée un payement en argent. La guerre éclate de nouveau entre les paysans et la noblesse; le peuple dirige contre ses seigneurs les armes qu'il avait prises pour attaquer les soldats autrichiens, puis l'Autriche châtie ce peuple des désordres qu'il avait commis, des folies auxquelles elle-même l'avait poussé.

Mais si les Slaves ignorants pouvaient se faire ainsi eux-mêmes les instruments de leur propre servitude, un esprit tout différent se manifesta bientôt en Allemagne. Les idées constitutionnelles s'étaient répandues peu à peu dans ce pays, et il ne fallait qu'une occasion pour les faire éclater. A l'aide des chemins de fer, les sentiments des peuples se propageaient d'une province à l'autre. L'éducation aussi avait fait des progrès, et enfin le Zollverein prussien, en réunissant vingt-deux États par un pacte commercial, faisait voir quel avantage le peuple pourrait retirer d'une confédération nationale. Le développement des ressources industrielles, l'augmentation des richesses due en partie au Zollverein, fortifiaient les réclamations du peuple et lui donnaient la faculté de combattre pour obtenir ces institutions qui lui avaient été si souvent promises. Les longues guerres napoléoniennes avaient aussi habitué les Allemands au maniement des armes. Des milliers de conscrits qui avaient combattu à Leipzig se trouvaient encore dans la force de l'âge, et tout prêts à engager une nouvelle lutte, dans l'espoir de conquérir cette liberté pour laquelle ils avaient déjà bravé la mort.

Évidemment l'esprit des Allemands n'était plus contenu dans les limites que les gouvernements absolutistes croyaient lui imposer. Il fallait, pour l'arrêter dans son impulsion, employer des mesures plus énergiques. Mais les hommes du pouvoir se laissèrent abuser par le silence qui régnait autour d'eux. Ils s'en tinrent à leur vieille routine, ne voyant pas le baril de poudre près d'éclater.

La chute de Louis-Philippe produisit à Vienne une commotion extraordinaire. En un instant, la population de cette ville se souleva, et terrifia ceux qui l'avaient jusque-là contenue si facilement! Les agents de la police secrète s'enfuirent; la presse fut affranchie de toute censure, la liberté de la religion proclamée. La populace, se précipitant dans les salles du palais impérial, obtint la promesse d'un gouvernement représentatif. Metternich, après s'être démis de ses fonctions, sortit de Vienne précipitamment. Tout le système qu'il avait si laborieusement érigé s'écroulait comme un château de cartes sous le souffle d'un enfant; sa maison était pillée, ses propriétées saccagées. Pour échapper à la fureur de la plèbe, il dut prendre divers déguisements. Enfin il arriva en Hollande, d'où il se rendit en Angleterre.

De son séjour à Londres date une lettre qu'il adressa à un de ses amis, et qui mérite d'être citée comme l'expression d'une calme et fière pensée au milieu de l'universel bouleversement :

« Cher Hugel, vous êtes encore du nombre des vivants et dans ces temps de calamité il pourrait bien se faire qu'il y eût plus de vitalité dans ceux que l'on regarde comme morts que dans ceux qui se flattent de vivre au milieu de cette dégénération. Vous avez raison de compter sur ma tranquillité. C'est la situation morale de ceux qui savent ce qui est juste. Il y a dans ce sentiment une force qui donne du calme au milieu des plus grandes agitations.

« L'histoire, ce grand jury, repose sur deux bases : le passé et l'avenir, le commencement et la fin. Le présent n'est qu'un pont entre deux rivages. La vie s'écoule sur ces rives et non pas sur le pont, et l'histoire me rendra cette justice que je n'ai pas voulu passer par la transition. L'histoire nous donne encore une grave leçon ; elle nous montre que la liberté ne peut s'appuyer que sur le droit et ne s'enraciner que dans l'ordre. J'ai vécu dans cette pensée d'ordre, j'ai voulu la liberté, mais la liberté vraie, pure, durable, vivifiante. Si je me suis trompé, la faute en est, non point à ma volonté, mais à la faiblesse de mon esprit.

« *Qui vivra verra.* Je ne suis pas de ceux à qui il est permis d'espérer une longue vie. Mais l'histoire vivra, et je vais avec confiance au-devant de son jugement. Ma femme vous remercie de votre souvenir. Elle se réjouirait comme moi de vous retrouver ; mais où ? et quand ? c'est ce que personne ne peut nous dire. Je ne connais sur le théâtre de ce monde que deux places : la scène ou la loge. Retiré de la scène, je rentre en spectateur dans la loge. Je ne pourrais rentrer dans la coulisse, et le parterre contient une société trop mélangée. Quant au paradis, j'en cherche un autre ailleurs que dans ce monde. »

Après avoir passé quelque temps à Londres, Metternich retourna en Hollande où sa famille l'attendait. Les victoires des Autrichiens en Italie et en Transylvanie, l'incapacité révélée par le parti radical à la diète de Francfort et dans les capitales de divers États, donnèrent bientôt aux deux principaux souverains de l'Allemagne la faculté de réagir contre le mouvement impétueux auquel d'abord ils n'avaient pu résister. Metternich rentra à Vienne, mais sans prendre aucune part ostensible au gouvernement. Cependant on le voyait souvent à la cour, et il jouissait de la faveur de l'empereur, comme Walpole jouissait de celle de Georges II, après avoir été expulsé de la Trésorerie. Il vécut encore assez longtemps pour voir un autre Napoléon engager avec l'Autriche une nouvelle guerre en Italie, et pour apprendre les premiers revers de l'armée autrichienne. Il est mort le 11 juin, le jour même de la bataille de Magenta.

Dans sa vie privée, Metternich nous offre une image bien différente des calculs et des agitations de sa vie publique. Sa maison était comme un sanctuaire, où il maintenait le respect de toutes les convenances, où il accomplissait scrupuleusement tous ses devoirs domestiques. Après avoir fini sa tâche officielle, il aimait à se retirer au milieu de sa famille et s'y abandonnait à de doux épanchements. Il se maria trois fois, et trois fois fit un heureux choix. Sa première femme était une princesse de Kaunitz; il l'épousa en 1795, et la perdit en 1819. Il en avait eu un fils qui mourut trois ans après, et deux filles qui vivent encore. En 1825, il épousa la baronne Marie de Leykam, à laquelle l'empereur donna le titre de comtesse de Beilstein. On la citait comme la plus belle personne de Vienne. Elle mourut deux années après son mariage, en mettant au monde son premier enfant, qui est aujourd'hui le jeune diplomate Richard Metternich, représentant de l'Autriche à Paris. En 1831, le prince épousa la comtesse Mélanie de Ferrani, qui a été la consolation de se vieillesse. Il disait que, par cette dernière alliance, il n'avait point offensé le souvenir de ses premières femmes, mais qu'au contraire il l'avait honoré, en démontrant par là que le bonheur qu'elles lui avaient donné l'avait décidé à se marier une troisième fois. Il s'honorait d'ailleurs d'avoir gardé fidèlement envers elles la foi conjugale.

Les savants et les écrivains français avec lesquels il a eu des relations se sont plu à vanter ses connaissances scientifiques et son goût judicieux pour les arts et les lettres. Les artistes anglais qui ont eu l'occasion de l'apprécier lui rendent le même hommage. De ses facultés littéraires il ne nous reste d'autre témoignage que ses dépêches, qui sont des modèles de composition. Comme un flot qui s'échappe d'une source abondante, sa pensée se déroule là clairement, vigoureusement, et va droit à son but.

Thomas Lawrence dit que ce mémorable diplomate avait aussi un sentiment poétique de la nature, et qu'il pouvait la contempler dans une rêverie semblable à celle de Wordsworth. Pendant son séjour à Rome, Metternich aimait à emmener avec lui l'illustre peintre anglais, pour contempler, du haut du Monte Mario, le coucher du soleil, ou pour examiner les beautés de l'église Saint-Pierre. Un jour, il l'emmena à Tivoli et passa plusieurs heures à regarder le temple de la Sibylle et les cascades écumantes. « Voyez, disait-il, comme cette eau coule majestueusement et grandement, sans s'inquiéter si on la regarde, sans avoir l'idée d'une rivalité. Là, il n'y a ni envie ni effort pour produire de l'effet. C'est la vraie, la simple et naturelle grandeur. »

Quoique Metternich n'ait rempli que des fonctions civiles, ce sont les champs de bataille qui lui ont donné ses principales dignités. Il fut décoré du titre de prince le soir de la bataille de Leipzig ; il fut nommé duc de Portella après la journée qui décida du sort de Murat dans l'Italie méridionale, et grand d'Espagne après avoir aidé Ferdinand dans sa lutte contre les cortès. A son second voyage en Angleterre, après le traité de Paris de 1814, l'université d'Oxford lui conféra le diplôme de docteur. Mais si ses titres rehaussaient sa dignité, lui-même éclipsait ces titres par ses qualités personnelles, par une grâce, un charme et une faculté de séduction qui l'ont fait surnommer la Circé du despotisme. Soit qu'il saisît une rose entre les mains d'une fière beauté, soit qu'il enlevât une couronne à quelque prince d'Italie, ou qu'il condamnât un patriote à être enfermé dans les murs de Spielberg, il conservait la même aimable physionomie. Le jour même où la tempête de 1848 l'obligea à se dépouiller de son pouvoir, il montra un calme et une majesté qui imposèrent le respect à la plèbe tumultueuse, et cette majesté extérieure était en harmonie avec ses qualités intellectuelles.

VI

LE MONTÉNÉGRO.

Parmi ces sentiers que nous pourrions appeler les sentiers de traverse de l'histoire et de la géographie, il n'en est probablement pas un plus curieux à voir que celui qui conduit à la principauté du Monténégro, pas un qui occupera plus utilement l'attention de l'homme qui se complaît dans les investigations politiques et celle de l'étudiant classique qui désire voir se réaliser des scènes homériques, des tableaux de la vie patriarcale, et celle de l'artiste qui recherche les sites sauvages et les images pittoresques.

Au quinzième siècle, ce petit État indépendant du Monténégro, détaché de l'ancien royaume de Serbie, s'élevait comme un Ararat au-dessus du débordement de l'islamisme, qui alors menaçait d'engloutir l'Europe méridionale et orientale. Il s'éleva à une époque où le Sultan possédait à la fois le trône des Césars de Constantinople, et le trône des Califes (de Bagdad), où le pape songeait à s'enfuir au delà des Alpes, car les infidèles avaient juré de faire camper leurs chevaux dans la métropole du christianisme, d'ajouter à leurs richesses les dépouilles de l'ancienne et de la nouvelle Rome. Depuis cette époque, pendant un espace de quatre siècles, cette rude tribu de montagnards indomptables, et ces princes qui, comme aux âges héroïques de la Grèce, réunissaient au pouvoir du souverain la dignité de grand prêtre, ont souvent attiré l'attention de l'Europe chrétienne.

Au delà de ces contrées qui ont longtemps subi les désastres des barbares invasions des Turcs, au delà du royaume de Hongrie et de la république de Venise, les Monténégrins ont pendant plusieurs générations constitué un formidable rempart contre les ennemis du christianisme.

Il est aisé de pénétrer dans le Monténégrin quand on s'y rend avec une pensée pacifique. Comme la plupart des montagnards, les habitants de ces cimes escarpées se montrent très-courtois envers l'étranger qui se fie à leur honneur et à leur hospitalité. Pour eux comme pour les anciens Écossais, le nom d'étranger a même une sorte de caractère sacré; et le trajet de Londres ou de Paris à Czétinié, la petite capitale de cette principauté, n'est pas long. En trois ou quatre jours, le voyageur arrive par le chemin de fer à Trieste, cette nouvelle reine commerciale de l'Adriatique. Là il s'embarque sur un des excellents bateaux à vapeur du Lloyd, et navigue le long de la côte de l'Adriatique à travers les sites les plus variés, et de distance en distance, stationne dans des villages et des villes illustrés par d'anciennes traditions. Là sont les Morlaques qui ont si fidèlement conservé leurs coutumes primitives; là, les îles de rocs, les *Scogli* jadis occupés par les Uscoques, ces farouches pirates. Les scogli ressemblent à des wagons qui, dans leurs mouvements auraient été pétrifiés, et la côte avec ses mamelons ondulants ressemble à une mer houleuse. A la morne surface de cette terre stérile, dans cette autre Arabie Pétrée, de temps à autre seulement, on aperçoit quelques tiges d'oliviers, quelques parcelles de sol, péniblement cultivées, où, selon l'expression d'un écrivain allemand, des moutons errent, comme des botanistes, à la recherche d'une herbe inconnue.

Mais çà et là aussi entre ces collines calcaires, il est des vallées vertes et fraîches comme celles de la Suisse, qui s'étendent au loin comme de mystérieux asiles et dont le sol se couvre de fruits abondants. L'olivier s'y développe librement à l'abri des tempêtes, et l'amandier y fleurit au milieu des ceps de vigne. Dans quelques-unes, il est des rades qu'on dirait creusées comme des bassins par la main d'un ingénieur habile, qui offrent en tout temps aux navigateurs un ancrage assuré. Sur ces *scogli* enfin, sur les plus nus et les plus tristes, il est des groupes de familles dont on ne peut, sans émotion, apprendre à connaître l'honnête et douce existence. Les pauvres gens! Ils ont été jetés là, on ne sait par quelle circonstance, comme des naufragés, et ils y restent séparés du monde entier, forcés de se suffire à eux-mêmes, et n'acquièrent leurs moyens de subsistance que par un courageux travail.

Bientôt on arrive en face d'un autre paysage. Sur la côte s'élèvent des montagnes plus hautes et plus gracieusement découpées ; le long de la plage apparaissent des forêts d'arbres fruitiers et de beaux villages, et la capitale de la Dalmatie, la vieille, héroïque Zara est là qui s'avance jusqu'au bord de sa presqu'île comme pour voir plutôt les navires qui viennent du nord et du sud. Zara, disent les antiquaires, est la Jadera de la Liburnie ; elle a été, selon le témoignage de Pline et de Ptolémée, une colonie romaine. Par sa position sur une presqu'île qui n'est rejointe à la côte que par une langue de terre, elle a dû être de tout temps une forteresse maritime facile à défendre, importante à conserver. A la voir, quand on vient de Trieste, s'élancer des eaux, avec ses blanches murailles et les lions de Saint-Marc sur ses portes, on la prendrait pour une fille de Venise, et l'ambitieuse Venise a bien vite aspiré à la maîtriser.

Zara a longtemps merveilleusement résisté à cette ambitieuse. Au treizième siècle Zara luttait avec un courage intrépide contre une armée de Vénitiens unie à des légions de croisés. Vaincue par le nombre de ses adversaires, sept fois elle essaya de recouvrer son indépendance, sept fois l'inflexible Venise la reconquit, et enfin la garda jusqu'au jour, où elle-même succombait dans sa cauteleuse décrépitude sous l'épée de Napoléon.

A la réunion de la Dalmatie à l'empire d'Autriche, Zara est devenue le chef-lieu politique et civil de la province. C'est une jolie ville ouverte de plusieurs côtés sur de beaux points de vues, sur la mer, sur des chaînes de collines, au versant desquelles s'élèvent comme des têtes de géant les cîmes du Velebitsch. Ses rues sont étroites, mais régulièrement tracées et bordées d'élégantes maisons. Son commerce est peu considérable, mais elle a son marasquin. Etrange chose que le caprice de la fortune dans la distribution des gloires humaines. Voilà une ville dont les annales renferment des pages superbes, les récits de combats les plus courageux, les scènes les plus dramatiques, et ce n'est point par ces nobles épopées que son nom s'est propagé dans le monde; c'est par de petites fioles d'une liqueur doucereuse qu'on extrait d'une cerise sauvage. Combien de gens qui jamais ne sauront les vaillantes luttes que Zara a soutenues pour défendre et pour reprendre sa liberté, et n'ignorent pas que de cette cité vient le marasquin le plus délicat! De tous les Méphistophélès inventés par les poëtes, de tous les diaboliques personnages qui se jouent des espérances des hommes et de l'orgueil du peuple, cet invisible, cet indéfinissable démon qu'on appelle le Destin, n'est-il pas au moins le plus caustique?

Au delà de Zara est Sebenico, où naquit, dit-on, le jeune peintre André Schiavone et le célèbre voyageur Marco Polo ; puis Spalato, dont le nom vient de Pallatium (palais), le palais que Dioclétien construisit pour en faire sa dernière demeure après son abdication. Il employa douze années à construire cet édifice ; il en fit tailler les colonnes, les chapiteaux par les meilleurs sculpteurs de son temps ; il épuisa, pour élever ces longues façades, les carrières d'une pierre qui a la dureté du marbre ; et ces colonnes servent aujourd'hui d'appui à de misérables échoppes, et sous les arceaux de ce magnifique péristyle, les oisifs de la ville se réunissent pour lire la *Gazette de la Dalmatie*, en prenant une mauvaise tasse de café. Sur la fin de son règne, le farouche empereur ordonna une nouvelle persécution contre les chrétiens, et sa dernière retraite a servi de refuge aux chrétiens. Sous ses murailles épaisses, ils se sont abrités comme en un temps d'orage on s'abrite sous un manteau, et les temples qu'ils fermaient à ses idoles sont devenus des temples chrétiens, et sa tombe même n'est point restée sous la voûte où il pensait qu'il reposerait éternellement.

Plus loin, est Raguse, cette intelligente, cette religieuse, cette vaillante cité de Raguse, qui prospéra par son industrie, se distingua par ses institutions scientifiques, et, pendant plusieurs siècles, défendit victorieusement son indépendance contre l'ambition des Vénitiens et la rapacité des Turcs.

Au delà de Raguse, au delà du Cap désigné par le nom de Punto del Ostro, on arrive aux Bouches de Cattaro. A cette limite de la Dalmatie, se déroule tout à coup un tableau si imposant, que pour le connaître, ce n'est pas trop d'entreprendre un long trajet, dût-on ne rien voir d'autre en route. Ce qu'on appelle les Bouches de Cattaro n'est point, comme on pourrait se le figurer par cette désignation, l'embouchure d'un fleuve. C'est une trouée de la mer dans l'intérieur des terres, c'est un de ces *fiords*, beauté maritime de la belle Norvége. En d'autres termes, c'est un canal qui, par plusieurs circuits, contourne la cime des montagnes, qui, par une de ses pointes, touche à Cattaro, l'*Ultima Thule* de l'Autriche. On compte dans ce canal quatre grandes et neuf petites baies, ou pour mieux dire, le canal entier est une baie si parfaitement abritée, que les marins n'ont à y redouter aucun ouragan, si vaste qu'elle pourrait contenir toutes les flottes de l'Europe, si parfaitement creusée que les navires peuvent s'y avancer jusqu'au bord même de la plage.

En parcourant de l'une de leurs extrémités à l'autre les bouches de Cattaro, tantôt il semble qu'on glisse sur les flots d'une paisible rivière, tantôt sur un des lacs de Suisse. Autour de leurs différents bassins, s'élèvent des montagnes gigantesques dont nulle plante ne couvre la tête chauve, mais sur leurs flancs verdoient sans cesse des bois d'oliviers, de figuiers, d'amandiers ; à leur base, s'épanouissent des jardins fleuris, et dans toute la longueur du canal, sur ses deux rives, comme sur celles du Bosphore, se déroule un collier de villages et de villes de l'aspect le plus pittoresque : Castelnuevo, Dobrota, Perasto, Risano et enfin Cattaro.

Cattaro est le principal port, le principal entrepôt commercial du canal, le point de réunion des paysans du voisinage. C'est le siége d'un évêché, la résidence d'un officier supérieur et le chef-lieu d'un des quatre départements de la Dalmatie.

Avec toutes ses grandeurs administratives, c'est une étrange petite ville On y compte deux mille habitants. Elle ne peut guère en contenir plus. Elle est comme un carrefour reculé au fond de la dernière baie du canal, à l'extrême limite des possessions autrichiennes, au pied des masses de rocs sur lesquels niche comme des couvées de vautours, la turbulente tribu des Monténégrins. Une citadelle la domine, des remparts l'enlacent dans leur immuable ceinture, et de ses remparts, elle ne peut sortir sans toucher d'un côté à la mer, de l'autre, à une âpre montagne. L'été, par la réverbération des rayons du soleil, le bassin de roches blanches qui l'entourent la brûlent; l'hiver, les nuages qui s'y amassent y versent de tels torrents qu'il est très-naturel de penser avec plusieurs étymologistes que son nom de Cattaro vient de cataracte.

La frontière du Monténégro est à une lieue environ au-dessus de cette ville. Au pied des rochers, à une centaine de pas des remparts, est la place du marché, où trois fois par semaine on voit descendre les montagnards, les uns avec leurs ânes ou leurs chevaux, d'autres portant eux-mêmes leurs fardeaux sur leurs épaules et sautant de roc en roc d'un pied léger. Quelle que soit la défiance qu'ils inspirent par leur tempérament belliqueux, il existe entre eux et la population de Cattaro des rapports obligés. Ils ont besoin d'elle, et elle a besoin d'eux. Ils viennent ici acheter leur plomb, leur poudre, leurs ustensiles de ménage, leurs objets de luxe. Ils y apportent du poisson d'eau douce, des légumes, de la viande, du combustible. En échange de leurs munitions de guerre, ils lui donnent l'élément vital.

L'étranger qui pour la première fois arrive à Cattaro avec une poétique idée des Monténégrins, et qui se hâtera de courir sur cette place du marché, sera, nous devons le dire, fort désappointé dans son attente. Pour pouvoir entrer en ville, les fiers montagnards sont obligés de déposer au corps de garde leur parure d'homme, leur signe de distinction, leurs armes auxquelles ils attachent tant de prix et qui leur donnent tant d'assurance. Une fois qu'ils ont ainsi cédé aux exigences des précautions autrichiennes, ils ressemblent au lion de la fable qui s'est laissé limer les dents, arracher les griffes ; et avec leur grossier vêtement éraillé par sa longue durée, dépouillé de son prestige, ils ressemblent à des mendiants.

Quant aux femmes, elles sont vêtues de la façon la plus misérable. Voici exactement le costume ou l'absence de costume de la plupart d'entre elles : pas de bas ni de souliers, surtout par les mauvais temps, car, disent-elles dans leur sage expérience, la plante des pieds se corrobore sur les rudes chemins, tandis que la chaussure s'use sur les cailloux et se détériore à la pluie. Cette chaussure qu'elles ménagent si bien se compose tout simplement de deux grossiers tricots en laine, puis d'une espèce de sandale formée d'une longue bande de cuir qui se relie sur le pied avec des courroies. Les chants populaires de leurs races slaves représentent souvent les princesses de Serbie peignant leurs cheveux avec un peigne d'or. Si les pauvres Monténégrines connaissent cette tradition, elle doit leur apparaître comme une étrange fiction. Jeunes filles, elles disposent tant bien que mal sur leurs cheveux une barrette rouge; mariées, elles les couvrent d'un mouchoir. Sur leur corps, elles ne portent qu'une chemise en toile et une sorte de redingote en laine ouverte sur le devant, et qui ne descend guère plus bas que les genoux. Cette redingote, ou pour lui donner son nom local, cette *gujninea*, sans crochets ni boutons, est serrée sur les flancs par une énorme ceinture en cuir, large comme un collier de cheval, plaquée d'un amas de grosses cornalines, agrafée sur le dos par une massive agrafe en cuivre.

C'est sur un autre terrain, c'est dans l'impétueux mouvement de leurs expéditions guerrières, ou dans leur fier repos d'hommes libres, sur la cime de leurs plateaux, qu'il faut voir les Monténégrins, pour être frappé de leur aspect et emporter d'eux un souvenir qui ne ressemblera à aucun autre.

De Cattaro à Czétinié, leur capitale, le trajet n'est pas long. En cinq à six heures, on peut le faire. On chemine d'abord sur une belle et large route commencée par les Français, terminée par les Autrichiens. Cette route, dont la pente a été habilement ménagée par une quantité de courbures, se prolonge jusqu'à une hauteur de trois mille pieds, jusqu'à la limite du territoire impérial. Là, elle s'arrête brusquement, et l'on ne trouve plus qu'un étroit sentier pour pénétrer dans le Monténégro.

Sur les frontières de ce pays, les Turcs et les Autrichiens ont eu grand soin de bâtir des citadelles. Au bord du golfe de l'Adriatique, est celle de Cattaro ; au bord du lac de Scutari, celle de Zabliack ; dans l'Herzégovine, celle de Nicksich. Les Monténégrins n'ont point eu à s'occuper de telles constructions. A part quelques couvents dont ils ont pris à tâche de bâtir solidement les murs, on ne découvrirait pas dans leur principauté un travail de fortification. La nature a été gratuitement elle-même leur Vauban. La nature leur a fait un cercle de remparts, une enceinte continue qui n'exigent aucuns frais de réparations.

Non-seulement tout le plateau monténégrin est entouré d'éternels bastions, mais d'autres lignes de retranchements le divisent en plusieurs districts ; et les vallées qu'elles enlacent dans leur ceinture forment autant de petites forteresses dans la grande forteresse.

Le plus vaste de ces districts est celui de *Katunska*. Son nom signifie chalets de pâtres ; et en effet la plupart des habitations qu'ils renferment ressemblent à ces rustiques cabanes qu'on voit dans le Tyrol, penchées sur des hauteurs, et qu'on nomme des *senn*.

Dans cette province est l'important village de Niégous, fondé par une colonie de Serbes. C'est le village le plus élevé du pays et le plus fortement défendu par ses défilés et ses pyramides de rocs. Là, fut vraisemblablement le premier noyau de la peuplade monténégrine ; là se sont formés, comme dans les petits cantons suisses, les liens de cette belliqueuse confédération ; et de là est sortie la famille des Petrovitch, évêques et princes de Monténégro.

Du haut d'une colline qui domine ce village historique, le regard plane sur un vaste et solennel panorama ; c'est le lac de Scutari qui par ses contours ressemble au lac italien de Garda ; plus loin, les montagnes de l'Albanie, ce boulevard de Scanderberg, l'héroïque allié des Monténégrins dans leur lutte contre Mahomet II. De là on descend dans la vallée de Czétinié, la plus petite capitale de l'Europe, car on n'y compte qu'une quarantaine de maisons, bâties d'ici, de là, autour du palais du prince et de l'église.

Nous avons dit qu'en une semaine on pouvait aisément franchir l'espace qui sépare cette capitale de Paris et de Londres. Ainsi, sept jours après s'être dépouillé de sa robe et de sa perruque, un juge anglais peut contempler le prince de Monténégro au milieu des principaux guerriers et des sénateurs de sa tribu. Il peut le voir rendre la justice à la porte de son palais, en plein air, sous le libre ciel de la montagne, comme autrefois Agamemnon dans le camp des Grecs, ou Abraham à l'entrée de sa tente dans le désert.

Le gouvernement du Monténégro, dit M. Wilkinson, qui visita ce pays en 1844 et qui en a fait une très-judicieuse description, est basé sur un principe républicain. Toutes les affaires de la communauté se règlent en assemblée générale. Le peuple jouit de la faculté de les discuter. Si le gouvernement n'est pas démocratique comme dans les anciennes tribus slaves mentionnées par Procope, les priviléges populaires sont cependant ici strictement maintenus, et chaque village et chaque district a le droit d'élire ses propres chefs.

Si le vladika Pierre II, qui organisa dans ce pays un sénat dont il gardait la présidence, a introduit dans les règlements administratifs et dans l'esprit des lois diverses modifications, la voix du peuple n'en a pas moins conservé son importance en tout ce qui tient aux intérêts généraux de la Principauté. Le souverain même est élu par le peuple. Mais ici, comme dans quelques autres contrées slaves, le pouvoir suprême est devenu l'apanage d'une famille, un apanage héréditaire ; en sorte que depuis un certain nombre d'années, ce principe d'élection n'a plus été mis en pratique.

Dans une enceinte semi-circulaire formée par les rocs de la plaine de Czétinié, à un quart de lieue environ de la ville, est une sorte de plateau couvert de gazon et ombragé par quelques peupliers. C'est là que la diète se réunit, c'est là que le peuple écoute les propositions du vladika. La durée de la discussion est limitée à un certain espace de temps après lequel l'assemblée doit prononcer sa décision. Quand la cloche du monastère prescrit le silence, quelle que soit la vivacité des débats, ils doivent immédiatement cesser. Le métropolitain demande à l'assemblée quelle est sa résolution, et généralement, elle répond : Qu'il en soit fait, Vladika, comme tu le veux.

Nous avons dit que celui qui se plaît dans les grandes scènes d'Homère ne pourra voir sans un intérêt particulier le spectacle de Czétinié. Là, il verra, les repas préparés en plein air, comme dans les camps des Grecs ; les ménestrels ambulants qui chantent les exploits des héros ; les luttes des athlètes, les danses guerrières, et les divers exercices dans lesquels les Monténégrins se signalent par une force et une habileté extraordinaires. Au temps d'Homère, le prince devait se montrer supérieur à son peuple dans les conseils comme dans les combats, il devait être non-seulement le plus vaillant, mais il devait en outre montrer un esprit plus cultivé. Le dernier Vladika, l'hôte et l'ami de M. G. Wilkinson, offrait un exemple de cet idéal. Avec sa noble physionomie, sa taille de six pieds de hauteur, il semblait fait pour imposer le respect à une peuplade belliqueuse. Il joignait aux qualités d'un vaillant soldat celle de l'homme d'État. Elevé à Vienne et à Pétersbourg, il apporta au milieu de ses concitoyens les idées de civilisation moderne. Il fonda des écoles, répara les églises, traça des chemins, promulgua des lois. Il fut probablement le seul évêque de son temps, qui pouvait frapper d'une balle une orange lancée en l'air par un de ses serviteurs, et par cette adresse à manier le fusil, il inspirait plus de confiance à ses soldats. Il connaissait la langue et la littérature des principales contrées de l'Europe, et composait lui-même des vers dans son dialecte national. Selon la coutume des anciens héros de la Grèce, il pouvait se reposer des fatigues de la guerre, et des soins du gouvernement, en chantant avec la *Guzla* populaire les ballades qu'il avait faites pour célébrer la gloire de ses armes, et les actes de bravoure de ses compagnons.

Le prince actuel n'a point l'attitude imposante de son prélécesseur, mais il est comme lui instruit, éclairé, et comme lui très-attaché aux principes de civilisation.

Il est poëte aussi, et de même que le sage Ulysse surpassait les gens d'Ithaque par son habileté à se servir de l'arc, le prince Danilo se sert des armes à feu mieux que ses concitoyens. Devant le palais de Czétinié est un tir qui offre aux regards de l'étranger un curieux tableau. Là, le prince se joint aux exercices de ses guerriers revêtus de leurs costumes pittoresques. Autour d'eux s'élèvent les chaînes de montagnes, sillonnées par des torrents, couronnées par des neiges éternelles. Dans les airs planent les aigles et les vautours attirés par les détonations de ces fusils qui si souvent leur ont préparé une abondante pâture.

Nous espérons ne pas détruire les rêves poétiques de nos lecteurs, en leur disant que dans la capitale de Monténégro, et dans le palais du prince Danilo, ils ne se trouveront point réduits à la rustique simplicité de l'hospitalité homérique. Le prince se plaît à recevoir les voyageurs de distinction et les étrangers qui sont recommandés à sa bienveillance. Ses manières sont très-courtoises, et il parle couramment le français, l'italien, l'allemand.

A la mort du dernier Vladika en 1851, le prince Danilo qui avait alors à peine vingt-deux ans, achevait son éducation à Vienne. A son retour dans son pays, il devint amoureux d'une jeune et belle personne de Trieste, et pour l'épouser il abdiqua la dignité ecclésiastique que ses prédécesseurs adjoignaient à leur pouvoir temporel. Après le mariage qui fut célébré pompeusement à Trieste, on vit les robustes soldats du Menténégro gravir les sentiers escarpés de leurs montagnes, les épaules courbées sous le poids des glaces, des tapis, des fauteuils, des pianos et des autres meubles de luxe destinés au palais de Czétinié. Ce palais ressemble maintenant à la demeure d'un petit prince d'Allemagne. Ce n'est qu'en dehors de son enceinte qu'on peut se croire à trois mille ans de distance en face des mœurs et des caractères des temps homériques.

Après avoir vu la princesse du Monténégro dans le luxe moderne de sa nouvelle résidence, on sera sans doute désireux de savoir quelle est la condition des femmes au milieu de cette belliqueuse peuplade. La plupart des femmes du Monténégro sont d'une belle et forte constitution. Mais les intempéries des saisons qu'elles affrontent perpétuellement, et le rude labeur auxquelles elles sont condamnées altèrent de bonne heure leur beauté, et effacent leur fraîcheur. Les pauvres femmes! A quel état de servitude elles sont astreintes! L'homme qui leur fait parfois l'honneur d'être jaloux de leurs regards si promptement ternis, de leur jeunesse si vite fanée, l'homme est leur maître impérieux et fier. L'homme leur fait porter, comme à ses bêtes de somme et avec moins de ménagement encore les plus lourds fardeaux, tandis que lui se promène galamment, son fusil sur l'épaule, et son kangiar à la ceinture. Les jours de marché de Cattaro, on voit de ces femmes qui descendent de Czétinié, à pieds nus sur les pointes des rocs, pour apporter au bazar, sur leur tête, un fagot de bois à brûler qu'elles vendront neuf à dix *quarantani* (environ sept sols). Si chemin faisant elles rencontrent un homme de leur connaissance, elles n'oseront point le saluer familièrement; elles iront avec respect s'incliner devant lui comme devant leur seigneur, et lui baiser la main. La chasteté et la fidélité conjugale sont deux de leurs vertus. L'adultère est rare dans le Monténégro. Ceux qui s'en rendent coupables sont punis de mort. Actives, laborieuses en temps de paix, les femmes du Monténégro ont plus d'une fois montré aux jours de combats un courage héroïque.

Malgré le vif intérêt qu'il doit inspirer, le nom de Monténégro a été longtemps oublié. M. Wilkinson l'a fait revivre par son savant et excellent ouvrage. Puis, la petite principauté a de nouveau attiré sur elle l'attention, lorsqu'en 1852, elle fut attaquée par les légions turques, sous le commandement du renégat Omer-Pacha. Le gouvernement autrichien, avec l'inquiétude qu'il éprouve, et à juste titre, dès qu'il voit éclater sur ses frontières un conflit qui peut réveiller l'esprit de nationalité de ses provinces, envoya à Constantinople le comte de Leiningen pour demander le rappel d'Omer-Pacha et de ses troupes. Le rusé général musulman saisit avec empressement ce prétexte pour abandonner son expédition dans un pays, où comme on l'a dit, il y a longtemps, une grande armée est exposée à périr de faim, et une petite à être anéantie. Le succès de la missive autrichienne en cette circonstance a peut-être contribué à donner au prince Mentschikoff, l'espérance d'en avoir un semblable dans la négociation dont il fut chargé en 1854, et qui amena la guerre de 1854.

Pendant cette guerre, le prince Danilo conserva une stricte neutralité, bien que par la jonction de ses forces avec les chrétiens insurgés, et les Grecs de l'Albanie et de la Thessalie, il aurait pu renverser la domination musulmane dans ces provinces. Il espérait que dans les conférences de Paris en 1856, on tiendrait compte de sa conduite. Mais ses espérances furent déçues dans cette circonstance comme dans celles du Vladika Pierre à l'époque du Congrès de Vienne. Le 25 mars 1856, le plénipotentiaire turc déclara que la Sublime Porte considérait le Monténégro comme une partie intégrale de l'empire ottoman. Il ajoutait pourtant que l'intention de son gouvernement n'était point de détruire l'état de chose existant dans ce pays.

Ni la Russie, ni les autres puissances occidentales, ne s'opposèrent à cette déclaration.

Dans les notes diplomatiques qu'il adressa quelques mois plus tard aux puissances étrangères, dans sa conversation avec les officiers français et anglais, et avec les voyageurs qui ont visité Czétinié, le prince Danilo a invariablement tenu le même langage. « Il est dur pour nous, disait-il, de nous voir soumis, en un certain sens, aux infidèles, quand nous songeons que nos ancêtres ont servi comme d'avant-garde à la chrétienté, et ont si vaillamment résisté à l'empire musulman à l'époque de sa plus grande force. Maintenant cet empire est en pleine décadence, et pourquoi donc serais-je le vassal d'Abdul-Medjid, quand mes ancêtres n'ont pas voulu se soumettre à Mahomet II et à Soliman le Magnifique? Cependant, par considération pour la paix générale de l'Europe, et par le désir de gagner la bienveillance de la France et de l'Angleterre, je suis prêt à reconnaître encore la suzeraineté du sultan, mais à des conditions qui peuvent seules justifier ou du moins excuser aux yeux de mon sénat et de mon peuple une si grande concession. Les plus indispensables de ces conditions sont celles-ci: 1º La reconnaissance solennelle et formelle de l'indépendance de l'administration et du gouvernement de Monténégro ; 2º la cession d'un port ouvert librement au commerce de toutes les nations, sur la côte entre Cattaro et la frontière autrichienne qui nous ferme l'accès de la mer; 3º les annexions à nos montagnes d'une certaine étendue de sol cultivable dans les basses terres, afin de donner par là un moyen de subsistance aux Monténégrins qui ne pourraient faire sur leur terrain rocailleux la récolte nécessaire à leurs besoins. Si je ne puis obtenir ces avantages matériels, l'abandon de la dernière fraction des droits nationaux acquis par le sang de ma tribu pendant tant de générations, serait le signal de ma mort ou de ma déposition, et le signal de l'élévation au trône d'un des membres de ma famille qui par les exigences de sa position serait forcé de se jeter sans réserve du côté du czar de Russie.

Il est certain que par son système avec la Russie en 1857, et sa condescendance envers les puissances occidentales, le prince Danilo exposait non-seulement son autorité, mais sa vie. Au printemps de cette même année, il résolut d'aller lui-même plaider sa cause à Paris et à Londres, malgré les cajoleries et les menaces des agents russes qui, furieux de voir cette tentative d'émancipation, essayèrent de faire une révolution dans le Monténégro, et suspendirent le payement du subside annuel de 100 000 fr. stipulé par la Russie à l'époque où le Vladika s'unit à elle contre les Français.

Danilo n'accomplit point le projet qu'il avait formé de se rendre à Londres, mais il fut fréquemment reçu aux Tuileries, et les événements ont prouvé qu'il avait acquis la sympathie politique de l'Empereur des Français.

La question du Monténégro semblait toucher à un arrangement équitable par la médiation des grandes puissances, lorsque cette solution fut encore retardée par une nouvelle invasion des Turcs. Chaque fois que le sultan a vu son pouvoir un peu consolidé, chaque fois qu'il n'a pas été obligé de porter ses armes ailleurs, il les a dirigées contre les Monténégrins dont la liberté sous le patronage d'un empire chrétien révolte l'esprit des musulmans. Éblouis par les avantages que leur avaient procurés leurs alliés dans la guerre de Crimée, et oubliant la déclaration solennelle qu'ils avaient faite au congrès de Paris, les Turcs concentrèrent, au commencement de 1858 sur les frontières du Monténégro, les troupes de leurs provinces voisines de cette principauté, tandis qu'une flotte de Constantinople amenait sur ce champ de bataille d'autres légions et des munitions de guerre.

Le district de Grahova situé sur les limites de l'Herzégovine, fut le premier attaqué. Le 13 mai 1858, les meilleurs soldats turcs portant sur leur poitrine la médaille française et anglaise de Crimée, furent là mis en déroute par les chasseurs de la montagne Noire, comme les Anglais le furent en 1745 par les Highlanders d'Écosse.

Un témoin oculaire de cette bataille nous en a fait une vive description. Les Monténégrins s'élancèrent en avant en chantant leurs chants nationaux et en faisant un feu roulant. Quand ils furent à la distance d'une portée de pistolet de leurs ennemis ils s'arrêtèrent quelques secondes, chacun d'eux fit le signe de la croix et leva les yeux au ciel. Puis tirant leur kandjar et leur yatagan, ils se précipitèrent sur les Turcs. C'était le jour de l'Ascension, et tous ensemble faisaient retentir les airs de leur hymne chrétien : Gloire à Dieu dans les cieux ! Ni les volées de mousquets et de canons, ni les pointes des baïonnettes, ni les longues lignes des retranchements de leurs ennemis ne purent les arrêter. Jamais victoire ne fut plus complète, jamais les vaincus ne subirent un tel désastre. Les Turcs qui s'enfuirent du champ de carnage tombèrent pour la plupart dans les embuscades des Monténégrins, dans les défilés où la veille ils marchaient avec l'assurance d'un facile triomphe.

La dépêche adressée après cette journée par Pétrovitch, commandant en chef des montagnards, à son frère le prince Danilo, a été publiée dans plusieurs journaux. Mais elle mérite d'être reproduite.

« Grand conquérant, prince des Monténégrins. Au nom du Très-Haut, et pour l'honneur de mon prince et de mon frère bien-aimé, le 13 mai, jour de l'Ascension, au lever du soleil, j'ai disposé mes troupes pour donner un assaut général aux retranchements turcs. Dès que les colonnes d'attaque ont été formées, j'ai ouvert le feu dans la vallée où étaient massés les gardes de Votre Altesse, pour couper la retraite aux ennemis. Au même instant, nos braves et fidèles hommes se sont élancés sur les musulmans en brandissant leur sabre et en s'écriant avec un enthousiasme indicible : Gloire à Dieu dans le ciel et honneur à notre prince ! J'ai vu alors, ô mon cher frère, des prodiges de valeur, d'héroïsme et d'amour de la liberté. Grâces soient rendues au Seigneur tout-puissant. Nos coups sont tombés dans les rangs des ennemis, comme ceux de la cognée sur les arbres des forêts.

« Des milliers de soldats dont se composait l'armée turque, quelques-uns seulement se sont échappés pour raconter de quelle façon les Monténégrins combattent. Nous avons tué sept mille hommes, enlevé huit pièces d'artillerie, douze cents chevaux caparaçonnés, et cinq cents tentes. Je ne puis vous dire en ce moment tout ce que nous avons recueilli d'armes et de butin. Le champ de bataille présente l'aspect d'une forêt ravagée, et les corps mutilés des Turcs sont horribles à voir.

« C'est ainsi que les Monténégrins ont en partie vengé la défaite que leurs ancêtres de Serbie subirent dans la plaine de Kossova le 15 juin 1389. Nos soldats se précipitaient en avant avec impétuosité, bravant les blessures et la mort pour se distinguer à nos yeux.

« Dans ce combat, nous avons eu, de notre côté, quarante-sept hommes tués et environ soixante blessés. Du côté des Turcs, deux pachas ont été tués. La tête de l'un d'eux a été prise par le brave capitaine Djukenow ; l'autre est tombé sous le yatagan du porte-étendard des gardes de Votre Altesse. Dans cette lutte corps à corps, nos officiers se confondaient avec nos soldats. Tous se sont conduits comme des héros.

« Honneur à eux devant Dieu et devant vous, mon prince. Quand nous aurons rendu les derniers devoirs aux morts, et distribué le butin, j'irai rejoindre Votre Altesse. »

Ainsi que cela arrive ordinairement pour les États comme pour les individus, dès que le Monténégro eut montré d'une façon si éclatante qu'il pouvait se défendre lui-même, les services extérieurs lui furent offerts. A peine la nouvelle de la bataille de Grahova s'était-elle répandue en Europe, que les gouvernements anglais et français résolurent d'aviser aux moyens d'étouffer une guerre qui pouvait une seconde fois mettre l'Orient en conflagration. A la demande de l'Angleterre, et de concert avec les grandes puissances, une commission fut nommée pour fixer les véritables frontières de la principauté, et par là diminuer les motifs ou les prétextes des collisions entre les musulmans et les chrétiens. La France envoya une forte escadre dans l'Adriatique pour surveiller les mouvements de l'Autriche et empêcher une nouvelle agression des Turcs, tandis que des articles publiés dans le *Moniteur* plaidaient officiellement la cause des Monténégrins.

La question du Monténégro étant ainsi définitivement résolue, au moins assez nettement posée, il nous semble opportun de tracer une esquisse de l'histoire et de la condition actuelle de ce singulier pays.

Le nom de Monténégro ou montagne noire est la traduction du mot de Tzernogora, par lequel les habitants de cette région désignent la haute chaîne de montagnes qui domine le golfe de Cattaro. Eux-mêmes s'appellent Tzernogori. Les Monténégrins sont de fervents sectateurs de la religion grecque. Ils ont conservé dans toute sa pureté leur dialecte primitif très-semblable à l'ancien slavonien dans lequel saint Cyrille et saint Méthode traduisirent au neuvième siècle la sainte Écriture, et qui est restée la langue liturgique des populations slaves professant le dogme grec.

La principauté s'étend sur une longueur d'environ soixante milles, et sur une largeur de trente à trente-cinq milles anglais. Elle est bornée à l'ouest par le cercle ou le département de Cattaro ; au nord, à l'est et au sud par trois provinces turques : l'Herzégovine, la Bosnie et l'Albanie. On estime sa population à cent vingt mille âmes, et l'on y compte vingt mille hommes en état de combattre.

C'est ce petit territoire, c'est cette petite peuplade qui pendant des siècles ont résisté aux armées d'un empire de trente-cinq millions d'hommes qui s'étend depuis les rives du Danube jusqu'au golfe Persique, et depuis les cimes de neige de l'Arménie jusqu'aux déserts de sable de la Nubie.

Les villages des Monténégrins ne sont point entourés de remparts, ni protégés par quelque fortification. Au contraire, ils sont pour la plupart dispersés dans les vallées ou sur la pointe des montagnes, et non pas sur des pointes de rocs isolés, d'un accès difficile, comme dans les provinces turques, dans tous les districts de l'orient, et même dans une partie de l'Italie. Mais, ainsi qu'on l'a dit de l'antique Sparte, si les demeures des Monténégrins ne sont point fortifiées par le travail de l'homme, elles le sont par la nature. Les barrières de rocs qui entourent chaque hameau de la frontière servent comme de sentinelles. Aux premiers signes d'une invasion, tout est en mouvement : hommes, femmes, enfants, vieillards, chacun prend les armes pour repousser l'ennemi. La façon dont les Monténégrins repoussent une invasion turque a été décrite par un officier russe qui servait avec eux dans leur guerre contre les Français au commencement de ce siècle. « S'ils sont, dit-il, en grande force, ils se cachent dans les ravins et envoient en avant un petit détachement qui, en feignant de battre en retraite, attire l'ennemi dans l'embuscade. Là, il s'arrête et attaque ordinairement à l'arme blanche, car les Monténégrins se fient à leur bravoure et à leur force. S'ils sont en nombre inférieur, ils se postent sur des rocs élevés, et de là, défient les infidèles en les accablant d'injures. Comme dans les temps héroïques, dit M. Wilkinson, ils insultent leurs ennemis en les provoquant au combat. Ils dépouillent celui qui est tombé sous leurs coups et se parent de ses vêtements, et plus d'une des harangues injurieuses prononcées au siége de Troie pourrait-être employée par un poëte moderne pour nous donner une idée des sciences de combats entre les Turcs et les Monténégrins.

Mais ce n'est point seulement par ses remparts de Spartiates ou par ses braves cœurs que le Monténégro a pu conserver si longtemps son indépendance et acquérir son importance, c'est par sa position presque inexpugnable et par le suicide politique que l'empire ottoman a lui-même commis en opprimant et en persécutant ses sujets chrétiens. Ceux qu'il traitait si cruellement se sont habitués à regarder la Montagne noire comme un lieu de refuge. C'est là ce qui explique la sympathie que les chrétiens de l'Herzégovine et de la Bosnie manifestèrent pour les Monténégrins en 1858, et dans les autres invasions des Turcs. — Oh! Slavoniens, dit un vieux chant national, qui que vous soyez, réjouissez-vous tant que la Montagne noire subsiste, il nous reste un sol libre, il nous reste une patrie.

Le plateau des Monténégrins est de toutes parts hérissé de pointes de rocs. Leur tradition rapporte que lorsque le Créateur s'en allait semant les montagnes à la surface du globe, le sac qui renfermait des amas de pierres se creva, et ces pierres tombèrent sur la Tzernagora. De quelque côté que le voyageur pénètre dans cette région, il ne voit que des murailles de rocs, dont quelques-uns s'élèvent à trois mille et jusqu'à huit mille pieds de hauteur. De ces remparts gigantesques se détachent des rameaux qui divisent et subdivisent le terrain dans toutes les directions. Les rivières qui serpentent dans la plaine en longs détours sont, à chaque angle, bordées de formidables bastions. Les fortifications naturelles sont si complètes, que de là avec les provinces turques qui les avoisinent, il n'y a pas une communication facile, si ce n'est par le lac de Scutari. Les sentiers ouverts sur la montagne sont si étroits et si escarpés, que le chien sauvage ou l'agile Monténégrin peut seul les gravir. Des basses terres, il n'y a pas un passage où une armée ennemie puisse pénétrer sans courir risque d'être exterminée comme celle des Turcs à Grahova en 1858, par un peuple de guerillas, alerte et vigoureux, habitué à souffrir la soif et la faim, endurci au froid et à la fatigue, habitué, dès l'enfance, au maniement des armes et au combat de tirailleurs, et protégé par la nature de son sol.

Lorsque le prince Danilo visita Corfou, les officiers anglais le conduisirent dans la citadelle, cette acropole de l'ancienne Corcyre, dont l'Angleterre a pris possession après tant d'étranges péripéties. Debout sur un bastion, le prince contempla longtemps en silence cette scène d'une beauté grandiose, qui ne peut être oubliée de ceux qui l'ont vue. Il observait tour à tour les vaisseaux rangés dans le port, le large canal qui sépare l'île verdoyante de la côte rocailleuse de l'Épire et les pics du Pinde. Mais bientôt ses regards s'arrêtèrent sur la citadelle même, sur ses forts et ses batteries, sur ses postes de sentinelles. Enfin, se retournant vers ceux qui l'accompagnaient, il leur dit : « Je vois ici un admirable triomphe de l'art et de la civilisation, mais mes montagnes me donnent une plus forte et une plus glorieuse citadelle. »

L'histoire moderne du Monténégro commence au quinzième siècle, à Stratzimir, petit-fils du dernier roi de Serbie, qui mourut en combattant contre le sultan Amurat en 1389. Stratzimir, que les chants populaires et les légendes désignent par le surnom de Tzernowich (prince noir), joignit ses armes à celles des héros allemands.

A la mort de Scanderbeg en 1467, les Turcs ayant envahi l'Albanie, le vaillant Serbien réunit ce qui lui restait de soldats de sa nation, et se retira en face de l'ennemi de forêt en forêt, de désert en désert, jusqu'à ce qu'enfin il atteignit les hauteurs du Monténégro.

Jusque-là l'histoire de la Montagne noire est confondue avec celle des principautés auxquelles ce petit pays était adjoint ; jusque-là son sol n'était, en grande partie, occupé que par des pâtres. De là vient le nom de Katunska, appliqué à l'un de ses principaux districts, et qui signifie, comme nous l'avons dit, chalets de bergers. Stratzimir forma le noyau de cette fière tribu qu'une même ardeur guerrière anime depuis près de quatre siècles, qu'un même sentiment de haine héréditaire pousse sans cesse contre les ennemis de sa foi et de ses aïeux.

Les principales pages de cette héroïque histoire ont été relatées dans quelques livres récents, surtout dans ceux des voyageurs étrangers qui ont visité ce pays. Mais les Monténégrins la font eux-mêmes à leur foyer, dans leurs récits populaires, dans leurs *piesmas*, la chantent avec la Guzla, la répandent dans la mémoire de leurs enfants par la parole. Étrangers aux leçons de la science, ils remplacent l'étude par l'inspiration spontanée, et le livre par la tradition. Au dix-neuvième siècle, ils en sont encore, sous ce rapport, à peu près au même point que les Germains décrits par Tacite. Leurs chants racontent leurs jours de deuil et leurs jours de triomphe; leurs chants sont leurs annales. Ainsi qu'on l'a très-justement remarqué, les traditions du Monténégro éclaircissent le mythe de la fondation de Rome. Tzernagora est à présent pour la Slavonie asservie aux Turcs, ce que Sparte était à l'antique Hellas, et Rome à l'ancienne Italie. C'est la racine d'un peuple et peut-être le germe d'une grande nation.

Si Stratzimir a été l'Énée de cette Rome sauvage des montagnes slavoniennes, son fils Ivan en fut à la fois le Romulus et le Numa Pompilius. Plusieurs des ballades les plus populaires célèbrent ses victoires, ses sages institutions et ses lois. Il fonda le cloître de Czétinié et y fixa sa demeure. Quoiqu'il ne fût à vrai dire qu'un chef de clan, il s'était acquis par son courage une telle considération, qu'il maria une de ses nièces avec un prince de Valachie, une autre avec le descendant d'une des royales familles de Serbie, et son fils Maxime épousa une fille du doge de Venise.

Tous les peuples guerriers ont un héros de prédilection dont ils multiplient les actes de bravoure, qu'ils grandissont dans leur imagination, qu'ils idéalisent dans leurs récits, et dont ils lèguent à leurs fils la tradition comme un héritage glorieux. Les Grecs ont eu leur Achille, les Arabes leur Antar; la poésie anglaise son Arthur; la poésie française son Roland; la poésie espagnole son Cid; la poésie germanique son Siegfried.

Supérieurs à tous les autres hommes par leur force surnaturelle, quelques-uns de ces héros ne doivent pas être soumis à la destinée humaine. Comme ils n'ont jamais été vaincus sur le champ de bataille, la nation qui s'enorgueillit de leurs exploits n'admet pas qu'ils puissent être vaincus par la mort. Comme elle perpétue leurs éclatantes actions dans ses chants, elle perpétue leur vie dans ses anciennes croyances. Ils disparaissent du monde en une heure fatale, mais ils doivent revenir un jour, recommencer une autre ère et réaliser les désirs d'honneur, de triomphe, de prospérité de leur pays. Les Indiens du Nouveau-Mexique entretiennent, comme les vestales, un feu perpétuel dans les cavernes, en mémoire de Guetzalcoatle, dont ils attendent constamment le retour. Les Allemands ont endormi Charlemagne sous les voûtes du Wunderberg; Frédéric Barberousse dans les grottes du Kifthauser. Les Monténégrins disent aussi que leur Yvan est assoupi dans les grottes d'Obod, sur le sein de la mystérieuse Vila, qu'un temps viendra où il se réveillera de son sommeil, et, le glaive à la main, conduira ses frères à la conquête de Cattaro, à la conquête de la mer.

Georges, le fils et le successeur d'Yvan, fut le dernier prince séculier du Monténégro jusqu'à l'avénement au trône du prince actuel qui, comme nous l'avons dit, abdiqua sa dignité ecclésiastique. Vers l'année 1516, il se retira à Venise avec sa femme, qui était de la grande famille des Mocenigo, abandonnant, du consentement de son peuple, la gestion de sa principauté à une autorité ecclésiastique. Après une longue anarchie pendant laquelle les Turcs envahirent fréquemment la contrée, Daniel Petrovitch de Niégouss fut élu vladika, c'est-à-dire prince-évêque, et cette dignité devint héréditaire dans sa famille.

La république de Venise avait courtisé l'alliance d'Ivan. Dès cette époque, la Tzernagora n'a cessé d'être pour l'Italie septentrionale un boulevard contre les Othomans qui ayant subjugué la Servie et l'Albanie auraient probablement envahi la fière cité, s'ils n'avaient été arrêtés dans leur marche par l'intrépide peuplade de Monténégro. Au commencement du dix-huitième siècle, Pierre le Grand comprit l'avantage qu'il aurait à acquérir dans ses guerres contre la Porte les services de cette tribu belliqueuse qui se rapproche naturellement de la Russie par sa religion et par son dialecte slave.

On a compté que depuis sa fondation jusqu'au siècle actuel, la vaillante principauté a été quarante fois attaquée par les armées musulmanes et quarante fois les a repoussées. Chaque fois que les Turcs se répandirent en force considérable dans les vallées, la liberté et le christianisme se réfugièrent sur les cimes de la Tzernagora. Les Monténégrins, après avoir incendié leurs villages, détruit leurs moissons pour ne laisser aucun abri, et aucun moyen de subsistance à l'ennemi, cachaient leurs enfants dans des grottes, puis s'élançaient avec fureur contre leurs adversaires, les mettaient en déroute, les chassaient hors de leurs frontières, après quoi ils revenaient construire leurs demeures et labourer leurs champs.

La plus terrible expédition des Turcs contre les Monténégrins fut celle de 1796. Kara Mahmoud, pacha de Scutari, la commandait. Il se mit en marche avec une armée de trente mille hommes. Comme un évêque du moyen âge, le vladika s'élança avec ses soldats au-devant des infidèles. Moins scrupuleux que les prélats des croisades, il ne portait pas comme eux une massue, pour se soustraire, par un naïf subterfuge, à la loi de l'Église qui défend de verser le sang. Il combattait avec le sabre et la carabine et combattait au premier rang.

Les trente mille hommes du pacha furent mis en déroute. Pendant qu'il s'efforçait de les rallier, il fut frappé d'une balle qui l'obligea de se retirer. Mais dès que sa blessure fut guérie, il revint avec une armée plus considérable et une ardente soif de vengeance.

Cette fois il pénétra dans l'intérieur du pays. Là il se trouva soudain assailli par des bandes de Monténégrins postés derrière les rocs, séparé de ses troupes qui se débandaient, enlacé dans un cercle de fer auquel il ne pouvait échapper. Il fut tué avec la plupart des officiers qui l'entouraient à son dernier moment, et sa tête fut déposée comme un trophée dans la demeure du vladika.

Après cette mémorable bataille, les Turcs ont renoncé à conduire dans le Monténégro ces formidables armées qui n'avaient servi, par la quantité même de leurs légions, qu'à augmenter la douleur de leurs défaites. Des troupes de quelques milliers d'hommes seulement ont été dirigées contre ce Caucase, contre cette Kabylie de l'empire ottoman, mais ces expéditions se sont renouvelées fréquemment, et l'on peut dire que le clan monténégrin n'a guère passé d'années sans entendre résonner sur son plateau le cri de guerre, sans prendre les armes, soit contre l'Herzégovine, soit contre l'Albanie, ou la Bosnie. En 1820, le pacha de cette province subit dans le défilé de la Tzernagora une telle défaite, que dans la honte qu'il en ressentit, il se suicida.

Ce fut là le dernier grand combat des Monténégrins sous le règne de Pierre Ier. Au mois d'octobre 1830, ce vaillant vladika qu'un écrivain slave appelle le Louis XIV de la Tzernagora et que les ballades populaires appellent le Gédéon de la Montagne noire terminait sa longue carrière. Il était âgé de près de quatre-vingt-dix ans, et il avait conservé jusqu'à cette extrême vieillesse un régime de vie si austère, que dans sa dernière maladie, en la froide saison d'automne, il ne permit pas même qu'on allumât du feu dans sa chambre.

Sa dernière pensée avait été une pensée de miséricorde. En fermant les yeux, il voulait encore faire du bien à son pays. Par son testament, il demandait que les Monténégrins observassent une trêve de six mois dans leurs animosités particulières, et, s'il se pouvait, dans leurs rapports avec les Turcs. Six mois de tranquillité, c'était tout ce que le noble vladika osait, en sa qualité de prince et d'évêque, demander à sa turbulente tribu. Sa pieuse volonté fut du moins fidèlement exécutée. Pendant six mois tous les poignards restèrent dans leurs fourreaux. Des divers témoignages de déférence que les montagnards pouvaient donner à leur prélat, celui-ci n'était pas le moins méritoire. Son neveu, qui est devenu l'illustre Pierre II, lui succéda à l'âge de dix-huit ans. Un évêque serbe le fit diacre, et, en 1833, il alla à Pétersbourg recevoir du saint synode sa dignité épiscopale.

Pendant la longue lutte de l'empire othoman contre la république de Venise, et les récentes guerres des Turcs et des Russes, le Monténégro a rendu d'éminents services à la cause du christianisme, et à la fin de chaque guerre il s'est trouvé comme par le passé abandonné à ses propres ressources. Pendant le règne de Napoléon Ier, le Monténégro s'est trouvé engagé dans les conflits des grandes puissances occidentales. Napoléon avait compris l'importance de ces hardis montagnards; et la sympathie que le gouvernement français leur a témoignée en 1858, et les articles des journaux officiels de Paris prouvent que l'empereur actuel n'a point oublié à cet égard la politique du fondateur de sa dynastie.

Quand le maréchal Marmont fut nommé gouverneur de la Dalmatie, il lui était prescrit de chercher par tous les moyens possibles à se concilier les Monténégrins. Mais ils s'allièrent aux Russes, puis aux Anglais, et en 1814, à l'aide d'une escadre anglaise, ils s'emparèrent de Cattaro.

La possession de Cattaro, tel a toujours été l'ardent

désir des Monténégrins. Il suffit de voir leur position pour le comprendre. Les Turcs appellent le Monténégro une souricière. C'est en effet une souricière gardée de trois côtés par trois hostiles populations. Si ces rochers servent de sauvegarde à la belliqueuse tribu qui a été chercher un refuge dans leur enceinte, ils limitent aussi son extension ; ils l'enserrent comme une garnison dans une forteresse ; ils l'écartent du reste du monde. Les Monténégrins n'ont qu'une seule libre issue, celle que l'Autriche leur a gardée sur les plages de l'Adriatique. C'est là qu'il leur reste une porte ouverte aux rayons de la civilisation. C'est par là qu'ils échangent les fruits de leur sol contre les denrées qui leur sont nécessaires. Cattaro est leur principal débouché, leur bazar essentiel. Si, comme nous l'avons dit, Cattaro s'alimente des divers produits qu'ils lui portent régulièrement chaque semaine, à la rigueur, cette ville pourrait se procurer sur les rives du golfe les provisions qui lui viennent à bas prix de Niegouss et de Czétinié et les Monténégrins seraient fort en peine de trouver ailleurs celles dont ils ont absolument besoin. Qu'on se le figure entre les trois provinces musulmanes, armées contre eux depuis près de quatre siècles, et en guerre avec l'Autriche, ils se trouveraient bloqués de toutes parts sans balles et sans poudre.

Le port de Cattaro qu'ils ont voulu conquérir par la force de leurs armes, ils le réclament par un raisonnement diplomatique. Cette ville, disent-ils, faisait autrefois partie du royaume de Serbie, elle avait appartenu à leurs princes, elle était liée à la Montagne noire par sa situation géographique, par sa population slave, par le même idiome et les mêmes traditions. Lorsqu'au quatorzième siècle elle se soumit aux Vénitiens, ce fut à la condition, ajoutent-ils, qu'elle recouvrerait sa liberté dès que Venise cesserait de la protéger. Ni les Français, ni les Autrichiens ne se crurent dans le droit d'en disposer. Après la chute de la république de Venise, Cattaro rentrait légalement dans sa circonscription première, Cattaro devait être la cité maritime du Monténégro.

Malgré ces arguments, malgré les vives sollicitations du vladika, en 1815, Cattaro fut donnée par le congrès de Vienne à l'Autriche, avec l'ancienne Vénétie. Longtemps les Monténégrins se refusèrent à reconnaître cette décision, puis enfin, en 1840, ils ont fait avec l'Autriche un traité de délimitation.

C'est pour faire un traité de même nature du côté des provinces soumises à la Turquie qu'une commission a été formée en 1858, à la demande du prince Danilo. C'est là sans aucun doute l'un des meilleurs moyens de mettre fin à ces hostilités sanglantes, à ces actes de violence qui sans cesse éclatent entre les populations des frontières, et sont ordinairement suivis d'affreuses représailles.

Souvent, dans le cours de leurs longues guerres, les Monténégrins nous apparaissent comme de nobles soldats, mais souvent aussi ils agissent comme des barbares. Ils apportent dans leurs expéditions des idées que les peuples civilisés frappent d'une juste réprobation; ils se font une joie de couper la tête de l'ennemi dont ils s'emparent, et n'épargnent que celui qui se rend volontairement. Tout ce qu'ils peuvent captiver est considéré par eux comme une légitime propriété, comme une juste récompense de leur courage. Dans leur lutte acharnée, ils se défendent jusqu'à la dernière extrémité et jamais ne demandent merci. Si l'un d'eux est si grièvement blessé qu'il ne puisse plus se tenir debout, ses camarades lui couperont eux-mêmes la tête pour l'enlever à l'ennemi.

Un officier russe, adjoint en 1856 à l'expédition de Cattaro, M. Broniewski, a raconté le trait suivant : « En un de nos combats, dit-il, un de nos officiers était tombé sur le sol épuisé de fatigue; un Monténégrin s'approche de lui, et tirant son poignard : « Vous êtes brave, lui dit-il, « et vous devez désirer que je vous décapite; faites un signe

« de croix, faites une dernière prière, et en un clin d'œil
« tout sera fini. » A cette proposition, qui ne lui souriait nullement, l'officier recouvra assez de force pour pouvoir se relever, et le charitable Monténégrin qui s'imposait le pieux
devoir de lui trancher la tête l'aida à rejoindre son détachement. »

Le vladika Pierre Ier et son digne successeur Pierre II se faisaient un devoir de réprimer ces sauvages coutumes et plus d'une fois ils y ont réussi. Le prince actuel avec son esprit éclairé et sa fermeté de volonté a déjà opéré dans sa turbulente peuplade d'heureuses réformes. Il est parvenu à mettre fin à ces animosités qui subsistaient entre les différentes classes et qui souvent les portaient à s'armer les uns contre les autres, quand ils n'étaient point obligés de se réunir pour combattre les Turcs. Il a aboli ce système héréditaire de vengeance en vertu duquel le sang versé ne pouvait être payé que par du sang. « Quel âge as-tu? demandait-on un jour à un petit Monténégrin. — Dix ans. — Ton père n'est-il pas mort? — Non, il n'est pas mort, il a été tué. Et moi je le vengerai. Ma mère et mon oncle le pope me l'ont fait jurer. »

Naguère encore, les Monténégrins se jetaient fréquemment dans les domaines des Turcs pour en enlever le bétail, et, de même que les Circassiens, considéraient ces rapines comme des actes de chevalerie. Le prince Danilo est parvenu aussi à réprimer ces excursions qui presque toujours étaient suivies de violentes représailles. Enfin les anciennes coutumes judiciaires ont été régularisées et formulées en un code de quatre-vingt-dix-neuf articles qui est devenu si populaire dans les provinces musulmanes, que lorsque les chrétiens de l'Herzégovine ont une question litigieuse à résoudre, ils demandent à la soumettre à l'arbitrage de Czétinié plutôt qu'à ce qu'ils appellent ironiquement la justice des Cadis. Nous devons encore dire que les Monténégrins sont entrés dans d'autres voies d'amélioration. Leurs terres sont mieux cultivées qu'elles ne l'étaient par leurs aïeux, leurs demeures sont plus commodes, leurs habitudes tendent à se rapprocher de celles du monde civilisé, et l'instruction commence à se répandre parmi eux. Les enfants des principales familles sont envoyés à Paris ou à Vienne pour y faire leur éducation ; des écoles sont établies à Czétinié et dans les autres villages, et les fils des paysans n'apprennent plus seulement à monter à cheval et à manier le fusil.

Après avoir tracé cette esquisse impartiale de l'histoire du Monténégro, nous voudrions dire quelle est sa situation politique et sa perspective d'avenir. A cet égard, il y a un conflit d'opinion que nous devons d'abord relater.

D'un côté, on prétend que s'il faut admirer le dévouement des Monténégrins à la religion et à la liberté, leur bravoure, leur fermeté, et reconnaître qu'ils ont raison de demander la sanction de leurs droits traditionnels, nous n'en sommes plus au temps de la politique de sentiment. Le Monténégro est, il est vrai, par rapport à la Turquie, dans une situation analogue à celle des Circassiens envers la Russie, et au premier abord il peut paraître singulier que l'Europe occidentale accorde ses sympathies à la résistance des musulmans contre les chrétiens, et les refuse à celle des chrétiens contre les musulmans. Mais les questions nationales ne doivent plus être soumises à des idées de justice abstraites et d'associations historiques ou religieuses. De plus, il faut remarquer que l'existence des petits États est finie. De toutes parts se développe l'esprit de centralisation et de fusion. Ce sont les grandes puissances qui décident les affaires internationales, ce sont elles qui résoudront celle du Monténégro, et leur devoir est de l'examiner dans ses rapports avec la paix générale de l'Europe. Or, la reconnaissance formelle de l'indépendance absolue du Monténégro serait une grave atteinte au prestige de la Porte et un démembrement de ses domaines.

D'un autre côté il a été démontré de la façon la plus péremptoire que le Monténégro ne peut être englobé dans ce principe d'intégralité de l'empire turc. Car les droits de souveraineté ou de suzeraineté d'un État sur un autre État ne peuvent s'appuyer que sur une conquête ou sur une convention. Le sultan a rejeté les conditions auxquelles le prince Danilo consentait à reconnaître sa suzeraineté, et jamais les Turcs n'ont occupé le Monténégro par la force des armes, et jamais il n'y a eu là pour eux, comme en Valachie, en Moldavie et en Serbie, aucun témoignage de conquête, tel que le payement d'un tribut, ou l'installation permanente d'une garnison. Au contraire, l'indépendance du Monténégro est tacitement reconnue par les puissances voisines et même par la Turquie, car partout on admet les passe-ports que le chef de cette principauté délivre à ses sujets pour voyager en pays étranger.

L'Autriche a fait avec le Monténégro des traités comme avec un État indépendant. Pourquoi donc ne pas admettre *de jure* une indépendance qui existe incontestablement *de facto*? Jamais, nous le répétons, le Monténégro n'a fait partie des possessions musulmanes. Si quelquefois les Turcs se sont avancés sur ce terrain, les Monténégrins aussi ont pénétré dans les domaines de la Turquie, et pas un seul jour le sultan n'a été *de jure* ou *de facto* maître de la Montagne noire.

En résumé, le Monténégro doit, comme nous l'avons dit, son importance politique à sa position inexpugnable et à sa connexion avec les populations slaves de la Turquie. Quelle est la destinée probable de ces milliers d'âmes? Il est impossible de ne pas reconnaître les rapides progrès des nationalités chrétiennes du Levant qui de plus en plus se détachent du joug de l'islamisme. Bien que nous ne veuillions demander aucun changement subit qui pourrait être un nouvel élément de discorde, dans l'état actuel de l'Europe orientale, nous ne pouvons cependant nous empêcher d'applaudir à ce mouvement d'affranchissement des populations chrétiennes.

VII

LA LYCIE ET LA MYLIADE[1].

Je ne sais si la découverte d'une région inconnue peut exciter plus d'intérêt que l'exploration d'une contrée qui, après avoir conquis une place notable dans l'histoire, est tombée peu à peu du rang qu'elle occupait parmi les nations, et s'est effacée dans le cours des siècles à peu près comme si elle n'avait jamais existé. Dans le premier cas, nous entrons dans un nouvel ordre de choses ; nous voyons apparaître d'autres hommes et d'autres mœurs, d'autres animaux et d'autres plantes qui, en se rattachant par plusieurs points d'analogie à ce que nous savons déjà, présentent cependant des particularités inattendues. Dans le second cas, l'étude du passé nous démontre que dans sa nature essentielle l'humanité a toujours été la même que

---

1. *Voyage dans la Lycie et la Myliade et aux villes Cibyres*, fait avec le révérend L. T. Daniell, par M. le lieutenant Spratt et le professeur Ed. Forbes. 2 vol. Londres, 1846.

dans les œuvres de l'intelligence : « Il n'y a rien de nouveau sous le soleil. »

Un des districts les plus curieux de la Turquie d'Asie, enclavé dans la province actuelle de Caramanie, négligé pendant longtemps par les voyageurs, effacé en quelque sorte sur les cartes, a été, dans les dernières années, arraché à l'oubli où il était tombé. Chose étrange qu'une contrée si accessible aux touristes, si voisine des États civilisés, si digne d'exciter l'attention par les classiques souvenirs qu'elle rappelle, ait été ainsi dédaignée, abandonnée. L'Angleterre a eu l'honneur d'appeler enfin les regards sur cette contrée, et de révéler aux savants les trésors d'antiquités qu'elle renferme.

Hérodote, né dans la province voisine de la Carie, nous apprend que lorsque Sarpedon fut chassé de l'île de Crète par son frère, il se retira sur le territoire de Myliade avec les Crétois qui l'accompagnaient, et qui, sous le nom de Termiles, furent quelque temps gouvernés par lui. Quand Lycus fut expulsé d'Athènes par son frère Ægeus, il se réfugia parmi les Termiles, qui en vinrent à adopter son nom et s'appelèrent Lyciens. Après la défaite de Crésus, roi de Lydie, Cyrus tourna ses armes contre les Lyciens. Son général, Harpagus, n'eut pas de peine à vaincre les Cariens, mais les Lyciens et les Cauniens ne furent subjugués qu'après une courageuse résistance. La Lycie fut alors incorporée à l'empire perse, et resta dans cet État jusqu'aux victoires d'Alexandre le Grand, qui l'annexa à la Grèce ; puis elle tomba au pouvoir des Romains, puis enfin elle fut conquise par les Turcs qui la possèdent encore.

Nul pays peut-être ne joint aux beautés particulières que lui a données la nature tant de vestiges des différents peuples qui l'ont successivement dominé. Les montagnes de la Lycie ont un aspect grandiose, et sur les lieux où s'élevaient jadis ces anciennes cités mentionnées pour la plupart par les écrivains classiques, on trouve des restes de l'antiquité grecque et romaine, répandus à profusion parmi ceux des plus anciens habitants de la contrée, et parmi ces œuvres désignées spécialement sous le nom de Lyciennes, mais qui, selon toute probabilité, furent érigées par les Perses lorsqu'ils envahirent cette province. Au milieu de ces monuments antiques apparaissent des ruines d'églises chrétiennes, dont quelques-unes, notamment celles de la splendide cathédrale qui s'élève dans la plaine de Cassabar, sont bien conservées. Le nombre considérable de ces ruines prouve qu'avant de tomber sous le joug de l'islamisme, la religion chrétienne était largement établie sur ce sol. C'est depuis cette funeste conquête des Turcs que la Lycie, où l'on reconnaît aisément, dans les monuments d'un autre âge, les indices d'un haut degré de civilisation, a été en partie dépeuplée et réduite à une sorte de barbarie.

Jusqu'en 1811, la Lycie pouvait être considérée comme une terre à peu près inexplorée. Le docteur Clarke avait seulement visité le site de Telmesse (aujourd'hui Miis). Le colonel Leake était revenu sur le même point, avait déterminé la position d'Antiphelle et examiné quelques ruines à Kakava; mais diverses circonstances avaient arrêté ces deux voyageurs dans leurs investigations. En 1811, le capitaine Beaufort, hydrographe de l'amirauté, commença ses recherches dont il publia, en 1818, le résultat dans sa *Karamania*. Il nous fit alors connaître les sites de Patare, Myre, Antiphelle, Olympe, Phasele, Chimère, et quelques autres moins importants. Vers le même temps, M. Cockerell visita la Lycie, examina Myre, Lymire, Aperle, une des cités désignées sous le nom de Cyanées, et découvrit la première inscription tracée en caractères lyciens. En 1838, M. Fellows (sir Charles) voyagea en Lycie. Il y retourna en 1840, et s'appliqua à découvrir quelques-uns de ses sites les plus mémorables, particulièrement ceux de Xanthe, Tlos, Pinare, Cadyande, Arycande et Sidyme. Il détermina aussi la position de Cydne, et trouva au moins six anciens sites importants auxquels il appliqua les noms de Calynde, Massicyte, Phelle, Gagae, Podalie et Trabale. MM. Hoskyn et Harvey, avant de connaître le second voyage de M. Fellows, parcoururent, en 1840 et 1841, une partie de la Lycie, explorèrent la vallée de Xanthe, visitèrent Cadyande et Dédale, et découvrirent Canne. En 1841, M. Hoskin et M. Forbes firent une excursion dans l'intérieur du pays, fixèrent le site de deux des cités cibyres, Envande et Balbure, et en trouvèrent deux autres, dont l'une est probablement l'ancienne Massicyte, et l'autre Podalie. La relation de ces voyages a été publiée en 1843, dans le *Journal de la Société royale de géographie,* avec une carte de la Lycie et de la Carie.

Au commencement de janvier 1842, le navire *le Beacon,* commandé par le capitaine Graves, aborda sur la côte de Lycie pour recueillir les remarquables restes d'antiquité découverts à Xanthe par sir Charles Fellows. A cette expédition étaient attachés le lieutenant Spratt comme inspecteur, et Forbes comme naturaliste. Ils furent rejoints à Smyrne par M. Daniell qui désirait visiter en amateur cette Lycie, devenue enfin l'objet d'un si vif intérêt. L'équipage du *Beacon* employa les mois de janvier et de février à fouiller les ruines de Xanthe et à faire les préparatifs nécessaires pour les emporter. Le bâtiment quitta la côte au mois de mars, et les trois amis résolurent de consacrer le temps où il serait absent à poursuivre l'examen d'une contrée qui n'avait été encore explorée qu'en partie. M. Daniell se chargea des études relatives aux antiquités; M. Spratt, de la partie géographique, et M. Forbes, de l'histoire naturelle. Tous trois savaient dessiner, et M. Forbes joignait à ses connaissances spéciales celles qu'il avait acquises dans une excellente éducation classique.

Tout semblait promettre le succès à cette entreprise, et l'on avait lieu de croire qu'à l'aide des matériaux qu'ils allaient recueillir, les trois voyageurs pourraient composer une monographie détaillée de la Lycie, et compléter les recherches faites dans cette ancienne et importante province, par M. le capitaine Beaufort et sir Charles Fellows.

« Ce plan, disent les auteurs, ne devait pas réussir. Avant que les matériaux fussent réunis, celui à qui il appartenait de les élaborer succomba à la maladie contractée dans ses investigations, et les occupations de ses compagnons étaient de nature à les empêcher d'accomplir leur dessein. Ne voulant pas cependant perdre entièrement le fruit d'un voyage entrepris avec une sérieuse pensée, ils ont publié leur relation, esquisse imparfaite de l'ouvrage qu'ils avaient projeté, mais qui pourtant renferme d'utiles renseignements sur la géographie ancienne et moderne, et sur l'histoire naturelle de la Lycie. »

Quel qu'eût pu être le résultat que les auteurs de cette relation avaient espéré, on verra, par le rapide aperçu que nous en donnerons, combien de notions importantes ils ont recueillies. Après avoir résumé les travaux des voyageurs qui les avaient précédés sur le même sol, ils disent :

« Outre les cités de Cibyre et de Termesse-la-Grande déjà mentionnées, nous avons eu le bonheur de déterminer les sites des trois cités cyanes, Rhodiapolis, Candybe, Suze; ceux de Phelle, Edebesse, Acalisse, Gagae, Rubon, Lagbe et Lagon. Nous avons reconnu que la Gagae de Fellows est Corydalle, que sa Massicyte est Araxe, et sa ville de Phelle très-probablement Pyrrhe. Nous avons découvert plusieurs cités anciennes dignes d'être signalées, notamment deux que nous supposons être Apollonia et Madropolis. Nous avons tracé la marche d'Alexandre et celle du consul Manlius à travers la Lycie. M. Daniell, qui nous avait quitté à Rhodes pour suivre notre nouveau consul d'Adalie, M. Purdie, visita Selge, Syllium, Marmora, Perge et Lyrbe. A Adalie, il tomba victime d'une fièvre pernicieuse qu'il avait engendrée en s'arrêtant trop longtemps dans l'ardeur de ses recherches à travers les terrains marécageux de la côte de Pamphylie. Ses derniers jours s'écoulèrent dans la maison de son ami M. Purdie, qui lui prodigua les soins les plus dévoués. Il fut enseveli au pied d'une ancienne colonne de granit, dans la cour d'une église grecque, au centre de la ville d'Adalie. Ceux qui l'avaient connu et qui l'avaient aimé ont fait placer sur sa tombe un signe de leur affectueux souvenir. C'était un homme doué d'un cœur tendre et loyal, d'une nette et forte intelligence, d'un goût parfaitement cultivé, et d'une imagination délicate. Nous le chérissions et nous l'avons vivement regretté. »

Tous ceux qui ont eu l'avantage de connaître M. Daniell, apprécieront la justice de l'hommage rendu à la mémoire de ce savant si distingué.

Un des traits que nous aimons à signaler dans l'ouvrage de MM. Spratt et Forbes, c'est la fidélité scrupuleuse avec laquelle ils relatent les travaux et les découvertes des voyageurs, qui, avant eux, avaient pénétré dans la Lycie. Ils nous disent franchement tout ce que nous devons aux investigations du capitaine Beaufort, du docteur Clarke, du colonel Leake, de sir Charles Fellows, et d'autres archéologues ; et après avoir modestement énuméré ce qu'ils ont fait eux-mêmes sur différents points, ils ajoutent qu'il reste encore là un vaste champ d'études à ceux qui les suivront. Cela doit être.

Avec les monuments nombreux de sa primitive grandeur, la Lycie négligée si longtemps doit éveiller le zèle et l'enthousiasme des explorateurs. Lorsque nous voyons combien nous sommes loin encore de connaître tous ses antiques trésors, nous ne pouvons douter que ceux qui l'observeront de nouveau n'y trouvent mainte occasion de corriger l'œuvre de leurs prédécesseurs, et d'y ajouter de larges développements.

Nous ne pourrions, sans outre-passer les bornes que nous nous sommes prescrites, entrer dans le détail de la route que MM. Spratt et Forbes ont suivie, ni même faire une rapide description de tout ce qu'ils ont vu, en se rendant d'un point à un autre. Des restes lyciens, grecs, romains ; des constructions chrétiennes attiraient à chaque pas leur attention. En plusieurs endroits, des inscriptions leur révélaient l'ancien nom d'une ville ensevelie dans les pages de l'histoire ; ailleurs, cette indication leur manquait ; mais presque tous les sites étaient de fructueux sujets d'observations.

Avant que *le Beacon* partît de Makri, les voyageurs entreprirent autour des monts Crayens et dans la vallée du Xanthe quelques excursions, dont l'intéressant récit précède celui du long voyage qu'ils firent dans l'intérieur. Le capitaine Graves, commandant du bâtiment, les accompagna sur l'emplacement de l'ancienne Pinare, la plus grande des cités en ruine de la Lycie.

« Nous nous étions fait, disent les deux auteurs du livre qui nous occupe, une grande idée de cette merveilleuse ville, d'après le récit de M. Hoskyn, qui nous la signalait comme une des plus charmantes cités de la vallée du Xanthe, et d'après l'esquisse de celui qui l'avait découverte ; mais ce que nous vîmes surpasse tout ce que nous avions imaginé. A environ un quart de lieue du village, nous découvrîmes tout à coup le magnifique aspect de cette ancienne cité, située dans l'enceinte du mont Cragus. Du milieu d'un profond ravin parsemé de ruines, de sarcophages et d'édifices plus considérables, s'élevait une étonnante tour de roc, en face d'un précipice taillé à pic, criblé d'un millier de tombes et couronné par de vieilles fortifications. Des montagnes gigantesques dominaient tout ce tableau. Après avoir contemplé avec surprise cette scène admirable, nous nous élançâmes précipitamment dans ce dédale de ruines, impatients d'abord de les parcourir, et résolus à y revenir pour les examiner en détail. Nous trouvâmes en premier lieu un joli théâtre creusé sur le revers d'une colline boisée et faisant face à la ville. Les théâtres lyciens ont toujours une large perspective, et ceux qui se trouvent près des côtes dominent au loin la mer. Celui de Pinare présente, par sa situation au milieu des rochers, une magnificence incomparable. Devant le théâtre sont les restes d'un édifice plus récent, avec des colonnes ioniques. Près de là s'élèvent d'élégantes tombes à arceaux, avec des inscriptions lyciennes. Plus haut, est l'acropolis inférieur, longue ligne de constructions, dont quelques-unes sont d'une architecture cyclopéenne. On y voit un petit théâtre, un odéon et un portrait colossal, renversé en partie, vraisemblablement par un tremblement de terre. Nous montâmes au pied du roc du plus grand acropolis, à travers un groupe remarquable de sarcophages disposés en forme de *square*. Au centre de cette place quadrangulaire, apparaît un énorme tombeau, dont la sommité ressemble à un piédestal : c'est le plus large monument de ce genre que nous ayons vu en Lycie; son intérieur est curieux à voir, et ses côtés sont surmontés de tablettes saillantes. Les autres tombes ne portent point d'inscriptions, mais le ciment qui les revêt est disposé et taillé de façon à leur donner l'apparence d'une construction régulière, qui rappelle les façades de nos maisons. La pierre de Pinare, quoique ferme et durable, est d'une nature telle qu'on n'y grave pas aisément une inscription. Les anciens habitants du pays avaient coutume de la revêtir d'un mortier sur lequel ils traçaient leurs caractères commémoratifs. Nous arrivâmes par un sentier étroit et escarpé au-dessus de l'acropolis; à sa cime, nous trouvâmes les restes de quelques fortifications et de quelques citernes qui ne nous ont point paru très-anciennes. Tous les côtés accessibles du rocher étaient défendus par de solides remparts. Au plus haut point de cette cime, est une forteresse isolée, et encore entourée d'un fossé. De là, on jouit d'un superbe point de vue; d'un côté, sont les sombres gorges de l'Anticragus; de l'autre, les fertiles plaines de Xanthe, où les lignes blanches de Massicyte. Les tombes creusées dans les flancs de ce roc gigantesque sont des espèces de grottes oblongues, disposées pour la plupart irrégulièrement, et quelquefois en rangs perpendiculaires. On ne découvre à leur entrée aucun vestige de porte et de panneau ; les ouvriers qui les ont taillées ont dû se suspendre au sommet du roc : maintenant, elles sont innaccessibles, et les aigles y font en paix leur nid.

En descendant de cet acropolis, après avoir traversé de nouveau le carré de sépulcres dont nous avons parlé, nous avons trouvé les ruines d'une église chrétienne, à l'entrée d'un sombre et profond ravin protégé par les rochers de l'acropolis inférieur, et rempli d'oliviers. Là encore, des tombes d'une parfaite beauté portent sur leurs rebords des inscriptions lyciennes, peintes ou ciselées ; puis dans les flancs du roc, en face de la vallée, d'autres tombes plus larges, que des familles habitent en hiver. Plusieurs ont des frontons sculptés, et il en est une sur laquelle on voit l'esquisse des remparts et des édifices d'une ancienne cité.

Le moulage de ces sculptures est maintenant au Musée britannique. Il faisait partie de la collection rapportée de la Lycie en 1843-1844. Ce qui reste de la ville du roi Pandare peut donner une idée du caractère général des autres villes anciennes de la contrée. Elles diffèrent l'une de l'autre par leur étendue, mais leurs ruines indiquent la même structure ; partout un théâtre, partout des tombeaux creusés dans le roc ; des restes de temples, de remparts et d'autres édifices. Mais souvent on y cherche en vain une inscription.

Nous croyons que le passage suivant sur Xanthe, dont les marbres ont été apportés au Musée britannique, sera lu avec intérêt :

« Le site de Xanthe est beau, mais non pas imposant. Le coteau sur lequel est située la ville s'élève au sein d'une plaine humide et en quelques endroits marécageux. Une rivière impétueuse coule au pied des précipices escarpés d'une acropole, derrière laquelle on découvre un théâtre et quelques monuments remarquables, entre autres une colonne tumulaire carrée, où étaient les bas-reliefs renfermés aujourd'hui au Musée britannique, représentant l'histoire des filles de Pandare, et une autre construction qui portait la plus longue inscription lycienne que l'on connaisse. Au-dessus de ces monuments, s'élève une autre masse de rocs, un autre acropolis, dont la cime est en grande partie couverte des ruines d'un ancien monastère chrétien. Sur la pente sud-ouest de la ville, apparaissent encore quelques tombes, parmi lesquelles on distingue celle de Payre, dessinée dans le frontispice du premier voyage de Fellows. Sur les premiers plateaux de rochers, était un groupe de temples, dont les frises et les statues, transportées au Musée britannique, formaient le principal ornement. »

La plus grande partie des marbres de Xanthe, qui enrichissent aujourd'hui la collection anglaise, furent exhumés des entrailles du sol, aux mois de février et de mars 1812, par sir Charles Fellows.

« Tandis que nous étions sur les lieux, disent les écrivains que nous nous plaisons à citer, on arrachait chaque jour à la terre, on dévoilait à nos regards ces sculptures. Ce travail excitait en nous un profond intérêt, et peut-être éprouvions-nous alors une admiration un peu exagérée. Chaque bloc de marbre que l'on dégageait de la poussière nous présentait la forme de quelque belle amazone, de quelque guerrier, ou d'un vieux roi de l'Orient, et donnait lieu entre nous à de vives discussions sur l'art du sculpteur, sur les divers épisodes historiques représentés dans ces ciselures. Chacun de nous comptera ces heures d'entretien au nombre des plus doux moments de sa vie. Après le travail du jour, quand la nuit nous enveloppait de son ombre, quand nous nous étions assis en cercle autour du foyer de la cabane turque qui nous servait d'asile, souvent il nous est arrivé de sortir, une torche à la main, et de nous en aller sur les pas de Fellows contempler encore avec enthousiasme quelque scène de combat ou quelque Vénus mutilée, qui était une de nos conquêtes du matin. »

Sur un roc conique de la vallée de Demire, il existe de nombreux vestiges des différents peuples qui ont occupé ce lieu :

« De là, le regard plane sur un magnifique paysage, sur des gorges profondes et sur la vallée de Kassabar. Les murailles qui entourent le faîte de ce roc datent en grande partie du moyen âge ; elles sont surmontées de tours octogones et construites en petites pierres si fortement cimentées qu'elles sont très-bien conservées. En voyant du pied de la montagne leur surface unie, sir Fellows s'y est trompé et les a considérées comme une œuvre grecque. Dans la forteresse, on remarque plusieurs larges citernes et quelques portions de rempart d'une structure hellénique et cyclopéenne, qui fut jadis établie très-solidement. La principale partie de la ville dont ces murs semblent avoir été l'acropole est située plus bas entre deux rivières. Du haut du sommet que nous avions gravi, nous vîmes plusieurs ruines qui devaient fixer notre attention, et nous allâmes les visiter. Elles sont de deux époques distinctes : ici, des tombes et des fragments de marbres appartenant à l'âge grec ; là, des restes plus nombreux du moyen âge, des fondations de remparts, et une spacieuse cathédrale du premier style byzantin, l'une des ruines les plus intéressantes et les plus pittoresques que nous ayons vues dans le pays. Ce superbe édifice a échappé aux observations de sir Ch. Fellows, qui en passa à quelques centaines de toises de distance. Il n'est encombré que d'une petite quantité de débris et de broussailles, de telle sorte que nous pûmes sans difficulté pénétrer dans son enceinte et voir dans son ensemble cette ruine imposante, dont le silence solennel n'était troublé que par les cris d'une corneille qui, à notre approche, s'enfuit par une des crevasses de la voûte. Du côté de l'est, cette cathédrale est terminée par un hémicycle traversé par de longues fenêtres, par des piliers disjoints et des arceaux brisés. La plus grande partie de l'édifice est du reste très-bien conservée. La pierre, la brique, le mortier ont résisté au ravage des siècles, et nous étions heureux de penser qu'on pourra voir encore longtemps debout ce vénérable monument de l'époque lointaine où le christianisme florissait dans la contrée. Nous étions arrivés en Lycie avec un ardent désir de rechercher les traces de son histoire primitive, de voir les tombes lyciennes. Mais ici, nous fûmes surpris par un spectacle inattendu, et bien qu'elle fût d'une époque plus récente et d'une architecture barbare, cette vieille et solitaire basilique chrétienne s'élevant dans sa majestueuse grandeur au-dessus des temples païens et des mosquées musulmanes, éveilla en nous une vive et profonde admiration. »

En se rendant à Rome, saint Paul débarqua à Myre. On ne sait pas positivement en quel temps le christianisme fut implanté là; mais il est probable que l'apôtre utilisa son séjour dans ce lieu. Quoi qu'il en soit, Myre fut pendant plusieurs siècles la capitale du diocèse de Lycie. Comme il n'y a point de restes de cathédrales à Myre même, MM. Spratt et Forbes pensent que celle dont nous venons de parler était l'église métropolitaine du diocèse, qu'on aurait édifiée en ce lieu par un sentiment de reclusion ou une raison de sûreté. Toutes les tombes qui l'entourent ont été examinées avec soin, mais on n'y a point trouvé d'inscription.

« A Myre, les sépulcres sont d'une forme très-élégante particulière à la Lycie ; leurs frontons sont ornés de rebords saillants, ciselés comme les solives d'un plafond. Aucun autre groupe de monuments de ce genre ne présente en Lycie un ensemble si pittoresque, pas même ceux de Petra, dit un voyageur qui en a fait la comparaison. Nous nous séparâmes, selon notre coutume, pour étudier les inscriptions; après avoir recueilli celles qui avaient été copiées par sir Ch. Fellows, nous eûmes le bonheur d'en découvrir plusieurs autres en caractères grecs et lyciens qui étaient encore ignorées. Au milieu d'une centaine de textes funéraires, nous en trouvâmes un tout nouveau, à l'entrée d'un sépulcre de roc. C'était le galant aveu d'un amant grec qui proclamait ainsi sa passion : « Moschus aime Philiste, fille de Démétrius. » De ces rangées de tombes, on arrive, sans transition, au théâtre; singulier rapprochement : la maison de joie unie au cercueil, le jeu des acteurs au silence de la sépulture, le plaisir de la vie à la demeure des morts. »

Ce théâtre n'a pas moins de 360 pieds de diamètre; les siéges sont pour la plupart bien conservés. Quant à l'arène, c'est à présent un champ de blé. Une partie de la scène est encore debout, ses ailes étaient ornées de colonnes de granit poli, surmontées de chapiteaux corinthiens en marbre blanc.

De Myre, les voyageurs se rendirent à Phasele, dont les ruines ont été explicitement décrites par le capitaine Beaufort. Un théâtre, deux ports artificiels et des ruines d'édifices considérables attestent l'ancienne importance de cette cité. Il semble pourtant qu'elle ait eu une autre origine que celle dont nous avons déjà parlé, car on n'y voit aucune trace de tombes et d'inscriptions lyciennes.

Mais si sous ce rapport la contrée où s'avançaient MM. Forbes et Spratt offrait moins d'intérêt que celles qu'ils venaient de parcourir, au point de vue historique elle n'était pas moins digne d'intérêt, par les mémorables événements, par les souvenirs d'Alexandre et de son armée, qui se rattachent à l'existence de Phasele.

Arrien rapporte qu'après avoir fait la conquête de Xanthe et d'une trentaine de villes de la Lycie, il s'avança, en plein hiver, vers la Myliade, qui avait appartenu à la grande Phrygie, mais que Darius avait rendue tributaire de la Lycie. « Il rencontra des envoyés de Phasele qui venaient lui demander sa protection et lui offraient une couronne d'or. Les villes de la basse Lycie lui envoyèrent des ambassadeurs et firent alliance avec lui. Il leur ordonna de remettre leurs cités entre les mains de ceux de ses officiers qu'il désigna, ce qui fut fait. Il entra ensuite dans la province de Phasele et la soumit à son autorité, ainsi qu'une forteresse construite par les Pisidiens, qui de là faisaient dans la contrée de fréquentes incursions. »

Le caractère topographique du pays peut nous aider à tracer la route que les troupes d'Alexandre suivirent depuis Xanthe. Nous croyons qu'elles passèrent par la plaine montagneuse d'Almale, par la vallée d'Arycande, au-dessous de la plaine de Limyre, car, au milieu de l'hiver, nulle autre voie n'était ouverte ou praticable. De plus, comme les Termesses, qui lui étaient opposés, occupaient les passages de la Myliade et la plaine de Pamphylie, il devait nécessairement adopter ce circuit par les montagnes, et il aurait eu encore beaucoup de peine à suivre ce chemin, si les habitants de la contrée, au lieu de le recevoir à bras ouverts, comme un ami et un sauveur, avaient voulu entraver sa marche. Nous ne pouvons former aucune conjecture sur la situation du fort pisidien dont il s'empara, car nous n'avons rien trouvé aux environs de Phasele qui nous éclaire sur cette question. Le roi conduisait lui-même une partie de ses troupes par mer, et traversa ainsi, dit Plutarque, le détroit de l'Échelle, le passage fermé par le mont Climax[1], que le capitaine

---

1. Climax signifie également échelle. Quelques lignes de Strabon sont plus nettes et plus explicites que ce récit de l'écrivain anglais : « Près de Phasele, dit le célèbre géographe, ville de Lycie, est une montagne nommée Climax. Elle s'avance sur la mer de Pamphylie, de manière qu'elle resserre extrêmement la côte et ne laisse aux voyageurs qu'un passage très étroit. Dans le calme il est à sec, mais dès que la mer s'enfle, elle le couvre de ses flots. Alexandre y étant arrivé, l'hiver, par un gros temps, aima mieux se fier à la fortune que d'attendre des circonstances plus favorables, et il mit en mouve-

Beaufort représente comme une succession de rocs élevés qu'on ne pouvait gravir sans peine, mais que l'on tourne aisément en marchant dans l'eau. La seconde cohorte, pour éviter les dangers et difficultés du détroit, fit un large circuit par les montagnes. Selon Arrien, des Thraces lui servaient de guides. Cette assertion de l'historien d'Alexandre a beaucoup occupé les commentateurs. Il semble étrange que les Thraces aient été choisis pour guider l'armée du jeune conquérant, dans une contrée si éloignée de la leur. Notre principal but en visitant Phasele était de noter, à partir de cette ville, la marche de la seconde division d'Alexandre, de trouver une route qui, en évitant le défilé de Climax, nous conduisit par les montagnes dans la plaine de Pamphylie. Nous prîmes à cet égard des informations à Tekerove, et nous apprîmes qu'il y avait, en effet, dans les montagnes un chemin qui passait près de Sarahagik ; un Turc qui, par hasard, devait le suivre, s'offrit à nous servir de guide. »

En continuant leur route, les voyageurs entrèrent dans une gorge d'une nature grandiose, bordée de chaque côté par des rocs de deux mille pieds de hauteur, et traversée par un torrent impétueux. Puis de là, ils atteignirent le sommet d'un défilé qui s'élève à environ quatre mille cinq cents pieds au-dessus du niveau de la mer. De là se détachent trois vallées dans trois directions différentes : l'une, qui s'appelle la vallée de Tchanden, sépare Climax de Baraketdagh, aboutit à la plaine d'Adalie. MM. Spratt et Forbes pensent que ce fut par là que l'armée d'Alexandre passa pour arriver dans la Pamphylie. On y trouve les ruines d'une cité sur laquelle nous citerons les renseignements suivants :

« Cette journée a été employée à un examen attentif des ruines de Sarahagik, qui se trouvaient à environ une heure de marche de l'endroit où nous avions établi notre

ment ses soldats qui marchèrent tout un jour, ayant de l'eau jusqu'au nombril. »

campement. Nous cherchâmss en vain parmi les inscriptions des sépulcres quelque indice sur le nom de cette ville dévastée. Il nous paraît que ce site se rapporterait à celui de Marmora ou d'Apollonie. La première était une forteresse construite sur un roc élevé, et dont Alexandre s'empara en passant la frontière lycienne : Diodore et Arrien en font mention. La seconde fut fondée par une colonie de Thraces. M. Arundel signale une muraille qui porte cette légende : ΑΠΟΛ : ΚΟΛ : ΛΥΚ ; l'une des inscriptions que nous avons copiées portait ces lettres ΑΠ (Ap.); c'est peut-être une abréviation du nom de la ville.

Cette conjecture est fondée sur le passage d'Arrien qui rapporte que la seconde division de l'armée d'Alexandre fut conduite en Pamphylie, à travers cette route de montagnes, par des Thraces. Nous avons déjà dit la difficulté que les traducteurs et commentateurs éprouvaient à expliquer ce passage. Si l'on admet que Sarahagik soit l'Apollonie fondée par les Thraces, cette difficulté disparaît. On comprend très-bien que les gens de cette peuplade aient pu servir de guides dans ces défilés au milieu desquels ils vivaient. De plus, ce fait expliquerait comment les légions d'Alexandre ont pu s'avancer sans obstacles dans ces gorges dangereuses, si faciles à défendre, chose qui ne serait point arrivée si elles avaient été dominées par une cité hostile, telle que l'était Marmora, qui fut assiégée et subjuguée par le jeune conquérant. Ce curieux aperçu historique nous a été indiqué sur l'emplacement même de Sarahagik, par M. Daniell. »

Plus loin, les voyageurs visitent, à un mille environ de Tchandeer, les ruines d'un château. D'après la description qu'on leur en avait faite, ils supposaient que c'étaient les ruines d'Olbie ; mais cette large et irrégulière forteresse, conservée en grande partie, n'est pas d'une structure ancienne ; sa situation seulement est magnifique. De là on découvre une vaste étendue de la plaine de Pamphylie et les montagnes Pisidiennes. « Si nous avions eu, disent

MM. Forbes et Spratt, quelques doutes encore sur l'identité de notre route avec celle de l'armée macédonienne, l'aspect de ce défilé les aurait dissipés. »

De l'autre côté de la vallée, M. Daniell observa plus tard d'autres ruines très-importantes. Il suppose que là était le véritable emplacement de Marmora.

Les voyageurs s'arrêtent ensuite à Adalie, l'une des villes les plus considérables de la côte méridionale de l'Asie Mineure. Elle renferme environ treize mille habitants dont trois mille Grecs. Le capitaine Beaufort et le docteur Cramer, sans doute, par suite d'une étude insuffisante, ont supposé que là était le site d'Olbie. En voyant la quantité de vestiges antiques qu'on y trouve, MM. Forbes et Spratt sont, comme le colonel Leake, disposés à croire que le nom de cette ville d'Adalie est une altération de l'ancienne Attaleia, fondée par Attale Philadelphe. Ce qui donne plus de poids à cette opinion, c'est que Attaleia était autrefois, comme Adalie l'est aujourd'hui, le principal port de mer de la Méditerranée, et que l'évêché d'Attaleia se retrouve à Adalie. Quant à l'altération des noms, elle est un peu difficile à admettre. D'après ces considérations, ils pensèrent qu'ils trouveraient sur le côté lycien de cette ville le site d'Olbie, et ils se mirent à l'œuvre pour résoudre cette question.

« En passant, disent-ils, le long du rivage, lorsque nous arrivions à Adalie, nous avions aperçu quelques ruines près de la rivière d'Arab-Soo. Nous nous dirigeâmes de ce côté; mais au lieu de descendre vers la mer, nous nous avançâmes à l'ouest, sur la plaine rocheuse. A environ trois mille et demi d'Adalie, nos chevaux marchèrent sur les fondations d'une épaisse muraille ; nous la suivîmes dans sa direction septentrionale, et nous en trouvâmes l'extrémité à la pointe d'un roc qui domine un étroit ravin de soixante-dix à quatre-vingts pieds de profondeur, sillonné par l'Arab-Soo. Du côté du sud, ce rempart aboutit également au bord d'un précipice qui termine la plaine.

Le tout forme une espèce de promontoire escarpé de trois côtés, dont il est aisé de faire une forte position. La grande muraille n'a pas plus de deux cents toises de longueur ; ses fondations ont quatorze pieds de largeur ; elles sont construites avec de gros blocs carrés non cimentés. L'entrée de cette forteresse était évidemment à la pointe méridionale du rempart, à quelques toises de distance de chaque côté ; on distingue encore là de profondes ornières creusées dans le roc par les roues des voitures. »

Il n'existe cependant, dans cette enceinte, que très-peu de vestiges d'antiquité ; mais tout a été employé pour fortifier cette situation, et dans le voisinage on trouve des tombes d'une ancienneté incontestable. Ces remarques correspondent avec ce que l'on sait d'Olbie, qui était un puissant rempart, et dont Strabon, Pline et Ptolémée fixent l'emplacement devant Attaleia, à l'entrée de la Pamphylie. Ce qui pourrait jeter quelques doutes sur cette opinion c'est que les anciens écrivains rapportent des cataractes qui, du haut d'un roc, se précipitaient avec fracas, entre Olbie et Attaleia, car on ne voit plus là maintenant que quelques petits ruisseaux. Mais, dans le passage suivant, le capitaine Beaufort, tout en supposant que la ville actuelle d'Adalie est l'ancienne Olbie, offre un moyen de résoudre cette difficulté.

« L'eau de ces ruisseaux, dit-il, est tellement imprégnée de matières calcaires que les hommes et les animaux ne peuvent en faire usage, et près de quelques moulins, elle a formé de larges masses de stalactites et de pétrifications. La grande plaine qui s'étend à l'est de la ville se termine par des rocs escarpés de cent pieds de hauteur environ, qui s'avancent sur la mer, non point par la structure de leur base évidée, mais par leur cime, qui consiste en lames saillantes superposées sur les couches inférieures, comme si le cours continuel des eaux avait formé là de nouveaux accroissements. Il est possible que cette accumulation des matières ait peu à peu entravé la chute de cette masse d'eau qui autrefois formait une magnifique cascade, et l'ait divisé en plusieurs filets. »

Cette observation géologique est confirmée par celles de MM. Spratt et Forbes.

« Les rivières de cette partie de la Pamphylie, disent-ils, déposent perpétuellement un tuf calcaire et changent de lit; celui où elles coulent à présent, n'est pas le même que celui qu'elles occupaient autrefois, et ne sera pas le même dans deux ou trois siècles. La disposition des ruisseaux, dont parle M. de Beaufort, diffère déjà de la description qu'il en fait. Probablement elle aura subi une modification depuis qu'il l'a observée. Le principal argument que l'on aimait à faire valoir pour nier l'identité d'Adalie et d'Attaleia ne peut donc être accepté comme une raison décisive dans cette question. »

Outre l'intérêt qu'elle présente par elle-même, Adalie, par sa situation, doit être l'un des principaux points de départ des voyageurs qui entreprennent d'explorer la partie méridionale de l'Asie Mineure.

« On y arrive aisément de Rhodes, où les bateaux à vapeur, qui font la traversée de Smyrne en Syrie, s'arrêtent deux fois par mois. Là, entre la Lycie d'un côté, la Cilicie et la Pamphylie de l'autre, le voyageur se trouve au milieu d'une quantité de ruines d'une importance extraordinaire, et dont un grand nombre, notamment celles de Cilicie, ne sont que très-peu connues. »

Le désir de MM. Spratt et Forbes étant surtout de voir le district élevé et les limites de la Lycie, où les sites de Termesse, de Cibyre et de plusieurs autres villes remarquables n'avaient probablement jamais été visités, ils résolurent d'abandonner le district d'Adalie et de retourner vers les montagnes solymiennes, où ils espéraient trouver les ruines de Termesse, une des plus mémorables cités antiques de la contrée. Nous laissons de côté les détails qu'ils ont publiés sur leur itinéraire pour en venir immédiatement au récit de la découverte de cette ville, qui est peut-être la plus curieuse partie de leur relation. En 1800, le général Koehler, en faisant une excursion d'Adalie à Shugat, passa par un lieu où l'on voyait les restes considérables d'une ville fortifiée. Les écrivains modernes ont cru que ces ruines étaient celles de Termesse; mais elles se trouvent au pied d'un défilé, et Arrien dans sa minutieuse description des anciens habitants de Termesse, dit qu'ils occupent une ville située sur une montagne élevée, escarpée, à laquelle on ne parvient que difficilement. Il fallait donc chercher pour Termesse un autre site dont l'aspect s'accordât avec le récit de l'historien d'Alexandre. Les voyageurs se dirigèrent au nord-ouest, vers le passage de Guleelook, où ils avaient appris qu'ils trouveraient des ruines. A trois milles environ du passage, ils s'établirent dans un large bâtiment quadrangulaire, construit en blocs carrés, tous marqués d'un monogramme. Ce bâtiment que le guide appelait un khan, était entouré de ruines parmi lesquelles on remarque, avant tout, les aqueducs, qui sont de solides murs de huit à dix pieds de hauteur et qui traversent la ville dans toutes les directions. Sur un piédestal, à l'extrémité d'une citerne, on lit cette inscription:

ΠΟΤΑΝΟΣ ΛΑΓΟΝΩΝ

Ce qui ferait supposer que ce sont là les ruines de Lagon, bien qu'on assigne généralement à cette ville une autre situation.

En quittant ce lieu pour arriver à Gulelook, le plus septentrional des deux passages qui, des monts solymiens, touchent à la plaine d'Adalie, les voyageurs suivirent quelques instants le cours d'un torrent désséché, puis tout à coup découvrirent, à leur gauche, sur une hauteur, des constructions semblables à d'anciennes fortifications; à leur droite, au pied de la montagne, une tour grecque; mais nous les laisserons raconter eux-mêmes leur découverte:

« La vallée se rétrécissait de plus en plus. Nous entrions évidemment dans un passage important, et de tous côtés apparaissaient des traces de fortifications. Tout à coup, à l'endroit le plus resserré de cette gorge, nous arrivâmes à une ligne admirable de remparts grecs, défendus par plusieurs tours et barrant la vallée de telle sorte qu'on ne pouvait la franchir que par un étroit sentier. Les fortifications mentionnées par Arrien, le défilé où s'avança l'armée d'Alexandre, semblaient être devant nous, et à chaque pas, nous nous attendions à voir les remparts de Termesse. Notre guide nous montra le sommet de la montagne et nous dit qu'il devait y avoir là des ruines. A un mille de là, nous atteignîmes un khan composé de trois bâtiments en pierre et d'un café occupé par des soldats turcs, qui paraissaient garder ce passage. Nous nous arrêtâmes là pendant la nuit, très-heureux d'apprendre par un de ces hommes qu'il y avait, en effet, des ruines sur la montagne voisine.

« Le lendemain, dès le matin, nous allâmes à la recherche de ce monument des anciens temps. La première partie de la montagne était escarpée et rocailleuse; mais après une heure de marche, nous trouvâmes un chemin qui se dérobait entre deux pics de roc. Une heure et demie de marche encore sur cette route ensevelie sous les arbres, encombrée de taillis, et tout à coup nous découvrîmes deux anciens corps de garde presque intacts et debout, de chaque côté de la route. Nous ne voulions point nous arrêter à chercher quelque mur attenant à ces bâtiments; nous allions en avant avec une ardente impatience. A un mille plus loin, nous ne rencontrâmes d'autres ruines que quelques sarcophages cachés sous les broussailles, et sur les flancs d'un rocher, nous lûmes cette inscription gravée en grosses lettres :

ΠΛΑΤΟΝΙΚΟΣ ΦΙΛΟΣΟΦΟΣ.

« De là, après avoir traversé un mur peu élevé, nous sortons du taillis, nous entrons sur un terrain plat qui s'étend entre deux rocs et qui est protégé par de profonds précipices. Là il y a des ruines à profusion, des tombes et des sarcophages d'une large dimension, un temple avec une porte ornée, et une majestueuse rangée de gradins, et sur le sol des fragments de colonnes cannelées. Nous nous avançons jusqu'à l'extrémité de la plate-forte ; là l'espace se resserre, et une solide muraille le traverse. Dans cette enceinte, nous apercevons des restes d'édifices d'un style plus noble et mieux conservés, entre autres, un palais avec des portes et des fenêtres nombreuses, que le temps n'a presque pas détérioré ; il est construit en blocs quadrangulaires, sans ciment. Devant nous, à la cime de la montagne, est un troisième rempart que nous voulons examiner, espérant que c'est l'acropole. Jusque-là, les inscriptions que nous avions lues ne nous donnaient aucun indice sur cette cité ; mais en montant vers ce dernier rempart, nous trouvons un piédestal qui ne nous laisse plus aucun doute sur le lieu où nous sommes : c'est Termesse ! et dans l'élan de notre joie, nous proclamons d'une voix éclatante ce nom qui, depuis si longtemps, n'a pas été répété par les échos du lieu. Jusque-là, nous n'avions été, pour ainsi dire, encore que dans le vestibule de la ville. Termesse même est à ce troisième rempart, à la pointe de la montagne, ainsi que le rapporte Arrien, sur une plate-forme entourée d'un rempart naturel de quatre cents pieds de hauteur, excepté du côté de l'est, où elle touche à un précipice effrayant qui plonge dans une gorge profonde, ouverte sur la plaine de Pamphylie.

« Nous traversons ce troisième rempart, et notre attention se fixe sur une avenue bordée de chaque côté par une ligne serrée de piédestaux qui, d'un côté et de l'autre, aboutit à des édifices publics, probablement des temples. Sur chaque piédestal, il y a une inscription assez bien conservée. Une entre autres est pour nous très-précieuse ; elle nous confirme dans nos conjectures, car on y lit ces mots:

ΤΕΡΜΙΣΣΕΩΝΤΩΝ ΜΕΙΖΟΝΩΝ ΠΟΛΙΣ.

« Au-dessus de l'avenue, à l'ouest, était la partie vivante de la cité ; les bâtiments en ruines qu'on y voit devaient être des habitations. Au sud et à l'est, le sol est couvert d'édifices publics, en partie conservés, en partie renversés, et tous d'une assez forte structure. Au centre est un espace ouvert, nivelé, avec une inscription qui annonce que c'était l'*Agora* (place publique). Du milieu de cette place s'élève un roc isolé de quinze pieds environ de hauteur, surmonté d'un sarcophage, sous lequel, au-dessus d'une ligne de gradins creusés dans le roc, est un enfoncement avec un siége. On y voit aussi plusieurs niches pour des tables votives. Sous l'Agora, sont de larges citernes dont la voûte est supportée par des piliers et des arceaux massifs. Cet espace semble avoir été environné, pendant le moyen âge, de cellules monastiques, qui sont du petit nombre de ruines chrétiennes qui existent dans cet ancien siége épiscopal. Parmi les bâtiments qui entourent l'Agora, nous remarquons un grand édifice carré dont les murs, construits avec soin, sont ornés de pilastres doriques. Près de là, s'élèvent deux édifices du même genre, mais plus petits, et deux piédestaux sur lesquels nous lisons une inscription en l'honneur de Platon, qui paraît avoir été très-admiré des habitants de Termesse, et une seconde inscription en l'honneur des Muses, dont un de ces édifices était probablement le temple. A gauche du grand bâtiment quadrangulaire, sont les restes fort dégradés d'un temple dorique, qui, à en juger par l'inscription qui la décore, devait être consacré au soleil. Nous avons trouvé là des blocs de marbre de Paros, et des fragments de frises sculptées. En faisant quelques fouilles, on découvrirait sans doute plusieurs ouvrages de ce genre. »

MM. Spratt et Forbes nous donnent une minutieuse description du théâtre. La plupart des constructions de Termesse datent de l'époque romaine. Il est singulier qu'on n'ait trouvé le nom de cette ville dans aucune des inscriptions funéraires ; mais elles sont si nombreuses qu'il eût fallu, pour les copier toutes, employer des jours entiers.

En suivant de Termesse la route à travers la Myliade, que l'armée romaine avait suivie, sous les ordres de Manlius, nos voyageurs s'arrêtèrent trois jours au village de Stenez, situé à trois mille cinq cents pieds au-dessus du niveau de la mer Ils employèrent toute une journée à examiner l'ancienne cité qui existait jadis près de là, sans pouvoir découvrir quelques indices de son nom; mais d'après le récit que Tite Live a fait de l'expédition de Manlius, ils supposent que c'était la ville de Mandropolis, bâtie sur une route montagneuse, entre Cibyre et Termesse. Cette supposition est appuyée par l'étymologie de Mandropolis, composé de deux mots : *mandra* (pâturage de brebis), et *polis* (ville). Cette désignation s'appliquerait encore à la situation de Stenez. Toute la plaine qui entoure ce village est employée à la pâture des moutons et des chèvres, qui y trouvent le doux herbage des *mandries*, pour nous servir d'un terme employé dans toute la Grèce, et par les Grecs dans l'Asie Mineure.

Près de là est un large lac, ou pour mieux dire un marais, qui paraît être le lac Caralis, au bord duquel l'armée de Manlius campa en se rendant à Mandropolis. Cet espace d'eau, qui ne ressemble pas aux lacs supérieurs, est parsemé de joncs et de roseaux, ce qui s'accorde très-bien avec le mot *Palus* dont Tite Live se sert pour le désigner. Dans le même lieu, coule un ruisseau des montagnes de vingt pieds de largeur et d'un pied de profondeur, qui rappelle la description du Caulaze.

En arrivant près de Horzoom, les voyageurs regardèrent de côté et d'autre s'ils ne verraient pas quelques ruines, car ils espéraient trouver là le site de Cibyre. Deux paysans leur apprirent qu'à une courte distance de cet endroit, on trouvait les restes d'une grande ville : c'était ce qu'ils cherchaient. Ils avaient remarqué que, dans la Basse-Lycie, où le bois abonde, les constructions en pierre imitent les ouvrages en bois; mais à Cibyre, « la Birmingham de l'Asie, » plusieurs fragments imitent les ouvrages en fer. Ce métal existe en quantité dans la plaine de ce district, et Strabon rapporte que les Cibyriens excellaient dans l'art de ciseler le fer.

Nos intrépides explorateurs visitent Ebajik, où ils espéraient trouver l'emplacement de l'ancienne Bubon, qui forme, avec Balbure et Cibyre, le trio des cités désignées sous le nom de Cibyriennes. Un guide les conduit à un mille environ du village, au pied d'une colline conique où plusieurs blocs de pierre taillés et des sarcophages annoncent le voisinage d'une ancienne colonie. La ville est sur un des côtés de la colline, et une inscription tracée sur un piédestal ne laisse aucun doute sur le nom que les voyageurs sont venus chercher; on y lit ces mots :

ΒΟΥΒΩΝΕΩΕΝ Η ΒΟΥΛΗ ΚΑΙ Ο ΔΗΜΟΣ
(Le sénat et le peuple de Bubon.)

Cette inscription offre encore un autre intérêt, car elle rappelle les honneurs publics que les habitants de la ville rendaient à une certaine matrone pour le mérite qu'elle s'était acquis en travaillant à l'accroissement de la population. Mais ces ruines ne sont pas très-étendues ni d'une architecture très-remarquable.

« A Balbure, il y a deux théâtres, l'un placé sur le flanc méridional de l'acropole, en face d'un beau point de vue. Son diamètre est de deux cents pieds; on y compte seize gradins coupés au milieu par une masse de rocs qui est restée dans son état primitif. Au premier abord, il semble que cet édifice n'ait pas été achevé; mais en l'examinant de plus près, on s'aperçoit que les gradins sont parfaitement adaptés à l'irrégularité du roc, et qu'au centre de ce roc on a creusé une sorte de niche, comme pour y placer un siége ou un trône. Cette disposition étrange est d'un effet très-pittoresque. A l'avant-scène est une plate-forme de niveau avec l'arène bordée d'une haute muraille à plusieurs angles, étayée par des arcs-boutants. C'est un travail délicat et d'une belle conservation. L'autre théâtre, non moins remarquable, est placé dans une des anfractuosités de la montagne, au côté sud de la rivière. On n'y a construit que l'arène qui est voûtée, et qui a cent cinquante pieds de diamètre ; l'ouverture de la montagne formait le parterre, et les rebords saillants des rochers étaient taillés de façon à servir de siége aux spectateurs.

En visitant Ænoande, MM. Hoskyn et Forbes n'y avaient point vu le théâtre ; les voyageurs, dont nous aimons à suivre l'itinéraire, firent de nouvelles recherches, et en découvrirent un construit au sein d'une colline, mais tellement caché sous les broussailles, qu'ils avaient passé là plusieurs fois sans l'apercevoir.

Pendant qu'ils exploraient ainsi

Cragon et Limyren, Xanthique undas,

ils ne pouvaient manquer de porter encore leur attention sur un autre objet classique, avant que de quitter les lieux où était « la Chimère avec sa poitrine et sa tête de lionne et sa queue de serpent, réunis par un lien de feu[1]. »

A Sidyme, dans le mont Cragus, ils s'enquérirent des lions de Lycie, d'après lesquels on avait dû composer une partie des formes de la Chimère ; mais leurs investigations à cet égard furent inutiles ; nulle part on ne connaissait rien de semblable, quoiqu'il y ait des léopards dans les montagnes. Mais, en ce qui concerne les flammes vomies par le monstre mythologique, ils furent plus heureux.

« Non loin de Deliktash, disent-ils, sur un des revers de la montagne, le capitaine Beaufort avait découvert le *yanar* ou feu perpétuel, non moins fameux que la Chimère. Nous le trouvâmes aussi brillant et même un peu plus fort qu'il ne l'avait dit ; car, outre la large flamme dont il parle, et qui jaillit dans une partie des ruines qu'il

---

1. Chimæra jugo mediis in partibus ignem
   Pectus et ora leæ, caudam serpentis habebat.

a décrites, d'autres jets de feu apparaissent dans les crevasses d'une espèce de cratère de cinq à six pieds de profondeur. »

La solution scientifique de ce phénomène enlèvera malheureusement encore à ceux qui aiment les fables de l'antiquité une de leurs illusions:

« Le yanar n'est qu'un courant de gaz inflammable sortant d'une crevasse ; il en existe plusieurs dans les Apennins. Le serpentin qui entoure la flamme s'allume, se calcine ; mais l'action de ce feu ne s'étend qu'à quelques pieds, et le yanar présente encore le même aspect qu'au temps de Sénèque, qui écrivait : « *Læta itaque regio est et herbida, nil flammis adurentibus*[1]. » Voilà donc la chimère, l'effrayante chimère armée de flammes, « *flammisque armata Chimæra,* » dépouillée de ses terribles attributs, et les Grecs et les Turcs se servent aujourd'hui de ses feux pour faire cuire leur dîner. »

De la crête du Cragus les voyageurs voulurent jeter un dernier regard sur le théâtre de leurs explorations. Sur un plateau situé à quatre mille pieds au-dessus du niveau de la mer, ils avaient trouvé plusieurs familles d'Urouks qui, selon leur coutume annuelle, conduisaient leurs troupeaux sur cette sommité et y passaient l'été pour échapper aux chaleurs et au mauvais air de la plaine.

« Nous laissâmes, disent MM. Spratt et Forbes, nos gens et nos chevaux parmi ces pâtres nomades, et nous commençâmes à gravir le dernier pic du Cragus, qui s'élève encore à plus de deux mille cinq cents pieds au-dessus de ce plateau alpestre. Nous traversâmes d'abord une zone d'épaisses forêts, puis nous marchâmes sur le roc nu, entre des précipices dont les crevasses pleines de neige nous offraient, dans l'ardente chaleur que nous avions à supporter, un agréable rafraîchissement. Du haut de la cime escarpée, nos regards planèrent sur la Lycie.

---

1. Terre riante, couverte d'herbes que le feu ne ravage point.

A nos pieds se déroulaient, dans toute son étendue, la plaine de Xanthe, plus loin les gorges de Massicyte, qui nous étaient devenues aussi familières que les collines et les vallées de notre terre natale. A vol d'oiseau, les lieux éloignés que nous avions parcourus ne nous apparaissaient plus que comme d'étroits espaces, et les coteaux et les rochers que nous avions gravis avec peine ressemblaient à de légères ondulations. Telle est la structure du Cragus, que de ses cimes de neige il descend en ligne perpendiculaire dans la mer, et du haut du faîte où nous étions montés, nous pouvions voir les vagues se briser à sa base. C'était une admirable situation pour dire adieu à cette belle contrée, et nous n'en descendîmes pas sans regret. »

Nous quittons avec peine cette curieuse œuvre d'exploration. Nous n'avons pas même parlé de la géologie et de l'histoire naturelle de la Lycie, qui remplissent le second volume du livre de MM. Spratt et Forbes. Mais nous espérons que ce que nous avons dit de ce livre engagera nos lecteurs à l'étudier eux-mêmes. Des vues nombreuses, des plans de diverses localités et une carte générale de la contrée complètent cette publication, l'une des plus importantes qui, dans ce genre, aient paru depuis longtemps.

VIII

CEYLAN.

Dernièrement, le gouverneur d'une des possessions lointaines de la couronne britannique adressa au ministère un mémoire pour l'engager à rechercher le meilleur mode de recueillir et de publier une histoire et un tableau complet des colonies anglaises. Ce mémoire fut envoyé à l'examen de la Société royale, et il est encore entre les mains des savants de Burlington-House. Pendant ce temps, sir Emerson Tennent devançait leur décision et nous faisait voir, par son admirable travail, quel intérêt peuvent éveiller de telles publications et quelle en doit être l'utilité.

Pas une île dans le monde, pas même la puissante Angleterre, n'a attiré, comme Ceylan, l'attention des observateurs à des âges si lointains, et dans des contrées si différentes. Il n'y a pas, dans les temps anciens et dans les temps modernes, une nation quelque peu littéraire, dont les écrivains n'aient été plus ou moins occupés de cette région superbe. Son aspect, ses dogmes, ses antiquités, ses produits ont été décrits par les auteurs de la Grèce classique et par ceux du Bas-Empire, par les Romains et les Chinois, par les Birmans et les Indiens, par les géographes de l'Arabie et de la Perse, par les voyageurs français et italiens du moyen âge, par les chroniqueurs d'Espagne et de Portugal, par les aventureux marins de la Hollande, par les touristes et les topographes de la Grande-Bretagne.

Le livre de M. Emerson Tennent nous offre, à tous les points de vue, le tableau le plus complet de l'antique Taprobane; l'éclatant succès de ces deux volumes glorifie à la fois le laborieux écrivain qui y a consacré tant d'années d'études et la nation anglaise, à laquelle ils s'adressent spécialement.

Deux volumes de 70 francs épuisés en deux semaines[1]! A Paris, on n'épuise pas plus vite une édition des petits volumes à 3 francs de M. Michelet. Mais si, comme M. Michelet se plaît à le constater lui-même, ses volumes se glissent et se cachent sous les oreillers, le livre de sir Emerson n'exige pas les mêmes précautions.

On aime à le montrer au grand jour, on s'honore de le lire, on est heureux de le posséder. Dès les premières pages de ce livre, sir Emerson nous attire par des scènes de la nature qui ne donneront à l'esprit que de douces, nobles et salutaires émotions. Son premier chapitre, intitulé *Géographie physique de Ceylan*, est une peinture à la fois scientifique et poétique si nette et si sûre, qu'elle pourrait servir de modèle à tous ceux qui entreprennent un travail du même genre.

Ceylan, de quelque côté qu'on y aborde, présente aux regards une image d'une grâce et d'une grandeur sans pareilles dans le monde. Le voyageur qui vient du Bengale, laissant derrière lui le delta mélancolique du Gange et la

---

1. L'ouvrage est aujourd'hui à sa troisième édition.

côte torride de Coromandel ; l'Européen qui a traversé les sables de l'Égypte et les plateaux calcinés de l'Arabie, seront également ravis en voyant s'élever au-dessus des vagues cette île avec ses hautes montagnes, ses forêts luxuriantes et sa perpétuelle végétation.

Les brahmes la désignaient sous le nom de *Lanka*, qui signifie resplendissante. Les poëtes bouddhistes, dans leur style imagé, la représentent comme une perle décorant le front de l'Inde. Les Grecs l'ont nommée la terre de l'hyacinthe et du rubis ; les mahométans, dans l'enchantement qu'ils éprouvèrent à la voir, dirent que le premier homme y fut exilé, et que Dieu dans sa miséricorde le consolait par cet Élysée de la perte du paradis terrestre. Les premiers navigateurs européens, en revenant de cette île avec leurs bâtiments chargés d'épices et de denrées précieuses, racontèrent qu'au loin la brise de mer était parfumée par les aromes de Ceylan.

Sinbad, ou l'auteur de l'histoire de Sinbad, a dû visiter Ceylan. Il a connu la différence de la race cingalaise du sud, où la culture du riz s'opère à l'aide seulement de la pluie et de la race des Tamils du nord, qui sont noirs comme les Abyssins et cultivent leurs champs par des irrigations artificielles. Ce que Sinbad rapporte du cimetière des éléphants, où il fut conduit par la sagacité de ces animaux, est considéré comme un fait certain par les chasseurs d'éléphants, quoique, depuis le temps de Sinbad, la plupart des éléphants de Ceylan soient privés de leurs défenses. Enfin, on se souvient que Sinbad flotta sur une rivière souterraine, qui le transporta au centre de Serendib ; et c'est une des croyances du peuple cingalais qu'il existe au nord de l'île une rivière souterraine, précisément à l'endroit où Sinbad rencontra des hommes pareils à des Abyssins.

Mais laissons ces questions hypothétiques pour en venir à la partie la plus attrayante du livre de sir Emerson, à celle qu'il a consacrée à l'histoire naturelle et aux productions de Ceylan. En premier lieu, nous noterons les chapitres dans lesquels l'auteur nous trace la géographie physique de cette île ravissante, et nous explique sa géologie. Le noyau de sa masse de montagnes se compose de gneiss, de granit et d'autres roches cristallines. Sir Emerson traite comme une extravagance l'idée des Hindous, qui donnaient à Ceylan l'étendue et les proportions d'un continent. Il n'accepte pas les traditions bouddhistes admises par sir William Jones, ni celles qui furent recueillies au sein de la population cingalaise par les premiers colons portugais, les traditions d'après lesquelles l'île de Ceylan aurait été jadis unie à la terre ferme indienne. Les faits et les arguments qu'il emploie pour justifier son opinion paraissent décisifs. Il remarque notamment qu'il existe à Ceylan non-seulement des plantes, mais des animaux : mammifères, oiseaux, reptiles, insectes qui ne se trouvent point sur le continent indien.

En général, il est assez difficile de reconnaître d'une façon positive l'abaissement du sol, tandis qu'au contraire on peut aisément constater en certains endroits son élévation, et cette élévation est manifeste dans plusieurs localités de Ceylan.

Il y a là des terrasses où des coquillages maritimes sont mêlés au sable. A la pointe de Galles, la surface de la terre est formée d'une décomposition de corail ; et, à une assez longue distance de la plage, on trouve des coquilles de mer. Plus loin, entre Chilaw et Negombo, à dix milles de la mer, le soc de la charrue brise des coquilles d'huîtres et d'autres bivalves.

Au nord de l'île, ces récentes formations ont même un caractère plus marqué. Là, le sol est en partie formé par les produits des polypes de corail et par des torrents qui, pendant une grande partie de l'année, se précipitent vers le sud.

Au nord-ouest, ces dépôts sont répandus à profusion, et les basses plaines de sable ont pris une vaste extension, tandis qu'au sud et à l'est la côte est restée escarpée et rocailleuse.

Les roches tertiaires, un des traits principaux de la géologie dans d'autres contrées, sont à peu près inconnues à Ceylan. Ici, le géologue n'a encore découvert aucun vestige de schiste, de grès, ni du système siliceux et carbonifère.

Mais, comme nous venons de le dire, les polypes de corail ont ajouté au sol des matériaux considérables dans les districts septentrionaux de l'île, là où la plage s'élève graduellement au-dessus des côtes de l'est et de l'ouest.

Dans ces mêmes districts septentrionaux, l'auteur attire notre attention sur les sources d'eau. Toutes celles qui se maintiennent à une certaine hauteur pendant la saison de la sécheresse sont au-dessous du niveau de la mer. Il en est quelques-unes, comme celle de Potow, dont la connexion avec la mer est démontrée par leur abaissement et leur élévation toutes les douze heures. C'est ce qui explique l'aventure de Sinbad. D'autres par leur éloignement de l'Océan et par l'infiltration de ses eaux, ne subissent point cet effet régulier des marées. Par l'étude attentive de ces phénomènes, sir Emerson en est venu à constater que ces sources sont alimentées par l'eau de mer, qui finit par se dégager de son élément salin, en pénétrant peu à peu à travers de grandes masses de couches poreuses. Par là aussi, il en est venu à réfuter très-sensément, ce nous semble, l'hypothèse de M. Ch. Darwin, qui prétend que cette eau douce, si nécessaire aux besoins de la vie, provient de la pluie qui, en tombant à la surface du sol, y déplace une même quantité d'eau de mer. Ainsi que sir Emerson le remarque judicieusement, la pluie, en tombant sur une substance déjà humide, s'écoulerait au lieu de pénétrer dans le sol; et comme elle est moins pesante que l'eau salée, elle ne pourrait la déplacer.

L'un des principaux produits minéralogiques de Ceylan est la plombagine, exploitée surtout près de Nambrapane.

On en tire environ deux mille tonnes par an. On a découvert aussi, dans ce pays, des pépites d'or, mais en trop petite quantité pour encourager les travailleurs. En revanche, Ceylan est resté célèbre par ses pierres précieuses. Polo Marco raconte qu'un des rois de cette île possédait un rubis d'une pureté sans tache et d'une largeur énorme. Si l'on ne voit plus de telles merveilles dans cette île féconde, on y fait encore quelquefois de bonnes découvertes; témoin ce cuisinier d'un fonctionnaire du gouvernement qui, il y a quelque temps, trouva dans le jabot d'un coq un rubis de la grosseur d'un pois. Ce coq réalisait la fable de la Fontaine :

> Le moindre grain de mil
> Eût mieux fait son affaire.

Notons encore, en parcourant le livre de sir Emerson, une autre curiosité de Ceylan que cet excellent écrivain n'a pas manqué de signaler. Aux deux côtés de l'île, pendant la mousson du sud-ouest, on voit se dérouler sur la mer une ligne rouge comme la brique, qui se dessine très-nettement sur les vagues vertes qui l'environnent. Elle est produite par des infusoires probablement de même nature que ceux qui colorent la mer Vermeille sur la côte de Californie.

Le chapitre de l'œuvre de sir Emerson, consacré au climat de Ceylan, nous présente les traits caractéristiques des différents mois de l'année. En lisant ce chapitre, le physiologiste européen sera certainement frappé du contraste de l'action physique qui jette les animaux d'un ordre inférieur dans l'état de torpeur ou d'hibernation. Ici, c'est pendant les chaleurs des mois de mars et d'avril que cet état se produit. Les insectes, privés alors de leur nourriture accoutumée, disparaissent sous le sol ou sous les écorces d'arbres. Les coléoptères aquatiques s'ensevelissent dans la vase desséchée des marais, les hélices se retirent dans les crevasses des pierres ou dans les racines des plantes, et ferment leurs coquilles. Les papillons cessent de voltiger sur les fleurs; les oiseaux apparaissent en moins grand nombre et sont moins joyeux. En même temps, les crocodiles et les animaux sauvages, pressés par la soif, quittent leurs repaires habituels, s'aventurent dans les jungles et s'approchent quelquefois des citernes des villages.

Avec la mousson arrive l'époque de la résurrection.

L'éclair luit sur les collines et déchire les nuées qui planent sur la mer. La mousson éclate comme la foudre sur la terre desséchée; elle éclate non point en une pluie partielle, mais en un vaste déluge qui, en quelques heures, gonfle les rivières et inonde les plaines.

Rien de plus saisissant que les phénomènes de cette explosion. Le tonnerre qui nous effraye en Europe peut à peine donner une idée de celui qui éclate à Ceylan, et qu'on entend mugir la nuit sur le sombre Océan. Quand l'éclair descend sur le sol inondé, il disparaît presque aussitôt; mais lorsqu'il touche à une surface sèche, il y creuse un sillon et quelquefois y laisse des traces de vitrification. La pluie, en tombant sur les toits et en ruisselant sur les arbres, fait un tel bruit, qu'on ne distingue plus le son d'une voix humaine et qu'on ne saurait dormir.

Les animaux, plongés au temps de la sécheresse dans une profonde torpeur, se réveillent alors de leur sommeil d'été. Dans les marais d'où naguère s'élevaient des tourbillons de poussière, les paysans pêchent des poissons ravivés, et les insectes aquatiques errent sur les joncs submergés. L'électricité de l'air stimule la végétation des arbres. Dans l'espace d'une semaine, les plantes sont couvertes de larves de papillons; les insectes bourdonnent dans les forêts; les oiseaux chantent dans les airs.

Jamais les phénomènes des contrées tropicales ne nous ont paru plus vivement dépeints que dans le livre de sir Emerson, où nous retrouvons à tout instant l'impression produite par une nature puissante sur un esprit poétique.

Nous transporterons le lecteur au milieu d'une des scènes enchantées de Ceylan, en reproduisant la description des différentes phases d'une journée dans cette île splendide.

« Au premier rayon de l'aube, la chauve-souris et les autres oiseaux nocturnes s'enfuient dans leurs retraites. Le chacal et le léopard reviennent de leur chasse de nuit; les éléphants quittent les bassins aquatiques où ils se plongeaient avec délices dans l'obscurité et se glissent timidement sous l'ombre des forêts; le beuglement de l'élan résonne à travers les vallons, où il va aussi chercher un refuge dans les bois.

« Le jour apparaît, et, à sa première clarté, les vapeurs s'élèvent en tourbillons dans les profondes vallées. Le soleil surgit plus rapide et plus prompt que dans l'atmosphère nuageuse de l'Europe, et l'horizon entier est revêtu d'une couche de vermeil. Ce n'est point, comme dans les climats du Nord, une lumière mêlée d'obscurité; c'est comme un torrent de lumière vivante.

« C'est le moment où la verdure des montagnes se montre dans son plus vif éclat. Sur chaque ramille étincelle une rosée abondante, à chaque feuille est suspendue une perle brillante, dans chaque clairière flottent les vapeurs condensées de la nuit, et les fils des filandières luisent comme des cordons d'opale aux rayons du soleil.

« Les premiers êtres du monde animé qui se mettent alors en mouvement sont les *hespérides*, ces légers papillons, empressés de faire leur visite matinale aux fleurs. Bientôt viennent les *thècles* et les *polyommati*, les plus petits des lépidoptères de jour. On les distingue au lustre bleu métallique de leurs ailes. D'autres espèces font successivement leur apparition. Les thècles sont suivis par les *vanesses*, puis par les brillants *papillios*, et en quelques heures les plantes aux larges feuilles, les arbustes fleuris sont couverts d'une myriade de papillons de toute forme et de toute couleur.

« L'oiseau le plus matinal est le corbeau. Dès les premières lueurs de l'aube, il agite ses ailes. Après lui viennent en troupes nombreuses les perroquets voltigeant et criant gaiement, puis les grues se levant sur les rameaux où elles ont passé la nuit, secouant la rosée de leurs ailes, étendant leurs longues jambes, et prenant leur vol du côté de la plage.

« Le premier chantre qui salue la beauté du matin est le *copsychus saularis* et le loriot jaune, dont la voix mélodieuse comme le son d'une flûte retentit au loin. Le coq des jungles fait entendre aussi son cri, non point un cri aigu comme celui des coqs d'Europe, mais un cri prolongé et harmonieux. La fauvette et le *maynah* joignent leurs chansons à ces divers accents, et les pigeons aux ailes bronzées recommencent leurs murmures plaintifs. L'abeille enfin erre de tous côtés : l'insecte doré se promène sur les feuilles humides. Les hirondelles et les martinets se montrent dès que la chaleur attire les insectes en plein air; le *bulbul* brille sur les rameaux, et les oiseaux-mouches, pareils à des pierres précieuses, voltigent sur les fleurs épanouies.

« Le soleil continue à monter, et bientôt les êtres animés commencent à sentir l'ardeur de ses rayons. La demoiselle verte comme une émeraude poursuit sa proie sur les étangs; mais tous les autres insectes cherchent instinctivement l'ombre du feuillage. Les éperviers et les faucons planent alors dans l'espace, épiant les petits oiseaux. L'écureuil saute de branche en branche, en jetant un cri aigu, et la cigale, posée sur une tige de palmier, répète ce chant assourdissant, dont la monotonie et la volubilité lui ont fait donner le nom de *rémouleur* (*knife grinder*).

C'est pendant les cinq premières heures du jour que la nature est pleine de vie et d'animation, que l'air retentit des mélodies des oiseaux, et les forêts du bourdonnement des insectes. Mais lorsque le soleil arrive à son méridien, la scène est singulièrement changée, et rien n'est plus frappant que le morne silence qui succède au mouvement du matin. Chaque animal alors disparaît. Les oiseaux se retirent à l'ombre ; les papillons, après avoir un moment flotté aux rayons du soleil, se précipitent sous l'humide voûte des arbres, comme s'ils s'étaient brûlés dans leur vol imprudent. Le silence alors est si profond qu'on peut aisément entendre le tic tac d'une montre, et compter même les pulsations du cœur. En ce moment, le buffle se glisse près des étangs et plonge sa tête dans la vase ou dans les joncs ; l'éléphant s'évente indolemment avec des feuilles pour écarter les moucherons qui l'obsèdent ; le cerf se blottit dans les jungles. Le lézard vert grimpe sur la tige des arbres en s'arrêtant à chaque pas, et promenant autour de lui un regard inquiet. Le pic des bois fait résonner la forêt des coups qu'il frappe sur les écorces, et la tortue se plonge dans l'eau paisible où se reflète le brillant plumage du martin-pêcheur. Aussi longtemps que le soleil est à une certaine hauteur, chaque créature semble le fuir. L'homme lui-même suspend alors son travail, et le voyageur qui a cheminé dès l'aube s'arrête et attend que l'heure de l'ardente chaleur soit passée. Les bestiaux s'accroupissent languissamment sous leurs rustiques abris ; les chiens étendent leurs pattes sur le sol comme pour y chercher un peu de fraîcheur.

« Au déclin du jour la nature se relève de cet état de langueur, les insectes voltigent de nouveau, les oiseaux rouvrent leurs ailes, et les quadrupèdes se dirigent vers les pâturages. Le voyageur se remet en marche, et le laboureur se hâte de profiter des dernières heures du jour pour finir sa tâche. Peu à peu les oiseaux qui ont été au loin chercher leur nourriture reviennent à leurs nids. Les corbeaux s'assemblent autour des étangs ; les perroquets se perchent sur les rameaux des palmiers ; les pélicans et les oiseaux de mer regagnent leurs gîtes solitaires. Le soleil se penche à l'horizon, puis soudain disparaît.

« C'est l'heure où les oiseaux et les animaux ennemis de la lumière se préparent à leur vie nocturne. Les sphinx remplacent les brillants papillons de jour ; d'innombrables coléoptères voltigent dans l'obscurité qui rapidement s'accroît et voile tous les objets. Mais de tout côté on entend le bruit de la myriade d'insectes. Des chauves-souris descendent des branchages élevés où elles sont restées suspendues pendant toute la journée, et se posent sur les manguiers et les tamarins dont elles rongent les fruits. Le hibou poursuit le sphinx dans son vol silencieux. Le chat sauvage et la genette montent le long des arbres pour surprendre les oiseaux endormis. Cependant, sur les herbes déjà imprégnées de rosée, le ver luisant allume sa lampe d'émeraude, et du sein des broussailles jaillissent les étincelles des mouches de feu, dont les pâles et vertes clartés brilleront dans les ténèbres jusqu'au retour du matin. »

Le botaniste et l'amateur de l'horticulture des serres trouveront une agréable instruction dans le chapitre où sir Emerson décrit les arbres et les plantes de Ceylan. Quels phénomènes curieux réunis en quelques pages ! Tel est entre autres celui de la musique aérienne des plantes qui rappelle le concert commandé par Prospero dans *la Tempête* de Shakespeare. Les marins jetés par un ouragan sur la côte de Ceylan devaient se croire vraiment sur une terre enchantée, lorsqu'ils entendaient vibrer ces sons mélodieux, tantôt doux et caressants comme ceux d'une flûte, tantôt graves et solennels comme ceux d'un orgue.

D'où provient donc une telle musique ? Sir Emerson nous explique ce problème. En s'approchant d'un groupe d'arbres au-dessus desquels s'élançait un léger bambou, il observa que l'air, en s'introduisant dans les ouvertures de ce bambou, produisait ces sons mystérieux.

En Europe, la multiplicité de certaines espèces d'arbres donne aux forêts une couleur uniforme ; à Ceylan, au contraire, les forêts nous offrent une étonnante variété de feuillages et de teintes brillantes. Les montagnes, surtout celles de l'est et du sud, s'élèvent presque perpendiculairement à des hauteurs prodigieuses ; les rivières serpentent comme des fils d'argent à travers la verdure des bois, et au loin encore on distingue leur cours à la lumière qui se reflète dans leurs flots limpides.

Grâce à la configuration physique et à la position de Ceylan au sein de la mer, ses habitants jouissent d'un climat bien plus agréable que celui de la péninsule indienne. Ils n'ont point à subir les extrêmes chaleurs et les extrêmes froids auxquels est exposé le continent indien, et ils sont plus régulièrement favorisés par les moussons qui soufflent sur l'océan Indien et la baie de Bengale.

Les ouragans et les typhons éclatent rarement dans cette île privilégiée. Le thermomètre y varie peu et n'y indique jamais une chaleur insupportable. Terme moyen, la température ne s'élève pas à plus de 80 degrés, quelquefois à 86[1]. Mais il n'est pas une heure de la journée où l'on ne puisse sans danger affronter les rayons du soleil, et, à part les mois de mars et d'avril, il n'est pas une saison où un exercice modéré ne soit facile et agréable.

La mobilité des vents, l'incertitude des saisons, que l'on remarque si souvent dans les contrées septentrionales, sont également inconnues à Ceylan. Ici, on peut dire exactement d'avance, sauf quelques rares exceptions, le caractère atmosphérique de chaque mois. Il ne s'opère dans l'année que deux grands changements ; mais constamment sur cette terre féconde on sème et on récolte. Sur les mêmes rameaux, le fruit mûr apparaît à côté du bourgeon entr'ouvert; chaque plante a pourtant son époque particulière de production, chaque mois sa flore distincte. Les feuilles des arbres ne se flétrissent point en automne comme dans les forêts d'Europe, mais à côté des anciennes feuilles, qui conservent leur verdeur, surgissent de nouvelles feuilles d'une teinte plus fraîche, et à l'extrémité des branches d'arbres se développent des touffes d'un jaune pâle, ou

---

1. D'après le thermomètre de Fahrenheit, ce qui fait 52° au thermomètre Réaumur.

d'une couleur de pourpre, qui de loin ressemblent à des bouquets de fleurs.

Jusqu'à présent la botanique de Ceylan n'a pas encore été complétement étudiée. En 1747, Linnée prépara sa *Flora Zeylanica*, d'après les spécimens recueillis par Hermann, et qui font aujourd'hui partie de l'herbier du *British Museum*. Plusieurs naturalistes ont successivement exploré cette féconde région. Cependant Moor est le seul qui ait publié un catalogue des plantes de Ceylan, et ce catalogue est imparfait. Le docteur Gardner avait commencé sur un vaste plan une Flore cingalaise; la mort l'a surpris au milieu de son travail.

C'est surtout sur la côte occidentale de l'île que la végétation est luxuriante. La côte orientale, exposée aux vents chauds, semble comparativement sèche et aride. La végétation du littoral de la mer est à peu près celle qu'on retrouve dans tout l'archipel Indien. A quelque distance de la plage s'élèvent les groupes des *sonneratia*, *avicennia*, *heritiera*, *pandanus*. Ce dernier arbuste a la tige semblable à celle du palmier nain; ses feuilles montent en spirale, et forment à sa sommité une couronne à laquelle sont suspendues les grappes d'un fruit jaune pareil à l'ananas, mais qu'on ne peut manger.

Plus loin, les plaines de sable sont couvertes de jungles épineuses et d'autres plantes du même genre que celles de la côte de Coromandel. Il y a là diverses espèces d'acacias, entre autres le *cassia fistula* et le *salvadora persica* de l'Écriture sainte, qui d'ici s'étend jusqu'en Palestine.

A mesure qu'on s'avance vers le sud, sur la côte occidentale, les acacias disparaissent, et la profusion de la végétation, la hauteur des arbres, la teinte foncée du feuillage attestent l'influence de l'humidité produite par les plaines et les rivières. Là, dans les forêts, brillent les *ixoras*, les *erythrinas*, les *buteas*, les *hibiscus*, et une quantité d'arbustes fleuris. Les graines du cannellier, transportées des jardins par les oiseaux, germent sur le sol sablonneux, et diversifient les bois par leurs feuilles lustrées et leurs rejetons délicatement colorés. Ces arbres s'élèvent généralement sur les collines à une hauteur considérable. Au temps où les Hollandais étaient les maîtres de l'île, les souverains indigènes leur livraient annuellement une certaine quantité de cannelle. A la même époque, les Hollandais faisaient un commerce considérable des rameaux de poivre qui festonnent les forêts.

Sur cette côte occidentale, des plantes légères, des *convolvulus*, des *ipomacus* s'enlacent aux tiges des grands arbres ; les racines de ces arbres sont couvertes de fongus de différentes couleurs, et à l'angle de leurs rameaux pendent les fleurs des orchidées. Là aussi le passant s'arrête près du népenthès, et cherche à deviner par quel curieux mécanisme cette plante distille un fluide considérable dans la coupe qui s'arrondit à l'extrémité de ses feuilles.

Dans les districts orientaux de Ceylan la végétation des collines a été soigneusement explorée. A quelques milliers de pieds au-dessus de la plaine, les plantations aux larges feuilles s'enracinent dans les rocs, et les gracieux bambous portent dans les airs leurs légers panaches, pareils à des plumes d'autruche. Là aussi les pêchers, les cerisiers et d'autres arbres fruitiers de l'Europe croissent sans culture ; mais, la chaleur du climat leur enlevant le repos de l'hiver, leurs fruits ne mûrissent pas. Dans ce même district, quelques propriétaires ont entrepris de cultiver le thé et y ont parfaitement réussi, mais on ignore encore à Ceylan l'art de récolter et de préparer les feuilles de cet arbuste, et, jusqu'à ce qu'on puisse y employer un assez grand nombre d'ouvriers chinois, cette culture ne pourra prendre une grande extension.

A six mille cinq cents pieds au-dessus du niveau de la mer, près du plateau de Nenera-Ellia, les dimensions des arbres diminuent, et autour de leurs tiges s'étendent des plantes herbacées, entre autres les *acantheræ*, dont les graines sont la nourriture favorite de l'oiseau des jungles. Des crevasses humides du sol surgit une fougère (*alsophila gigantea*), qui balance à vingt pieds de hauteur sa cime empanachée.

À la sommité de ces plateaux est le rhododendron, non point un frêle arbuste, tel que celui des montagnes de l'Europe, mais un arbre élevé, puissant et couvert d'un amas de fleurs écarlates. Sur ce même terrain, on voit aussi des *michelias* que l'on peut comparer aux magnolias de l'Amérique du Nord, des myrtes et des *gordonias* qui ressemblent aux camellias.

Le rhododendron est le plus bel arbre du pic Adam. Il croît au pied même du temple qui, selon la tradition, est bâti à l'endroit même où le premier homme a laissé l'empreinte de son pied. Il est des lieux où s'étendent des forêts entières de rhododendrons. Au temps de la floraison, les collines semblent de loin revêtues d'une couche de vermillon.

Le plus magnifique des arbres à fleurs de Ceylan est celui qu'on appelle le *corail*. Son nom lui vient de ses fleurs écarlates qui parent les branches avant même que les feuilles se développent. Les habitants des basses terres et de la côte emploient cet arbre, qui est très-épineux, pour faire leurs clôtures.

Le *merratu* a été, comme le lisoca, le rhododendron et le corail, célébré par les poëtes. Il s'élève à une hauteur considérable, surtout dans les terrains humides et dans le voisinage des rivières. A la pointe de ses branches s'épanouissent des panicules de deux ou trois pieds de longueur, composées de fleurs de la dimension d'une rose et de différentes nuances, depuis celle de l'œillet jusqu'à celle du pourpre le plus foncé.

Le *lisoca* est cultivé dans quelques jardins, mais c'est à Toompana et dans la vallée de Doombera qu'il se montre dans toute sa magnificence, avec ses grappes de fleurs jaunes et cramoisies.

De tous les arbres celui qui attire le plus fréquemment l'attention du voyageur est le *kattoo-imbul*, d'où l'on tire un coton soyeux, dont les fibres délicates sont trop courtes pour qu'on puisse le filer, mais qu'on emploie, en guise de duvet, à garnir des divans et des oreillers. C'est un arbre élancé, revêtu d'épines formidables et produisant une telle quantité de fleurs que, lorsqu'elles tombent, le sol est de tous côtés, sur un large espace, semblable à un tapis de pourpre.

Près des temples de Bouddha, les prêtres plantent l'arbre de fer, à cause de ses fleurs dont ils parent leur idole. Elles ressemblent à des roses blanches, et forment un singulier contraste avec les bourgeons et les rejetons de cet arbre, qui sont d'un rouge éclatant. Dans les cérémonies de leur culte, les bouddhistes emploient aussi la fleur du champac, qui est d'une teinte jaune et répand un parfum célèbre dans la poésie des Hindous.

Sur la pente des collines s'élèvent le banian et diverses espèces de figuiers. La facilité avec laquelle les semences des figuiers se développent partout où il se trouve assez d'humidité pour les faire germer est funeste aux anciens monuments. Les restes des pompeux édifices d'Anarajapoora et de Pollanarrua sont couverts de plantes touffues et surtout de figuiers. L'un de ces arbres offre un singulier spectacle. Il est né sur les pierres d'un bâtiment en ruine. De là ses racines descendent le long des murs, comme si jadis elles avaient été dans un état de fluidité; elles suivent toutes les sinuosités de l'édifice et descendent ainsi jusqu'à terre. A cette famille singulière appartient l'arbre sacré de Bouddha (*ficus religiosa*), que l'on plante près des temples et qui n'est guère moins vénéré que l'idole même à laquelle il est consacré. A Anarajapoora, on montre encore le figuier qui, selon la tradition, fut planté deux cent quatre-vingt-huit ans avant l'ère chrétienne.

Si dans cette infinie variété de productions de Ceylan

il est des arbres qui éblouissent les regards par l'éclat de leurs fleurs, il en est d'autres qui sont remarquables par la bizarrerie de leurs formes ou l'étrangeté de leurs produits. Tel est entre autres celui qu'on appelle le *serpent*. Ses racines sortant de terre ressemblent, par leurs contours et leurs ondulations, à des groupes de serpents enlaçant l'un à l'autre leurs anneaux. Telle est la *sterculia fetida*, cette plante mensongère dont les fleurs d'une extrême beauté exhalent une odeur fétide. Dans ces espèces singulières, nous ne devons pas omettre de citer le *strychnos*, dont le fruit, semblable à une petite orange, renferme dans une substance pulpeuse les graines connues dans le commerce sous le nom de *noix vomique*. Le strychnos se trouve principalement sur les côtes occidentales. C'est un fait assez connu qu'il existe deux plantes de ce genre, dont l'une produit des graines inoffensives et l'autre un formidable poison.

Dans toutes les parties de l'île, toutes les forêts sont inondées de plantes grimpantes d'une variété de couleurs inconcevable. Aux branches de chaque arbuste sont suspendus des convolvulus en si grande quantité que souvent ils cachent sous leur rideau de verdure la tige qui leur sert de soutien. Parmi ces plantes, dont les botanistes n'ont point encore énuméré toutes les espèces, on remarque à son rapide élancement la vigne à tige carrée, qui monte jusqu'aux cimes les plus élevées et de là retombe en faisceaux fantastiques. Lorsqu'elle est fraîchement coupée, elle produit un suc abondant très-recherché par les éléphants.

Mais c'est surtout autour des grands arbres que ces plantes grimpantes se montrent dans toute leur force et toute leur beauté. Il en est dont le diamètre surpasse celui de la ceinture d'un homme. Elles enlacent un tronc vigoureux, s'élèvent jusqu'à sa sommité, puis de là redescendent vers le sol en festons monstrueux, saisissent successivement les autres produits et finissent par former un réseau vivant pareil aux cordages d'un bâtiment de guerre. Lorsque les arbres sur lesquels est suspendue cettre trame puissante s'écroulent sous son poids ou meurent de vétusté, les lianes vivaces n'en continuent pas moins leur étonnante progression. Leurs vrilles naissantes sont portées de côté et d'autre par les vents, et, dès qu'elles ont acquis quelque force, elles se cramponnent au rameau sur lequel elles ont été jetées et l'adjoignent à l'interminable tissu.

Les bûcherons de Ceylan employés par les Européens à défricher les forêts profitent de cet enchevêtrement des lianes pour abréger leur travail. Sur une étendue de terrain de plusieurs acres, ils ne coupent les arbres qu'à moitié, et là où le sol est plus élevé, ils abattent tout à fait une rangée des plus grands arbres. Ceux-ci, en tombant, entraînent dans leur chute tous ceux qui se trouvent au-dessous et qui sont liés l'un à l'autre par le réseau des plantes grimpantes. En un instant, un vaste bois s'écroule ainsi à la fois, avec un tel fracas, qu'on l'entend à deux ou trois milles de distance.

Une de ces plantes grimpantes, qui a des dimensions énormes, porte des gousses d'un demi-pied de largeur et de cinq à six pieds de longueur, remplies de haricots bruns si larges, que les indigènes en font des boîtes à amadou.

Une autre, moins forte, mais plus élégante, suspend à la cime des arbres gigantesques des flocons de fleurs jaunes, et quelquefois produit des graines d'une couleur grise comme le marbre, et d'une telle dureté, qu'on peut, dit-on, en faire jaillir des étincelles comme avec le silex.

Une autre encore a une puissance de vitalité qui égale, si elle ne la surpasse pas, celle du banian. On la cultive à Ceylan, car elle a aussi une vertu médicale. Losqu'elle a environ un demi-pouce de diamètre, les indigènes la coupent à sa base, et en détachent un morceau de vingt à trente pieds de longueur. Sa tige ainsi mutilée reste suspendue aux branches de l'arbre qu'elle a enlacé, et alors on en voit sortir peu à peu de petites racines pareilles à des fils qui se développent, se fortifient, redescendent dans le sol et y enfantent une nouvelle tige qui sera également coupée et renaîtra comme la première. Telle est sa force de reproduction que, lorsque les Cingalais veulent la multiplier, ils enroulent cinq ou six brasses de cette liane, la jettent sur un rameau d'arbre, et de là bientôt elle pousse jusque dans la terre ses vivaces racines.

Hors des forêts, s'étendent d'autres plantes d'une étonnante vigueur. Tels sont, par exemple, les rotins. « J'en ai vu un, dit sir Emerson, qui n'avait pas moins de deux cent cinquante pieds de longueur sur un pouce de diamètre, sans une seule irrégularité, et sans autre feuillage que celui qui flottait comme des plumes à son extrémité. »

Ces plantes si vivaces ont une telle force, que les Cingalais les emploient à construire des ponts sur les cours d'eau et les ravins. Dans les collines de Kosmatias, au-dessus d'un torrent qui, de roc en roc, tombe d'une hauteur de cent pieds, on voit un de ces ponts établi avec toute la précision d'un travail d'ingénieurs. Il s'appuie sur des lianes dont les extrémités sont liées aux deux côtés du ravin à des arbres vivants. Au moindre mouvement, ce pont aérien tremble et se balance comme s'il allait s'écrouler. Cependant les coolies le traversent sans crainte avec de lourds fardeaux, et les Européens en viennent aussi à le franchir à cheval.

Il est une autre espèce d'arbre qui n'étonnera pas moins les regards de l'étranger. Ce sont ceux dont la tige est défendue contre les atteintes du bétail par des épines qui, dans les jungles, ont une force surprenante. Telle est entre autres la *caryota horrida*, qui s'élève jusqu'à cinquante pieds de hauteur, et qui, à six ou huit pieds au-dessus du sol, porte une armure d'épaisses épines d'un pouce de longueur.

Une plante grimpante, la *kuda miris*, est revêtue de

nœuds épais d'où jaillissent des pointes aiguës comme le bec d'un épervier. Depuis un temps immémorial, les Cingalais emploient les arbres épineux de leurs forêts à se faire des barrières contre leurs ennemis. Le Mahawanso rapporte que, dans les guerres civiles du douzième siècle, les habitants des districts méridionaux de Ceylan se retranchaient derrière des fossés où ils amassaient ces arbres. A une époque antérieure, le chef d'une troupe hostile se trouva arrêté, devant une ville qu'il voulait attaquer, par un triple rempart d'épines, où il n'y avait qu'une issue d'un difficile accès.

Au temps où le royaume de Kandy subsistait encore dans son indépendance, avant la conquête des Anglais, les forêts de ses frontières étaient défendues par une enceinte de lianes et de palmiers épineux où, çà et là, s'ouvraient quelques portes mobiles composées des mêmes faisceaux d'aiguillons redoutables.

Dans le voisinage de Jaffna est un arbuste dont les branches noires sont, à chaque jointure, garnies d'une paire d'épines évasées comme les cornes d'un bœuf, plus épaisses à leur base que la tige même de l'arbuste, et plus pointues à leur extrémité qu'une aiguille.

L'*acacia tomentosa* est de la même espèce. Par ses lances aiguës, il arrête la marche même de l'éléphant et des animaux les plus vigoureux.

Mais voici une autre légion d'arbres dont les voyageurs admirent la beauté, ce sont les palmiers. On n'en compte pas moins de six cents espèces, dont dix ou douze ne se trouvent qu'à Ceylan. L'un des plus connus est le cocotier, dont la tige, les feuilles, les fruits servent à des usages journaliers. Avec les feuilles de cet arbre providentiel, les Cingalais font des nattes, des corbeilles, et quelquefois ils les donnent en pâture à leurs bestiaux, ou les brûlent dans leurs foyers, ou les emploient en guise d'engrais dans leurs jardins. Avec les tiges ils font des clôtures à leurs champs et divers ustensiles de ménage. De l'espèce de chou qui surmonte ce palmier ils font des conserves; de son suc, du vinaigre et du sucre, et de l'arak distillé; de la noix fraîche, ils tirent un lait onctueux; de son huile, un remède contre les rhumatismes, une graisse pour oindre les cheveux et pour fabriquer du savon et des bougies; le résidu de cette huile sert à la nourriture des volailles. De la coquille de la noix, ils font des coupes, des bouteilles, des manches de couteaux, de la poudre pour les dents, et divers autres ingrédients. Les fibres qui enveloppent cette coquille sont employées à garnir des matelas et des coussins, ou à façonner des câbles, des filets de pêche et des brosses. Enfin, avec le tronc d'arbre on fait des auges, des bateaux, des pièces de bois de construction, ou du combustible.

Le plus merveilleux des arbres de cette tribu des palmiers est le *talpat* ou *talipat*. Il s'élève quelquefois à cent pieds de hauteur, et chacune de ses feuilles, semblable à un éventail, forme un demi-cercle de seize pieds de diamètre. Cet arbre sans pareil ne fleurit qu'une fois et meurt. Les Cingalais se servent de ses feuilles gigantesques pour couvrir leurs maisons, ou pour façonner des tentes faciles à porter. Dans les grandes cérémonies, chaque dignitaire est suivi d'un homme qui lui tient sur la tête un éventail formé d'une seule feuille de talipat. Mais ce qui est plus intéressant, c'est que les Cingalais font avec ces mêmes feuilles leur papier. Ils les cueillent dans leur première croissance, et, après en avoir détaché les côtes centrales, ils les coupent par bandelettes, puis les font bouillir dans l'eau. Ensuite, ils les font sécher, d'abord à l'ombre, puis au soleil, et en forment des rouleaux qu'ils gardent en magasin, ou envoient au marché. Cependant, avant qu'on puisse se servir de ce papyrus pour écrire, il doit être lissé. C'est une opération qui se fait de la manière la plus simple, au moyen d'un rouleau, et dans laquelle excellent certaines communautés religieuses.

Le palmier *jaggery* est cultivé sur les collines de Kandy,

à cause de son suc que l'on fait bouillir et cristalliser, et qui donne un sucre brun employé généralement par les habitants de l'ouest de Ceylan. De la moelle de cet arbre on extrait une farine qui vaut presque celle du sagou; de la fibre noire de ses feuilles on fait des cordages à la fois très-souples et très-fermes.

Sir Emerson dit qu'on lui a cité une famille qui vivait uniquement du produit de ce précieux palmier. Les pauvres prolétaires d'Europe, que n'ont-ils ainsi un arbre qui suffirait à leurs besoins!

Le palmier arec décore tous les jardins des indigènes. De tous les palmiers, c'est le plus gracieux et le plus délicat. Sa tige polie et d'une teinte grise s'élève jusqu'à quarante ou cinquante pieds de hauteur sans la moindre inégalité. A sa cime, elle est couronnée d'un faisceau de feuilles légères qui renferme les noix astringentes dont on a plus d'une fois décrit l'usage.

Après avoir énuméré ces diverses plantes de Ceylan, nous ne pouvons omettre de mentionner ses bois de construction. On n'en compte pas moins de quatre-vingt-dix espèces, en tête desquelles il faut citer le *jak*, qui non-seulement est utilement employé par le charpentier et le menuisier, mais qui, en outre, porte des fruits nutritifs, des fruits énormes, qui ne pèsent pas moins de cinquante livres.

Le *del*, qui a quelque analogie avec le tilleul, est aussi un très-bon bois de charpente. Les indigènes aiment à s'en servir pour faire la coque de leurs bateaux, car ils croient que ce bois résiste à la morsure des insectes aquatiques, et qu'en outre il renferme une sorte de fluide onctueux qui préserve le fer de la rouille.

L'un des premiers bois de Ceylan par sa grandeur et sa durée est celui qu'on appelle *bois de satin*. Il croît jusqu'à cent pieds de hauteur, et porte de petites feuilles jaunes, et des feuilles lisses qui exhalent une odeur assez désagréable. Ce bois, veiné et richement coloré, est très-recherché pour les ouvrages de menuiserie et d'ébénisterie.

Un autre arbre, très-commun à Ceylan et très-utile, est le *suria*. On le plante dans les rues et le long des chemins. Il plaît par l'ombre qu'il projette autour de lui, par ses belles fleurs jaunes, et c'est surtout avec ce bois très-dur que l'on fait des affûts de canon et des timons de voiture.

Les forêts de l'est fournissent aux habitants de Ceylan les meilleurs bois de menuiserie et de luxe, entre autres, l'ébène, qui surpasse tous ceux des autres pays par l'intensité de sa couleur. C'est au centre de sa tige qu'il est le plus noir. Il y a une très-belle variété de cet arbre qu'on appelle *cadoobcria*, tout aussi dur que l'ébène, mais moins noir et moucheté de raies jaunes, brunes et rouges.

Un autre arbre encore qui est fort estimé est le *calamander*. Il ressemble un peu au bois de rose, mais il est bien plus beau et plus durable. Par malheur, les Hollandais, puis les Anglais en ont fait de telles coupes, sans se donner la peine de le replanter, qu'à présent ce bois est devenu assez rare, et qu'on n'en trouve plus que des tiges menues dont on ne peut faire que des cannes.

Sur ces plages maritimes, sur ces collines, dans ces vallées, dont nous venons d'indiquer la puissante végétation, quelle vaste étude encore à faire! quel spectacle que celui de la vie animale! combien d'insectes, d'oiseaux, de quadrupèdes qui ne se trouvent que dans cette île féconde de Ceylan! Plusieurs espèces ne sont pas même encore parfaitement connues des naturalistes.

A l'exception des mammifères et des oiseaux, la faune de Ceylan, dit sir Emerson, n'a pas obtenu l'attention systématique à laquelle sa richesse et sa variété lui donnent si amplement droit. Les Cingalais, avec leur tempérament indolent, ne s'occupent guère des opérations de la nature; de plus, ils sont détournés des observations précises de l'histoire naturelle par leurs lois religieuses qui leur défendent d'attenter à la vie de certains animaux. Les

15

colons européens, absorbés par leurs entreprises agricoles ou commerciales, ne peuvent guère non plus se livrer à ces recherches scientifiques, et les employés du gouvernement, qui par leur position, par leur influence, pourraient aisément faire ces investigations, n'en ont pas encore compris l'importance.

M. Davy, qui, de 1816 à 1820, résida à Ceylan en qualité de médecin de l'armée, a le premier donné l'impulsion à de sérieuses études d'histoire naturelle. A son exemple et à son instigation, plusieurs chirurgiens se mirent à faire des collections. Parmi eux, nous devons citer le docteur Kinnès, qui se distingua par la persévérance de son labeur, et le docteur Tympleton, qui, pour donner plus d'étendue à son œuvre, entra en relations avec M. Blyth, le savant directeur du musée de Calcutta.

Les oiseaux et les animaux vertébrés de l'île furent alors comparés avec ceux de la péninsule, et par là on en vint à acquérir une notion plus exacte de ce qui tenait essentiellement à Ceylan.

Les mammifères, les oiseaux, les reptiles ont été pour la première fois scientifiquement décrits dans l'ouvrage publié par M. le docteur Kelaart. La conchyliologie a été spécialement examinée par M. Layard. Les zoophytes et les crustacés ont fixé principalement l'attention de M. le docteur Harvey, qui visita Ceylan en 1852, et de M. Schmarda, de l'université de Prague.

En continuant ces travaux, on en viendra prochainement peut-être à faire une complète zoologie de Ceylan. Déjà sir Emerson nous donne de très-intéressants détails sur divers animaux de cette contrée.

Il y a là une espèce particulière d'éléphants que M. Emerson appelle *elephas indicus*.

Il y a là deux espèces de singes assez curieuses : les *wanderoos*, qui ont à peu près la grosseur des épagneuls, le poil gris, la face noire encadrée dans une longue barbe blanche, et les *rilawas*, à la face blanche sans barbe, et la tête surmontée d'une touffe de poils. Les premiers ne commettent point de grands méfaits. Ils se tiennent dans les bois, se nourrissent de feuilles et de bourgeons. Mais lorsqu'ils sont captifs, ils refusent tout aliment. Les autres ravagent les champs de céréales, et pénètrent même jusque dans les jardins pour en ronger les fruits.

Un autre singulier quadrumane de l'île est le petit *lori*, que l'on a surnommé le *paresseux de Ceylan*, à cause de la lenteur de ses mouvements, de ses habitudes nocturnes et de son inaction dans le jour. Il se nourrit principalement de végétaux, mais il est aussi très-friand de fourmis et d'autres insectes, et ne dédaigne pas la volaille. Les Cingalais disent que la nuit il tue les paons pour se régaler de leur cervelle. Pendant le jour, il sommeille dans les plus bizarres positions.

En même temps que le lori, les chauves-souris sortent de leur repaire pour se mettre à la poursuite de leur proie. Elles n'ont point la couleur terne des chauves-souris d'Europe, il en est qui offrent aux regards des teintes jaunes et cramoisies aussi brillantes que le plumage des oiseaux. La plus remarquable est la roussette, que les Européens appellent le *renard volant*. Ses ailes ont une envergure de trois à quatre et même jusqu'à cinq pieds. Elle ne se nourrit guère que de fruits et de céréales. A l'époque où l'on distille l'alcool des noix de coco, elle est attirée par l'odeur des alambics et souvent donne des signes d'ébriété. Dans le jour, elle se suspend par ses griffes de derrière aux plus hautes branches d'un arbre, et reste ainsi immobile, la tête enveloppée dans les membranes de ses pattes de devant comme dans un manteau.

Parmi les animaux carnivores de Ceylan, le plus redouté n'est point le léopard, malgré sa force musculaire et l'impétuosité avec laquelle il se précipite sur sa victime. La nuit, il rôde dans les bois ou autour des pâturages, et malheur au pauvre cerf sur lequel il s'élance. Mais il n'attaque point volontairement l'homme, et parfois même on l'a vu se retirer devant celui qui osait le regarder résolûment.

L'ours est plus fort, plus sanguinaire et plus terrible. Il habite dans les profondeurs des forêts ; mais la faim, la soif l'obligent souvent à sortir de sa retraite. Quelquefois même l'odeur d'une fourmilière ou d'une ruche de miel suffit pour l'attirer près des habitations. En 1850, dans le district de Caretchy, les femmes n'osaient plus se rendre aux fontaines ; une violente sécheresse avait fait sortir les ours de leurs tanières, et très-souvent au fond d'une citerne à demi tarie on trouvait un de ces lourds quadrupèdes qui, s'étant précipité dans cette cavité pour apaiser sa soif, ne pouvait plus en sortir. De même que le léopard, il n'attaque guère l'homme sans être provoqué. Mais alors ses attaques sont si furieuses qu'il est à peu près impossible d'y résister. Aussi, de tous les animaux dont il peut craindre la rencontre, c'est celui-ci dont le Cingalais est le plus épouvanté.

Chose singulière ! sur ces plages maritimes, sur ces collines, dans ces vallées que la nature a dotées à profusion de tant de fleurs éblouissantes, de tant de plantes fécondes, de tant d'arbres magnifiques, les oiseaux sont, sous certains rapports, inférieurs à ceux de quelques autres contrées. Ils n'ont point un aussi éclatant plumage que ceux de l'Amérique du Nord, ni des chants aussi prolongés que ceux de nos pays d'Europe ; mais leur forme est en général très-gracieuse, et s'ils ne font pas entendre les vives et brillantes roulades de nos rossignols, leur voix a des vibrations mélodieuses et touchantes. Il en est un, qu'on appelle *neela-cobeya*, qui est remarquable entre tous par la douceur pénétrante de sa voix. On dit que cette voix produit un tel effet sur ceux qui l'écoutent dans la solitude des bois, qu'elle apaise dans les cœurs les plus ulcérés le souvenir d'une injure et le désir de la vengeance. Que n'avons-nous en nos temps de dissensions particulières, ou de passions politiques, que n'avons-nous en France de tels oiseaux pour nous ramener si doucement à la morale de l'Évangile?

D'autres oiseaux de Ceylan surprennent l'étranger, soit par la singularité de leurs habitudes, soit par la richesse de leurs couleurs. Tel est celui qu'on appelle l'*oiseau de paradis*, et dont nos marchandes de modes connaissent bien les longues plumes. Tel est l'oiseau tailleur, qui coud les feuilles de son nid à l'aide d'un fil de coton qu'il a lui-même tordu, et l'oiseau tisserand, plus ingénieux encore, qui suspend aux branches d'arbre son nid tissé avec des brins de gazon dans la forme d'une bouteille, avec un long goulot et une ouverture étroite par où nul serpent ne peut s'introduire.

Ceylan a aussi ses oiseaux-mouches aux teintes chatoyantes, et son bulbul, qui n'est pourtant pas le galant bulbul des poésies persanes. Celui-ci est élevé pour le combat. On le prend tout jeune dans son nid, et on l'exerce successivement à diverses manœuvres. Tel est le courage de ce petit animal que, lorsqu'il est placé en face d'un antagoniste, il s'acharne à la lutte jusqu'à ce qu'il tombe épuisé de fatigue.

Mais si la tâche de l'ornithologue n'est point aussi étendue qu'on pourrait le supposer dans cette île splendide, en revanche, celle de l'entomologiste est très-vaste et très-variée.

« Par la combinaison de la chaleur, de l'humidité et de la végétation, les myriades d'insectes, dit sir Emerson, sont un des traits caractéristiques de Ceylan. Dans la solitude des bois retentit perpétuellement un bourdonnement harmonieux auquel se joint l'accent sonore de la cigale. Le matin, la rosée étincelle sur les fils de l'araignée, et aux premiers rayons du soleil brillent les ailes lustrées du dragon voltigeant sur les étangs. Le sol est inondé d'une quantité de fourmis qui sortent de leurs retraites souterraines et grimpent le long des arbres. Des coléoptères dorés se reposent sur le vert feuillage, tandis que des légions d'insectes plus petits flottent dans l'air en légers tourbillons. Des papillons d'une large dimension et d'une couleur éclatante errent sur les champs de fleurs. Il en est qui parfois se réunissent en troupes si nombreuses, qu'elles occupent un espace de plusieurs milles. On les voit passer pendant des heures, et quelquefois pendant des journées entières. On dit qu'ils émigrent. D'où viennent-ils et où vont-ils? Personne ne le sait. Vers le soir, les phalènes ouvrent leur ailes, les grillons entonnent leur chant, et lorsque le soleil a disparu à l'horizon, des millions de mouches à feu allument leurs lampes d'émeraude dans l'obscurité. »

Jusqu'à présent, on n'a point encore décrit systématiquement cette multitude d'insectes, on n'en a point énuméré les diverses espèces qui se trouvent en grand nombre dans chaque localité. Ce que Darwin rapporte des coléoptères du Brésil s'applique à ceux de Ceylan. Il n'en existe dans les collections européennes que quelques échantillons, et ce n'est pas sans de longues investigations que les entomologistes en viendront à faire un catalogue complet de tant d'animalcules.

Le matin, sur les plantes herbacées, luisent les scarabées d'or, dont les Cingalais prennent les ailes pour parer leurs vêtements, et les pattes brillantes pour faire des colliers et des bracelets.

Dans les forêts habitent les scarabées aux longues cornes qui dévastent les arbres, surtout les cocotiers. Ils pénètrent sous l'écorce des jeunes tiges, et avec le bois réduit en poussière par leurs morsures ils se font un cocon dans lequel ils s'endorment jusqu'à ce qu'ils arrivent à leur état de chrysalide. Si répugnant que soit l'aspect de ces larves, les coolies du Malabar s'en régalent.

Il est une autre famille d'insectes remarquable par sa beauté. C'est celle des *cassiadæ*. Tous ses membres sont, comme ceux de la tortue, revêtus d'une coquille qui a l'apparence d'un rubis entouré d'un cordon de perles.

Plus curieux sous un autre rapport sont les *mantidæ*. On les appelle des *feuilles ambulantes*, et à juste titre. Elles apparaissent dans les jungles avec toutes sortes de nuances, depuis le jaune pâle jusqu'au vert foncé, mais toujours avec la nuance particulière de la plante sur laquelle elles se développent. Leurs ailes sont exactement modelées sur les feuilles des arbres, elles en ont les côtés lisses et les fibres. Leurs œufs ressemblent à des graines d'arbustes. Enfin, telle est leur structure entière, qu'on ne parvient que très-difficilement à les distinguer du feuillage qui les entoure. Mais leur existence végétale ne les empêche pas d'être très-carnivores. « J'ai mis une fois, dit sir Emerson, deux de ces insectes dans une boîte. Ils se précipitèrent l'un sur l'autre, se lacérèrent les membres, et, quelques heures après, tous deux étaient morts. »

On ne lira pas sans intérêt les détails que l'habile historien de Ceylan nous donne sur les fourmis blanches, autrement dit, les termites, quoiqu'une partie de ces détails se trouve déjà dans divers ouvrages d'histoire naturelle.

Ces fourmis se répandent partout et en légions innombrables, et partout où le sol n'est point trop humide, ni trop sablonneux, elles construisent leurs édifices. Pour accomplir ce travail, elles creusent la terre avec leurs mâchoires, et l'humectent avec leur salive jusqu'à ce qu'elles lui donnent la consistance du grès. Si délicate est la trituration à laquelle elles soumettent leurs matériaux, que les bijoutiers de Ceylan recherchent la terre qu'elles ont ainsi élaborée pour en faire leurs moules les plus fins, et jadis on employait cette terre à façonner les idoles vénérées du peuple.

Les termites travaillent avec une telle habileté et une telle persévérance, qu'ils en viennent à élever leurs constructions à dix ou douze pieds au-dessus du sol, sur une largeur proportionnelle, et ces constructions sont si solides, qu'un cheval en les traversant ne les détériore point par sa pression, et qu'elles résistent même à ces violentes pluies des moussons qui dégradent les meilleurs mortiers. Telle est pourtant la rapidité avec laquelle ces fourmis accomplissent leur œuvre, que je les ai vues, dit sir Emerson, former sous une table un dôme de terre de six pouces de hauteur et de deux pouces de largeur, pendant la durée d'un dîner.

L'intérieur des excavations qu'elles ont faites en enlevant tant de globules de terre pour édifier leurs dômes et leurs remparts présente un curieux spectacle. Là sont leurs cellules et leurs magasins réunis l'un à l'autre par des galeries voûtées ; là sont les chambres réservées à la nouvelle génération, et au milieu, la chambre royale de la reine, une hideuse créature, dont le ventre, enflé d'une façon monstrueuse, est cent fois plus gros que le reste de son corps. C'est cette reine qui doit produire les myriades d'insectes nouveaux qui peupleront cette ruche souterraine.

Dans leurs habitudes de déprédation, les termites redoutent la lumière. Pour entreprendre leurs expéditions, elles se font un sentier couvert qui s'étend quelquefois jusqu'à une incroyable distance de leur gîte. A l'exception de l'ébène, du bois de fer, et de ceux qui sont fortement imprégnés d'huiles aromatiques, nul bois ne résiste à leur morsure. « Une nuit, dit sir Emerson, une troupe de termites pénétra sous ma tente dans mon portemanteau, et, le lendemain matin, tout ce qu'il contenait était anéanti. » En quelques instants, un détachement de ces maudites bêtes détruira une masse de livres et de papiers. Quand elles pénètrent dans les poutres d'une maison, elles les rongent à l'intérieur, de telle sorte que bientôt il n'en reste plus qu'une légère bande qui à la moindre pression tombe en poussière. Il n'existe aucun moyen assuré de préserver sa demeure et son mobilier de cette funeste engeance. Le meilleur est d'être perpétuellement sur la défensive et de surveiller sans cesse ses invasions.

A deux mille pieds au-dessus du niveau de la mer, les termites n'existent plus; mais d'autres espèces de fourmis existent partout à Ceylan, sur les terres, dans les arbres, dans chaque chambre, dans chaque meuble. La plus petite parcelle de sucre suffit pour en attirer une foule dans un endroit où un instant auparavant on n'en voyait pas une; et ce ne sont pas seulement les choses sucrées qui les mettent en mouvement, toute matière végétale ou animale excite leur convoitise. Jour et nuit, elles travaillent et rongent tout ce qu'elles rencontrent. « En voyant leur avidité, j'ai trouvé un jour, dit sir Emerson, un moyen d'en faire mon profit. Je leur ai livré les coquillages dont je désirais former une collection; en quelques jours ils étaient parfaitement nettoyés et leur émail restait intact. »

Dans ces hordes de fourmis, il en est une qui est particulièrement odieuse aux Cingalais : c'est la fourmi rouge, qui abonde dans les jardins et s'attache aux arbres fruitiers. Elle est très-irritable et défend si intrépidement la place qu'elle a envahie, que les indigènes, qui, en général, sont peu vêtus, ne parviennent pas sans peine à récolter les fruits du manguier, pour lesquels la fourmi rouge a une prédilection particulière. La nuit, elles tombent des rameaux d'arbres sur les voyageurs, et leur infligent une pénible souffrance par leur morsure vénéneuse.

Plus redoutables encore sont les insectes de l'ordre des myriapodes, notamment la scolopendre, dont la piqûre occasionne une douleur aussi vive que celle qui est produite par le scorpion. Il y a deux espèces de scolopendres, dont l'une est revêtue d'une sorte d'armure et n'a pas moins d'un pied de longueur.

Que l'on ajoute à ces diverses races d'insectes pernicieux les bêtes fauves qui hantent les forêts, les sangsues qui épient les voyageurs dans les plaines marécageuses, les serpents enroulés sur la plus fraîche verdure, et l'on reconnaîtra que cette terre de Ceylan, si riche et si belle, a, comme les autres, ses tristes conditions. Cependant nous remarquerons en passant que ce que l'on a dit de la quantité et de la nature de ses serpents a été fort exagéré. Un naturaliste a constaté que, de vingt espèces de ces reptiles réputées venimeuses, il n'y en avait que quatre qui le fussent réellement, et deux seulement dont la morsure fût mortelle, le *tic-polonga* et la *cobra di capello*.

Les eaux de Ceylan ont aussi leurs animaux dangereux : les crocodiles, les requins. Mais, dans ces mêmes eaux, le plongeur va chercher la perle précieuse qui parera le diadème des reines.

La pêche des perles, l'une des richesses de Ceylan, n'est plus aussi productive qu'autrefois. Cependant le gouvernement l'afferme encore chaque année à un prix assez élevé, et, chaque année, aux mois d'avril et de mai, la plaine du village d'Aripo, près duquel se fait cette pêche, présente un curieux spectacle. Là s'élève, comme par enchantement, un immense bazar où se trouvent réunies les marchandises les plus brillantes et les denrées nécessaires à cette foule de trafiquants, de curieux, d'ouvriers, de marins, qui, en un instant, couvrent la surface du sol de leurs longues rangées de cases. Les bords de la mer ne sont pas moins animés que la vallée. Le long du rivage se pressent des centaines de caboteurs du Malabar et des côtes de Coromandel; plus près de la grève, une multitude de bateaux sur chacun desquels se trouvent dix plongeurs, un pilote, un capitaine et huit hommes d'équipage, se tiennent prêts à s'élancer au large, avec la brise du soir, vers le banc d'huîtres qui leur est assigné. Arrivés à leur poste, après une traversée de dix-sept milles, ils laissent tomber l'ancre, et se reposent jusqu'au jour.

Aux premiers rayons de l'aurore, un coup de canon, parti du navire de guerre chargé de maintenir l'ordre dans cette fourmilière d'embarcations, donne le signal du travail. Aussitôt les plongeurs, partagés en deux bandes qui se succèdent à des intervalles égaux, se précipitent dans la mer à douze brasses de profondeur.

Chaque plongeur est armé d'un fort couteau pour détacher les huîtres du rocher. A une corde liée au bateau est suspendue une grosse pierre sur laquelle il pose les pieds pour descendre plus vite ; à une autre corde est lié un panier qu'il entraîne également avec lui, et dans lequel il déposera son butin. En une minute, il faut qu'il achève son opération, la privation de l'air ne lui permet pas de rester plus longtemps sous l'eau. On le hisse immédiatement à bord, et un de ses compagnons le remplace.

Avec un peu de riz pour toute nourriture, ces pêcheurs poursuivent ainsi, pendant de longues heures, leur pénible travail, au risque de se briser la tête sur les rocs ou d'être dévorés par les requins. Que les belles dames, si heureuses de porter un collier de perles, le regardent quelquefois avec une pensée de commisération ! Pour chacune de ces perles, combien d'hommes ont exposé leur vie au plus grand péril !

A la fin de la journée, au nouveau signal du stationnaire, les bâtiments retournent sur le rivage et déposent dans des hangars leur cargaison.

Les huîtres, tombées en pourriture, sont lavées dans de grandes auges ; c'est dans un amas de rudes écailles et d'immondices que l'on cherche, d'une main inquiète, le bijou qui doit un jour orner la couronne d'un roi ou le front d'une jeune fille.

Cette dernière opération décide le succès ou la ruine du spéculateur. Avec quelle anxiété, à mesure que l'eau s'écoule, il suit le travail des marins ! avec quelle vigilance il observe leurs moindres mouvements ! Il est défendu, sous les peines les plus sévères, à ceux qui remplissent cette tâche, de porter la main à leur bouche, car on craint qu'ils n'avalent le trésor qu'ils auraient trouvé.

Cette opération finie, toutes les perles sont ramassées sans distinction et jetées dans un crible double qui sépare celles de première, de seconde et de troisième grosseur. Quant à la cendrée, on y attache peu de prix.

Lorsque le marchand a recueilli sa récolte, il s'agit pour lui de la diviser en plusieurs catégories distinctes, afin d'en retirer le plus grand profit possible, car chaque nation garde à cet égard des prédilections particulières. Pour l'Europe, on réserve les perles rondes et blanches; pour l'Asie, les perles bleuâtres et légèrement argentées; pour les indigènes de Ceylan, les perles roses.

La plupart de ces bijoux se vendent sur les lieux mêmes, près du petit village d'Aripo, sous des huttes en bois, sous des tentes grossières, occupées par les plus riches négociants. Vers la fin de mai, tout mouvement cesse, toute cette affluence d'étrangers disparaît, et la plage d'Aripo retombe dans le silence de l'isolement.

Tel est le tableau qu'un de nos illustres voyageurs, M. l'amiral Laplace, a tracé de la pêche des perles à Ceylan, et, depuis l'époque où l'habile navigateur observait cette scène curieuse, elle se renouvelle chaque année, à peu près de la même façon.

La mer de Ceylan, où l'on puise ces trésors, abonde encore en poissons de toutes sortes, et les eaux de l'intérieur de l'île sont aussi d'une fécondité prodigieuse. Le Cingalais fait une pêche fructueuse, non-seulement dans les eaux courantes, mais dans chaque petit lac, dans chaque étang, et même dans chaque fossé.

Cependant, au temps des grandes chaleurs, une portion de ces réservoirs formés par les pluies se dessèche, et alors les naturalistes observent un singulier phénomène. Il y a des poissons qui, ne pouvant plus rester dans leur étroit bassin, en sortent bravement, se traînent sur le gazon, et, conduits par leur instinct, s'en vont, par une longue et pénible pérégrination, à la recherche d'un autre réservoir. Il en est même, dit-on, quelques-uns qui grimpent le long des arbres pour y trouver un suc salutaire. Mais ce fait étrange n'est pas encore très-positivement constaté. Il en est d'autres enfin, et c'est le plus grand nombre, qui se plongent dans la vase humide et y restent dans un état de torpeur et d'immobilité jusqu'au retour d'une meilleure saison.

« L'état d'hibernation, dit le savant docteur Hunter, est le résultat du froid ; mais il peut être aussi attribué à la privation de la nourriture et des autres éléments d'action. Or, l'excessive chaleur des contrées tropicales produit sur les animaux et les végétaux un effet analogue à celui d'une température glaciale dans les régions septentrionales, et de ces deux températures extrêmes peut résulter la même hibernation. L'alligator est emprisonné par le froid, en hiver, dans le Mississipi, comme les crocodiles dans la vase des étangs de Ceylan par une chaleur ardente. Le hérisson d'Europe tombe dans une profonde torpeur dès que l'hiver le prive de sa pâture habituelle de limaces et d'insectes, et le *tenza* de Madagascar, qui est son représentant sous les tropiques, manifeste la même tendance à l'époque de l'année où l'excessive chaleur le condamne à la même disette. »

Ainsi, sous les climats les plus opposés, dans leur variété d'aspects infinis, les œuvres de la nature surprennent l'attention de l'observateur par de curieuses analogies.

IX

UN NOUVEAU VOYAGE EN AFRIQUE[1].

Nous aimons à constater l'influence de la France partout où nous en retrouvons la trace dans une entreprise honorable, dans une œuvre de mérite. En annonçant dans ce recueil un livre qui dès son apparition a eu en Angleterre et en Amérique un grand succès, il nous est agréable de dire que M. Paul du Chaillu, l'auteur de ce livre, le courageux citoyen de la Louisiane, est d'origine française. De plus, c'est sous la protection du drapeau de la France qu'il a fait les études de linguistique sans lesquelles il n'aurait peut-être jamais pu accomplir sa périlleuse exploration.

En 1842, notre gouvernement fonda sur la côte occidentale d'Afrique, à l'embouchure du Gabon, un comptoir

---

1. *Exploration and adventures in equatorial Africa*, by Paul du Chaillu. Londres, 1861.

fortifié. « Mon père, dit M. du Chaillu, avait établi en ce même lieu une factorerie. Pendant plusieurs années, il y fit le commerce avec les indigènes sous le patronage de la France. Moi, j'étudiais les mœurs, les caractères, les idiomes de diverses tribus africaines, et ce fut de là que je partis pour pénétrer dans une *terra incognita*. »

La côte méridionale du Gabon est habitée par huit tribus de nègres qui portent différents noms, mais parlent à peu près la même langue et ont évidemment la même origine. Leur principal, ou pour mieux dire leur unique occupation est le commerce, et la façon dont ce commerce s'opère doit étrangement surprendre le négociant d'Amérique ou d'Europe habitué aux rapides locomotives du chemin de fer et aux correspondances du télégraphe électrique.

Dans la région dont M. du Chaillu nous révèle les singularités, les rivières sont les seules voies par lesquelles se font les importations et les exportations. Le long de ces rivières campent diverses peuplades; d'abord celle des Mpongwe qui stationne près de l'embouchure du Gabon, plus haut celle des Shekiani, et de distance en distance d'autres encore. On en compte une douzaine depuis les plages de l'Atlantique jusque dans les districts où s'élèvent les Montagnes de cristal. Chacune de ces peuplades est dans tous les marchés une intermédiaire obligée entre celles qui l'avoisinent, et perçoit pour son office de courtage un impôt assez élevé. Impossible d'enfreindre cette règle sans s'exposer à un sévère châtiment. Ainsi un nègre qui dans l'intérieur du pays a de l'ivoire à vendre ne peut l'apporter lui-même jusque sur la côte dans une factorerie. S'il osait commettre une telle infraction aux anciennes coutumes de la contrée, ses biens seraient confisqués, et lui-même peut-être vendu comme esclave. Il est obligé de livrer ses denrées à un des membres de la tribu qui se trouve le plus rapproché des comptoirs des blancs. Celui-ci transmet son dépôt à un autre, qui le confie à un troisième, ainsi de suite jusqu'à ce que de station en station, de mains en mains la marchandise africaine arrive enfin à sa destination. Le prix payé par le marchand doit passer par la même filière, et chaque agent le morcèle, de telle sorte qu'au terme de son trajet, il n'en reste que quelques bribes.

Pour éloigner le nègre de l'intérieur de toute idée d'un commerce plus direct et qui lui serait plus lucratif, les rusés habitants de la côte ont grand soin de l'entretenir dans une ignorance complète sur la nature réelle de leurs opérations. Pour plus de sûreté ils lui font un sinistre tableau de la duplicité, de la fourberie, de la cruauté des blancs; ils racontent qu'ils ne peuvent, sans s'exposer aux plus grands périls, entrer en négociation avec ces féroces étrangers.

Grâce à leurs artificieuses manœuvres, les Mpongwe réalisent des bénéfices qui leur permettent de jouir d'une sorte de fortune inconnue à quelques lieues de distance. « Leurs villages, dit M. du Chaillu, sont les plus grands et les plus propres que j'aie vus dans mes voyages en Afrique. Leurs maisons cependant sont simplement construites avec des tiges de bambous, et recouvertes de feuilles de palmiers, mais elles sont propres, et il en est plusieurs où l'on trouve divers ornements rustiques : des chaises, des tables, voire même des canapés et des miroirs. »

Cette race de Mpongwe est d'un beau type, bien entendu, d'un beau type de nègres, les lèvres épaisses, les cheveux laineux, mais la physionomie plus agréable, et la taille plus élégante que celle des peuplades du Congo. Elle est aussi plus soigneuse de sa toilette. Les hommes portent une chemise en calicot de fabrique européenne ou américaine, et se drapent dans une étoffe qui leur tombe jusqu'aux genoux. Sur leur tête ils portent un chapeau de paille. Leur roi porte un chapeau de soie. Ce chapeau noir, façonné dans un atelier de la rue Richelieu ou de Strand ou de Broadway, c'est le signe de son pouvoir suprême, c'est sa couronne. Il ne manque pas d'y ajouter, quand il en trouve l'occasion, un habit rouge d'officier anglais et des épaulettes. Les chefs de la tribu ont aussi le privilége de suspendre à leur ceinture un sabre de cavalerie et de se revêtir de quelque vieil uniforme que les négriers leur font payer cher.

Les femmes nouent sur leurs flancs un lambeau de tissu de coton qui se déroule jusqu'à leurs genoux. Pour comprimer leur légèreté elles chargent leurs bras et leurs jambes d'énormes bracelets en bronze. Il en est qui portent ainsi un poids de vingt-cinq à trente livres, ce qui gêne fort leurs mouvements; mais plus leur luxueux fardeau est lourd, plus elles en sont fières.

Des canapés, des miroirs, des étoffes de coton, des chapeaux de soie, tels sont sur la côte de Guinée, au milieu d'une des plus intelligentes populations de l'Afrique, les signes palpables du progrès de notre glorieuse civilisation. A moins qu'on n'y joigne la finesse commerciale de cette même peuplade on n'en verra guère d'autres.

A huit milles au versant de l'embouchure du Gabon, sur la colline de Baraka, des missionnaires protestants ont construit une large habitation, ils s'y sont installés avec leurs femmes et leurs enfants, leurs élégants mobiliers et leurs batteries de cuisine, selon l'usage des missionnaires protestants. A l'aide des subsides de leurs zélés coreligionnaires, ils vivent là très-confortablement, mais font peu de prosélytes. Les missionnaires catholiques ont plus de succès. Dans les pays où ils entreprennent d'enseigner les vérités de l'Évangile, ils ne voyagent point à grands frais comme les mandataires des sociétés bibliques. Ils emportent pour tout bien leur crucifix et leur livre de prières. Ils sont les frères du pauvre, les consolateurs du malheureux, et ils attendrissent le cœur du riche par leur douceur et leur humilité.

A quelques lieues de Baraka, les nègres ont à peine une vague notion de l'Église américaine. Chemin faisant, M. du Chaillu essaye quelquefois de leur parler du Dieu des chrétiens, et ils lui répondent : « Ce que tu nous annonces est peut-être vrai pour toi, mais le Dieu des blancs n'est pas notre Dieu. » Un vieillard lui dit un jour plus explicitement, avec un accent de tristesse : « Tu es blanc, et nous sommes noirs. Le Dieu qui a fait ton peuple n'a pas fait le nôtre. Tu es de la race des esprits, et tu n'as pas besoin de nos fétiches, ni de nos idoles Nous qui sommes pauvres, nous en avons besoin. Dieu a donné aux tiens les bonnes choses, et à nous rien. »

Les nègres sont d'un caractère très-obstiné. De plus, ils sont dès leur enfance étroitement enlacés dans un réseau de superstitions, non point ces douces, naïves superstitions comme il en existe encore dans nos villages, mais les conceptions les plus grotesques et souvent les plus cruelles. D'abord, chaque nègre porte au cou ou à la ceinture une collection de fétiches, façonnés expressément pour lui, mais non gratuitement par l'ouganga, ou le docteur, ou pour mieux dire, le magicien de la localité. Les objets les plus vulgaires : une griffe d'oiseau, une dent de léopard, un os de serpent, une plume, une pincée de cendres, peuvent être transformés en fétiches. Le nègre n'en est pas moins convaincu de leur efficacité. Un de ces précieux talismans le préserve des maladies; un autre le protége contre les sorcelleries; d'autres encore lui donnent des moyens particuliers de séduction et font de lui un don Juan irrésistible.

Chaque village a en outre ses idoles, qui ordinairement sont déposées dans la demeure du roi, ou dans quelque cabane spéciale. A quelques lieues de la côte, M. du Chaillu a vu cinq idoles placées dans trois maisons. Dans la première est le vaillant Pangeo marié à la fidèle Aleka. Tous deux veillent nuit et jour sur le peuple. Dans une autre est le débonnaire Makambi avec son ambitieuse compagne Abiala qui lui a ravi le pouvoir. Abiala tient un pistolet à la main et épouvante les ennemis de la tribu. Dans une troisième est le solitaire Numba qui apaise les tempêtes. Ailleurs, c'est une figure en bois grossièrement sculptée, qui a des yeux en cuivre, et une langue faite avec la pointe d'une épée. On dit qu'elle marche, qu'elle parle, qu'elle se promène la nuit, et annonce l'avenir aux nègres pendant leur sommeil. Toutes ces idoles sont en général très-redoutées. On les invoque en dansant autour d'elles, et quelquefois en leur offrant certains aliments pour lesquels on leur attribue une prédilection particulière. Mais aucun prêtre n'est attaché à leur service, et malgré le respect qu'elles inspirent, et les services qu'elles rendent à tout un village, il est plus d'un chef de peuplades qui dans un moment de disette ne refuse pas de vendre ces divinités tutélaires pour quelques livres de tabac ou quelques flacons de rhum.

Après tout, cette croyance aux fétiches et aux idoles n'est qu'une inoffensive absurdité, mais il en est une autre qui pour les habitants de cette contrée africaine est un véritable fléau. C'est la croyance à la sorcellerie; elle est universellement répandue parmi les nègres, elle les obsède à tout instant, elle trouble leur raison et quelquefois les porte à des actes d'une effroyable cruauté. Quand un nègre en vient à se figurer qu'il est ensorcelé, on le voit aussitôt tout bouleversé. Il ne regarde plus qu'avec une sombre inquiétude ses plus intimes amis. Le père a peur de ses enfants, les enfants ont peur de leur père, la femme de son mari. Le malheureux s'imagine qu'il est malade, et tombe malade en réalité par l'effet de ses appréhensions. La nuit, il se croit entouré de méchants esprits. En vain il se couvre le corps de talismans, en vain il invoque ses idoles, il a des rêves terribles, et tout le village lui paraît rempli de funestes magies. Peu à peu ses craintes se propagent autour de lui. Chaque famille est dans un état de défiance, et l'on cherche d'où peut venir l'influence malfaisante et bientôt les soupçons se fixent sur quelque innocente créature qui devient la victime de cette panique générale.

En de telles circonstances, l'ouganga, le magicien de la localité, devient un personnage très-redoutable. Chaque émotion de terreur augmente son pouvoir, et il est de son intérêt d'augmenter plutôt que d'apaiser l'effervescence populaire. On assiste à ses incantations avec un intérêt extrême, et malheur à ceux qu'il désigne à la vindicte publique. Ses sentences sont immédiatement mises à exécution. Cet ouganga inspire au peuple une vénération superstitieuse par la faculté qu'il possède de boire impunément une large décoction de mboundo, qui est un poison mortel ; c'est lui qui a le privilége exclusif de façonner les fétiches, et c'est lui qui découvre les sorciers. Plus puissants que les anciens augures de Rome, et les magiciens des peuplades indiennes de l'Amérique, il ordonne absolument la paix ou la guerre, il condamne à la mort ou à l'esclavage des familles entières, il détermine toute une tribu à une complète émigration. « Je me suis souvent appliqué, dit M. du Chaillu, à étudier les manœuvres de ces terribles docteurs. J'en ai connu plusieurs qui étaient d'impudents fourbes, mais d'autres agissaient réellement de bonne foi dans leurs extravagances. Je les ai vus soumis aux mêmes craintes que leurs dupes, et attachant à la nature de leurs rêves la même importance. »

C'est surtout quand un chef est atteint d'une maladie mortelle que la superstition des nègres devient effrayante. Pour eux, la mort est toujours une violence. Ils ne peuvent concevoir qu'un homme qu'ils ont vu dans la plénitude de sa force s'affaise, et expire, par une cause naturelle. Ils attribuent son état à une œuvre de sorcellerie, et il faut découvrir le coupable, et il faut lui faire expier son crime.

M. du Chaillu raconte en détail une horrible scène dont il a été témoin, à la suite d'un de ces décès.

« En arrivant, dit-il, dans un village où j'avais déjà séjourné, je fus invité à me rendre près de mon vieil ami Mpomo qui était malade. Toute la nuit, les nègres avaient battu le tamtam autour de sa demeure pour écarter les méchants esprits. Mais ni tambours, ni médecins ne pouvaient le sauver. L'empreinte de la mort était déjà sur sa figure, et il n'avait plus que quelques heures à vivre. Il me tendit la main, en me disant d'une voix languissante : « Sauvez-moi, je me sens mourir. »

Des centaines d'individus réunis dans son habitation le regardaient avec une expression d'attendrissement.

Je lui répondis que je ne pouvais le sauver, que notre vie à tous était entre les mains de Dieu et qu'il devait recommander à Dieu son âme et son corps. Mais il restait convaincu que j'avais la faculté de le guérir et ses amis avaient la même conviction. Ils me suivirent dans ma cabane en me priant de lui donner une médecine. Je leur remis une potion calmante pour adoucir ses derniers moments. En même temps, je leur répétai que je ne pouvais ni prévenir, ni même retarder sa mort.

Le lendemain matin, je fus éveillé par des cris de douleurs qui annonçaient la fin de Mpomo. Ces cris de douleurs des Africains sont d'une tristesse profonde : « C'en est fait, disent-ils, nul espoir ; nous l'aimions et nous ne le reverrons plus. »

En ce moment suprême, une des femmes du défunt s'approche de lui, l'enlève dans ses bras et lui murmure un chant d'amour, en pleurant et en sanglotant, puis elle s'assoit par terre avec les autres femmes, et toutes pleurent et toutes se couvrent le corps de poussière et déchirent leurs vêtements.

Dans l'après-midi j'entendis parler de sorcellerie.

Les lamentations se prolongèrent pendant deux jours. Le troisième jour, le corps qui était déjà dans un état de décomposition fut placé dans un canot et conduit sur la rivière au cimetière de la peuplade, à une longue distance du village. Les veuves de Mpomo montraient une douleur vraiment touchante. Elles semblaient l'avoir réellement aimé, et le regretter du fond de l'âme. Mais le caractère africain est plein de dissimulation et les négresses qui viennent de perdre leur mari ne manifestent souvent un éclatant chagrin que pour mieux écarter d'elles le soupçon de l'avoir ensorcelé. Plus d'une malheureuse mère qui ne se montrait pas assez affligée de la mort de l'enfant a été accusée de l'avoir elle-même fait périr, et sans autre forme de procès livrée au sabre du bourreau, égorgée.

Le jour même où Mpomo était enseveli, on se mit à chercher ceux qui avaient exercé sur lui leurs maléfices, car on ne pouvait admettre qu'il fût mort naturellement, par les effets d'une maladie irrémédiable.

Un célèbre docteur qu'on avait été chercher fort loin pour cette grave circonstance fut appelé à remplir son office et préluda lentement à sa fatale opération. Il resta deux jours absorbé dans son mystérieux travail, deux jours, pendant lesquels l'impatience et l'agitation de la foule s'accroissaient d'heure en heure. Enfin il convoqua le peuple sur la place publique et accomplit sa dernière incantation. Jeunes et vieux, hommes et femmes, tout le monde se réunit autour de lui dans une attente fiévreuse. Les hommes étaient armés, qui de lances ou d'épées, qui de haches ou de fusils, et sur chaque physionomie on pouvait voir l'expression d'une farouche pensée et d'un désir sanglant. Tout le village était dans un état de fureur et de délire. J'essayai de parler à cette tourbe frénétique qui en d'autres circonstances m'avait écouté avec respect. Mais elle ne m'entendait plus. Je lui dis que je m'adresserais à son roi Quengueza et qu'il châtierait ceux qui se rendraient coupables d'un meurtre. Mais cette menace ne pouvait plus produire aucun effet ; le jour même de la mort de Mpomo, des habitants du village étaient allés trouver Quengueza et lui avaient demandé l'autorisation d'égorger leurs sorcières. Le pauvre homme déjà malade, et tourmenté aussi par la crainte des maléfices, leur avait donné plein pouvoir d'agir selon la prescription de leur ouganga.

Tous mes efforts étaient inutiles, je me résignai à assister en silence à la scène lamentable qui allait se dérouler devant moi.

A un signe du docteur, le tumulte de la foule s'apaisa. Ce calme sinistre dura quelques minutes, puis la voix de l'ouganga se fit entendre.

« Il y a là, dit-il, dans cette maison, une méchante femme qui a ensorcelé Mpomo. »

A peine avait-il prononcé ces mots, qu'une légion de furieux criant et hurlant se précipita comme un troupeau de bêtes fauves vers l'habitation qui lui était désignée, et s'empara d'une pauvre fille nommée Okandaga, la sœur de mon guide, de mon ami, Adouma. En brandissant leurs armes sur sa tête, ils la traînèrent au bord de la rivière. Là, ils la lièrent avec des cordes, puis revinrent se grouper autour du docteur. Lorsque la malheureuse passa près de moi, j'essayai de me dérober à ses regards, mais elle me vit, et s'écria : « Oh! je vous en conjure, ne me laissez pas mourir. »

Ce cri me perça le cœur. L'idée me vint de m'élancer au milieu de ces hommes pour la sauver. Mais au milieu de ces masses d'individus possédés d'une sorte de rage infernale, j'aurais sacrifié ma vie sans pouvoir épargner la sienne. Je me retirai derrière un arbre, et dans le sentiment de mon impuissance, je pleurai.

Un nouveau silence se fit, puis un instant après de nouveau retentit la voix diabolique du magicien.

« Il y a dans cette autre maison une vielle femme qui a ensorcelé Mpomo. »

Cette vieille femme était une nièce du roi Quengueza, une vaillante et majestueuse créature. Quand les féroces nègres entrèrent dans sa cabane, elle se leva fièrement, et dit : « Je veux boire le mboundon. Mais malheur à mes calomniateurs si je n'en meurs pas. »

Le mboundon est un poison vénéneux par lequel dans ce pays les accusés peuvent prouver leur innocence comme au moyen âge en Europe, par l'épreuve du fer ou de l'eau.

Elle fut conduite sur les bords de la rivière, mais sans être garrottée, et elle ne versa pas une larme, et ne proféra pas une menace.

Une troisième fois, la voix du docteur se fit entendre :

« Il y a une femme mère de six enfants, qui demeure dans cette plantation. Elle a ensorcelé Mpomo. »

Quelques minutes après, cette honnête mère de famille était liée et conduite près de ses deux compagnes d'infortune.

Le docteur s'avança vers elles suivi de la foule, et formula son accusation.

« Il y a quelques semaines, dit-il, Okandaga demanda un peu de sel à Mpomo qui était son parent. Il lui en refusa, et pour se venger de son refus, elle jeta sur lui un maléfice.

« Cette seconde femme, la nièce de Quengueza, est restée stérile; elle portait envie à Mpomo qui avait des enfants, et pour cette raison elle l'a tué.

« Cette troisième voulait obtenir de Mpomo un miroir qu'il n'a pas voulu lui donner, et pour cette raison elle l'a tué. »

A chacune de ces accusations, le peuple répondait par des malédictions. Les parents mêmes des accusés étaient obligés de les invectiver à haute voix de peur d'attirer sur eux-mêmes les soupçons et la colère de la foule.

Les trois malheureuses femmes entrèrent dans un large canot avec le docteur, les exécuteurs et plusieurs autres hommes armés.

Le tamtam résonna, et l'on prépara le mboundon. Quabi, frère aîné de Mpomo, tenait la coupe empoisonnée. A la vue de ce mortel breuvage Okandaga se mit à pleurer, et la nièce de Quengueza pâlit, car le visage des nègres peut aussi visiblement pâlir. Trois autres canots remplis d'hommes armés entourèrent celui qui portait les victimes.

Le mboundon fut successivement présenté à la mère de six enfants, qui était une esclave, à la nièce du roi, puis à Okandaga. Toutes trois le burent, et le peuple criait : « Si ce sont des sorcières le mboundon les tuera. »

Jamais je n'avais vu rien de pareil, et quoique je sentisse mon sang se glacer dans mes veines, je ne pouvais détourner mes yeux de ce spectacle. Il se fit un grand silence. L'esclave tomba par l'effet du poison, aussitôt sa tête fut tranchée par une douzaine de rudes épées. Ensuite la nièce de Quengueza s'affaissa aussi, et sa tête fut immédiatement coupée. Okandaga luttait encore contre l'action du mboundon et pleurait et essayait de se tenir debout, mais elle succomba aussi et fut comme les deux autres décapitée. Puis les corps des trois victimes furent coupés en petits morceaux et jetés dans la rivière. Après cette épouvantable scène, chacun rentra dans sa demeure, et le village reprit sa tranquillité habituelle.

Les peuples les plus barbares des anciens temps et des temps modernes ont tous eu au moins quelque désir ou quelque intuition d'une autre vie succédant à la vie de ce monde. Les nègres n'ont pas le moindre sentiment de cette pensée consolante. De là l'effroi que leur cause la perspective de la mort. Car, la mort pour eux, c'est la fin de tout. « Nous voilà vivants, nous mourrons, nous ne serons plus. Notre ami est mort, jamais nous ne le reverrons, jamais nous ne lui serrerons la main. La mort c'est la fin de tout. »

Tel est le perpétuel refrain de leurs chants de deuil.

Ainsi pas même une légère notion du dogme le plus universellement répandu, du dogme de l'immortalité de l'âme, ni Dieu, ni prêtres, ni culte, seulement des fétiches auxquels on attribue un pouvoir magique, des idoles que l'on honore par des danses obscènes, et une effroyable croyance à la sorcellerie, telle est la religion des nègres.

Il faut avouer pourtant que dans les plantations d'Amérique, où ils accomplissent leurs tâches d'esclaves, ils acquièrent de meilleurs principes. Ajoutons que dans leur propre pays, la plupart d'entre eux sont esclaves. Les uns par leur naissance, d'autres par diverses raisons. Un homme soupçonné de sorcellerie, ou de quelque autre grave délit, est vendu comme esclave. Il y a cependant une certaine catégorie d'esclaves qu'on ne vend point, qui restent assujettis à un état de domesticité. Leur maître peut les tuer impunément, mais en général il les traite avec quelque ménagement, de peur de les pousser à quelque acte de sorcellerie, s'il les irritait. Les autres sont livrés aux spéculateurs, et de peuplade en peuplade conduits sur la plage où les attendent les négriers. Malgré toutes les précautions employées par les principales puissances maritimes pour empêcher la traite, il n'est pas possible d'y réussir, car comment pourrait-on en venir à surveiller efficacement une étendue de côtes de plus de mille lieues ?
« Il y a une dizaine d'années, dit M. du Chaillu, j'étais sur la côte d'Afrique ; les Anglais avaient là vingt-six navires, bateaux à vapeur ou excellents voiliers ; les Français également vingt-six navires ; les Américains leur contingent au grand complet, et jamais le commerce d'esclaves n'avait été plus prospère. Beaucoup de négriers étaient capturés, mais beaucoup échappaient, et les bénéfices réalisés par ceux qui se soustraient à une croisière suffisent à compenser amplement des pertes considérables. »

Nul doute que la traite n'ait contribué à augmenter le nombre des condamnations à l'esclavage. Mais en même temps elle prévient de sanglantes exécutions. Le barbare despote africain sachant que l'homme, la femme, l'enfant qui ont encouru sa colère équivalent à plusieurs bouteilles, à un habit galonné, à un collier de verroterie, aime mieux les vendre que de les égorger. A ce point de vue, dans l'état actuel de l'Afrique, la traite pourrait être sans paradoxe, et sans exagération considérée comme un acte d'humanité.

La traite, d'ailleurs, n'a point enfanté l'esclavage. Il existe dans ces sauvages contrées depuis un temps immémorial. Il y existe si bien, que l'unité monétaire y est représentée par l'esclave, comme autrefois en Islande par l'aune de vadmel, comme à présent dans tous les pays civilisés par les pièces d'or et d'argent.

L'Africain tire de ses champs du plantain, qui est un de ses principaux éléments de subsistance ; de ses forêts, du bois de teinture, de l'ébène, du caoutchouc et de l'ivoire. Il extrait aussi du minerai de fer que la tribu des Fans manipule assez habilement avec les instruments les plus primitifs. Mais, en réalité, il attache peu de prix au domaine territorial. Il ambitionne d'autres propriétés. Il s'enorgueillit d'avoir dans sa cabane des coffres garnis de serrures américaines. La plupart de ces coffres sont vides peut-être, mais n'importe, il n'en suspend pas moins les clefs à sa ceinture, et plus il a de clefs, plus il est fier. Ce qui le rend plus fier encore, c'est de posséder beaucoup d'esclaves et beaucoup de femmes.

Dans cette sauvage région, la polygamie se perpétue d'une façon monstrueuse. Des filles sont mariées dès l'âge de quatre à cinq ans, et souvent leur mariage est accompli avant leur puberté. Par suite de cette effroyable coutume, la plupart meurent jeunes et stériles. Le mari achète ses femmes, et tant qu'il peut en acheter il n'a garde de se refuser cette satisfaction qui est un indice de sa fortune. Il n'est pas rare de voir des vieillards de soixante-dix et quatre-vingts ans adjoindre à leur harem une pauvre créature à peine nubile. Les infidélités et les débordements qui résultent de ces alliances, M. du Chaillu, qui est un écrivain chaste, ne fait que les indiquer. « Moins j'en parlerai, dit-il, mieux cela vaudra. »

Le rusé nègre qui achète tant de femmes sait bien que, même en les payant fort cher, il ne fait pas un mauvais marché. L'une d'elles, ordinairement la première qu'il a épousée, devient la confidente de ses secrets, l'intendante de sa maison, la duègne de ses compagnes. Les autres sont ses esclaves. Elles doivent travailler pour lui, préparer ses repas, faire la récolte, amasser le bois d'ébène et le bois de teinture. Comme il n'y a dans ce pays ni cheval, ni mulet, ni aucune bête de somme, elles doivent elles-mêmes porter les plus lourds fardeaux, enfin elles doivent subvenir à tous les besoins et satisfaire à toutes les fantaisies de leur souverain maître. Ce maître les traite sans ménagement. Si l'une d'elles lui paraît quelque peu paresseuse ou rebelle, il a, pour la ramener aussitôt à son devoir, un instrument de correction plus redoutable que le knout, une lanière de peau d'hippopotame, lourde et dure comme le fer : « Ah ! coquine, s'écrie-t-il en saisissant la coupable, crois-tu donc que je t'ai achetée pour rien, » et il lui allonge des coups de fouet qui lui déchirent le corps, et dont elle portera les marques jusqu'à la fin de ses jours.

Que si elle a commis, ou seulement si elle est soupçonnée d'avoir commis quelque grave délit, sa punition est bien autre chose.

« Un matin, dit M. du Chaillu, dans un village où je stationnais, j'entendis retentir des cris lamentables et j'appris que c'étaient ceux d'une des femmes du roi à laquelle son tout-puissant seigneur infligeait un châtiment. Quelques nègres me firent comprendre que je pourrais lui sauver la vie. Je courus à la cabane du roi, et là je vis un horrible spectacle : une femme nue liée par le milieu du corps à un poteau ; les flancs, les poignets, les jambes serrés avec des cordes que des bourreaux tordaient à l'aide d'un morceau de bois, et qui déjà lui entraient dans les chairs. Un grand nombre de gens assistaient à cette torture comme des gens habitués à de pareilles scènes. Je m'approchai du roi, et le priai de m'accorder la grâce de cette femme. Il hésita, j'insistai. Enfin, il me dit :

« Ordonnez vous-même qu'on la délie, je vous la donne. » Après avoir délivré cette malheureuse dont le sang coulait de tous côtés, je demandai au roi quel crime elle avait commis. Elle était accusée de lui avoir dérobé la ceinture qu'il portait habituellement, pour la donner à un de ses amants. »

Une autre fois, M. du Chaillu, en allant à la chasse, trouva dans un bois le cadavre d'une jeune femme qui avait été soupçonnée d'avoir fait quelque acte de sorcellerie. On l'avait liée à un arbre, on lui avait lacéré le corps, on avait mis dans ses plaies du poivre rouge pour les rendre plus cuisantes, puis elle avait été abandonnée dans ses affreuses souffrances et elle était morte sans secours.

Le dernier outrage fait par le nègre à la femme est celui-ci. En mourant, il lègue ses femmes ainsi que ses coffres, ses ceintures, ses armes, ses esclaves à ses héritiers. Pour lui, comme pour eux, elles sont mises au nombre de ses propriétés mobilières. Elles ne représentent qu'une valeur matérielle détériorée par l'âge, emportée par un accident.

L'ancienne loi de Malabar qui obligeait les veuves à se brûler sur le bûcher de leur mari, leur rendait par là un féroce hommage. La coutume africaine les réduit au dernier degré d'avilissement.

En s'aventurant souvent seul au milieu de ces peuplades barbares, M. du Chaillu a dû son salut à l'étrangeté de son apparence, à la crainte superstitieuse qu'il leur inspirait. Chacun sait l'impression produite sur les ignorants indigènes des diverses régions de l'Amérique par la première apparition des Européens. Le jeune voyageur de la Louisiane, avec sa jaquette et ses bottes de chasseur, son fusil sur l'épaule, produisait une impression à peu près semblable sur les nègres qui de leur vie n'avaient vu un blanc.

Les habitants de la côte lui avaient fait une sinistre

peinture des Fans qui sont perpétuellement en guerre avec leurs voisins, et se nourrissent de chair humaine.

Cependant il voulait voir cette redoutable tribu, et un matin, au milieu d'un bois, il se trouva seul en face du nègre le plus hideux qu'il eût jamais rencontré. Les dents de cet homme sont aiguisées à l'aide d'une lime; ses cheveux sont entremêlés d'anneaux de bronze ou de fer. Il est grand et musculeux et n'a pour tout vêtement qu'un morceau d'écorce lié à sa ceinture. Mais, d'une main il tient son bouclier en peau d'éléphant; de l'autre ses flèches empoisonnées, et un large couteau est suspendu à son épaule. C'est un Fan. Certes, une telle figure n'est pas agréable à rencontrer loin de tout secours, dans la profondeur d'une forêt, et M. du Chaillu, qui s'était laissé entraîner par l'ardeur de la chasse loin de ses compagnons, regrettait de n'avoir pas été plus prudent. Il voulait cependant faire bonne contenance, et il s'avance en souriant au-devant de l'anthropophage. Mais quelle est sa surprise en voyant ce terrible Fan qui le regarde bouche béante, puis tremble visiblement et laisse l'une après l'autre tomber ses flèches dont la moindre piqûre est mortelle. A l'aspect du jeune Américain, le Fan croyait voir un esprit. Les gens de son village eurent la même idée. Grâce à cette impression, M. du Chaillu fut traité avec des égards tout particuliers par une peuplade au sein de laquelle les nègres les plus résolus ne s'aventurent pas sans inquiétude. Le roi se montre à lui dans toute sa splendeur, c'est-à-dire, le corps peint en rouge, la poitrine et la figure tatouées, et lui fait donner une cabane; les femmes cherchent à pourvoir à ses besoins. Mais chacun s'étonne qu'il ne veuille pas goûter un morceau de chair humaine, pas même la tête, qui est la partie la plus délicate réservée pour le roi.

Dans une autre peuplade, M. du Chaillu est reçu en triomphe, au son des tambours et des coups de fusil. Les habitants de Goumbi le regardent avec une curiosité respectueuse et le conduisent près de leur roi qui se lève à son approche, et le prenant par la main s'écrie : « Voici mon homme blanc, il est venu de loin pour me voir. Je le désirais et il est venu. Que personne ne s'avise de lui faire la moindre injure, ni à lui, ni à ceux qui l'accompagnent. Portez-leur des provisions, ayez soin d'eux et ne les volez pas. Sinon je vous vends tous sans miséricorde. »

Ailleurs, on croit qu'il fait lui-même la nuit, par son magique pouvoir des fusils, des étoffes de coton, de la poudre et des verroteries. Ailleurs, une troupe d'hommes, de femmes, d'enfants se précipite sur les cheveux qu'il vient de se faire couper et les recueille par terre avec soin pour les garder comme de précieux fétiches. Ailleurs, on pense que sa montre dont personne ne peut comprendre le tic tac régulier est l'habitation d'un esprit qui nuit et jour veille sur lui. Ailleurs enfin, le peuple l'envie pour roi. La dignité de ces petits chefs de classes africaines que l'on décore du nom de rois est généralement héréditaire. Quelquefois cependant les nègres, à la mort de leur maître, refusent de se soumettre à celui qui en vertu de sa naissance devrait le remplacer, et se choisissent eux-mêmes un autre régent. Alors éclate une scène sans pareille nulle part.

Dans les aimables pays qu'on appelle les pays civilisés, quand par l'effet d'une longue conspiration, ou par une subite et violente révolte on en vient à renverser un trône, le souverain qui naguère était sur ce trône entouré d'une foule de courtisans, recevant chaque jour les plus ardents témoignages de dévouement, est outragé, honni par la tourbe des révolutionnaires, abandonné par ceux qui naguère juraient de mourir pour lui, chassé par une populace effrénée, trop heureux encore si seulement il est chassé, s'il n'est point égorgé par une horde furibonde, ou traîné à l'échafaud comme notre saint martyr Louis XVI. Dans les républiques de l'Amérique du Sud, on peut assister souvent à ces discordes des révolutions. Ce qui est arrivé à Santa Anna en est un curieux exemple. Pour sa part, Santa Anna a fait dans l'ancien empire des Incas, dans le vaste Mexique, une demi-douzaine de *pronunciamentos*, et sa jambe en a éprouvé les péripéties. Lorsqu'en 1841, il reprit possession du pouvoir, cette jambe coupée un an auparavant par un de nos canons au siége de Saint-Jean d'Ulloa, fut enterrée en grande pompe dans la capitale. On la célébra en vers et en prose, dans des élégies et des harangues pompeuses. On érigea sur le sol où elle reposait un large monument. Quatre ans après, le vaillant dictateur, attaqué, poursuivi, vaincu par Paradis, priait le congrès de vouloir bien seulement le condamner à un exil perpétuel, en se comparant modestement à Napoléon. Il s'embarqua pour la Havane et à peine était-il parti, que la populace déterrait sa jambe honorée naguères par tant de fleurs de rhétorique, et la traînait dans les rues en l'accablant d'invectives.

En Afrique, les nègres accomplissent leurs révolutions dynastiques d'une tout autre façon. Ce n'est point le souverain déchu qu'ils injurient, c'est celui qu'ils élisent eux-mêmes pour les gouverner. Dès qu'ils l'ont choisi, ils le conduisent à l'extrémité de leur village, pour le ramener de là pas à pas à sa demeure. Tant que dure cette longue marche, ils le tiennent serré au milieu d'eux, lui jettent de la boue sur le corps, lui assènent à la tête des coups de poings, lui crachent au visage et le maudissent lui, son père, sa mère et toute sa postérité.

A les voir dans une telle rage, on dirait qu'ils vont l'assommer, mais ils ne songent qu'à se venger par avance des mauvais traitements auxquels ils seront obligés de se soumettre plus tard. « Tu n'es pas encore notre roi, lui disent-ils, tu le seras bientôt, tu le seras bientôt, et alors tu feras de nous ce que tu voudras. Maintenant, tu es à notre disposition.

Ils le conduisent ainsi jusque dans la cabane de bambou

qui est son palais. Là, les anciens du village lui présentent le chapeau de soie qui est son diadème, puis lui disent: « Nous t'avons choisi pour être notre roi. Demain nous t'obéirons. » Et ceux qui quelques minutes auparavant l'accablaient d'injures se prosternent devant lui avec respect. Mais pendant six jours de suite, il est encore obligé de recevoir dans son habitation tous ses sujets, de les abreuver de rhum et de vin de palmier, après quoi enfin, son règne absolu commence.

M. du Chaillu avait assisté à une de ces intronisations, et l'on croira sans peine, que s'il avait été quelque peu tenté de régir une des noires peuplades qui l'invoquaient comme un puissant esprit, cette façon de monter sur le trône n'était pas de nature à lui faire choyer son ambition.

Il a une autre ambition meilleure, celle de continuer ses études de géographe et de naturaliste dans une contrée nouvelle, de nous faire connaître cette contrée et la physionomie et le caractère de ses habitants. Mungo Park, Levaillant, Caillié et dernièrement MM. Barth et Livingston nous ont appris à quelles fatigues on doit se résoudre, à quels périls on est exposé, quand on tente de pénétrer dans l'intérieur de l'Afrique. M. du Chaillu a plus d'une fois aussi cruellement souffert pour accomplir sa tâche.

Cette région équatoriale de l'Afrique qu'il a parcourue, est pourtant belle et d'une nature féconde. De hautes montagnes la dominent; des rivières abondantes la sillonnent, des forêts superbes l'ombragent. Si ce sol était occupé par une population quelque peu active et industrieuse, quelles moissons de toute sorte il produirait. En pénétrant au sein de la tribu des Ashira, plus intelligente et plus laborieuse que les autres, M. du Chaillu fait une séduisante peinture de leur pays. « Derrière chaque village, dit-il, s'étendent de vastes champs cultivés avec soin, et où l'on fait une abondante récolte de plantain, d'ignames, de tabac. Le sucre à canne grandit aussi très-bien sur ces mêmes terrains, et le cotonnier y croît spontanément. En regardant du haut d'une colline, ces prairies revêtues d'une herbe ondoyante, ces champs de cannes à sucre entourés de vertes forêts, il me semblait voir les campagnes de mon pays. »

Mais cette tribu des Ashire est une exception. Les autres croupissent dans la paresse et l'ignorance, et ne sortent de leur torpeur habituelle que pour se faire la guerre, non point ouvertement et vaillamment, mais à la dérobée, par la ruse et la trahison. Il y a une de ces tribus, celle des Bakalais, que la crainte de la mort pousse continuellement à de nouvelles migrations. Dès qu'un de ses membres meurt sur le sol où elle est installée, elle abandonne ses plantations, et va construire plus loin sa cabane. Il y a plusieurs de ces tribus, entre autres, celle des Fans qui font, journellement, et avec un plaisir particulier, des repas de chair humaine, qui non-seulement achètent les morts des tribus voisines, mais quelquefois déterrent comme des goules, ceux qui viennent d'être ensevelis. « Tu as bien fait de venir me voir, dit le chef d'un de ces clans de canibales, à M. du Chaillu, et tu seras content de moi. Une grande cabane t'est réservée, mes femmes sont à ta disposition, et pour que tu aies un agréable festin, je viens d'ordonner qu'on égorge un esclave. »

Nous laissons à penser avec quelle horreur le jeune Américain accueillit cette proposition. Mais souvent ce n'est pas sans peine qu'il parvient à se procurer un honnête aliment au milieu de ces sauvages peuplades qui préfèrent au plantain, à l'igname, une poitrine d'homme, une épaule de singe, voire même une queue de serpent.

Les serpents pullulent dans les jungles de cette région africaine, et s'y développent dans des proportions monstrueuses, et souvent se rapprochent des habitations. Un soir, en rentrant dans sa cabane, M. du Chaillu voit scintiller dans l'ombre un objet dont il ne peut distinguer la forme. Il s'approche une lumière à la main, et découvre un énorme serpent arrondi sous son lit. Par bonheur, ce terrible visiteur dormait en ce moment d'un profond sommeil. M. du Chaillu lui tire un coup de fusil, le tue, puis le déroule aux regards des nègres, attirés près de lui par cette détonation inattendue. Cet aimable camarade de chambrée avait dix-huit pieds de longueur.

D'autres animaux harcèlent, tourmentent nuit et jour le voyageur sur la terre d'Afrique, d'autres le menacent d'un péril mortel. Dans les rivières est le colossal hippopotame qui, en se montrant à la surface de l'eau, renverse et brise comme une coquille de noix le canot dont le mouvement l'importune.

Dans les airs flottent des tourbillons d'insectes, entre autres, une espèce de guêpes au dard aigu qui terrifient les indigènes; dans la forêt, et dans les cabanes, des légions de blattes et d'énormes araignées qui distillent aussi par leur morsure un âcre poison; dans les champs, des troupeaux de buffles dont le chasseur ne peut s'approcher sans de prudentes précautions; enfin dans le sol et à la surface du sol des armées de fourmis qui dans leurs furibondes invasions ravagent tout ce qu'elles rencontrent: s'emparer d'un rat, d'un chien vivant, et le dévorer, n'est pour elles qu'un jeu. Souvent elles surprennent dans son gîte le léopard, et même l'éléphant, elles se cramponnent par milliers et par milliers à ses jambes, à ses flancs, à sa tête, elles finissent par le comprimer, par l'étouffer, après quoi elles le dépècent, et de ce puissant quadrupède, en quelques jours, il ne reste que la carcasse.

De l'état actuel du sol, de la nature du climat résultent d'autres dangers. Dans les forêts il n'y a point de sentier, il faut s'y frayer un passage à travers les rameaux épineux et l'épais réseau des plantes grimpantes. Sur les rivières, il n'y a point de ponts. Il faut les traverser à la nage. Parfois, il faut cheminer dans de vastes plaines par une chaleur de trente degrés, parfois dans des terres marécageuses qui engendrent la fièvre.

« Les blancs, dit M. Du Chaillu, qui résident quelques temps sur la côte, ont tous plus ou moins la fièvre. Pas un n'y échappe. Beaucoup en meurent. On résiste cependant à ses attaques réitérées, si l'on a une bonne constitution, et si l'on se soumet à certaines règles d'hygiène. Je le sais par ma propre expérience. Dans l'espace de quatre ans, j'ai eu la fièvre cinquante fois. Voici le régime que j'ai suivi. Je le recommande comme un moyen à la fois préservatif et curatif auquel je dois probablement mon salut.

« Dès le jour de mon arrivée sur la côte, je pris matin et soir trois à quatre grains de quinine. Je doublais cette dose dès que j'éprouvais une langueur, un mal de tête, symptômes habituels de la fièvre. Pendant le premier mois je continuai ainsi à prendre de la quinine chaque jour; le mois suivant, je n'en pris plus que tous les deux jours, puis ensuite seulement de loin en loin. Mais lorsque j'étais saisi par la fièvre, j'avais aussitôt recours à la quinine, et il m'est arrivé d'en prendre jusqu'à cent cinquante grains en un jour. Un moment vient où ce remède ne produit plus aucun effet sur le corps qui y est habitué. Une petite dose de solution d'arsenic peut alors être efficace. »

Malgré ces périls de toute sorte, M. Du Chaillu a vaillamment poursuivi son plan d'exploration, et satisfait sa passion de chasseur. J'ai fait à pied, dit-il, sur la terre d'Afrique, seul ou avec des nègres, plus de deux mille cinq cents lieues. J'ai tué, empaillé et rapporté en Amérique plus de 2000 oiseaux dont 60 appartenant à de nouvelles espèces. J'ai tué plus de mille quadrupèdes, dont 20 étaient absolument inconnus à la science.

Parmi ces animaux dont M. Du Chaillu a déposé les squelettes dans divers cabinets d'histoire naturelle, il en est un qui a été surtout l'objet de ses perquisitions, de ses chasses hardies, et qui occupe une grande place dans sa relation de voyage. C'est le gorille, le singe gigantesque, le roi des forêts. Il a expulsé les lions de cette région d'Afrique, et s'il tolère les léopards et les éléphants, c'est qu'il s'amuse, quand il lui plaît, de ces puissants quadrupèdes.

Les gens du pays racontent qu'un léopard affamé s'approcha un jour d'un gorille, qui en le voyant poussa un de ses cris effroyables. Le léopard cependant s'enhardit et veut l'attaquer. Le gorille le saisit par la queue et le fait tournoyer dans l'air jusqu'à ce que cette queue se brise, après quoi le malheureux léopard s'enfuit tout confus près de ses compagnons, leur dit sa fatale rencontre et les excite à venger son injure. Ils se réunissent alors en grand nombre et s'en vont à la recherche du gorille.

Celui-ci en les apercevant déracine un arbre dont il se fait une massue, se précipite sur eux et les écrase.

Une autre fois, disent encore les nègres, un gorille se promenait avec sa femelle et ses petits. Un éléphant arrive qui lui dit : « Cède-moi la place, ces bois m'appartiennent.

— Oh ! oh ! répond le gorille, depuis quand ces bois t'appartiennent-ils ? C'est moi qui en suis le maître, et je vais t'en donner la preuve. »

Il ordonne alors à sa femelle et à ses petits de se retirer à l'écart, puis s'emparant d'un tronc d'arbre, il s'élance sur l'éléphant et le tue.

Les nègres croient que des vaillants guerriers sont transformés en gorilles ; et s'ils parviennent à tuer un de ces terribles animaux, ils se disputent chaque parcelle de sa cervelle pour s'en faire des fétiches, persuadés qu'ils acquéreront par là une force surnaturelle.

Les nègres croient aussi qu'il y a des gorilles dans lesquels résident des esprits. Ceux-là sont plus grands et plus forts que les autres. On ne peut ni les tuer, ni les capturer.

Au commencement de son voyage, un matin, M. Du Chaillu entend résonner dans la profondeur d'une forêt, un cri étrange, discordant, effroyable. C'est le cri du gorille qui parfois retentit jusqu'à une lieue de distance.

Le jeune voyageur se met aussitôt en marche avec une troupe de nègres pour suivre les traces de l'animal dont on lui a dit tant de choses fabuleuses. Les femmes de ses compagnons se cachent dans leur campement. L'idée seule qu'il y a dans le voisinage un gorille les épouvante. Mais ce jour-là, les vaillants singes ne se souciaient pas de combattre. A l'approche des chasseurs, ils s'enfuient dans les bois, et quand ils se mettent à fuir, personne ne peut les atteindre.

Un autre jour, dit M. Du Chaillu, comme je cheminais dans la forêt, tout à coup un des hommes qui m'escortaient m'annonce par un claquement de langue, particulier aux nègres, qu'il vient de faire une découverte. C'est le gorille. Tous examinent aussitôt leurs fusils et regardent si la poudre n'est point tombée du bassinet, moi je m'assure aussi que le mien est en bon état, et nous nous avançons avec précaution au milieu de l'épais taillis où le gorille cueille des baies et des fruits en brisant violemment les branches d'arbres qui s'opposent à sa convoitise. Pendant que nous marchions ainsi en silence, en retenant notre respiration; soudain, voilà que le gorille pousse un cri épouvantable, puis au même instant se montre à nos yeux. Il était dans la jungle, à quatre pattes, mais dès qu'il nous voit, il se dresse de toute sa hauteur sur ses pattes de derrière et nous regarde fièrement. Notre aspect ne l'intimide nullement, au contraire. Il se tient droit en face de nous, frappe sur sa poitrine à coups redoublés avec ses énormes poings, comme pour nous provoquer au combat, et recommence ses cris qui tantôt ressemblent aux aboiements d'un chien furieux et tantôt à un roulement pareil à celui du tonnerre. Ses yeux étincellent comme le feu, et la mèche de cheveux qui s'élève sur son front, s'agite comme une crête de coq. Je le regarde avec une étrange émotion. Il me semble voir un être fantastique, moitié homme et moitié bête, une de ces créatures monstrueuses comme les artistes en peignaient jadis dans des tableaux destinés à représenter les régions infernales. Il était d'abord à une centaine de pas de distance. Je voulais tirer, mais un de mes compagnons m'arrêta. Pas maintenant, me dit-il. Songez que si vous ne le tuez pas, il vous tuera. Le singe voyant que nous restons immobiles, s'approche en grinçant des dents avec une sorte de rage, pousse de nouveaux cris et frappe sur sa poitrine, comme un soldat sur une grosse caisse. Après nous avoir ainsi défiés, il fait encore quelques pas, puis enfin je le vise et il tombe la face contre terre, en poussant un dernier cri qui ressemble à un gémissement humain. »

Quelques temps après, M. Du Chaillu tua un autre colossal gorille qui avait près de six pieds. Ses bras avaient sept pieds deux pouces de longueur, ses orteils à peu près six pouces de circonférence. Ses bras étaient comme des faisceaux de muscles, et les doigts de ses pieds si fermes que je comprends que ce terrible singe puisse très-bien, comme on me l'a dit, saisir un léopard qui passe à sa portée et le tenir entre ses ongles.

Le naturel féroce de ces animaux se manifeste dès leur plus bas âge. M. Du Chaillu a essayé d'élever un petit gorille qu'un nègre avait amené. Mais jamais il n'a pu y parvenir. Deux fois l'indomptable gorille s'échappa de sa cage. Repris et renfermé une troisième fois, il refusa de manger et mourut.

M. Du Chaillu a passé quatre ans à explorer cette région africaine dont la plus grande partie nous était encore inconnue. Sur les instances de ses amis, il s'est décidé à raconter ce qu'il avait vu, et du simple récit de ses aventures de chasseur, de ses observations de naturaliste, il a fait un des livres de voyages les plus curieux et les plus intéressants que l'on puisse lire.

X

LES SOURCES DU NIL.

JOURNAL DE VOYAGE DU CAPITAINE J. SPEKE[1].

Il est mort celui à qui nous devons ce curieux livre, mort tout jeune dans l'éclat de son succès, mort dans son pays natal, par un accident vulgaire comme son illustre devancier J. Bruce[2], après avoir parcouru les contrées les plus sauvages et affronté les plus grands périls.

Dès le temps où M. Speke faisait ses études dans sa province de Somerset, sa vocation de voyageur se manifestait par son activité physique et intellectuelle, par son goût pour les exercices du corps, par la curiosité de son

---

1. Un volume grand in-8° traduit de l'anglais par M. E. D. Forgues. Hachette, 1864.
2. Bruce qui avait aussi traversé les déserts de l'Afrique pour découvrir les sources du Nil, mourut d'une chute qu'il fit sur son escalier dans sa maison de Kinnaird.

esprit. À dix-sept ans, il entrait dans l'armée de l'Inde, et commençait sa carrière militaire par de rudes campagnes. Dans la terrible guerre du Pendjaub; dans d'autres périlleuses expéditions, il se distingua par son courage. La guerre finie, il obtint successivement de la bienveillance de ses chefs plusieurs congés.

Passionné pour l'étude des sciences naturelles, emporté par le désir d'acquérir de nouvelles connaissances, et de se signaler par quelque œuvre importante, le jeune officier allait en temps de congé explorer les cimes de l'Hymalaya, les régions désertes du Thibet. Dans ses hardis trajets, il recueillait de précieux spécimens de géologie, de botanique et traçait ponctuellement la carte des districts qu'il avait parcourus. Il préludait ainsi à l'entreprise qui devait être la grande affaire de sa vie, à ses voyages en Afrique, à la découverte des sources du Nil.

« Chercher la tête du Nil (*Caput nili quærere*), c'était une expression proverbiale employée par les anciens pour indiquer une tâche difficile, sinon impossible, et un poëte exprimait cette même pensée en quelques harmonieux hémistiches. « Nil mystérieux, la nature n'a livré à personne le secret de ta source : elle n'a permis à aucun peuple de te voir descendre dans ton humble lit. Elle a jeté un voile sur le sol d'où tu sors, voulant que ton origine fût plus admirée que connue. »

L'antiquité en effet a vainement cherché à découvrir la source de ce fleuve vénéré auquel l'Égypte doit ses moissons, de ce fleuve biblique où flotta le berceau de Moïse. Le moyen âge ne se tourmentait point tant des questions qu'il ne pouvait résoudre. Il suppléait à la réalité par l'imagination, à la science par la poésie. Au quatorzième siècle, le bon chevalier Maundeville dans son voyage à Jérusalem, explique tout simplement le cours des eaux par une naïve croyance. « La plus haute sommité de ce monde, dit-il, est le paradis terrestre. Il est si élevé que les eaux du déluge n'ont pu l'atteindre. Il touche au disque de la lune. De vastes remparts l'entourent et en dérobent l'aspect aux regards des humains. Dans ces remparts qui s'étendent sur un long espace du sud au nord, il n'y a qu'une porte, par laquelle on ne peut pénétrer, car un feu ardent y flamboie éternellement. Au point culminant de ce paradis est une source d'où découlent les quatre fleuves qui baignent diverses contrées, le Gange qui traverse l'Inde et roule dans ses flots des grains d'or et des pierres précieuses ; le Nil qui arrose l'Éthiopie et ensuite l'Égypte ; le Tigre qui parcourt l'Assyrie et l'Arménie ; l'Euphrate qui sillonne la Médie et la Perse. On dit même que toutes les eaux douces de la terre proviennent de cette même source. » Le brave Maundeville ajoute candidement qu'il n'a pas vu les murs de cette demeure du premier homme. « C'est bien loin, dit-il, et je n'étais pas digne d'une telle joie. Ce que j'en sais je l'ai appris par des hommes bien informés. »

Au seizième siècle, le jésuite espagnol Paez, l'un des courageux missionnaires de l'Abyssinie, remonta le Nil jusqu'au point de départ d'un de ses embranchements, jusqu'aux collines de Geesh, enfin jusqu'à l'endroit où deux cents ans plus tard arrivait J. Bruce.

Le modeste Paez n'avait point annoncé bruyamment le résultat de sa courageuse exploration. Bruce l'ignorait, ou il feignit de l'ignorer, quand il eut traversé avec ses firmans du sultan, l'Égypte et l'Abyssinie, quand il atteignit avec sa nombreuse escorte ces mêmes collines de Geesh, d'où s'échappent trois fontaines pour lesquelles les habitants du pays professent un culte religieux.

Il était un peu vaniteux et fanfaron, l'héritier du domaine de Kirnaird, qui fut un riche marchand de vins à Londres, qui ensuite représenta en qualité de consul la Grande Bretagne près du dey d'Alger, et qui enfin entreprit le voyage par lequel il s'est illustré.

Ceux qui ont lu sa longue relation ne peuvent oublier l'emphase avec laquelle il proclama sa découverte. « Je ne puis, dit-il, essayer de décrire, je laisse à deviner l'impression que j'éprouvai en atteignant à un but qui, pendant trois mille ans, a trompé les efforts de la science et de l'industrie, les investigations des anciens et des modernes. Des rois ont armé, pour s'y rendre plus sûrement, des légions entières, et toutes leurs tentatives n'ont abouti qu'à un fatal désappointement. Moi, simple Breton, je triomphe, dans mon esprit, des rois et des armées. Me voilà parvenu, à travers des souffrances et des périls innombrables, au lieu qu'ils ont vainement cherché, me voilà aux sources du Nil. »

En réalité, Paez et Bruce n'avaient point dépassé le dixième degré de latitude septentrionale, et n'avaient point vu la source du grand fleuve égyptien, mais seulement une de ses branches, celle qu'on appelle le Nil bleu, qui se rejoint à Chartoum dans le Sennaar au Nil blanc.

Un demi-siècle encore s'écoule, et le nouveau souverain de l'Égypte, l'habile, l'audacieux Méhémet-Ali aspire à l'honneur de révéler à l'Europe des parages encore ignorés. En 1839, une expédition fut organisée par ses ordres pour remonter le Nil blanc jusqu'à son origine. Elle n'atteignit point le but qui lui était prescrit. Elle s'arrêta au sixième degré de latitude. L'année suivante, nouvelle expédition. Un Allemand qui en faisait partie, M. Verne, en a raconté d'une façon intéressante les diverses péripéties. Elle se composait de sept bâtiments à deux mâts, armés chacun de deux canons, de deux chaloupes de transport, et d'une autre chaloupe plus légère. Ces embarcations portaient deux cent cinquante soldats et cent vingt matelots. Deux ingénieurs français, MM. d'Arnaud et Sabathier faisaient ce voyage avec une mission de Méhémet-Ali. Un autre Français, M. Thiébaud était chargé des collections d'histoire naturelle.

Malheureusement cette flottille réunie à Chartoum partit trop tard, et elle était commandée par un homme qui ne pensait qu'à se faire une vie agréable, et donnait à ses subordonnés l'exemple de l'inertie, de la mollesse et de la pusillanimité.

Après deux mois d'une indolente navigation, les bâtiments jettent l'ancre au bord de l'île Tschanker, située à trois degrés et demi de l'équateur. A droite de cette île, le fleuve a trois cents mètres de largeur; à gauche cent mètres; au delà de l'île, il est traversé dans toute son étendue par une barre de rocs. Quand le Nil est enflé par les pluies, cette barre est aisée à franchir. Mais à l'époque où l'expédition arrivait là, l'eau était si basse qu'elle couvrait à peine la surface des rochers. Il eût fallu attendre environ deux mois la saison des pluies, et cette idée faisait frémir tous ces pauvres soucieux argonautes. Les soldats et les matelots craignaient de manquer de provisions. Les officiers regrettaient les jouissances du Caire.

Un incident fort ordinaire dans la contrée où ils se trouvaient, mais dont leur imagination se fit un sinistre présage, accéléra leur retraite. Un soir, les nègres de l'île Tschanker se réunirent avec leurs lances pour danser la danse de guerre. Toute la nuit, on les vit courir en tumulte, se diviser en différents groupes, marchant l'un contre l'autre, agitant leurs armes, poussant des hurlements sauvages. A cet aspect, soldats et matelots se sentirent saisis d'un mortel effroi. Cette danse, disaient-ils, n'était qu'un prélude de guerre, cette danse était le signal d'un complot de sang, tramé contre eux, d'un massacre général. Dans leur terreur, ils témoignaient hautement le désir de s'éloigner au plus vite de cette terre barbare. Les chefs, qui éprouvaient probablement la même crainte, donnèrent le signal du départ.

Ainsi finit cette expédition dont on attendait un meilleur résultat. Elle n'avait fait que s'avancer à cent cinquante lieues plus loin que la première. Méhémet-Ali n'en ordonna pas une troisième.

Cependant l'antique problème ne devait pas être abandonné. En 1854, M. Speke et M. Burton, un autre vaillant voyageur, partirent pour s'en aller à la recherche de quelques grands lacs d'eau douce qui, selon les récits de deux missionnaires allemands, devaient se trouver au centre du continent africain.

Échappés comme par miracle aux fatigues, aux mésaventures, aux périls de ce voyage, ils retournèrent en 1857, vers les mêmes cruelles régions, et cette fois arrivèrent jusqu'au bord du grand lac Tanganyika. De là, ils revinrent à Kazel, et ils se préparaient à regagner la côte, quand ils entendirent parler d'un autre lac plus septentrional et beaucoup plus considérable que l'on pouvait en partant de Kazel, atteindre en quinze ou seize jours de marche. M. Speke résolut de tenter cette nouvelle aventure, tandis que son compagnon achèverait de préparer leur retour en Europe. Il se mit en route, il vit l'immense nappe d'eau que les gens du pays appellent le Nyanza, et à laquelle ils donnent le nom de Victoria, et il revint convaincu que là était la source du Nil.

Le capitaine Burton rejeta loin de lui comme un vain rêve cette idée. Mais de savants Européens se montrèrent moins incrédules. Le président de la société royale de géographie d'Angleterre, Sir Murchison, accueillit avec un vif intérêt le rapport du jeune voyageur, et le détermina à exposer dans une lecture publique le résumé de ses travaux.

Encouragé par de nombreux et nobles témoignages de sympathie, M. Speke entreprit un troisième voyage en Afrique pour achever son œuvre, pour ne plus laisser aucun doute sur la réalité de sa découverte. De ce troisième voyage, il a fait jour par jour un minutieux récit. Nous voulons essayer d'en reproduire les principaux traits.

Le 27 avril 1860, M. Speke s'embarque en Angleterre avec son ami le capitaine Grant qui a voulu s'associer à ses expéditions, et le 17 août, après plusieurs relâches, arrive à Zanzibar. C'est de là qu'il va pénétrer dans l'intérieur de l'Afrique. C'est là qu'il doit faire ses préparatifs. Il lui faut des provisions pour parcourir une région où il ne trouvera çà et là que quelques chétifs produits d'une lâche culture, et quelques maigres bestiaux ; une escorte pour imposer la crainte à une population rapace et cruelle, des amas de pièces de draps, et toiles de coton, de tissus brodés, de verroteries, de bracelets, de fil de laiton, et de divers objets de fantaisie pour payer son tribut aux chefs des différentes peuplades, pour gagner leurs bonnes grâces et acheter leur protection.

Après de longues difficultés et de longs arrangements, il quitte enfin Zanzibar, traverse avec une corvette du sultan le détroit qui le sépare de la côte, et se met en marche avec douze mules, vingt-deux chèvres, trois ânes. La caravane se compose de dix hottentots et de vingt-cinq beboutchis armés de carabines, de cent portefaix nègres et soixante quinze Vouangonanas.

Dans les parages de l'Afrique orientale, les Vouangonanas forment une caste à part. Ce sont des nègres qui ont été faits captifs par d'autres nègres et vendus pour quelques mètres de draps ou quelques paquets de fil d'archal à des trafiquants arabes, qui les conduisent à Zanzibar et les revendent à des marchands ou propriétaires mahométans. L'acquéreur les fait instruire, ou les emploie au service de sa maison, ou leur confie la surveillance de ses bestiaux. A sa morten vertu de la loi mulsulmane ils sont affranchis. Ils travaillent alors pour leur propre compte. Ceux qui sont pauvres font le métier de portefaix. Ceux qui ont amassé quelque argent se lancent à leur tour dans le fructueux commerce des esclaves. Car, telle est la condition de ces misérables tribus africaines que tout y est soumis à l'empire de la force, de la ruse, et de la captivité. Elles se présentent devant leur chef, tant qu'il est leur chef, comme devant une idole, et n'ont pas le moindre sentiment de ce que nous appelons la dignité de l'homme. Le plus puissant ou le plus habile dispose de ses semblables comme d'un *vulgum pecus*. Il les égorge, il les vend selon son bon plaisir.

Avec ses cent cinquante enrôlés, M. Speke avait fait un contrat en règle enregistré au consulat Anglais de Zanzibar. Les uns s'engageaient à le défendre en toute occasion avec les munitions de guerre qu'ils lui confiaient; les autres à porter ses bagages; la plupart recevaient d'avance une année de solde, et tous paraissaient pleins d'ardeur et de dévouement. Le lendemain même de son départ, dix de ses valeureux soldats le désertent avec leurs armes, par la raison, disaient-ils, que l'homme blanc qui est un féroce cannibal ne les emmenait au loin que pour les dévorer plus à son aise. Quelques portefaix s'en vont aussi, mais en abandonnant honnêtement leur fardeau. Quelques jours après, autre trahison. Les nouveaux fuyards ayant un plus long chemin à faire pour regagner leur gîte, et ne voulant point s'exposer à souffrir de la faim, emmenaient avec eux une partie des vaches et des chèvres destinées à l'alimentation de la caravane.

Pour M. Speke, nul moyen d'empêcher ces désertions ou d'obtenir justice de ces rapines. A quatre lieues de la côte, la protection que lui a procuré le sultan de Zanzibar, n'a déjà plus aucune efficacité. Tous les villages de cette partie de l'Afrique sont soumis à des chefs de clans qui redoutent peut-être la colère d'un chef plus puissant, mais qui n'en exercent pas moins au sein de leur peuplade un pouvoir absolu. Leurs revenus se composent de l'impôt territorial, de la part du butin qu'ils s'arrogent dans tout ce que leurs sujets rapportent de leurs chasses, enfin des amendes, et des confiscations qu'ils ordonnent arbitrairement. Un de leurs priviléges est d'aller dans chaque hutte, boire tant qu'il leur plaît, le pumbé (la bière de millet). Que si un marchand d'ivoire, ou quelque autre étranger s'aventure sur leur domaine, c'est un nouveau contribuable qu'ils pilleront tant qu'ils pourront. Nul sentiment de droit naturel ou d'humanité ne les arrête dans leurs exactions. Dans leur basse ignorance, ils ne songent même pas qu'il serait de leur intérêt d'attirer par d'équitables procédés le négociant dans leur pays, et de l'y ramener en lui facilitant ses transactions commerciales. Non, ils ne pensent qu'à lui extorquer, soit par la menace, soit par quelque apparence de bon vouloir, ou quelque autre artifice, tout ce qui tente leur appétit grossier, ou leur stupide vanité.

Un de ces Phanzés (chefs) de village envoya à M. Speke un panier de riz qui valait peut-être un dollar. M. Speke pour l'en remercier lui offre quelques mètres de cotonnade américaine. Mais aussitôt, le bon Phanzés de s'écrier qu'il ne peut recevoir un si chétif présent, qu'aux yeux de ses femmes, de ses parents, et des anciens du district, il en serait humilié. Il indique lui-même, ce qu'il désire avoir, et bon gré malgré, par prudence le voyageur est obligé de céder. Un autre, après avoir largement perçu 20 hongo, c'est-à-dire, le tribu imposé à tout étranger, donne à M. Speke un pot de beurre rance, et en revanche exige une étoffe qui lui plaît, puis aussitôt voyant le capitaine Grant qui vient de tirer sur un lézard, il l'accuse d'avoir commis par là un sacrilége, et demande pour l'expiation de ce crime quatre pièces de drap. Dans un autre district, le sultan pour satisfaire à sa cupidité a recours à des moyens plus expéditifs. Par ses ordres, deux cents hommes s'embusquent dans une forêt, et tout à coup se précipitent sur une partie de la caravane commandée par M. Grant, épouvantent la petite cohorte de nègres armés de carabines, prennent à la gorge les portefaix, et les dévalisent.

Ailleurs, M. Speke est obligé d'entrer en négociations avec ces hideux roitelets africains pour se procurer des porteurs ou des provisions, et alors, il est exploité sans miséricorde. Arrivé de station en station, sur les confins de la région visitée annuellement par les marchands d'esclaves et d'ivoires, quatre mois après son départ de Zanzibar, il établit en ces termes sa situation.

Un Hottentot mort, et cinq qui ont rebroussé chemin ;

un des volontaires indigènes renvoyé avec les Hottentots, un autre chassé du camp après un châtiment ignominieux; sur les trentre-six jardiniers du sultan Mijid, vingt-cinq nous ont faussé compagnie, et des cent-un portefaix engagés à Zanzibar, quatre-vingt-dix-huit ont déserté; onze mules et trois ânes ont péri. On m'a volé en outre, plus de la moitié des marchandises dont je m'étais muni, et par suite de la famine qui désolait la contrée que je traversais, la dépense du voyage a dépassé de beaucoup ce que je pouvais et devais prévoir.

N'importe, au prix de tous ces inconvénients, et après quatre mois de fatigues, la première partie de notre expédition est achevée. Nous quitterons désormais les routes où d'autres ont mis le pied, pour marcher à de véritables découvertes.

Et il s'en va le courageux voyageur, avec cette ténacité qui caractérise la race anglo-saxonne, résolu coûte que coûte à atteindre son but, souffrant patiemment le mal qu'il ne peut empêcher, quelquefois torturé par la fièvre, quelquefois soumis à de rudes privations.

Le sol qu'il traverse est d'une nature fertile, et il s'y trouve une quantité d'animaux qui peuvent être aisément la proie de l'homme. Dans les grands espaces ouverts est l'autruche, l'outarde, la pintarde, le florican; dans les forêts, la girafe timide, le zèbre agile, l'antilope; dans les rivières, l'hippopotame; dans les jungles, le porc sauvage, le rhinocéros, le buffle, l'éléphant.

Telle est pourtant l'inhabileté et la paresse des indigènes, que souvent sur cette terre équatoriale, au milieu de ces abondantes ressources, ils en sont réduits à se nourrir de chiens, de chats, de rats, de serpents, de lézards, de fourmis blanches et de racines.

Quand les vivres lui manquent, M. Speke va à la chasse, mais il ne faut pas qu'il compte sur l'assistance des nègres qui l'accompagnent et auxquels il confie ses fusils, car ils s'enfuient à l'aspect du buffle ou du rhinocéros, puis dès qu'ils voient le redoutable quadrupède abattu par la balle du hardi capitaine, ils reviennent précipitamment en réclamer leur part.

En cheminant pas à pas vers la région où il doit revoir le lac Nyanza, l'énergique capitaine arrive dans l'Ouganda, un grand État, gouverné par un jeune roi, aussi rapace, aussi insatiable, aussi rusé que tous les autres, mais bien plus fier de son pouvoir et siégeant sur son grossier escabeau comme les anciens souverains de l'Asie sur leur trône de diamants.

M. Speke est obligé de s'arrêter là pour recueillir des renseignements essentiels sur la route qu'il doit parcourir et pour attendre son ami Grant, resté en arrière, malade. Puis il est retenu par le cupide sultan qui ne peut se résoudre à le laisser partir, ne pouvant se lasser de l'exploiter. Enfin, il demeure là cinq mois, sans cesse désirant partir, et sans cesse gardé ou pour mieux dire emprisonné par le hautain, par le fantasque, par l'avide Mtésa. Mais jour par jour, il inscrit les divers incidents de sa captivité, et il a fait ainsi un des chapitres les plus intéressants de son livre, un des tableaux les plus curieux que l'on puisse voir de l'état social, des mœurs, du caractère, de l'abjection d'une population africaine. Roi et reine, hommes et femmes, officiers et valets nous apparaissent dans les simples notes de M. Speke avec une étrange physionomie, dans une étonnante réalité.

Commençons par le roi.

Sur la pente d'une colline s'élève une trentaine de huttes séparées l'une de l'autre par une palissade. C'est la forteresse. C'est le sérail et le harem du descendant d'un aventurier qui, par hasard, devint le souverain de l'Ouganda. C'est dans ces sales cabanes qu'il réside, plus glorieux que Louis XIV dans les splendeurs de Versailles. C'est là qu'il accorde ses audiences plus difficiles à obtenir que celles de la reine Victoria ; c'est là qu'il dicte ses arrêts plus absolus que ceux des successeurs de Mahomet, et c'est là qu'il maintient une étiquette à côté de laquelle l'ancienne étiquette de la cour d'Espagne apparaîtrait comme un excès de licence.

Dès qu'il est éveillé, des musiciens entrent dans son kibouga (son palais) et toute la journée ils célébreront ses hautes actions par leurs concerts. Les uns battent du tambour, d'autres agitent des pois secs dans des gourdes vides; d'autres chantent en s'accompagnant avec des harmonicas, et enfin, il en est qui complètent cette mélodie par les sifflements qu'ils produisent en mettant leurs doigts dans leur bouche. Des sorcières vêtues de la façon la plus exiguë : un étroit tablier de cuir sur les flancs, des lézards desséchés sur la tête se réunissent aussi dans sa demeure pour le préserver du mauvais œil, et pour lui verser du vin de bananes. Des pages accourent à ses ordres. Puis les dignitaires de son empire. Le premier de ces dignitaires est le bourreau. Telle est la noblesse de ses fonctions que le roi ne dédaigne pas de les exercer lui-même et d'étrangler, ou d'assommer de ses augustes mains l'infortuné qui a encouru sa disgrâce. Personne n'ose se tenir debout devant lui. On ne s'approche de cette redoutable majesté qu'en baissant la tête et en rampant. Toucher par hasard à son trône, effleurer ses vêtements, lever les yeux sur sa femme est un crime capital. Ceux qui ont à le remercier de quelques grâces particulières se traînent par terre tantôt sur le ventre, tantôt en roulant sur eux-mêmes, avec de petits gémissements semblables à ceux par lesquels les chiens manifestent leur satisfaction, et il faut souvent le remercier, car chacune de ses décisions doit être considée comme un bienfait.

Il s'assied sur son trône, et les fonctionnaires, et les divers individus admis à ses audiences s'agenouillent ou s'accroupissent devant lui. Il formule brièvement ses décisions et soudain il doit être obéi. Tel officier a fait dans un État voisin une heureuse razzia. Il est récompensé par un grade supérieur. Tel autre n'a pas osé combattre. On lui enlève au moyen d'un fer rougi au feu les attributs de sa virilité.

Dans cette cour expéditive de l'Ouganda, on ne perd point son temps à faire des enquêtes, à griffonner du papier, à écouter la lecture d'un fastidieux rapport, ou le subtil discours d'un avocat. On n'ergote point à tort et à travers sur le texte de la loi. Il n'y a d'autre loi que la volonté de Mtésa, loi vivante, loi suprême, qui ne peut s'égarer et ne peut être discutée. Voici un malheureux qui a failli à l'une des prescriptions royales. A l'instant même, il est livré au bourreau. Voici un des courtisans du grand monarque qui s'est assis d'une façon inconvenante, ou qui a manqué de quelque autre façon aux lois de l'étiquette, sa sentence est de même immédiatement prononcée. Les tambours battent, le coupable est garrotté, et en quelques secondes exécuté. Le roi continue à rendre la justice.

Comme on le voit, son code criminel n'est pas très-compliqué. Il se condense en un seul article draconien : la mort. Et la mort sans phrase selon l'effroyable expression d'un des infâmes juges de Louis XVI. Mais cette sentence de mort n'est pas toujours accomplie de la même façon. S'il y a des condamnés qui, en vertu d'une miséricorde spéciale, sont tout simplement assommés par le bourreau, ce grand dignitaire ; il y en a d'autres qui sont coupés en quartiers avec de grandes herbes tranchantes, et d'autres dont le supplice doit durer plusieurs jours, dont on découpe, et dont on livre l'un après l'autre les membres aux vautours. Puis, il y a de riches délinquants qui peuvent racheter leur vie par une amende, qui se présentent à l'audience du roi avec un troupeau de vaches, de chèvres, en le remerciant de vouloir bien accepter cette humble offrande.

Après ces actes de grand juge, le souverain de l'Ouganda fait comparaître ses chasseurs qui lui amènent dans de grandes corbeilles d'osiers les antilopes, les porcs-épics, les rats qu'ils ont pris dans leurs filets, puis ses pêcheurs et ses jardiniers avec leurs charges de poissons, de fruits et de légumes, puis ses forgerons, ses couteliers, ses fourreurs, avec les divers produits de leur métier. Tout est soumis à son approbation avec les plus profonds témoignages de respect, et ses tributaires passent la main à divers reprises sur les différentes choses qu'ils lui exhibent, puis la portent à leur visage, afin de prouver qu'elles ne renferment aucun principe malfaisant.

Ainsi s'écoulent habituellement les matinées du puissant Mtésa. Quelquefois il a des audiences plus solennelles. Aux yeux de ses sujets tous noirs, il se montre dans son costume d'apparat : les cheveux taillés au sommet de la tête, dans la forme d'une crinière de casque ; le corps drapé dans une ample toge fabriquée avec les fibres d'une plante ; des anneaux en bronze ou en cuivre à chaque doigt des pieds ; des guêtres en verroterie, une écorce à la main en guise de mouchoir, et une écharpe en soie brodée. Telle est la magnificence du sultan de l'Ouganda, quand il reçoit des étrangers de distinction dont il veut fasciner les regards. Il aime aussi à se promener pompeusement dans ses domaines avec sa cohorte de pages, de courtisans, de musiciens. Quelquefois il conduit aux étangs où elles se baignent, deux ou trois centaines de femmes. Mais alors, du plus loin que les gens du peuple l'aperçoivent, ils doivent s'écarter de son chemin, et se cacher.

Chaque mois, au renouvellement de la lune, il interrompt pendant deux ou trois jours ses agréables distractions pour vivre dans la retraite, pour examiner et classer ses collections de talismans et de cornes magiques, ses trésors de superstition.

Dans les traditions de l'ancien monde, depuis les splendides régions de l'Inde jusqu'aux plaines sauvages de la Scythie, depuis les riantes îles de la Grèce jusqu'aux froides plages de la Scandinavie, partout apparaît un sentiment religieux, une croyance à des êtres suprêmes, et une intuition, sinon un dogme de la vie future. Après la découverte de Christophe Colomb, le même fait a été constaté parmi les différentes races du nouveau monde. Chacun connaît l'histoire des Incas du Mexique, l'histoire des vierges péruviennes qui se consacraient au culte du soleil, et nous ne pouvons lire sans un intérêt particulier ce que nos missionnaires ont raconté des indiens de notre Canada.

Un savant bibliographe, le R. P. Tailhan, vient de publier, dans une très-curieuse collection [1], un ouvrage dans lequel sont décrites, en un style naïf, avec un remarquable accent de vérité, les mœurs de ces belliqueuses peuplades. C'est une précieuse narration qui, jusqu'à présent, était restée inédite, la narration d'un de nos voyageurs qui a passé plus de trente ans au Canada.

« Tous les sauvages, dit M. Perrot, qui ne sont pas convertis, croyent l'âme immortelle, mais ils prétendent qu'en se séparant du corps, elle va dans un beau pays de campagne où il ne fait ni froid ni chaud, et que l'air y est agréablement tempéré. Ils disent que la terre y est couverte d'animaux de toutes les espèces et d'oiseaux de toutes les sortes. Les chasseurs, en marchant, ne s'y trouvent jamais exposez à la faim, ayant à choisir les bestes qu'ils veulent attaquer pour en manger. Ils nous disent que ce beau pays est bien loin au delà de la terre ; c'est pour cette raison qu'ils mettent sur les échaffaux ou sur les fosses de ceux dont on fait les funérailles des vivres et des armes, croyant qu'ils retrouveront dans l'autre monde, pour s'en servir, tout ce qui leur aura esté donné dans celuy-ci, et surtout dans le voyage qu'ils ont à faire.

« Ils croyent, de plus, qu'aussytost que l'âme est sortie du corps, elle entre dans un pays charmant, et qu'après avoir marché plusieurs jours, il se présente dans son chemin une rivière fort rapide, sur laquelle il n'y a qu'un

---

1. *Bibliotheca americana*. Choix d'ouvrages rares ou inédits relatifs à l'Amérique, collationnés, annotés et imprimés avec le plus grand soin. Paris et Leipzig, librairie Franck.

petit arbrisseau pour traverser, et qu'en passant dessus il plie tellement que l'âme est en danger d'être emportée par le torrent des eaux. »

Ainsi, on retrouve la salutaire idée de l'immortalité de l'âme jusqu'au sein de ces races primitives dispersées dans les sombres forêts de l'Amérique du Nord.

Rien de semblable sur le sol africain, décrit par M. Speke, pas une croyance consolante, pas un symbole religieux, pas un manitou comme les Hurons ou les Iroquois, pas une pierre comme les Lapons, pas un oiseau ou un insecte comme les anciens Égyptiens. Ces barbares tribus de l'Ouganda et des États voisins n'ont qu'une crainte superstitieuse. Ils redoutent l'action indéterminée d'un principe malfaisant, l'influence fatale du mauvais œil. Pour se préserver de ce danger, ils se font de grossiers talismans; ils invoquent le secours des sorciers. Et le roi, en sa qualité de roi, a plus de sorciers à son service et plus de talismans que ses sujets.

A l'époque où le jeune Anglais les visita, le despote de l'Ouganda avait encore sa mère. Il avait trente-deux frères et plusieurs sœurs. Sa mère occupait comme lui un vaste kibouga; et était comme lui entourée de fonctionnaires et de valets. Ses trente-deux frères, qui pouvaient devenir de fâcheux compétiteurs, devaient être, par une mesure de sûreté, tous égorgés le jour de son enterrement. Quant à ses sœurs, il les épousera, nul autre que lui n'ayant le droit de s'allier à cette noble lignée. Mais elles le serviront comme ses autres femmes, et seront de même soumises à ses caprices et à ses colères. En aucun pays la femme n'est assujettie à une condition aussi abjecte et aussi misérable que dans celui-ci. Le mariage même ne lui donne ni dignité, ni sécurité. Elle ne devient point l'égale de celui qui l'épouse; elle n'est point liée à lui par un pacte solennel, par un lien sacré; elle lui a été livrée par son père pour quelques verroteries ou quelques paquets de fils d'archal. Il peut, quand bon lui semble, la renvoyer chez ses parents, à condition de rendre seulement une moitié du prix d'achat. Il peut la faire flageller et la réduire à l'état de servante. En réalité, la femme ne représente, dans cette exécrable contrée de l'Ouganda, qu'un instrument de sensualité ou une valeur matérielle, ainsi qu'une toile de coton, un bracelet en cuivre, une pièce de bétail. Un homme fait un marché, et donne pour appoints deux ou trois femmes. Un homme est condamné à une amende et la paye par tant de chèvres, tant de vaches et tant de femmes. Celles-là ont seulement quelques chances d'être mieux appréciées qui, en restant constamment couchées, et en buvant vingt à trente pots de lait par jour, viennent à acquérir un embonpoint monstrueux.

Le roi donne lui-même à ses sujets l'exemple de cette profanation, de cet horrible mépris de la femme. Plusieurs centaines de ces misérables créatures sont réunies dans les huttes de son kibouga. Il les traîne à sa suite, dans ses promenades, comme des troupeaux de chiens, il en fait des distributions à ses courtisans, comme des distributions de cruches de bière ou de corbeilles de bananes, et si l'une d'elles a le malheur de faire un geste qui lui déplaît ou de commettre quelque autre légère faute, il la livre au bourreau.

« Pendant que je résidais près de lui, dit M. Speke, chaque jour j'ai vu conduire à la mort quelquefois une, quelquefois deux et jusqu'à trois de ces femmes qui composent le harem de Mtésa. Une corde roulée autour des poignets, traînées ou tirées par le garde qui les mène à l'abattoir ces pauvres créatures, les yeux pleins de larmes, poussent des gémissements à fendre le cœur : « Oh mon seigneur ! mon roi ! Oh ma mère ! » Et malgré ces appels déchirants, pas une main ne se lève pour les arracher au supplice, bien qu'on entende çà et là préconiser à voix basse la beauté de ces victimes.

« Un jour, dit encore M. Speke, je vis passer une des femmes du roi, les mains jointes derrière la tête, avec des gémissements les plus pathétiques. Elle marchait au supplice, précédée d'un des gardes qui n'avait pas mis la main sur elle. En souvenir de la passion qu'elle lui avait jadis inspirée, Mtésa lui avait permis de lui donner une dernière preuve d'obéissance spontanée, et c'était à titre de distinction suprême qu'elle allait ainsi se livrer elle-même au bourreau. »

De tels faits, et bien d'autres encore qui révolteraient l'âme de nos lecteurs ne sont-ils pas de terribles arguments contre la doctrine si absolue des abolitionnistes? Quel a été jusqu'à présent, au point de vue d'une louable philanthropie, le résultat des diverses explorations de l'Afrique? Pas un voyageur et pas un missionnaire n'a réussi à convertir un des rois de cette barbare contrée à des idées de justice et d'humanité? Quel a été le résultat de la fameuse colonie de Sierra Leone? Une faillite complète. Faillite financière et faillite morale? Quel a été le résultat de l'union des principales puissances européennes pour supprimer la traite des nègres? Les chefs de tribus n'en continuent pas moins leurs féroces combats, et n'en sont pas moins glorieux de leurs actes de dévastation. Seulement, au lieu de vendre comme autrefois aux négriers, leurs prisonniers de guerre, ou leurs propres sujets pour quelques bouteilles de rhum ou quelques oripeaux, ils en font des bains de sang. En réalité, dans l'intérieur de cette immense Afrique : au-dessous du despote, il n'y a que des esclaves, ou, pour mieux dire, des troupeaux d'animaux, sans soutien, sans défense, asservis à un autre animal capricieux, sensuel, atroce, qui les gouverne, les flagelle, les rançonne et les égorge selon son bon plaisir. Ces mêmes esclaves, transportés au Brésil, aux Antilles ou dans les États voisins de l'Amérique, y trouvent un refuge assuré et un bien-être matériel qu'ils n'ont jamais connu dans leur pays natal. Ils seront relevés de leur abjection par l'enseignement du christianisme, protégés par une loi spéciale, par un sentiment de convenances, par l'intérêt même de ceux auxquels ils appartiennent. Enfin, ils pourront encore, avec de faciles économies, en venir à se racheter, et ils ne pensent guère à se racheter, et, n'en déplaise à Mme Beecher Stowe, mieux vaut leur servitude dans la maison du planteur, que l'ignominieuse condition qui leur est faite, sous le nom de liberté, dans les États du Nord.

J'en reviens au récit du courageux M. Speke.

Il y a différents genres de courage : le courage civil et le courage des champs de bataille, le courage de l'emportement du moment et le courage de la patience. C'est celui-ci principalement que le jeune capitaine a déployé dans sa dernière exploration.

Quelle patience il a dû avoir pour surmonter les unes après les autres toutes les difficultés de son entreprise, pour organiser et pour réorganiser à diverses reprises son escorte, et ses moyens de transport, pour pénétrer dans une contrée barbare où sans cesse il était exposé à de nouvelles déceptions et à de nouveaux périls. Quelle patience surtout pour rester cinq mois dans une misérable hutte entre l'affreux petit souverain de l'Ouganda, et sa vieille mère coquette qui ne vaut pas mieux que lui !

L'un et l'autre également vaniteux et avides, sont possédés du désir de l'étonner par leurs majestés, et de le dévaliser. Tantôt, dans leur humeur fantasque, ils lui font attendre pendant de longues heures l'audience qu'ils lui ont promise, et le reçoivent avec un pompeux cérémonial. Tantôt, il l'envoient chercher familièrement pour assister à leurs jeux, ou à quelques scènes grotesques. Le roi s'exerce devant lui à tirer des coups de fusil, et tous ses courtisans font retentir l'air de leurs cris d'admiration, quand il a réussi à lancer quelques grains de plomb dans le corps d'une vache. La reine l'invite à boire de la bière. Elle en boit elle-même coup sur coup d'énormes tasses, puis cela ne lui suffisant pas, elle se plonge la tête dans l'énorme cruche remplie de cette enivrante boisson et s'y abreuve comme une bête dans son auge. Après elle, ses femmes, et ses hauts fonctionnaires barbotent avec avidité dans la même cruche. Mais M. Speke doit sans cesse par de nouveaux présents acheter l'honneur d'être admis dans les glorieux Kibougas. Et plus il donne, plus on lui demande, et après les exigences du roi et de sa mère, le pauvre voyageur doit subir celles de leurs officiers et de leurs valets. Tout ce qu'il a apporté de si loin, tout ce qu'il doit ménager avec soin pour adoucir les autres tyrans qu'il rencontrera sur son chemin : tissus de drap et de coton, verroteries, fil d'archal, tout ce qu'il exhibe forcément ou imprudemment excite d'ardentes convoitises dans ces deux cours stupides. La vieille reine veut avoir une montre et s'amuse comme un enfant à la mettre à son oreille pour en entendre le tictac. Le roi veut avoir un chronomètre, et le brise en un instant. Il veut avoir aussi des armes, des vêtements européens, un télescope et divers autres objets qu'il considère comme de précieux talismans. Ce qu'il désire plus que tout, c'est une boussole, bien entendu qu'il n'en comprend pas le moins du monde l'usage. Mais en voyant cette aiguille se mouvoir sous un verre, il est convaincu qu'il y a là une puissante magie.

Que si M. Speke essaye de résister à cette ignoble et perpétuelle mendicité, aussitôt le roi et la reine le bannissent de leur présence et lui retranchent les vivres. Deux ou trois jours après, quand ils le jugent suffisamment puni de sa témérité, ils lui envoient des corbeilles de bananes, des cruches de bière, quelques pintades et le rappellent au palais. Ils ont alors plusieurs autres requêtes à lui adresser. Le roi en se divertissant comme un écolier avec son fusil a épuisé sa provision de plomb et de poudre. Le roi aime les liqueurs fortes, et veut que M. Speke lui distille de l'alcool. Ce même roi à peine âgé de vingt-cinq ans est déjà épuisé par la polygamie et demande instamment des drogues stimulantes. La vieille reine demande d'autres drogues pour se guérir de la gale et toutes sortes de colifichets pour se parer. Chaque fois qu'on obtient de lui une nouvelle concession, ou un nouveau service, on lui fait de belles promesses qui seront oubliées le lendemain. Tristes scènes, dit M. Speke! Scènes énervantes! Et c'est vrai. Le lecteur lui-même en parcourant le récit de ces âpres exactions, de ces ridicules fantaisies, de ces honteuses nécessités en est révolté, et l'on s'étonne que le jeune capitaine ait pu si longtemps les souffrir. Mais il a une mission à remplir, une mission qui l'oblige à la patience et à la résignation. Il a besoin de l'assistance de Metza pour traverser un territoire sauvage, pour descendre une rivière qui va se jeter dans le Nil, et pour remonter le fleuve jusqu'au lac Victoria. Si indigné qu'il soit souvent et justement, il se rappelle le but qu'il s'est proposé d'atteindre, et applique son énergie à réprimer sa fierté pour ne point compromettre, par un intempestif emportement, le succès de son entreprise.

Enfin, il va être récompensé de sa persévérance. A force de sollicitations, il obtient du cauteleux, du rétif Mtésa, à peu près ce qu'il souhaitait, ce qu'il a si chèrement acheté par de nombreux présents, et par ses condescendances. Il part avec son ami Grant, et en suivant les indications qu'il a été chercher avec tant de peine et de patience dans l'Ouganda, il arrive sur les bords du Nil, bien loin des antiques tombes de Thèbes, des temples de Philoe, de la nouvelle ville de Chartoum, bien loin des régions fréquentées par les Européens. Il contemple avec bonheur cette magnifique nappe d'eau qui s'épanche sur une largeur de six à sept cents mètres. A sa surface s'élèvent des récifs et des ilots, où voltigent des hirondelles, où les crocodiles se chauffent au soleil. Dans ses flots sont les hippopotames; sur ses hautes berges gazonnées, et parsemées d'arbres, des troupeaux d'antilopes, et une quantité de floricans et de pintades.

M. Speke remonte par terre jusqu'aux chutes d'Izamber,

à travers des jungles luxuriantes et des forêts de bananiers. Là, le fleuve coule entre des rives couvertes d'épais gazons, d'acacias aux contours nuageux, de convolvulus qui étendent de toutes parts leurs guirlandes nuancées de lilas. Là, dit-il, partout où le sol s'est affaissé sous l'action des eaux, on entrevoit un terreau rouge pareil à celui du Devonshire. Le courant arrêté par une digue naturelle forme une espèce d'étang sombre et sinistre, où deux crocodiles tout en se baignant guettent leurs proies. L'ensemble de ces tableaux est ce que j'ai vu de plus féerique, de plus sauvage et de plus saisissant.

Le voyageur monte encore à d'autres chutes de douze pieds de profondeur. A ces chutes il a donné le nom de Ripon, en mémoire du président de la société géographique anglaise. A une crique d'où sort le fleuve, il a donné le nom de canal Napoléon, en témoignage, dit-il, de respect et de reconnaissance pour la société française qui m'avait décoré de la médaille d'or pour la découverte du lac Victoria.

S'il se souvient des hommes, il n'oublie pas non plus de remercier la Providence qui l'a protégé dans son long trajet, qui lui a permis d'achever son entreprise.

Il est en effet parvenu à son but. Il a constaté la réalité de la découverte qu'il annonçait à son voyage précédent.

Le fleuve des Sésostris et des Pharaon, le fleuve sacré des Égyptiens, ou si l'on veut le principal courant de ces fleuves, le Nil blanc, sort du lac Victoria, au troisième degré de latitude méridionale. Il parcourt ainsi jusqu'à son embouchure dans la Méditerranée, un espace de trente-quatre degrés, ce qui lui donne, à la mesurer en droite ligne une longueur de 2380 milles [1]. Le Danube, ce roi des fleuves de l'Europe n'en a que 1850; le Rhin 830; l'Elbe 580; et la Seine, la fameuse rivière pari-

---

1. Le mille anglais est à peu près le tiers d'une de nos lieues de France.

sienne, 510[1]. Il faut aller en Amérique pour voir les plus beaux fleuves du monde : le Mississipi qui a 3610 milles de longueur, le fleuve des Amazones 3130, et trente lieues de largeur à son embouchure, le Saint-Laurent qui descend des merveilleuses cascades de Niagara, et s'épanche comme un lac immense au pied des murs de notre ancienne cité de Québec.

Trois problèmes géographiques ont longtemps occupé les savants et les navigateurs : le cours de Niger, le passage du Nord-Ouest, les sources du Nil. Tous trois ont été résolus par la fermeté et la patience des Anglais.

Fermeté et patience ! Ce sont là deux des qualités distinctives de nos éternels rivaux. Ils les gardent dans leur régime gouvernemental, dans leurs transactions politiques, dans leur industrie, dans leur civilisation, dans leurs nombreux voyages, enfin dans toutes leurs entreprises. C'est par là qu'ils contre-balancent notre impétueuse activité, et qu'ils en viennent quelquefois à dominer ce que l'on n'a que trop justement nommé : la *Furia francese*.

Les Anglais ont été les plus ardents et les plus patients explorateurs de l'Afrique. La plupart de ceux qui les premiers ont essayé de pénétrer dans l'intérieur de cette barbare région y sont morts : Leyard, le Major Houghton Mungo Park, Clapperten, Denham, Laing. Le docteur Hornemann y est mort aussi, et tout récemment le lieutenant Gérard qui a tué tant de lions en Algérie, et le jeune et savant docteur Vogel, le fils de l'excellent directeur de la Realschule de Leipzig, le frère de Mme Polski à qui nous devons de charmantes œuvres littéraires, entre autres les *Musikalische Märchen*.

1. Dans un salon bourgeois plusieurs personnes étaient réunies pour entendre une lecture de Bajazet : Le lecteur commença et dit : « La scène est à Constantinople. — Ah! s'écria une des invitées qui prétendait avoir étudié la géographie, je ne croyais pas que la Seine coulât si loin. »

M. Speke a eu le bonheur de rentrer dans son pays natal, après avoir accompli la tâche qu'il s'était imposée, et le bonheur d'y jouir quelque temps d'un légitime succès. Puis un matin, dans une partie de chasse, au moment où il franchissait une haie, la détente de son fusil s'accrocha à une branche d'arbuste, le coup partit, et toute la charge de ce fusil lui entra dans le corps. Il mourut sur-le-champ.

Le président de la société géographique de Londres lui a rendu un solennel hommage. « C'est le premier Européen, a-t-il dit, qui avec le capitaine Grant a traversé du nord au sud le centre de l'Afrique équatoriale, et qui, abstraction faite de tout conflit d'opinions au sujet des sources du Nil, a incontestablement déterminé l'existence et le site du vaste bassin aquatique en dehors duquel s'épanche ce fleuve. »

Une souscription est ouverte en Angleterre pour lui élever un monument.

La France aussi a rendu hommage à la mémoire de cet illustre voyageur, par la traduction de son livre confiée au talent de M. L. D. Forgues et magnifiquement éditée.

XI

LETTRES SUR L'ALABAMA.

Mobile, mai 18...

Vous m'avez engagé à vous communiquer les observations que j'ai eu l'occasion de faire dans l'Alabama, une des régions méridionales des États-Unis. Je cède à votre désir. Mes études ont été là concentrées dans l'histoire naturelle, et particulièrement dans l'entomologie. Mais l'Alabama est peu visité par les Européens, et pendant le temps que j'ai passé dans ce pays, j'ai recueilli diverses notions qui peuvent avoir pour vous quelque intérêt.

Un mot d'abord sur Philadelphie, où je me suis embarqué pour me rendre à Mobile. Cette ville de Philadelphie m'a laissé un souvenir agréable. Elle n'a point un aspect grandiose et ne renferme point d'édifices imposants; elle n'étonne point les regards, mais elle plaît par son caractère paisible et sa sobre élégance; ses rues sont droites, larges, propres, et bordées de chaque côté d'une belle rangée d'arbres, parmi lesquels on remarque de magnifiques platanes ; ses habitants ont en général une nature calme et des habitudes régulières. On dirait que cette cité a conservé l'empreinte indélébile du caractère de Guillaume Penn, son fondateur.

La grande et majestueuse rivière, la limpide Delaware, est à la fois un des ornements de Philadelphie et un de ses principaux éléments de prospérité. De nombreux bâtiments de commerce sillonnent ses flots, et une forêt de mâts s'élève le long de ses quais.

J'ai trouvé dans cette ville quelques savants aimables et obligeants. Le vénérable professeur Nuttall poursuit ses travaux de botaniste à l'Académie des sciences naturelles ; M. Peale est également très-occupé au Muséum, qui est l'une des plus attrayantes institutions de Philadelphie. Ce qui m'intéressait surtout, c'était le souvenir de Wilson, le célèbre ornithologiste. Ici il a longtemps résidé ; ici il a fait des cours scientifiques ; ici j'ai vu la collection d'oiseaux qu'il a formée lui-même ; — dans ses livres, il a décrit les environs de Philadelphie, les plaines du Schuylkill, les îles de la Delaware, et je me suis plu à visiter les lieux qu'il a visités et si bien décrits.

Le 18 avril, par une belle matinée et par une belle brise, un petit schooner nous a rapidement transportés en pleine mer. Je ne vous redirai point toutes les petites misères auxquelles il faut se résigner dans le cours d'une navigation.

J'ai oublié toutes ces misères, quand je suis arrivé dans le mystérieux courant qu'on appelle le *gulf-stream*, qui roule comme une puissante rivière à travers les vagues de la mer, et dont le cours est aussi nettement dessiné que s'il était bordé de chaque côté par une rive terrestre. C'est vers la plage occidentale de la Floride qu'il m'est apparu d'abord très-distinctement ; de là il se dirige vers le sud, puis franchit le détroit de la Floride, et s'en va verser son onde tiède dans le sein de l'Atlantique.

On connaît le voisinage de ce merveilleux courant à la température plus élevée de l'eau et aux herbes jaunes qui flottent à sa surface. Quelquefois ces herbes se déroulent sur un vaste espace; leur structure est très-curieuse à observer. Probablement, à une époque lontaine, elles ont eu quelque part leurs racines; mais à présent elles paraissent n'avoir aucune connexion avec le sol de la côte ou le fond de la mer, elles se développent librement à la surface des flots. Elles se composent d'une multitude de feuilles dentelées, attachées à des tiges angulaires et portées sur les vagues par une quantité de petits globules légers pareils à des raisins de Corinthe.

Dans cet amas d'herbes, dans cette prairie de sargasses qui étonna les regards de Christophe Colomb, il y a un grand nombre de poissons et d'animalcules de différentes sortes.

L'Océan nous offre, comme la terre, les manifestations de la vie, et dans les parages méridionaux que je traverse, la vie animale se montre sous les formes les plus variées et les plus brillantes. Autour de notre navire, nous voyons souvent nager le superbe dauphin, le pilote aux bandes de pourpre, la rémora, dont les naturalistes de l'antiquité avaient déjà remarqué l'étonnante faculté d'adhésion à toute espèce de substance. Des bandes de marsouins bondissent et jouent de côté et d'autre, puis tout à coup disparaissent. Le requin, le terrible requin attire souvent aussi nos regards, et le poisson volant s'élance du sein des flots comme un oiseau, tandis que de vrais oiseaux plongent dans les ondes. Des légions de pétrels se balancent sur les crêtes des vagues, au grand déplaisir des matelots qui les regardent comme les précurseurs de la tempête. Ils n'ont cependant pas une apparence très-redoutable, ces légers alcyons. Ils ne sont pas plus gros que des hirondelles, et dans le jour ils ne font ordinairement aucun bruit; mais la nuit ils nous étourdissent par leurs cris discordants.

Ces petites observations, si communes qu'elles soient, nous distraient dans notre voyage, et bientôt nous arrivons à la zone des vents alisés. Vous savez que des deux côtés de l'équateur, entre les tropiques, le vent souffle régulièrement de l'est. Si Colomb avait connu ce fait, il aurait abrégé son voyage, et se serait épargné bien des anxiétés.

A l'aide de ce vent propice, en peu de temps nous arrivons en vue des Bahamas. Je les regarde avec un vif intérêt. Après une navigation d'une certaine durée, on aime à revoir la terre, et ces îles méridionales, avec leurs splendides productions, ont toujours eu pour moi une sorte de prestige féerique. A ce rêve de mon imagination se joint ici un souvenir historique : ce groupe d'îles est le premier qui charma le cœur de l'illustre navigateur lorsqu'il découvrit le nouveau monde. Ce fut là qu'il trouva la première récompense de son courage et de ses anxiétés. Ce fut là qu'il vit enfin son noble espoir se réaliser, et put se réjouir pleinement dans le sentiment de son génie.

J'ai contemplé ce théâtre de sa gloire ; j'ai été content de voir les Bahamas ; nous étions assez près d'une de ces îles pour en distinguer la végétation. Des palmiers l'ombragent avec leurs larges feuilles, et à son extrémité méridionale est une roche singulière creusée comme une voûte, pareille à une arche de pont. Plus d'un navire passe sous cette arche en se dirigeant vers le golfe du Mexique. Près de là, l'eau de la mer, traversée par une quantité d'ilots, a la transparence du cristal. Mes regards pénètrent jusque dans ses profondeurs, et tantôt s'arrêtent sur un lit de sable argenté, tantôt sur des chaînes de rocs dont les fissures sont remplies d'herbes empourprées, où pullule une foule d'animaux aquatiques de différentes espèces. Quelquefois des tortues vertes, de six pieds de longueur, s'élèvent à la surface de l'onde, et à tout instant nous passons au milieu d'un amas de méduses, ces curieuses petites bêtes qui ont la forme d'un navire. Il y en a qui n'ont pas plus d'un pouce de longueur ; d'autres un pied.

Elles se composent d'un disque bombé en ombelle, quelquefois hémisphérique ou en cloche, muni en dessous de divers appendices servant à la respiration ou à la manducation, et souvent pendant ou flottant, de telle façon qu'elles rappellent les serpents qui hérissaient la tête de Méduse. Cependant leur aspect est agréable ; leur substance molle a presque la consistance d'une gelée, et sa transparence est nuancée de teintes délicates de rose, de violet, d'azur. Elles flottent librement dans les eaux de la mer, et par la contraction de leurs ombelles, elles se soulèvent alternativement. Parfois leur membrane est très-étroite ; parfois elle s'élargit et s'arrondit en cercle. Leur tentacule, en piquant la main qui y touche, peut produire une assez vive douleur. Je considère la méduse comme une des plus jolies choses du cabinet de curiosités du vieux Neptune. Quand elle flotte sur l'Océan, elle apparaît comme une miniature de navire voguant à pleines voiles, et l'on s'étonne de la voir résister aux vagues qui semblent devoir à chaque mouvement l'anéantir.

Après avoir traversé les récifs de la Floride, nous doublons les Tortugas, une demi-douzaine de bancs de sable sur l'un desquels s'élève un phare, et nous entrons dans le golfe du Mexique.

Nous devons naviguer plusieurs jours encore avant d'arriver au terme de notre voyage, mais quelques oiseaux de la plage viennent à notre rencontre, entre autres celui qu'on appelle l'hermite (*turdus solitarius*), et le gobe-mouches (*muscicapa ruticilla*) aux ailes barriolées de noir et d'orange. Celui-ci sautille sur les cordages de notre navire, s'enfuit tout à coup au loin, puis revient. Je réussis à en prendre un, mais il se débat violemment entre mes mains, me mord les doigts, et je finis par lui rendre la liberté, à la grande satisfaction des matelots, qui croient que, si on tourmente un oiseau de terre, on attire par là un malheur sur le navire.

20 mai.

Il n'y a pas un sentiment de solitude comparable à celui que l'on éprouve lorsque l'on erre dans les rues d'une ville où l'on est complétement étranger. On s'en va là d'un côté et d'autre à travers une foule de passants, et dans tous ces passants pas un ami, pas une personne de connaissance, pas un être qui nous rappelle un souvenir. Je ne ressens point cette triste impression dans la profondeur des forêts, dans le silence du désert; là, au contraire, je ne me trouve point seul; là, mon cœur se dilate: là, il y a des milliers d'objets qui plus d'une fois ont agréablement occupé mes regards et ma pensée.

J'ai erré mélancoliquement dans les rues de Mobile où je ne connaissais personne. Peu à peu cependant cette pénible impression a fait place à la curiosité que devait naturellement éveiller en moi l'aspect de cette ville. Par sa situation au bord d'une baie profonde, à l'embouchure de deux larges rivières, Mobile doit être une ville de commerce, et en effet il s'y fait un commerce considérable avec Liverpool, Londres, le Havre, et le nord des États-Unis.

Après les mois d'hiver que je venais de passer à Philadelphie, après plusieurs semaines d'une ennuyeuse traversée, c'était aussi pour moi une douce surprise de voir cette terre méridionale avec sa riche végétation éclairée par un beau soleil. Dès le lendemain de notre débarquement, j'allai explorer les forêts qui avoisinent la ville. Arbres et arbrisseaux, oiseaux et insectes, là tout était nouveau pour moi; à mes regards brillaient dans toute leur splendeur les fleurs des magnolias, et de tous côtés voltigeaient et tourbillonnaient des myriades d'insectes, des papillons d'une couleur éclatante.

Quelques jours après, je faisais une excursion dans les montagnes, et je commençais une jolie collection. C'est là que j'ai vu pour la première fois la libellule-émeraude (agrion virginien), l'un des plus charmants insectes qu'il soit possible d'imaginer. Son corps fluet et allongé est d'un vert métallique qui, aux rayons du soleil, se change en un bleu foncé. Ses yeux sont longs, proéminents, luisants, ses ailes larges, d'une couleur bronzée, et d'un tissu très-délicat.

Dallas, 1er juin 18....

Vous savez que mon intention en venant ici était d'y ouvrir une école. Voici de quelle façon les écoles sont ordinairement fondées dans ce pays. Une demi-douzaine de planteurs se réunissent, conviennent de faire élever leurs enfants ensemble, et s'engagent à payer chacun une certaine somme. Ces cotisations volontaires forment le traitement de l'instituteur. J'ai obtenu sans difficulté l'emploi que je désirais, et je reçois pour une douzaine d'écoliers une libérale rétribution.

Mon école est une singulière maison, bâtie tout simplement avec des poutres non équarries, superposées l'une à l'autre, rejointes aux quatre coins par leurs entailles; point de fenêtres; mais la terre employée à remplir les fissures et les interstices des poutres s'étant desséchée et étant tombée, il m'arrive par là assez d'air et de lumière. La porte roule sur des gonds en bois, et reste ouverte presque constamment nuit et jour. Des pupitres et des bancs façonnés avec la hache par un artisan rustique, un pupitre plus élégant et une chaise pour moi, voilà tout mon ameublement. Mes élèves sont d'une nature aussi primitive que mon habitation. Il n'y en a pas un qui ne soit plus habile à manier un fusil qu'à tenir une plume, et à capturer un lapin ou un opossum qu'à conjuguer un verbe.

Mon habitation est du reste établie dans une situation très-romantique, au milieu d'une forêt dont on a abattu les arbres, sur un espace d'environ cent mètres carrés, à l'exception de trois grands chênes destinés à ombrager son toit. De chaque côté de ma demeure s'élève un rempart de beaux bois de cent pieds de hauteur. Au loin s'étend une forêt de chênes *hickories*, de pins de différentes espèces, et à trois milles de distance il n'y a pas une autre habitation humaine.

Mais cet isolement me plaît; j'y suis en face de la libre et sauvage nature. Au bout des angles de mon *by-house* est un sentier qui va rejoindre la grande route à travers la profonde forêt. Près de moi est une jolie source d'eau qui garde sa fraîcheur dans les plus chauds jours d'été.

Je me lève de bonne heure, et je fais une longue promenade sous les verts rameaux avant de commencer ma tâche d'instituteur. Ces promenades matinales, en été, dans cette féconde région, m'offrent à chaque pas un nouveau sujet d'observations. Ici, un jour nuageux est une chose rare. Deux heures après qu'il a surgi à l'horizon, le soleil est déjà très-ardent; mais quel plaisir alors de respirer la fraîcheur des bois et les exhalaisons de la rosée! Un grand nombre d'oiseaux qui dans la journée se tiennent cachés sous l'épais feuillage des pins, immobiles et silencieux, fatigués par la chaleur, sautillent en ce moment de ci, de là, en chantant gaiement.

Mais voyons : supposons que vous êtes dans l'Alabama, et que vous voulez y passer la journée avec moi. Je suis votre cicerone, je vais vous indiquer toutes les richesses qui nous environnent.

Voilà que vous arrivez à ma porte, et je suis charmé de vous recevoir. Entrez, nous allons déjeuner, quoiqu'il ne soit encore que six heures du matin. Mon nègre nous apporte un poulet et un morceau de porc rôti, du riz bouilli, et le *homming*. Ah! vous ne savez pas ce que c'est que le *homming*? C'est le mets quotidien des planteurs; c'est le maïs pilé, réduit en poudre, bouilli comme du riz et assaisonné avec de la viande.

Un petit nègre se tient à nos côtés avec un faisceau de

plumes de paon, qu'il agite sur la table pour en écarter les mouches et les moucherons. Vous ne mangez guère, ce me semble. Ne craignez rien : si singuliers que vous paraissent nos procédés culinaires, ils ne sont pas mauvais. Pour boisson, vous avez du café, du lait frais et du lait aigre. Quant au thé, je ne puis vous en offrir, on n'en a guère dans cette contrée, mais j'ai du miel excellent et des conserves.

Vous avez fini votre déjeuner, vous désirez sortir. Bien.... Je prends mon filet à papillons, et nous partons.

Entendez-vous ? Voilà le chef de l'orchestre ailé, l'oiseau moqueur, qui vous salue. Il voltige de côté et d'autre en chantant ; probablement son nid est à peu de distance, car il ne craint pas de le construire près des habitations. Avec ses teintes de noir, de blanc et de gris élégamment disposées, il est vraiment très-joli à voir, et sa voix, plus d'un amateur a déclaré qu'il la trouvait supérieure à celle du rossignol. C'est surtout dans le silence de la nuit, qu'il se plaît à moduler ses chants.

Mais je m'aperçois que vous êtes étonné du bruit que vous remarquez dans les feuilles sèches ; il est produit par de petits lézards qui, à notre approche, cherchent, effrayés, un refuge sous un tronc d'arbre, ou sous une pierre, et qui sont si prestes dans leurs mouvements qu'ils échappent en un clin d'œil à notre attention. Il y en a de quatre espèces ; ceux de la plus commune sont fort étrangement désignés par le nom de *scorpions*. Ils ont environ six pouces de longueur, le corps gris, rayé de bandes foncées, et une plaque bleue sous le gosier. On les croit venimeux, mais en réalité ils sont parfaitement inoffensifs.

Plus vif et plus brillant est un autre lézard, qu'on appelle l'*agile coureur*; il a environ neuf pouces de longueur, le corps d'un brun foncé, rayé de bleu et de jaune. Un jour, j'en ai enfermé un au bord de ma fenêtre, à quinze pieds au-dessus du sol, et le lendemain je n'en ai trouvé qu'une faible trace : il avait été dévoré par les fourmis. Il faut que ces insectes soient doués d'une étonnante perspicacité pour avoir découvert leur proie à une si longue distance ; mais il est probable que l'une d'elles, ayant fait par hasard cette découverte, l'avait communiquée à sa peuplade.

Je citerai un autre exemple de la voracité de ces petites créatures. J'avais mis dans une boîte des chrysalides et des chenilles; quelques jours après, en ouvrant ma boîte, j'ai eu le chagrin de la trouver remplie d'une légion de fourmis noires qui avaient anéanti ma collection.

Nous voilà dans la forêt, arrêtons-nous un instant. Sur ces arbustes en fleurs voltigent une quantité d'abeilles, de guêpes et de papillons. En voici un entre autres qu'on appelle l'*hirondelle zébrée :* il est remarquable par l'élégance de sa forme, par la longueur de la queue de ses ailes. En voilà d'autres de l'espèce des colies, tous coquets, d'une couleur de safran, avec une bordure noire. Que si ces insectes avec leur variété de couleurs et de nuances ne suffisent pas pour fixer votre attention, voyez: sur ce châtaignier perche un oiseau moqueur, que j'entends chaque matin; sur cette branche de pin, le cardinal (*fringilla cardinalis*), au corps écarlate, aux ailes noires, au bec rouge, à la tête de jais surmontée d'une crête conique et mobile.

Regardez de ce côté, voilà deux dindons sauvages, le meilleur gibier de l'Amérique. Leurs petits sont près d'ici; de là l'anxiété qu'ils éprouvent à notre approche, et leurs cris plaintifs, et l'impétuosité avec laquelle ils tournoyent autour d'un même point, comme s'ils avaient le vertige. A présent, personne ne fait la chasse à ces oiseaux, car ils sont trop maigres. L'hiver, mes élèves les prennent au moyen d'une espèce de grande cage en bois, à l'entrée de laquelle ils répandent des grains de maïs. Le dindon s'avance peu à peu en picotant les grains, entre dans la prison qui lui est destinée, et, une fois là, ne peut plus, dans sa stupidité, retrouver l'étroit passage qu'il a franchi.

Mais nous approchons de l'édifice scientifique où préside votre humble serviteur; c'est là notre collége, notre académie, notre université, notre *alma mater*. Entrons, je vais assembler mes élèves.

A cinq heures, leur séance est finie; vous avez entendu leurs cris de joie quand ils ont recouvré leur liberté. Nous avons aussi recouvré la nôtre, et nous pouvons faire encore une promenade. Il nous reste deux bonnes heures de jour, les moucherons ne sont point encore retirés; le papillon aux ailes violettes et la *melitrea* aux bandes d'argent voltigent encore aux bords du ruisseau.

Depuis quelques instants la tourterelle de la Caroline (*columba carolinensis*) fait entendre ses suaves et mélancoliques modulations. Son chant, qui se compose de cinq notes, est d'une douceur inexprimable, il attendrit le cœur et s'harmonise parfaitement, à cette heure du soir, avec le calme poétique de la nature. Dans cette saison, les tourterelles volent ordinairement deux par deux, se perchent sur les barrières au bord des routes, et, si timides qu'elles soient de leur nature, elles ne s'effarouchent point aisément. Cependant, comme leur chair est très-délicate, ni leur chant mélodieux ni leur confiance n'émeuvent le chasseur. Quand elles sont effrayées, elles se remuent en poussant un long cri qui, par malheur, sert de guide à celui qui les poursuit. Leur forme est fine et élégante, leur tête petite, leur queue longue; la partie supérieure de leur corps est d'un bleu clair, la partie inférieure d'une nuance d'orange pâle.

Près de la palissade où ces tourterelles se sont posées, j'aperçois une plante d'une grande beauté: c'est la *spigelia marylandica*, aux fleurs tubulaires jaunes à l'intérieur, d'une éclatante couleur de pourpre à l'extérieur, attirant ainsi les regards, et, de plus, ayant une place notable dans la botanique médicale. Regardez ce gros papillon qui plonge sa longue trompe dans le tube de cette fleur: il est de la famille des hespérides et ressemble plus à une phalène qu'à un papillon de jour. En réalité, il forme une sorte de transition entre les lépidoptères de jour et ceux de nuit.

En pénétrant dans la profondeur des taillis, là où la lumière du ciel est voilée par l'épaisseur des rameaux, nous apercevons ce hibou qu'on appelle *strix nebulosa*, qui déjà sort en silence de sa retraite et se perche sur un arbre pour nous voir passer.

Mais vous êtes étonné des cris qui s'élèvent de tous côtés : ne vous effrayez point, ce n'est pas le cri de guerre du sauvage séminole, c'est celui des nègres des plantations appelant les porcs qui, dès le matin, paissent dans les bois, et qui le soir doivent rentrer à l'étable. Je me suis trouvé quelquefois près d'un de ces troupeaux au moment où retentissait ce cri des nègres ; aussitôt les lourds animaux lèvent la tête, écoutent, puis soudain se précipitent en tumulte vers l'habitation.

Les pintades ont aussi leurs appels criards ; les nègres employés aux travaux des champs ont ramené leurs mules au logis, l'oiseau moqueur continue sa sérénade. Le soleil est couché, mais à la lueur du crépuscule, nous pouvons encore distinguer cet arbuste couvert de fleurs jaunes et écarlates, qu'on appelle *merveille du Pérou*, et plus habituellement la *fleur de quatre heures*. Pendant le jour elle reste fermée ; vers les quatre heures, sa corolle commence à se déplier ; un quart d'heure après, elle est entièrement développée, et elle se tient ouverte toute la nuit ; elle exhale alors un doux parfum et attire des phalènes qui ne font leurs pérégrinations que le matin et le soir.

En voici une qui s'approche. J'entends le bruissement de ses ailes. Elle se repose sur le calice de la fleur et y darde sa langue effilée, puis elle vole à une autre, et en quelques instants aspire dans plusieurs tubes aromatiques le suc qu'elle convoite.

Près de là est le sphinx de la Caroline, qui s'attache surtout aux tiges de tabac, où il dépose ses larves. Les planteurs, qui redoutent à juste titre ses dévastations, lui font une guerre acharnée. Cependant il n'est pas rare, et je l'ai trouvé aussi quelquefois sous des tomates.

Mais les dernières clartés du crépuscule ont disparu. Il est temps de rentrer dans notre demeure, pour y prendre notre dernier repas, avec une tasse de thé.

Dallas, 10 juin.

Nos fenêtres, dans cette saison, restent ouvertes toute la nuit. Une persienne nous préserve seulement de l'invasion des insectes nocturnes et des chauves-souris. Hier, comme je ne me sentais point disposé à dormir, je m'approchai de la fenêtre. Un orage avait éclaté dans la journée, l'air était rafraîchi, et des plantes des jardins s'exhalaient de suaves odeurs. A la voûte du ciel brillait le disque argenté de la lune, et les gouttes de pluie étincelaient sur les feuilles des arbustes. Tout dormait autour de moi, et alors je me rappelai ces vers composés par Saint-John au milieu des ruines de Palmyre :

« Tout repose en silence ; les ailes de la nuit enveloppent la plaine solitaire. Dans ce sommeil général, on n'entend que le murmure des fontaines. Heure mystérieuse ! solennelle ! Elle éveille dans l'âme les pensées profondes et lui inspire un chant mystique. »

Tout à coup je fus distrait de mes rêveries par la voix de l'oiseau qu'on appelle, en termes scientifiques : *caprimulgus carolinensis*[1], et en termes vulgaires : *chuck-will-widow*. Cette dernière dénomination représente les syllabes qu'il accentue et scande dans ses mélodies. Celui qui venait ainsi me surprendre dans ma solitude n'était qu'à quelques pas de moi, et je ne puis vous dire avec quel charme je l'écoutais. Quand il eut pendant quelques instants modulé ses accords, un autre vint s'y adjoindre, puis un

---

1. Crapaud volant.

troisième; quelquefois alternativement, puis ils s'enfuirent. J'étais très-curieux de les voir, et le lendemain je les poursuivis dans les bois; mais ils sont si sauvages, que j'eus bien de la peine à les découvrir. Ils ont à peu près la grosseur du pigeon, une large tête et une bouche énorme. Leur couleur est d'un brun foncé, moucheté de petites taches blanches et noires. Ils se nourrissent d'insectes nocturnes, et déposent sur le sol, sans nid, deux œufs d'une couleur olivâtre.

Il y a dans mon voisinage un grand nombre de prairies, non point ces immenses prairies de l'ouest pareilles à des océans solidifiés, mais de petites prairies d'un demi-mille à un mille carré, encadrées entre de hauts arbres qui, de chaque côté, s'élèvent là comme des remparts. Sur leur sol argileux on ne trouve pas la plus petite pierre. Lorsqu'il est détrempé par les pluies, on n'y chemine qu'avec une peine extrême. Il est parsemé d'une quantité de coquilles fossiles dont je ne sais pas le nom, et en certains endroits revêtu de petites broussailles épineuses.

D'autres prairies sont faites par le défrichement des bois. C'est par la méthode appelée le *girdling* que l'on ouvre généralement ici des clairières dans les forêts. On fait avec la hache une incision circulaire dans l'écorce de l'arbre; par là, le mouvement de la sève est complétement arrêté; bientôt l'arbre dépérit, et en quelques mois il meurt. On arrache avec un hoyau les arbustes. Le terrain, ainsi dégagé de ses tiges gigantesques et de ses différentes plantes, est entouré pendant l'hiver d'une haie. Au printemps on l'ensemence, sans qu'il soit besoin de le creuser avec la bêche, de le labourer avec la charrue. Il est d'une nature si molle, et enrichi par les détritus de tant de végétaux, qu'il suffit d'y déposer les grains de maïs pour y recueillir une abondante récolte.

Cette coutume de faire périr les bois par le *girdling*, au lieu de les abattre, comme dans les États du nord, donne aux campagnes de cette contrée un singulier aspect.

Les petites branches tombent successivement ; les autres se dépouillent de leur écorce, et les tiges colossales privées de leur enveloppe, blanchies par le soleil et par la pluie, apparaissent comme des squelettes gigantesques, étendant de côté et d'autre leurs bras dénudés, sous lesquels flottent les filaments gris de la mousse d'Espagne. Ils sont alors attaqués par une quantité de piverts de différentes espèces qui y cherchent leur pâture d'insectes.

Ils s'écroulent ordinairement dans le cours d'un hiver, mais quelquefois aussi ils sont renversés par un ouragan. Au premier indice d'un de ces vents impétueux qui souvent éclatent en automne, les nègres qui travaillent dans les bois prennent la fuite, car ils ne pourraient, sans s'exposer à un péril mortel, rester près de ces arbres morts, ou à demi morts, que la tempête brise et renverse en un instant.

J'ai assisté dernièrement au spectacle d'un de ces orages. Les flocons de mousse espagnole étaient déchirés et emportés comme les lambeaux des voiles d'un navire. De longs rameaux blancs, détachés de leurs tiges, tourbillonnaient dans les airs, et des troncs d'arbres séculaires s'écroulaient avec fracas les uns sur les autres. En moins d'un quart d'heure, un vaste espace était balayé, une clairière était ouverte, et l'orage avait cessé. Le ciel s'éclaircit, et le soleil reparut sur un limpide azur.

Dans ces clairières, dans ces prairies et dans les forêts encore intactes, je m'en vais poursuivant mes études de naturaliste, tantôt attiré par une fleur toute nouvelle pour moi, tantôt par un oiseau ; le plus souvent par les papillons. Vous êtes peut-être étonné de mon admiration pour ces insectes ; mais, en vérité, la plupart de ceux que je vois ici sont d'une beauté étonnante. Quel éclat de coloris ! quelle délicatesse de nuances ! et quelle merveille, quand je songe que chaque atome de cette poussière brillante qui couvre leurs ailes est une plume, une plume d'une forme régulière et complète ! O Dieu ! quelle variété dans tes œuvres, et quelle puissance infinie !

Parmi les diverses plantes qui m'entourent, il en est une entre autres qui me charme. C'est la *bignonia radicans*, autrement dit la *fleur-trompette*. Elle s'élève le long du chêne, à la hauteur de trente ou quarante pieds, avec de jolies feuilles et des fleurs de trois pouces de longueur, évasées comme l'extrémité d'une trompette, rouges à l'intérieur et orangées sur les bords. Son feuillage est si épais qu'il recouvre de sa riche verdure les arbres auxquels il s'enlace. Les colibris se plaisent à visiter cette plante. Quelquefois j'en vois une demi-douzaine qui voltigent à la fois autour d'un de ces calices aromatiques, y plongeant leur petite langue, puis s'élançant de côté et d'autre, scintillant dans l'air comme des rayons de lumière, et revenant se poser sur la coupe parfumée où ils brillent comme des pierres précieuses.

Il y a d'autres plantes qui grimpent également le long des arbres, et que l'on désigne généralement par le nom de *vigne*. L'une d'entre elles porte le nom de *vigne de la croix*, parce que sa tige se divise spontanément en quatre parts qui présentent la forme d'une croix. A ces mêmes arbres est suspendue la mousse d'Espagne dont j'ai déjà parlé. Elle se compose d'une quantité de filaments d'un gris jaunâtre, parsemés de petites fleurs presque imperceptibles. Quand cette mousse est sèche, on l'emploie à faire des matelas.

Il y a aussi dans ces bois diverses espèces de plantes sensitives, entre autres la *schrankia concinata*, qui est d'une nature si délicate qu'au moindre contact ses feuilles se ferment instantanément. D'autres ne se ferment que plus lentement et en partie. Parmi ces plantes, j'ai remarqué un *mimosa*, qui est un arbuste de douze ou treize pieds de hauteur, portant des fleurs globulaires d'un pouce de diamètre et d'un rouge écarlate, qui exhalent une bonne odeur.

Dans cette saison, le châtaignier est magnifique à voir, avec ses masses de feuilles pâles, et ses grappes de petites fleurs si serrées les unes contre les autres qu'elles s'étouffent, et qu'un grand nombre d'entre elles doivent tomber pour que les autres portent des fruits. Cet arbre s'élève jusqu'à la hauteur de cent pieds. Son écorce est fibreuse et d'une couleur grise, ressemblant à celle du cèdre du Nord. Son bois est rouge et d'un grain assez fin; mais on ne peut en faire aucun usage. Ce n'est pas même un bon combustible.

Il y a dans ces forêts primitives, où je pénètre si souvent, une grandeur indicible. Les arbres s'y élancent d'un seul jet, comme des colonnes, à une hauteur prodigieuse. Il semble que toute leur vitalité, au lieu de se perdre dans des branches latérales, soit concentrée dans leurs tiges, et que tous ne tendent qu'à grandir de plus en plus au-dessus de ce qui les environne. Les plus faibles périssent dans ce travail de végétation; les autres élèvent dans les airs leur cime superbe.

Sous ces troncs gigantesques, le sol est en général tellement dégagé d'arbustes et de broussailles, que le chasseur peut y faire galoper son cheval sans difficulté. En certains endroits seulement, les arbres sont rejoints l'un à l'autre par un tissu de vignes et d'autres plantes grimpantes.

Ces bois sont comme un temple immense, avec une voûte de verdure supportée par des milliers de pilastres. On ne peut y entrer sans une sorte de recueillement, et le silence profond de ces majestueuses enceintes, le jour mystérieux qui les éclaire, impriment à la pensée un élan poétique ou religieux. Souvent, dans mes promenades solitaires à travers ces forêts, je m'abandonne à de graves rêveries; souvent aussi je me laisse entraîner par le désir de poursuivre et d'atteindre des insectes lumineux, des oiseaux au brillant plumage et d'autres animaux, notamment des écureuils, d'agiles écureuils qui jouent ensemble amicalement comme des écoliers, et sautillent de branche en branche avec une grâce charmante.

Mais si jolis qu'ils soient, il faut l'avouer, ce sont autant de petits maraudeurs fort avides de grains de maïs; ils ravagent les champs, et le planteur les tue sans pitié.

Ils sont pour la plupart très-habiles à manier le fusil, ces planteurs de l'Alabama. Dès leur enfance, ils s'exercent à tirer sur les plus petits objets, et ils en viennent à moucher, à une assez longue distance, une chandelle avec leur carabine. Celui qui dans cet essai éteint la chandelle est considéré comme un maladroit. Un de leurs plaisirs est d'arrêter dans ses bonds rapides l'écureuil, sans même l'effleurer de leur balle, en atteignant seulement l'écorce du rameau où il se pose, et en le faisant tomber par le contre-coup.

Juillet 18...

Il ne faut pas que vous attendiez de moi un récit suivi. Je vais et je viens, je regarde et je vous raconte mes humbles observations comme je les fais, selon le hasard et les circonstances.

Le maïs est maintenant dans toute sa beauté. Ses tiges n'ont pas moins de dix pieds de haut, ses épis un pied de longueur et sept ou huit pouces de circonférence. Quand les grains de maïs commencent à mûrir, c'est une des friandises des gens du pays. On les mange crus, ou on les fait griller dans le beurre. Les écureuils, les lapins, les ours, et d'autres animaux sauvages sont également très-avides de cet aliment délicat, et le paysan ne parvient pas sans peine à défendre sa récolte contre leurs déprédations.

Les bords des baies et des ruisseaux sont en certains endroits couverts d'un amas de roseaux de l'espèce du *miega macrosperma*. A l'époque où les premiers colons vinrent s'établir dans ce pays, ces masses de roseaux s'étendaient beaucoup plus loin, et on n'y pénétrait qu'avec la hache. Mais on en a coupé une grande partie, et les bestiaux empêchent le reste de se développer comme autrefois, en rongeant les jeunes pousses dont ils sont très-friands.

Cette plante a l'apparence d'une herbe gigantesque. Elle est d'un beau vert et couronnée d'une touffe de fleurs, comme le genêt. A cinq ans, elle produit une abondance de graines d'une nature farineuse que les Indiens emploient à faire du pain. Jusqu'à ce qu'elle ait environ six pieds de hauteur, elle est extrêmement molle et flexible. Plus tard elle se durcit, et l'on en fait des cannes, des lignes et divers autres instruments. Quand elle est sèche, c'est un plaisir pour les Indiens de la brûler. L'air raréfié qu'elle contient dans ses divers compartiments éclate comme une décharge de mousqueterie.

Vous m'avez demandé si les fermes de cette contrée ressemblent à celles du Canada. Mais vous savez déjà qu'on n'y fait point les mêmes travaux que dans nos campagnes, et qu'on n'y récolte point les mêmes produits. Les maisons des paysans sont également différentes des nôtres. Elles sont traversées dans toute leur longueur par un corridor ouvert constamment, et décoré à chacune de ses extrémités de plantes grimpantes, de rameaux de vigne rouge et de glycine. C'est à l'ombre de ces rameaux fleuris que le planteur aime à s'asseoir à son aise, à la façon américaine, le dos renversé, les pieds posés sur la barre d'une chaise, les genoux près du menton. Le soir, quand les rayons du soleil tombent sur ces pavillons de verdure, quand la brise fraîche s'imprègne de leur parfum, on peut voir toute la famille du colon (les femmes aussi bien que les hommes) assise indolemment dans cette position qui nous semble singulière.

Beaucoup de maisons de riches planteurs sont bâties tout simplement avec des poutres non équaries, et un Européen ne peut les visiter sans être frappé de leur grossière forme de construction. Des crevasses de tout côté;

des chambres sans fenêtres éclairées par la porte, qui pour cette raison reste à peu près toujours ouverte ; point de plafond, et un toit par lequel tombe aisément la pluie, voilà ce qu'on appelle ici une habitation fort convenable.

Un grand ornement de l'habitation du planteur est l'arbre de Chine : *melia azedarach*. Ses feuilles, d'un vert foncé, ressemblent par leur forme à celles du frêne. Au printemps, il se revêt de jolies petites fleurs d'où s'exhale un doux arome. A ces fleurs succèdent de petites baies rondes qui en automne prennent une teinte jaune.

C'est surtout l'ombre qu'on cherche sous ce chaud climat, et l'on s'applique à abriter les maisons sous des arbres au large feuillage, tels que le chêne, le sycomore et le platane, l'un des plus beaux arbres que l'on puisse voir. Il s'élève quelquefois à une grande hauteur, comme une colonne, sans un seul branchage, puis se couronne d'une coupole de verdure qui domine toute une forêt.

Près de là est le cerisier sauvage du Nord, dont les petits fruits noirs, quoique un peu sauvages, ont un goût assez agréable.

Là aussi est l'*alken*, élégant arbuste de dix à douze pieds de hauteur, qui porte une profusion de fleurs écarlates d'un admirable éclat, et l'*andromède*, dont les feuilles sont légèrement acidulées, dont les panaches de fleurs blanches répandent une suave odeur. J'ai observé un fait qui, si je ne me trompe, n'a pas encore été signalé : c'est que, lorsqu'on s'approche de ces plantes parfumées, l'odeur atteint à certains moments un tel degré d'intensité, que l'arome semble être lancé à des intervalles irréguliers par un jet plus vif.

Je dois citer encore parmi les ornements de cette terre féconde : la primerose, qui s'élève à plusieurs pieds de hauteur sur la lisière des bois ; les pois à fleurs, à la tige menue, à la corolle délicate ; la *zinnia multiflora*, qui inonde les champs d'une quantité de calices rouges pareils à nos pavots; et enfin la *dionea*, cette curieuse petite plante dont les lobes foliaires garnis de petites pointes se replient sur l'insecte qui les touche, l'enferment dans leur cellule et l'étouffent.

Quelques mots maintenant sur les animaux. Le serpent à sonnettes est fort commun, et, quoique l'on sache que sa morsure est empoisonnée, il n'est pas très-redouté. Il se retire ordinairement dans un arbre creux, au niveau du sol. C'est là qu'on le guette et qu'on le tue. Un fait singulier, c'est que ces animaux ont la faculté de monter perpendiculairement. J'en ai eu la preuve il y a quelques jours. J'étais assis dans ma chambre, lisant tranquillement, quand tout à coup j'ai vu un serpent à sonnettes qui montait le long de la paroi. Il était déjà à huit pieds au-dessus du sol. J'ai poussé un cri d'effroi, et il s'est sauvé.

Les planteurs de l'Alabama ne négligent pas d'enfermer dans sa tanière le serpent à sonnettes, ou de lui lâcher un coup de carabine, quand ils en trouvent l'occasion. Mais ils sont bien plus empressés de faire la guerre à l'ours, qui dévaste leurs tiges de maïs. Dès qu'on en signale un dans un champ, maîtres et valets, tout le monde aussitôt est en mouvement pour le poursuivre. Souvent aussi on tend des piéges mortels. L'ours est un animal fort méthodique et très-ponctuel dans ses habitudes. Une fois qu'il a découvert un champ qui tente sa friandise, il y reviendra chaque nuit par le même sentier et en franchissant la palissade au même endroit. Près de cet endroit, facile à reconnaître à l'empreinte de ses griffes, on attache une carabine, de telle sorte que le lourd quadrupède en posant le pied sur la barrière met en mouvement une ficelle qui tient à la gâchette de cette arme, et qu'une couple de balles lui arrive en pleine poitrine.

On m'a raconté une anecdote qui, si elle est vraie, prouverait que ce gros vorace est plus facile à conduire qu'on ne l'imagine.

Un planteur se trouvait un matin dans les bois, courant à cheval après quelques-uns de ses bestiaux égarés. Il n'avait pour toute arme que le fouet dont les agriculteurs de ce pays se servent habituellement, un fouet dont le manche solide porte une lanière en cuir de trente pieds de longueur. Tout à coup, un ours sortant d'un fourré se jette devant lui. Le planteur ne peut résister à la tentation de lui cingler un coup de fouet. L'ours grince des dents et se dispose au combat. Par bonheur, son adverversaire avait un cheval alerte et intelligent qu'il faisait manœuvrer aisément. Il continue à frapper l'ours à coups redoublés, évitant par un adroit mouvement ses bonds impétueux. A la fin, l'ours, fatigué de cette lutte dans laquelle il recevait à toute minute une nouvelle meurtrissure sans pouvoir se venger, se décide à abandonner le champ de bataille. Mais le planteur, encouragé par son succès, le poursuit avec son fouet, l'oblige à prendre le sentier de sa ferme, le chasse devant lui, et l'amène ainsi dans la cour de son habitation, où enfin le malheureux ours est tué d'un coup de fusil.

L'opossum, à la fois herbivore et carnivore, est également abhorré des cultivateurs de l'Alabama, dont il dévaste les plantations. A l'aide de sa queue musculaire et flexible, cet animal se suspend aux rameaux des arbres pour mieux guetter sa proie. Comme les singes et les écureuils, il saute de branche en branche pour chercher sa nourriture ou échapper à ses ennemis. S'il est pris, il paraîtra tout à coup immobile, inanimé, comme s'il était mort, et subira les plus cruelles blessures sans donner un signe de vie. Dans une de nos chasses, nos chiens en ont saisi un que nous avons rapporté à notre habitation. Il paraissait avoir perdu le dernier souffle. Si, pourtant, nous nous détournions un instant de lui, il se soulevait sur ses pattes et se traînait sur le sol. Mais, dès que nos regards se tournaient de son côté, il retombait dans un état d'immobilité complète, et en vain on le frappait à coups de pied ou à coups de bâton, il ne faisait pas le moindre mouvement, ses paupières mêmes ne s'ouvraient pas.

Mais je reviens à l'une de mes études de prédilection, à un insecte qui, depuis quelques jours, a fort occupé mon attention. C'est une *pélopée*, ou, pour me servir d'un terme anglais, un *dauber*, de la famille des sphéges. Elle a choisi pour faire son nid le haut d'une armoire placée dans ma chambre. Quand je me suis aperçu de son travail., elle avait façonné deux cellules, l'une qui était déjà fermée, l'autre encore ouverte, où elle venait de déposer ses œufs. Je me mis à l'observer : je la vis voler vers la porte de la chambre. Une minute après, elle revint, portant dans sa bouche un globule de terre molle deux fois plus gros que sa tête. Où avait-elle pris cet espèce de limon? Je ne sais. Je suppose qu'il était composé de grains de poussière, amollis par le fluide qu'elle y avait elle-même distillé. Elle posa cette substance sur sa cellule inachevée et l'étendit adroitement de façon à en fermer l'orifice. Puis elle reprit son vol, et s'en alla chercher un autre enduit pour fortifier le premier. Pendant qu'elle était éloignée, je plongeai une tête d'épingle dans le mortier qu'elle venait d'arranger avec tant de soin. A son retour, elle remarqua le trou que j'avais fait et se hâta de le boucher. Je l'ouvris de nouveau plusieurs fois. A la fin, elle parut irritée, et se mit à courir de côté et d'autre après les mouches, comme si elle les soupçonnait de lui jouer ce mauvais tour. Puis elle se posa au bord de son nid, et de là elle semblait guetter les ennemis de sa maison.

J'enlevai ensuite tout un morceau de son petit rempart. Elle répara immédiatement cette brèche. A la fin, je la laissai achever son œuvre, et je fis un autre essai. J'introduisis dans le ciment nouvellement pétri un léger fil d'étain. Cette fois, elle parut très-troublée. Il ne s'agissait plus pour elle de replacer un globule de terre sur son nid, il fallait enlever un élément hétérogène. Elle s'arrêta un instant devant cette tâche inattendue, comme si elle réfléchissait aux meilleurs moyens de l'accomplir, puis elle saisit le fil avec sa mâchoire, et, à force de le tirer, finit par l'arracher. Quelle patience et quelle admirable persévérance !

Septembre.

L'Américain des États du sud n'a point le même caractère ni les mêmes coutumes que l'Yankee du nord. Il est plus cordial, plus expansif, plus généreux, il a des habitudes d'hospitalité charmantes. Mais en revanche le peuple des États du sud, par la raison qu'il fait lui-même ses lois, est trop disposé à se mettre au-dessus de la loi.

Les hommes ici sont en général d'un caractère irritable, violent, et ne craignent guère de verser le sang. Toujours armés de ce long couteau tranchant qu'on appelle le *bowie-knife*, ils le tirent à la moindre occasion, se battent en duel et se lacèrent le corps avec cette arme terrible. Souvent aussi ils se battent à la carabine, à la distance d'une portée de pistolet.

L'esclavage contribue sans doute à endurcir le caractère et à rendre le cœur moins sensible aux souffrances humaines. Mais la condition actuelle des planteurs de l'Alabama ne leur permet pas d'abolir l'esclavage. Ici, sans esclaves, la terre la plus fructueuse reste inculte, car il ne peut être question du travail libre. Je connais des propriétaires qui possèdent cent ou deux cents nègres, et un domaine évalué 500 000 francs. Ils n'ont point acquis par leur propre industrie cette fortune, ils en ont hérité. Ils n'ont point l'habitude du travail. C'est uniquement par les labeurs de leurs esclaves qu'ils obtiennent leurs revenus. Vouloir que ces hommes se réduisent volontairement à la pauvreté, ne serait-ce pas un trop grand acte d'abnégation ?

Ajoutons que, dans le maintien de l'esclavage, il y a une autre question fort grave. Que faire des nègres, si on les émancipe ? Peut-on, sans exposer la société au plus grand péril, jeter au milieu d'elle deux millions d'individus ignorants, grossiers et animés d'un ardent sentiment de vengeance ?

Mais il n'est pas probable que le Corps législatif de l'Alabama en vienne à un acte d'émancipation. Les hommes qui font ici les lois sont les planteurs, et ils ne voteront pas en masse ce qu'ils ne voudraient pas accepter individuellement.

Il y a quelques jours, je suis allé à la chasse avec le régisseur d'un domaine. Notre chasse n'a pas été heureuse. Mais je n'ai pas moins été fort satisfait de mon excursion. Dans un marais que nous avons traversé, j'ai remarqué plusieurs plantes qui m'intéressaient, entre autres : une belle fleur jaune (*gerardia flava*) qui ressemble un peu à notre digitale, et une autre plus belle encore, la *lobelia cardinalis*, dont les boutons écarlates décorent en automne les jardins anglais. Là aussi s'élèvent des hêtres au tronc lisse et argenté comme ceux d'Europe, mais plus larges et plus élevés.

Le soir, sur la tige de ces arbres, brille une clarté pareille à celle du ver luisant. Elle est produite par une petite excroissance cartilagineuse et imprégnée de lumière, appliquée à l'écorce comme une cocarde.

Quand nous revînmes de notre chasse, le soleil était couché. Tout était enveloppé dans l'obscurité. Une faible lueur crépusculaire nous aidait seulement à retrouver notre direction dans la forêt. Tout à coup nous entendons retentir un cri vibrant pareil à celui d'une sentinelle. Si j'avais été seul, j'aurais pu croire que c'était le cri de guerre d'un Séminole. Mais mon compagnon me dit que c'était la voix d'un hibou. Au même instant, il arma son fusil, lâcha la détente, et à nos pieds tomba l'oiseau nocturne, un magnifique oiseau avec une tête ronde comme celle d'un chat, des oreilles emplumées de trois pouces de hauteur et de grands yeux jaunes d'un éclat métallique.

Son plumage était rayé de noir, d'orange et de blanc. Le coup de fusil qui l'avait tué effraya une troupe de ses compagnons qui s'enfuirent en poussant une clameur sinistre.

Sur ce même terrain marécageux que nous devions traverser pour rentrer dans notre domaine, s'élèvent des cyprès de cent vingt pieds de hauteur, chargés de longs flocons de mousse d'Espagne qui leur donnent la nuit un aspect fantastique. Les nègres tirent de ces arbres une résine de couleur rouge qui exhale une agréable odeur, et dont ils se servent pour guérir des blessures.

A notre retour au logis nous nous sentions tout réjouis près d'un bon feu pétillant. Autour de ce feu bruissaient divers insectes, entre autres un grillon qui mérite une mention particulière : c'est le *gryllotalpa* (taupe-grillon), qu'on appelle ici *molericket*. Il représente, dans la famille des insectes, une sorte de quadrupède. Ses jambes de devant sont courtes, épaisses et vigoureuses; son corps est long et cylindrique ; ses ailes sont ovales, d'une couleur brune, traversées par de fortes veines. Le mâle produit un son strident, moins animé pourtant que celui des grillons d'Europe, la femelle est muette.

Octobre.

Le mois d'octobre, dans cette contrée, est très-malsain. Les pluies de l'équinoxe, tombant sur des détritus de végétation, produisent des miasmes pestilentiels.

Mais voilà l'automne fini ; les nuits sont froides ; le cotonnier et le châtaignier ont perdu leur feuillage ; cependant la plupart des autres arbres conservent encore leur parure d'été.

C'est le temps de la chasse aux cerfs. Il y a dans les bois de l'Alabama une quantité de ces animaux. Les planteurs les poursuivent avec des meutes nombreuses, les cernent dans l'enceinte d'une forêt et en tuent un grand nombre.

Quelquefois aussi, le soir, le chasseur s'embusque dans une barque, sur l'étang où le cerf aime à se plonger pour échapper aux nuées de moustiques qui le poursuivent. Sur le devant de l'embarcation est une lanterne qui projette sa lueur sur l'eau, tandis que le chasseur reste dans l'obscurité. Le cerf se laisse approcher sans crainte, et tombe bientôt victime de sa confiance.

Dans ce même mois d'octobre, on achève la récolte du coton ; pendant plusieurs semaines tout le monde y est occupé. Au temps de sa floraison, une plantation de coton est d'un charmant effet ; elle n'est guère moins belle à l'époque de sa maturité. A voir alors ses blancs flocons sur son vert feuillage, on dirait une légère couche de neige répandue sur une fraîche prairie.

Les capsules de l'arbuste s'ouvrent ordinairement pendant la nuit, et alors il s'en détache un amas de filaments, fins et sans tache, d'un volume quatre ou cinq fois plus gros que la gousse qui le comprimait. Dès que le soleil a séché la rosée, on enlève cette douce toison. Le soir, les nègres, hommes, femmes, enfants, portent le produit de leur récolte dans l'habitation du planteur, et le versent dans de grands paniers. On nettoie ensuite le coton des débris de capsules qui ont pu y rester mêlés, puis on en fait des balles compactes, serrées à l'aide d'une forte machine, et on le livre à l'exportation.

Novembre.

La nature n'a plus la vive animation qui naguère attirait de tous côtés mes regards. Voici la saison du silence, de la décrépitude, de la mort.

Cependant, je découvre encore dans mes promenades du matin plus d'une plante agréable à voir : des arbustes qui ont gardé leur verdure, et des *ipomæa* semblables au *convolvulus major*, mais d'un diamètre beaucoup plus large et d'une teinte de pourpre superbe. Cette plante se trouve à profusion au bord des haies, et sur sa tige pendent gracieusement ses fleurs qui ont la forme d'une trompette ; fleurs délicates, fleurs éphémères, image de tant de joies qui ne durent qu'un instant ! A peine le soleil est-il levé, que la gracieuse ipomæa se contracte, se fane et dépérit.

Il y a un autre joli arbuste, que les botanistes appellent *phytolacca decandria*. Il est remarquable par ses feuilles rouges, par sa tige rouge, et par ses grappes de petites baies noires qui donnent un suc de pourpre. Non moins remarquable est la *cornus florida* avec ses baies ovales, écarlates, mais amères, et le *diospiros virginiana*, dont les fruits sont amollis par les nuits froides. Le diospiros s'élève jusqu'à cinquante pieds de hauteur ; ses fruits ont la forme et la grosseur des pruneaux, mais ils sont beaucoup plus savoureux.

Dans mes excursions vagabondes, je m'arrête encore à regarder des magnolias, des lauriers, notamment le laurier-ombelle, dont les feuilles ont jusqu'à vingt pouces de longueur et six ou huit de largeur ; elles sont disposées en forme d'éventail et forment quelquefois un diamètre de trois pieds.

Décembre.

La plus petite chose suffit parfois pour nous donner une vive émotion. Une fleur, un oiseau réveille en nous un souvenir et nous ramène à des sensations que nous n'avions pas éprouvées depuis plusieurs mois, peut-être depuis plusieurs années. C'est ce qui m'est arrivé ce matin à l'aspect d'un moineau qu'on appelle l'oiseau des neiges (*fringilla nivalis*). Certes il n'est pas brillant, cet oiseau, et son chant n'est pas très-mélodieux ; mais je l'ai vu tant de fois dans le Canada, que quand je l'ai revu dans cette contrée méridionale, il m'est apparu comme un vieil ami qui me parlait du temps passé et des lieux chers à ma mémoire.

J'ai eu un grand plaisir aussi à revoir quelques autres oiseaux du nord qui viennent ici chercher un refuge pendant la saison d'hiver. Leur instinct ne les trompe jamais. Nous avons dans cette région, en plein mois de décembre, la température que vous avez ordinairement dans le Canada au commencement de l'automne. Un grand nombre d'arbres sont encore revêtus de leurs feuillages, très-ternes, il est vrai; mais il en est, tels que les magnolias, les chênes aquatiques, et d'autres, qui sont aussi verts qu'en été. Des herbes vertes tapissent encore les haies; çà et là brillent encore quelques fleurs, sur lesquelles, à un rayon de soleil, on voit voltiger des papillons.

J'ai vu aussi, il y a quelques jours, une troupe de perroquets aux ailes vertes rayées de pourpre et d'or. Wilson dit qu'ils sont très-friands des graines d'une plante qui se trouve ici en abondance. Cette observation m'explique l'apparition de ces oiseaux sur le sol de l'Alabama qui n'est point leur sol indigène.

Mais c'est en été surtout que je désire parcourir ce fécond pays. C'est en été que j'augmenterai ma collection d'insectes, de papillons, et, en attendant que l'été arrive, je retourne dans une contrée qui a pour moi d'autres attractions. Je vais m'embarquer à Mobile, et, le 25 de ce mois, je célébrerai la fête de Noël sur un bateau à vapeur.

XII

VOYAGES DU GÉNÉRAL FRÉMONT.

En ce temps de curiosités historiques, où des hommes tels que MM. Mignet, Prescott, Macaulay, Ranke, nous ont révélé, par une plus vive intuition du passé, par des recherches toutes nouvelles, de nouveaux points de vue dans des événements qui semblaient suffisamment expliqués, j'ai souvent songé qu'un écrivain qui voudrait compulser les documents publiés à diverses époques, fouiller dans les archives de la guerre, de la marine, des affaires étrangères, pourrait composer une histoire des plus intéressantes, l'histoire des Français dans l'Amérique du Nord, l'histoire de nos explorations, de nos découvertes, de nos luttes chevaleresques et de nos œuvres de civilisation dans cette immense contrée où nous avions fondé un royaume qui s'appelait la Nouvelle-France, dont nous avons été dépossédés en une heure à jamais néfaste.

Je ne sais qui a dit : Partout où résonnent les coups

de sabre, on peut être sûr de trouver des Français. Nous pourrions dire aussi très-justement qu'on trouvera des Français partout où il y a une entreprise hardie, une tentative généreuse, un acte d'humanité et de bienfaisance.

On a beaucoup vanté, depuis une trentaine d'années, l'esprit d'invention, le génie industriel, l'ardeur et la persévérance, les travaux et les institutions des Américains. On oublie ce que les Français ont fait dans ce pays bien avant qu'il fût question de ces nouvelles générations d'émigrants de toute sorte, que l'on réunit sous le nom de race anglo-saxonne pour leur donner un caractère d'homogénéité qui ne résiste pas au moindre examen.

Les Français sont entrés dans cette région quand elle était encore dans son état primitif et sauvage, et en ont eux-mêmes ouvert les différentes voies à ses maîtres actuels.

C'est un marin français, le valeureux Jacques Cartier, qui a découvert le Saint-Laurent. C'est un prêtre français, le père Marquette, qui a découvert le cours du Mississipi; c'est un gentilhomme français, le vaillant Lasalle, qui descendit, le premier, ce grand fleuve jusqu'à son embouchure. Ce sont les Français qui, les premiers, fondèrent des établissements agricoles sur les rives de l'Ohio, dans la Caroline du Sud et sur les confins du golfe du Mexique. Ce sont les Français qui colonisèrent l'Acadie, dont un illustre poëte, Longfellow, a raconté, en termes touchants, les derniers désastres; le Canada, où subsistent encore pleinement la langue et le souvenir de la France, et la Louisiane. Ce sont des missionnaires français qui pénétrèrent au milieu des farouches tribus d'Indiens et leur enseignèrent les dogmes d'humanité et de charité de l'Évangile. Ce sont ces intrépides Canadiens qu'on appelait les *voyageurs* et les *coureurs des bois*, qui s'avancèrent à travers les forêts impraticables, franchirent les torrents, s'aventurèrent sur les lacs et furent les premiers pionniers de cette immense contrée où les Américains se glorifient aujourd'hui de construire leurs cités, de dérouler les rails de leurs chemins de fer et de faire flotter leurs bateaux. Sur une longueur de neuf cents lieues, depuis le plateau rocailleux où s'élèvent les remparts de Québec jusqu'à la plaine humide où s'étalent les vastes maisons de la Nouvelle-Orléans ; depuis le voisinage des glaces du Labrador jusqu'aux parages des tropiques; depuis les rives de l'Hudson jusqu'aux extrémités du nord, partout, au seizième et au dix-septième siècle, le sol a été sillonné et jalonné par les Français. Maintenant encore, c'est à l'aide des bateliers canadiens que la compagnie de la baie d'Hudson et les autres compagnies qui font le commerce des fourrures, accomplissent leurs difficiles opérations. Ce sont les trappeurs, descendant, pour la plupart, de familles françaises, qui ont éclairé et protégé les premières expéditions des Américains vers Santa-Fé et vers la Sierra-Nevada de la Californie. Un grand nombre d'entreprises, dont s'enorgueillit la république des États-Unis, ont été conçues et achevées par des Français, et l'un des hommes les plus illustres de l'Amérique actuelle, M. le général Frémont, dont nous voudrions essayer de relater les audacieux voyages, est d'origine française.

Son père était d'une famille distinguée de Lyon. Tout jeune, quand la Révolution éclata, il partit pour chercher un refuge dans les Antilles. Le navire sur lequel il était embarqué fut pris par une croisière anglaise et conduit à la Jamaïque. Après quelques années de captivité, M. Frémont parvint à s'échapper et gagna le continent américain. Son intention était de retourner en France où les fureurs du jacobinisme étaient enfin comprimées ; mais il ne pouvait rentrer rapidement dans son pays comme il l'aurait voulu. Ainsi qu'un grand nombre de nobles émigrés, il n'avait d'autre ressource que les talents d'agrément acquis en de meilleurs jours, et souvent il était obligé de s'arrêter pour gagner, par son travail, le moyen de continuer sa route. Dans une de ces haltes obligées, il devint amoureux d'une jeune fille de la Virginie. La jeune fille aussi l'aima, et après de longues instances finit par obtenir de ses parents la permission de l'épouser. M. Frémont se fit alors une nouvelle patrie de cette contrée où son cœur avait trouvé un cœur si vrai et si dévoué, et renonça à retourner en France, où sa famille avait péri dans le cataclysme de la Révolution. A un esprit romanesque, il joignait un vif désir de connaître des choses nouvelles, et il entreprit de visiter avec sa jeune femme les districts où les Européens n'avaient pas encore bâti leurs demeures, où il ne devait rencontrer que des Indiens. Ce fut dans un de ces voyages que naquit, en 1813, son fils Charles Frémont, destiné à faire tant d'étonnants voyages.

Quelques années après il mourut. Sa veuve, recueillant les débris d'une petite fortune, se retira avec ses enfants à Charlestown, dans la Caroline du Sud.

Ce fut là que Charles fut élevé, et, dès son enfance, il étonna ses maîtres par son aptitude au travail, par la vivacité de son intelligence. Sa mère n'ambitionnait pour lui qu'un modeste emploi de pasteur dans un village. Mais sa nature ardente, impétueuse, passionnée, n'annonçait guère une si pacifique vocation, et un incident fit voir qu'il ne laissait pas aisément maîtriser sa volonté. Au beau milieu de ses études classiques, il s'éprit d'une jeune créole, et alors, adieu le zèle et l'assiduité de l'écolier. Les yeux noirs de la créole l'attiraient, le fascinaient, et lui faisaient oublier les règlements du collège. Ses maîtres, qui avaient de l'affection pour lui, commencèrent par lui faire de douces remontrances, puis le rappelèrent un peu plus sévèrement à ses devoirs, puis, enfin, employèrent les menaces. Tous ces moyens de correction ayant échoué, ils furent forcés d'en venir à une mesure de rigueur, ils le bannirent de leur institution.

Un désastre domestique arracha l'imprudent amoureux à un entraînement qui déjà avait eu pour lui une fâcheuse conséquence, et qui pouvait en avoir de plus graves encore.

Son frère et sa sœur moururent subitement. Ces deux morts, qui l'affligèrent profondément, et la vue de sa mère désolée, opérèrent en lui une révolution. Il comprit la gravité de la vie dans le sentiment de son deuil. Avec une mâle résolution, il s'appliqua à des études de mathématiques et de mécanique, pour lesquelles il avait un goût inné, il les poursuivit si laborieusement, et y fit de tels progrès, que lorsqu'en 1833 la république des États-Unis arma un bâtiment de guerre pour explorer les côtes de l'Amérique du Sud, il fut admis dans cette expédition en qualité de professeur de mathématiques. Il avait alors vingt ans. Deux ans après, il retournait à Charlestown, avec des certificats de ses supérieurs qui attestaient à la fois, et sa capacité intellectuelle, et sa conduite exemplaire. Il se présenta dans le collége d'où il avait été renvoyé, y subit victorieusement un sérieux examen, et eut la joie de rentrer dans la maison de sa mère avec un honorable diplôme de maître ès arts. Il réussit également dans un concours ouvert à Baltimore, pour l'enseignement des mathématiques dans la marine de l'État. Mais cette place de professeur, qu'il conquérait au milieu d'un grand nombre de rivaux, ne satisfaisait pas son besoin d'activité. Il se jeta dans les travaux des chemins de fer, puis entreprit l'exploration des hautes régions du Missouri avec M. Nicollet, encore un Français, et un avocat français, que M. Al. de Humboldt a cité comme un homme éminent.

Au retour de cette expédition, dans laquelle le gouvernement lui avait conféré le grade de lieutenant du génie, il épousa une charmante personne, Mlle Benton, fille d'un sénateur du Missouri. Mais il n'était point de ceux dont l'énergie peut s'assoupir dans la molle quiétude du bonheur domestique. Ses études constantes, ses diverses occupations, en développant ses facultés intellectuelles, éveillaient en lui une noble ambition. Il aspirait à rendre de nouveaux services à son pays, à se signaler par une tâche difficile, et il obtint une mission dans laquelle il devait employer toute sa science et tout son courage. Il fut chargé par M. Albert, colonel des ingénieurs topographes, de parcourir l'immense espace qui s'étend à l'ouest du Missouri, afin de découvrir le moyen d'établir, par terre, une voie de communication entre l'océan Atlantique et les plages de l'océan Pacifique.

Au mois de mai 1842, M. Frémont partit gaiement pour accomplir cette importante mission. Il partit avec une trentaine d'hommes choisis par lui. Leurs noms, qu'il s'est plu à inscrire dans son rapport, indiquaient leur nationalité : Lespérance Lefèvre, François la Tulipe, la Jeunesse, Clément, Benoît, Bernier, Badeau, tous, ou presque tous, descendants de ces hardis Français du Canada que Cooper a illustrés dans ses romans, dont MM. Mackenzie, Washington Irving, Simpson, et d'autres écrivains, ont préconisé la patience et l'habileté. Bateliers et chasseurs, passionnés pour la vie nomade, errant à l'aventure, tantôt seuls, tantôt associés à des caravanes, ils vont intrépidement d'une des extrémités à l'autre de l'Amérique du Nord, et pénètrent dans des déserts, où, avant eux, nul être humain n'avait mis le pied.

Un officier anglais, M. Ruxton, a fait un curieux tableau de ceux qu'il a rencontrés près des montagnes Rocheuses :

« Nulle classe d'hommes, dit-il, touchant à la civilisation, ne se rapproche plus de l'état primitif des sauvages que les chasseurs de cette contrée. L'habitude de vivre solitairement leur donne un singulier caractère de simplicité, uni parfois à une sorte de férocité. Sans autres besoins que ceux qui tiennent à la nature humaine, leur unique souci est de s'assurer l'aliment nécessaire à leur existence, et les moyens de se garantir des rigueurs du climat. Ces moyens, ils peuvent toujours se les procurer à l'aide d'un bon fusil, mais non sans de grands dangers et de rudes fatigues. Observateurs constants de la nature, ils acquièrent l'instinct et la perspicacité des animaux, la finesse du renard, la vigueur de l'ours. Exposés à toutes sortes d'accidents, ils finissent par s'endurcir au sentiment du péril, et sont, pour la plupart, cruels, implacables dans leur vengeance, joueurs et débauchés. Mais ils ont les qualités essentielles des animaux : ils se servent adroitement de leurs armes, et il n'existe pas, dans les solitudes de l'Ouest, un ravin qui n'ait été visité par ces êtres intrépides. Depuis le Mississipi jusqu'au Rio-Colorado, depuis les glaces du nord jusqu'aux tièdes plaines du nouveau Mexique, ils connaissent chaque tertre, ils se sont embusqués au bord de chaque rivière, et ce sont eux qui ont donné un nom aux fleuves et aux montagnes. »

Par bonheur, les hommes choisis par M. Frémont n'avaient point ce rude et féroce caractère. Il n'a eu qu'à se louer de leur patience et de leur fermeté, et il faut de la patience et de la fermeté pour accomplir une entreprise comme celle qui lui était confiée.

Entre les deux océans au milieu desquels s'élève le continent américain, dans la direction prescrite au jeune ingénieur, s'étend une sorte d'océan terrestre, morne, silencieux, aride, inhabité. Sur un espace de plusieurs centaines de lieues, pas un chemin frayé, pas une ville, pas un village, pas un asile secourable en un besoin mortel; des rivières que l'on cherche avec avidité dans les temps de sécheresse, et que l'on franchit au péril de sa vie quand elles sont gonflées par les pluies, des prairies couvertes de hautes herbes où la moindre étincelle suffit pour produire un embrasement qui se développe avec la rapidité de l'éclair, et des plaines de sable où l'on ne trouve plus que quelques plantes éparses. C'est la mer, sans rade et sans port; c'est le désert sans oasis et sans caravansérail, et le désert envahi parfois tout à coup par des hordes d'Indiens féroces qui se précipitent à la poursuite d'un troupeau de buffles, et épient le passage d'une caravane pour la dévaliser et la massacrer.

Le jour, on chemine pas à pas, lentement, sur ces

mornes terrains. Le soir, on attache les chevaux et les mulets à des piquets; on se barricade avec des chariots, et l'on place au bord de ce camp retranché les sentinelles qui doivent se tenir en garde toute la nuit contre les brusques irruptions des Indiens.

Pour traverser cette stérile contrée, on est obligé de s'approvisionner de toutes les choses nécessaires, comme pour faire une longue navigation. Chemin faisant, on espère renouveler ou augmenter ses provisions, en tuant quelques buffles. Mais parfois on se trompe dans la mesure de ses préparatifs, et parfois aussi on cherche en vain, de tous côtés, les sauvages quadrupèdes.

Trois mois après son départ de Saint-Louis, M. Frémont avait épuisé ses provisions de pain. Il n'avait plus de sel, et assaisonnait ses aliments avec de la poudre de chasse. Il ne trouvait point de bois pour faire rôtir quelques pièces de gibier tuées par hasard; il allumait son feu avec des excréments desséchés d'animaux, et enfin, un jour, il en avait été réduit à prendre part à un repas qui lui soulevait le cœur, un repas de chiens bouillis. Dans cette triste situation, il rencontre quelques Indiens, amaigris, affaiblis, qui l'engagent à retourner sur ses pas, s'il ne veut s'exposer à mourir de faim. Des nuées de sauterelles ont dévoré tout le gazon de la plaine, et l'on ne voit plus nulle part aucun buffle. « En continuant votre route, ajoutent-ils, vous ne trouverez que les ossements de nos chevaux qui périssaient d'inanition, et que nous avons mangés. »

M. Frémont écoute tranquillement ce sinistre avis, bien décidé à poursuivre son trajet jusqu'à la dernière extrémité. Mais il ne pouvait exiger de ses compagnons la même résolution. Il les réunit en cercle autour de lui, leur raconte franchement ce qu'il vient d'apprendre, et déclare que ceux d'entre eux qui ne veulent point affronter un tel péril, sont libres de s'en retourner.

Pas un d'eux n'accepta cette offre. « Nous avons nos chevaux et nos mulets, s'écrient-ils; si nous y sommes forcés, nous les tuerons, et tant que nous le pourrons, nous vous suivrons. »

Bientôt ils furent récompensés de leur courage. Ils découvrirent un troupeau de chèvres sauvages dont ils firent de succulents festins.

Ainsi va M. Frémont, non point précipitamment comme un messager impatient d'arriver au terme de son trajet, mais gravement et méthodiquement, en faisant à chaque pas quelques observations de botanique, de géologie ou de météorologie. Ainsi il a pleinement exploré la *terra incognita* qui lui était désignée. Le premier, il a donné la latitude et la longitude de différents lieux dont on ne savait pas même le nom. Le premier, il a osé franchir les abîmes de neiges de la Jungfrau américaine. Il a été planter le drapeau de l'Union sur la plus haute cime des montagnes Rocheuses, à 13 750 pieds au-dessus du golfe du Mexique.

L'année suivante, il fut chargé d'une autre mission difficile, qu'il rendit volontairement, dans l'ardeur de son zèle, plus difficile encore, en lui donnant plus d'extension. Après avoir atteint, avec la plupart des fidèles compagnons de sa campagne précédente, la rivière de Colombie, par les déserts de l'Ouest, il entreprit de traverser en diagonale la sauvage contrée qui s'étend entre le cours de cette rivière et les plages de la haute Californie. Il parcourut, à travers des périls de toutes sortes, à travers de farouches tribus d'Indiens et des plaines désolées, et les amas de neige, et les précipices effrayants de la Sierra-Nevada, — un espace de plus de six cents lieues, puis enfin, atteignit les rives du Sacramento, et se reposa avec bonheur dans le primitif établissement fondé en Californie par un industrieux Helvétien, M. Sutter.

De là, il revint par la vallée de San-Joaquin, il explora les contours du lac Salé et les pays d'Utah, alors complétement inhabités, aujourd'hui occupés par les Mormons.

A son retour, il rapportait une quantité d'observations scientifiques d'un haut intérêt et d'importantes collections de géologie et de minéralogie. Une de ses mules, chargée d'un précieux herbier, avait glissé dans un abîme, et cette moisson de botanique était perdue.

La relation qu'il a faite de ce voyage, avec une noble simplicité et un remarquable talent d'écrivain, est curieuse par les notions de géographie toutes nouvelles qu'elle renferme, par le modeste récit des explorations les plus courageuses, curieuse aussi par les détails qu'elle donne sur le caractère et la situation des diverses races d'Indiens.

Depuis les premières relations de notre vaillant marin Jacques Cartier de Saint-Malo, depuis l'*Histoire de la Nouvelle-France*, par le P. Charlevoix et les *Voyages* de la Hontan, jusqu'aux récents ouvrages de Schoolcraft et de Cattlin, les bibliographes peuvent faire une belle énumération de toutes les dissertations ethnographiques publiées sur les différentes tribus d'Indiens répandues à travers toutes les régions de l'Amérique. Mais le sujet est inépuisable, et l'on ne se lasse pas d'étudier ce qui tient aux mœurs étranges, aux qualités singulières de ces peuplades primitives contre lesquelles la race européenne est en lutte depuis trois siècles, et qui, peu à peu refoulées aux extrémités d'un continent qui leur a appartenu, s'affaiblissent d'âge en âge et diminuent de telle sorte qu'on peut prévoir le temps où elles seront anéanties.

A l'ouest des montagnes Rocheuses, M. Frémont a vu plusieurs de ces peuplades réduites à un profond état de misère, sans industrie, sans commerce, sans récoltes agricoles, ne vivant que de plantes sauvages, de racines, d'herbes et d'insectes.

Sur la côte californienne, entre San-Diego et San-Francisco, il y a d'autres Indiens presque aussi misérables. Ceux-ci sont le plus souvent à peu près nus. Les plus opulents se parent d'une casaque faite avec des courroies de peaux de lièvres ou de loutres, tressées grossièrement. Les femmes portent un tablier de roseaux qui s'attache à la taille par un cordon, et tombe jusqu'aux genoux. Ils fabriquent, avec des bottes de jonc de dix pieds de longueur, des espèces de radeaux avec lesquels ils ne craignent pas de s'aventurer sur les rivières. C'est peut-être le procédé de navigation le plus primitif et le plus grossier qu'on ait jamais découvert.

Ces Indiens se font, comme ceux de l'Amérique du Nord, des fétiches de bois et de pierre, mais ils ont un autre culte plus grave. Ils adorent la vieillesse. Ils choisissent, dans leurs villages, un vieillard, l'élèvent à la dignité de dieu, et lui offrent les prémices de leurs chasses et de leurs moissons. Lorsqu'une guerre éclate entre eux et leurs voisins, ils transportent sur un monticule ce patriarche idolâtré, l'entourent d'une forte palissade, le défendent ardemment contre les attaques de l'ennemi, et se font ainsi les dieux tutélaires de leur divinité élective.

En 1845, à la suite d'une troisième expédition non moins hasardeuse que les précédentes, M. Frémont se trouvait de nouveau sur les confins de la Californie, quand la guerre éclata entre les États-Unis et le Mexique. Il fut appelé à prendre part à cette lutte, et s'y jeta bravement avec ses fidèles Canadiens. En moins d'une année, la Californie, dont on ne connaissait point encore les riches placers, fut enlevée au Mexique. M. Frémont aida puissamment à cette conquête; avec sa petite troupe d'hommes il terrifia le général Castro; il enleva des convois de vivres et de munitions, et s'empara de Sonora. Le commodore Stockton, investi du commandement des armées des États-Unis, le nomma gouverneur de cette province. Le jeune ingénieur, transformé tout à coup en chef de milice, avait alors le grade de colonel. Quelque temps après, arrive dans la nouvelle possession de la confédération américaine le général Kearney, qui dispute à M. Stockton l'autorité suprême. M. Frémont prend parti pour le commodore qui, le premier, lui est apparu comme le délégué du Congrès. Le général le fait mettre aux arrêts et l'envoie prisonnier à Washington.

Comme Christophe Colomb, l'intrépide explorateur des montagnes Rocheuses, de la Sierra Nevada, de l'immense région de l'Ouest, avait découvert des plaines, des rivières, des espaces inconnus. Comme Christophe Colomb, il avait planté l'étendard de son pays dans de nouveaux domaines, et, comme Christophe Colomb, il était traduit devant un tribunal.

Son prétendu crime était d'avoir désobéi aux ordres de son supérieur. Il fut, pour ce fait, condamné à être rayé des cadres de l'armée.

Le président Polk ne crut pas pouvoir refuser de ratifier cette sentence ; mais il déclara que les anciens services de M. Frémont ne permettaient pas de la mettre à exécution. Il lui fit rendre son épée, et l'invita à reprendre son service.

Le valeureux colonel était trop fier pour accepter comme une grâce ce qu'il considérait comme un droit incontestable, et il donna sa démission.

L'année suivante, le voilà de nouveau en voyage, non plus avec une mission officielle, mais pour son propre compte. Il a entrepris d'explorer les lointains districts de Rio-Grande del Norte, qu'il ne connaît pas encore. Il part avec trente-trois de ses anciens associés, solidement armés, et cent vingt mules de selle ou de bagages. Pour avoir une idée plus juste des difficultés de la route qu'il désire étudier, il veut s'y hasarder en plein hiver. Mais, cette fois, il était destiné à faire un malheureux voyage. Tribus hostiles d'Indiens, intempéries extraordinaires, accidents imprévus, tout se réunit pour soumettre à la plus cruelle épreuve son ardeur et sa patience.

Au mois de novembre, après un rude trajet, il arrive

au pied d'une des chaînes les plus abruptes de la Sierra qu'il doit traverser ; à l'aide d'une longue-vue, il remarque, au haut de cette montagne, une dépression, et le guide, qu'il a pris au Puebla de San-Carlos, lui dit que c'est le col par lequel il faut passer. Avec sa sagacité naturelle et son expérience de voyageur, M. Frémont se refuse d'abord à admettre cette indication, puis finit par céder aux raisonnements de son guide qui se déclare sûr de son fait.

La caravane se met en mouvement. Le froid est intense, la pente de la Sierra très-escarpée, le sol couvert d'une neige épaisse. Après une longue et pénible journée de marche, les voyageurs atteignent un point où l'on n'aperçoit plus aucune trace de végétation. Là, ils s'arrêtent pour passer la nuit, dans une glaciale température. Le lendemain, ils continuent leur ascension, plus difficile encore, plus dangereuse que celle de la veille. Les mules, employées à frayer un passage à travers les amas de neige, et les hommes qui les dirigent sont épuisés de fatigue dans ce dur travail. Enfin, on parvient à la sommité de la montagne. On réussit à y transporter tous les bagages. De là, les pauvres gens promènent de tout côté leurs regards, et ne voient, jusqu'aux dernières extrémités de l'horizon, que des embranchements de montagnes couvertes de neiges : pas un brin d'herbe, pas un signe de vie, çà et là des précipices effrayants, çà et là des barrières de glaces infranchissables et le désert, l'immense désert, voilé par un ciel sombre, enseveli sous un mortel linceul.

Le guide s'était trompé. Et cette erreur devait avoir un horrible résultat. Tout à coup un orage violent éclate. Des tourbillons de neige s'amassent dans les airs et tombent sur le sol en masses si compactes que les mules ne peuvent plus s'y mouvoir. En même temps, le froid devient si intense que les malheureuses bêtes se serrant l'une contre l'autre ne peuvent par leur chaleur naturelle résister à son âpreté, et tombent inanimées. Impossible d'aller plus avant. Rétrograder n'était guère moins difficile, et cependant, il n'y avait pas d'autre parti à prendre. Les malheureux voyageurs redescendirent les montagnes, emportant avec eux les provisions les plus essentielles, et abandonnant leurs bagages. A quelque distance de leur point de départ, ils trouvèrent des rochers sous lesquels ils s'abritèrent, et des broussailles avec lesquelles ils purent allumer du feu. Mais ils calculaient avec effroi que, dans cette région dépeuplée du Nouveau Mexique, il leur fallait dix journées de marche pour arriver au village le plus rapproché, et, dans leur état de délabrement et de faiblesse, ils ne pouvaient entreprendre un tel trajet. M. Frémont détacha de sa troupe trois des hommes les plus vigoureux, et les envoya avec un guide dans le village, pour en ramener, s'il était possible, des mules et des vivres. On comptait qu'en vingt jours ils pouvaient être de retour. Leurs compagnons devaient les attendre, campés, dans leur détresse, sous les rochers, au milieu des neiges, comme des naufragés sur une île aride et déserte, au milieu du froid océan. Ils attendirent, dans des privations et des souffrances qui s'aggravaient d'heure en heure, sans jamais se plaindre du colonel qui les avait amenés là. Ce noble colonel! plusieurs d'entre eux s'accusaient de l'avoir eux-mêmes entraîné à une fatale erreur, en soutenant l'opinion du guide, et il n'était pas seulement leur chef, il était leur ami. Il souffrait comme eux, et souvent les consolait par ses paroles affectueuses, et les soutenait par sa puissante énergie.

Quinze jours s'écoulèrent ainsi. Un matin, il se mit en marche avec quelques-uns de ses compagnons pour aller à la rencontre des messagers, et hâter, s'il se pouvait, leur arrivée. Après avoir marché toute une semaine, il en rencontra trois dans un état de maigreur et de détresse effroyable; le quatrième était mort de froid, et ses camarades, réduits à la dernière extrémité, avaient eux-mêmes rongé une partie de son cadavre.

M. Frémont continua sa route avec ces infortunés, et eut enfin le bonheur de rencontrer un jeune Indien avec qui il avait eu de bons rapports dans un de ses voyages précédents. Ce jeune homme lui procura des chevaux et des vivres, et, ce que le généreux Frémont désirait surtout ardemment, le moyen de secourir les malheureux qui étaient restés sur la montagne. Mais dans cet espace de temps, déjà un tiers d'entre eux avait succombé ; d'autres avaient les pieds et les mains gelés, et pouvaient à peine se mouvoir.

Cependant un tel désastre ne suffit pas pour vaincre la prodigieuse fermeté de M. Frémont. Le projet qu'il a voulu accomplir, il l'accomplira, en dépit de tous les obstacles et de tous les dangers. Il se rend à Santa-Fé, achète, dans cette capitale du Nouveau Mexique, des mules, des munitions, réunit encore une trentaine d'hommes, et de nouveau se dirige vers les âpres régions à travers lesquelles il a résolu de s'ouvrir un passage. Éclairé par les terribles essais qu'il venait de faire, il chercha sa route d'un autre côté. Il réussit à éviter les farouches peuplades d'Indiens, ou à se concilier par d'amicales démonstrations ceux qu'il rencontrait. Enfin, après de longs efforts, il atteint son but ; il arrive sur les bords du Sacramento, et l'on peut dire, selon l'expression d'un de ses biographes, qu'il a ouvert les portes d'or du nouvel El Dorado, car il est parvenu à signaler aux Américains, à travers les plaines stériles et des interstices de montagnes, le chemin de la Californie.

A ce premier voyage dans cette province, dont on n'avait pas encore découvert les trésors, il avait acheté là un vaste domaine, dans lequel plus tard il a trouvé des mines splendides. Il a été l'un des fondateurs de la constitution de ce pays, et l'un de ses premiers délégués au congrès de Washington.

En 1856, l'illustre fils de notre émigré lyonnais fut adopté par un parti nombreux, comme candidat à la présidence de la république des États-Unis, en concurrence avec M. Buchanan, et il échoua dans cette candidature. Une des objections que ses adversaires opposaient à son élection, c'est que l'intrépide *descubrador* de tant de contrées immenses était catholique, et marié avec Mlle Benton par un prêtre catholique.

C'est ainsi que le *mob* américain, qui se proclame l'apôtre de toutes les libertés, entend la liberté de conscience.

XIII

LES MORMONS CHEZ EUX.

Depuis le glorieux jour où, dans un petit village des États-Unis, un des anges du Seigneur apparut au rustique Joe Smith avec une auréole étincelante, et lui annonça que Dieu l'avait choisi pour accomplir une sublime mission, — depuis le 21 septembre 1823, on a publié en Amérique et en Europe un grand nombre de livres sur cette nouvelle secte, dont l'illustre Joe Smith a été le premier théologien et l'intrépide propagateur. D'une part, le mormonisme a été prôné avec ardeur par ses adeptes, et de l'autre, combattu avec animosité par ceux qui, y ayant été quelque temps associés, et s'en étant détachés, pouvaient mieux que tous autres en révéler les impurs éléments et les fourberies. Le plus souvent on n'a fait que rire de cette singulière doctrine, enfantée par un cerveau malade, appuyée sur la plus ridicule des impostures, et se glorifiant de plusieurs principes que nul être vraiment intelligent, que nulle société civilisée ne peut admettre. Cependant, à travers toutes ces railleries, et à travers les persécutions qu'elle a subies sur le sol des États-Unis, la secte des Mormons a grandi. Restreinte pendant plusieurs années à un groupe d'individus auxquels on ne pouvait raisonnablement attribuer aucun avenir, puis poursuivie et chassée successivement du Missouri, du comté de Clay et de l'Illinois, elle s'est retirée à l'ouest de l'Amérique, et a pris possession d'un immense terrain. Elle a fondé dans le pays d'Utah une ville considérable. De là elle envoie ses missionnaires en Angleterre, en Allemagne, en Danemark, et attire sans cesse à elle de nouveaux prosélytes. De là elle traite déjà d'un ton de fierté superbe avec le gouvernement de Washington, et ne craint pas d'annoncer l'intention de former un État indépendant.

Jusqu'à présent, aucun de ces aventureux touristes anglais, qui courent à travers le monde comme à travers leur patrie, n'avait été visiter les lointains districts de l'Utah. M. W. Chandless est le premier Européen qui, sans être affilié à la communauté des mormons, ait pénétré dans ce nouvel État de la confédération américaine. Il l'a parcouru en observateur intelligent, il a résidé dans la ville du lac Salé et il en a fait *de visu* une description curieuse. A des notions si peu connues, nous ne croyons pas devoir ajouter une remarque, ni un commentaire. Nous nous bornerons à reproduire les principales pages de M. Chandless, convaincu qu'elles doivent intéresser nos lecteurs.

Le territoire d'Utah s'étend du 37° au 42° degré de latitude septentrionale entre les montagnes Rocheuses et la Sierra-Nevada. A l'est des montagnes de Wahsatch, sur un espace de cent cinquante milles, arrosé par les affluents du Colorado, il n'est pas habité, et, par sa nature, il est à peine habitable, si ce n'est par les Indiens. A l'ouest de ces mêmes montagnes est le grand bassin dont les eaux s'écoulent dans un grand nombre de lacs, notamment dans celui qu'on appelle le lac Salé.

Toute cette région n'est point encore complétement explorée. Ceux de ses districts que l'on connaît le mieux sont coupés par diverses chaînes de montagnes, sillonnées par une multitude de vallées qui, sans aucun doute, seront un jour colonisées. A présent les établissements des colons sont dispersés sur une étendue de trois cents milles dans les vallons qui du nord au sud longent le grand bassin.

La vallée du lac Salé a plus de trente milles de longueur. Elle est arrosée par une rivière qui sort du lac Utah. Les mormons ont donné à cette rivière le nom biblique de Jourdain. Utah est leur terre promise, et la cité qu'ils ont construite dans ce district est leur Sion.

Le terrain baigné par ce nouveau Jourdain et par d'autres cours d'eau est un excellent pâturage. Au printemps, l'herbe y pousse en abondance avec une extrême rapidité, et les animaux s'y engraissent en quelques semaines. Malheureusement, parfois ce luxuriant gazon est rongé par les sauterelles, et c'est un vrai désastre.

La même vallée produit aussi des légumes, des melons, des pommes de terre et des céréales. Sur certains points, on y récolte de trente-cinq à quarante boisseaux de blé par are, et quelquefois plus. Le pommier, le pêcher y prospèrent à merveille ; dernièrement on y a introduit la vigne, et l'on commence à y élever des manufactures de sucre de betterave.

Le climat de cette terre fertile est pourtant assez rigoureux. En hiver, parfois une épaisse couche de glace dérobe aux bestiaux leur aliment ; en été, de longues sécheresses obligent les cultivateurs à de pénibles travaux d'irrigation. Il y a des années où, malgré les plus actives précautions, tout s'étiole et tout dépérit, où les troupeaux, qui sont une des principales richesses du pays, languissent et meurent faute de nourriture.

Ce qui manque surtout aux habitants de ce canton, c'est

le bois. Près de la cité du lac Salé, on ne trouve que quelques cotonniers. A plusieurs lieues de distance dans les montagnes, s'élèvent des cèdres, des pins, des érables. Mais il en coûte fort cher pour les faire abattre et les faire transporter par de mauvais chemins. La dépense du chauffage pour un hiver dans une maison qui entretient deux feux est évaluée à 300 dollars (1500 fr.).

Aussi ne voit-on là guère de maisons bâties en bois comme dans les nouveaux villages des États-Unis. Presque toutes sont construites en *adobes*, c'est-à-dire en briques cuites au soleil. Les fondations sont faites en pierres grossièrement équarries. Il y a de bonnes carrières de pierre à cinq lieues de la ville. La difficulté des transports en restreint seulement l'usage.

Jusqu'à présent, les routes qui rejoignent les diverses habitations de la vallée ont été fort négligées, et sont presque impraticables dans les temps de pluie ou de dégel. Des ponts en bois traversent les rivières. Quelques canaux ont été commencés, par un travail de corvée, et l'on songe à creuser le Jourdain pour le rendre navigable jusqu'au lac Utah.

On a trouvé de l'or à certains endroits de la vallée, mais en trop petite quantité pour qu'il puisse enfanter dans la communauté des mormons la fièvre californienne. Ce qui vaut mieux pour cette colonie naissante, c'est une mine de salpêtre et d'alun, et une nappe de sel qui s'étend sur les bords du lac, à une profondeur de plusieurs pouces, étincelante comme la neige et facile à enlever comme le sable. On a remarqué que les gens qui vivent dans le voisinage de cette plage échappent aux maladies fiévreuses. Le climat de cette contrée est du reste, en général, assez sain, très-désagréable seulement en été, à cause des sécheresses continues, et parfois si rigoureux en hiver, que, pendant plusieurs mois, la neige interrompt toutes les communications avec les États de l'est et la haute Californie.

En résumé, l'Utah n'est point un pays aussi séduisant

que la plupart des autres contrées du vaste continent américain. Mais après la persécution qui les avait poursuivis dans leurs trois premières stations, les mormons auraient difficilement trouvé un plus sûr et un meilleur refuge que ce territoire, qui apparaît comme une île au milieu d'une région inhabitée de tous côtés à une centaine de lieues de distance, par une région qui lui fait une barrière plus difficile à traverser que l'Océan. Si l'on songe qu'il y a dix ans on ne voyait là pas une maison, pas une cabane, on sera surpris de ce qu'ils ont fait en si peu de temps, et l'on croira aisément qu'ils sont en état de donner à leurs œuvres plus d'ampleur et de consistance.

Leur ville capitale, la ville du lac Salé, s'élève au pied d'une chaîne de montagnes dominée par le pic de l'Enseigne (*Ensign peak*). Le terrain qui lui a été assigné a une étendue de quatre milles carrés, divisé par *squares* de dix acres, sur lesquels sont tracées des rues à angle droit. Chaque square se subdivise en huit lots. Primitivement, il n'y avait qu'une maison par lot. Le reste du sol était en culture. Mais déjà, sur plusieurs points, les champs et les jardins ont disparu. Déjà on voit des rues où les maisons se touchent, comme dans les cités les plus populeuses. Les fondateurs de cette nouvelle Jérusalem ont, dans leur idée de magnificence, donné à ces rues une largeur qu'on ne retrouverait nulle part, une largeur de cent soixante pieds. Point de pavé encore, et point de trottoir, mais deux longues lignes de jeunes arbres, d'acacias, d'érables ou de cotonniers qui, dans quelques années, formeront là de fraîches avenues comme celles qui ombragent les divers quartiers de Philadelphie.

Le style d'architecture des maisons est d'une simplicité toute primitive. Quelques-unes ont deux étages; la plupart n'en ont qu'un. Celle de Brigham Young, le prophète de la communauté, se distingue entre toutes les autres par ses vastes dimensions, sa façade nouvellement blanchie, et ses persiennes vertes. Le vénérable apôtre de la polygamie vient d'y joindre un large édifice, construit dans toute la splendeur du style gothique. Ce pompeux édifice est destiné à renfermer ses *femmes spirituelles* et les autres, c'est-à-dire toute la crédule corporation féminine dont se compose son harem.

Près de là est un autre bâtiment réservé pour les fêtes, les représentations théâtrales et les séances du Conseil.

Le plan du temple est fait sur de larges dimensions : cent quatre-vingts pieds de longueur sur cent vingt de largeur. Mais on n'en a encore posé que les fondations.

De trois côtés la ville est défendue par un rempart en terre de dix à douze pieds d'élévation, garni çà et là de quelques bastions, et coupé de distance en distance par des poternes. C'est une œuvre parfaitement inutile. L'agile Indien escaladerait aisément un tel boulevard.

Jusqu'à présent, la sainte cité des mormons ressemble plutôt à un grand village qu'à une ville. Telle qu'elle est pourtant, elle a servi de modèle aux autres communautés de colons réunies dans les divers districts de l'Utah. Toute cette population, plus agricole que commerciale, a sacrifié l'idée d'agglomération et le principe de défense à l'agrément de disperser ses habitations sur un large espace.

La population du lac Salé, formée peu à peu par de successives immigrations, est composée d'éléments très-hétérogènes. En 1855, elle s'élevait à environ quinze mille âmes. On y comptait des Américains, investis de différentes fonctions par le gouvernement de Washington, des Écossais, des gens du pays de Galles qui ont une colonie distincte dans une vallée voisine, des Allemands et des Danois, des Français et des Piémontais, un nègre et un juif. Je ne puis dire dans quelles proportions ces diverses nationalités sont représentées sur le sol de la cité mormonienne, ni jusqu'à quel point le nombre des femmes excède ici celui des hommes. Mais d'après les observations que j'ai faites, je suis très-porté à croire que les maisons où règne la polygamie sont en minorité.

Je veux essayer de donner quelques notions sur le dogme religieux des mormons, non point seulement d'après les livres, mais d'après les entretiens que j'ai eus avec eux dans la vallée du lac Salé, car il faut remarquer qu'un nouvel adepte n'est considéré que comme à demi initié aux principes du mormonisme, tant qu'il n'a pas visité la résidence du premier président de la secte dans le pays d'Utah.

Les mormons croient à la Trinité, c'est-à-dire à trois personnes divines égales en puissance, en majesté, et réunies en un seul Dieu. Ils croient à un être divin, éternel, existant de lui-même, de qui dérivent l'existence et le pouvoir des autres. Mais ce Dieu suprême, ils ne peuvent se le figurer comme un pur esprit, ils se le représentent comme un être matériel sous une forme humaine. Toute autre conception à cet égard leur paraît impossible.

Cependant ils ne sont pas tous en parfait accord ni sur l'idée de la divinité, ni sur celle de notre origine, et, en voulant scruter leur doctrine, on court risque, si l'on n'y prend garde, d'admettre comme une croyance générale quelques opinions individuelles. Voici une des théories que j'ai entendu développer avec un accent de conviction par plusieurs mormons intelligents. Avant de vivre sur cette terre, nous avons vécu, disent-ils, dans une autre région, dans la région des esprits. La preuve, c'est qu'il nous arrive parfois de reconnaître des personnes que nous n'avions jamais vues en ce monde. Mais nous les avions vues dans cet autre monde, où nous avons été engendrés par Dieu le père et.... par les mères spirituelles.

Qui sont ces mères spirituelles? C'est ce qu'il n'était pas aisé de me faire expliquer. Enfin, après plusieurs questions, j'ai fini par comprendre que ce sont des femmes créées avec une essence spirituelle par la Divinité même pour sa propre satisfaction. Ainsi, la loi de la polygamie non-seulement subsiste dans le ciel, mais elle est mise en pratique sur le trône du Très-Haut. Dans aucune mythologie on ne retrouverait une idée plus dégradante de la Divinité.

Un mormon assez bien élevé, et qui avait quelque connaissance en astronomie, m'a déclaré qu'il croyait que chaque système solaire était régi par une divinité particulière. En parlant de notre vie antérieure à la vie terrestre, il me disait que toutes les âmes sont, dès leur naissance, mises à l'épreuve, et, selon leurs faiblesses ou leurs vertus, envoyées dans des régions plus ou moins heureuses. La plupart des mormons considèrent l'esprit du Christ comme pareil aux nôtres. Seulement, le Christ était d'une nature plus pure et plus sainte, et il a été engendré, corps et âme, par son divin père, tandis que les hommes ont deux pères, l'un qui enfante leur corps, et l'autre leur esprit.

Les mormons se figurent la vie future comme une régénération de la vie terrestre dans les sphères éthérées. Là on aura toutes les jouissances physiques que l'on peut avoir en ce monde, et l'on sera affranchi des entraves de la matière. Ainsi, me disait un des dignitaires de l'Église des mormons, vous pourrez corporellement aller d'un lieu à l'autre, comme vous voyagez maintenant, par la pensée, du lac Salé en Angleterre. Mais quel est le lieu assigné aux bons et aux méchants après la mort, c'est ce qui n'est pas encore résolu. Il y a des mormons qui pensent qu'il n'y a pas d'autre enfer que notre globe ; d'autres, que ce globe même doit devenir un paradis ; d'autres enfin, qui, comme Dante, supposent que nous devons être transportés dans différentes planètes. Les nouveaux religionnaires ont la bonté d'ajouter que le ciel n'est point exclusivement réservé aux disciples de Joe Smith : ceux à qui la pure doctrine n'aura point été annoncée, ou qui n'auront pu la comprendre, pourront être admis aussi dans le royaume des saints, mais à un rang inférieur, et dans une condition servile. Quelques mormons ont bien voulu me promettre de m'aider à entrer dans l'empire céleste, ce dont je dois être très-reconnaissant.

Dans cet empire céleste, chaque premier croyant, c'est-à-dire chaque individu qui a été le premier de sa famille à se convertir au mormonisme régira un royaume, et comptera parmi ses sujets ses femmes et ses descendants mâles. Ses filles appartiendront aux royaumes de leurs maris. « Mais, dis-je à un prédicateur qui développait cette belle théorie, quand une veuve se remarie, elle peut être réclamée dans l'autre monde par deux hommes? — Non, me répondit-il, car il y a le mariage pour le temps et le mariage pour l'éternité. A sa première union, une jeune fille est presque invariablement liée à son époux comme sa femme spirituelle pour l'éternité. Si elle devient veuve, elle peut se remarier, mais seulement pour un temps limité. Après sa mort, elle appartient au royaume de son premier époux. »

J'ai peu de chose à dire de la Bible des mormons. Si j'en excepte les beaux passages de l'Écriture sainte qui y sont intercalés, c'est une œuvre des plus fastidieuses. On sait que Joe Smith a raconté comment des anges lumineux lui étaient apparus et lui avaient révélé l'endroit où se trouvaient ensevelies les tablettes d'or, et comment il avait, à l'aide de deux esprits célestes, traduit le texte gravé sur ces tablettes. On dit que s'il avait vécu plus longtemps, il aurait également fait une nouvelle traduction de toute la Bible sans savoir ni le grec, ni l'hébreu. Les mormons affirment que la première partie de leur code religieux date de cinq cents ans avant Jésus-Christ; mais les prophéties qu'elle renferme ne sont qu'un tissu de fourberies.

C'est dans cette première partie que se trouve l'histoire de deux races humaines, dont jusqu'à présent nulle chronique n'avait fait mention : les Néphites et les Lamanites. Elles provenaient d'une famille juive qui, sous le règne de Sédécias, quitta Jérusalem et atteignit, bien longtemps avant Christophe Colomb, les parages de l'Amérique, et s'y multiplia. Le Christ, qui avait été annoncé à ces autres enfants d'Israël par des prophètes et par plusieurs éclatants phénomènes, leur apparut après avoir été crucifié en Judée, leur donna des apôtres, les convertit et remonta au ciel. Mais bientôt ils retombèrent dans l'idolâtrie et furent punis de leur infidélité par de cruels fléaux. Les mormons disent que les Indiens de l'Amérique septentrionale sont les descendants des Lamanites, et que cette race appauvrie, dégénérée, est destinée à un brillant avenir, sans doute par son association au dogme de Joe Smith.

Avec tout le respect qu'ils professent pour les merveilleux écrits que leur a révélés le fondateur de leur religion, les mormons ne considèrent point ces livres comme une œuvre définitive: elle doit être agrandie, complétée d'âge en âge par de nouvelles prophéties, par de nouvelles révélations et de nouveaux miracles.

Le baptême est pour eux un symbole de rémission. L'enfant ne le reçoit qu'à l'âge de huit ans, quand il a pu déjà pécher. L'homme qui s'est mal conduit est baptisé de nouveau, s'il se montre suffisamment repentant de sa faute ; mais à une troisième chute, il est banni de l'église. Le prosélyte étranger est baptisé à son arrivée dans l'Utah. Il y a encore un autre sacrement désigné par le titre de *don (endowment)* et sur lequel je n'ai pu obtenir que de très-vagues éclaircissements. Je sais seulement que c'est une faveur solennelle accordée à quelques privilégiés, une sorte d'initiation à des mystères religieux, consacrée par les serments les plus redoutables.

En ce qui tient à la tradition de l'Église, voici l'opinion des mormons. Ils prétendent que la vraie doctrine apostolique fut dénaturée ou anéantie par la persécution, un ou deux siècles après la mort de Jésus-Christ, que par conséquent ce que nous appelons le christianisme n'est qu'un reste informe des vérités de la primitive Église, et qu'une nouvelle révélation était devenue nécessaire. Cette révélation, disent-ils, se trouve dans leur Bible et dans leurs *covenants*. Ils ajoutent que l'apôtre saint Jean vit encore, probablement dans les régions septentrionales, et que c'est lui qui, avec saint Jacques et saint Pierre, a formé la présidence de l'Église. Ainsi ils considèrent la papauté comme l'autorité qui, par sa constitution hiérarchique, se rapproche le plus de la leur. Mais en même temps qu'ils manifestent ce respect pour la suprématie romaine, ils ont peur de faire des prosélytes parmi les populations qui en dépendent, et ils sont effrayés par une de leurs prophéties qui leur annonce qu'ils seront un jour persécutés dans tous les États de l'Amérique par les catholiques. Par suite de cette idée, ils ont dû éprouver une vive sympathie pour M. Fillmor, le candidat des *Know-Nothing*, qui s'était engagé à restreindre l'influence du catholicisme dans les Etats-Unis.

L'Église mormonienne est régie par le président, assisté de deux conseillers. Le président peut désigner lui-même son successeur et ses conseillers ; mais il faut que ces choix soient ratifiés par l'assemblée générale. Ensuite viennent les douze apôtres, dont le vote unanime a le même pouvoir que les trois voix réunies des chefs suprêmes. Les apôtres voyagent quelquefois en divers pays, mais la présidence ne quitte jamais le lac Salé. On compte en outre dans la communauté soixante-dix grands prêtres chargés de conférer avec le peuple en certaines occasions, et des évêques qui remplissent des fonctions à peu près analogues à celles des diacres de la primitive Église : ce sont eux qui prennent soin des pauvres, dirigent les écoles, recueillent les dîmes, prescrivent les corvées ; de plus ils président aux *meetings* religieux. Chaque évêque a, comme le président, deux assistants ou conseillers. Cette organisation se retrouve partout où les mormons forment une assemblée de prosélytes. Dans plusieurs villes d'Amérique et d'Angleterre, ils ont un président qui reste soumis à celui du lac Salé et jure de lui obéir.

En général, la population mâle des mormons est investie d'une sorte de caractère sacerdotal. Elle se vante d'être une nation de prêtres, et parle avec dédain des *pauvres sectaires* du monde qui travaillent pour un salaire. Les mormons travaillent gratuitement pour leur religion, et doivent sans restriction aucune se dévouer à ses intérêts. A la voix d'un de leurs chefs, ils quittent leurs femmes, leurs enfants, leur foyer, se rendent au lieu qui leur est indiqué, et y restent tout le temps qui leur est prescrit. Il y a là un notable élément de forces comme dans l'ordre des jésuites. En outre, il faut remarquer que les mormons considèrent leur dogme comme le seul véritable dogme, et aspirent tous à coopérer à sa propagation. Quand ils le prêchent, ils sont convaincus que c'est l'Esprit saint qui lui-même les inspire et parle par leur voix, tandis que dans les sectes chrétiennes, les prédicateurs sont obligés, disent-ils, de faire de longs efforts pour préparer leurs sermons.

Les missionnaires sont nommés par la présidence, dans l'assemblée générale, et envoyés dans les contrées les plus éloignées. Ils partent dès qu'ils en ont reçu l'ordre, parfois sans avoir la moindre notion sur le pays qui leur est indiqué, et souvent avec de bien minimes ressources. Pendant leur absence, leurs femmes et leurs enfants sont confiés aux soins des chefs de districts, comme les autres pauvres sans distinction. Leur mission dure ordinairement de trois à cinq ans. A leur retour, ils sont reçus avec des marques d'honneur, et rendent compte dans le tabernacle de l'œuvre qu'ils ont accomplie.

Indépendamment des conversions qu'ils opèrent, les mormons retirent un autre avantage de ce système de missions. Un grand nombre d'entre eux acquièrent par leurs lointains voyages, par leur résidence dans les principales villes de l'ancien et du nouveau monde, des connaissances qu'ils rapportent dans les vallées de l'Utah. Ce qu'il y a de remarquable, c'est que le contraste des plus riantes régions de l'Europe avec leur froide et sauvage patrie ne les émeut pas, qu'ils ne se laissent séduire ni par le luxe, ni par les agréments des grandes cités. Nous condamnons leur religion comme une monstruosité, et, dans la naïveté de leur foi, ils condamnent également toutes nos anciennes institutions. D'année en année ils font des progrès, c'est incontestable. A quoi tiennent ces progrès? En premier lieu, à la persécution qu'ils ont subie, qui a propagé au loin leur nom et leur a donné une sorte d'auréole. Ensuite leurs missionnaires ne perdent point leur temps à essayer de convertir les riches. Ils s'adressent de préférence aux gens du peuple, vivent et travaillent avec les ouvriers, et emploient toutes sortes de moyens pour les conquérir. C'est parmi les pauvres habitants négligés des villages, et parmi les petits marchands des villes qu'ils recrutent la plupart de leurs prosélytes. Dans leur ignorance, les paysans se laissent aisément gagner par l'habile entretien des apôtres du mormonisme, et les gens d'un esprit peut-être moins grossier, mais inquiet, acceptent volontiers la parole d'un homme qui leur dit, avec un accent de conviction : « Croyez, et vous n'aurez plus aucun doute; obéissez, et vous ne pourrez craindre de vous tromper. »

Je ne pense pas que la loi de la polygamie soit employée par les missionnaires comme un moyen de séduction. J'ai tout lieu de croire au contraire qu'on la dissimule à la plupart des néophytes, de peur de les scandaliser. Mais il est probable qu'on s'en sert pour déterminer beaucoup de nouveaux convertis à quitter leur pays natal et à se rendre dans l'Utah. Quelle influence exercent ces noms de frère et de sœur employés dans les relations des deux sexes par les mormons, et cette idée qu'ils n'ont qu'un même père et forment une même famille, c'est ce que je ne saurais dire. Mais quoi qu'il en soit de leurs progrès récents et de leur dévouement actuel à leurs chefs spirituels, il y a là trop de causes de scepticisme et trop de motifs de dissidence pour qu'il soit possible de croire à la durée de cette religion dans une autre génération.

Comme l'Orégon et le Minnesota, la région de l'Utah a un gouvernement territorial, une Chambre haute et une Chambre basse. Le gouverneur et les principaux juges sont nommés par le président des États-Unis. D'un autre côté, l'Église des *Saints des derniers jours*, à laquelle appartiennent à peu près tous les habitants de ce pays, a son administration particulière, sa première présidence, ses douze apôtres et son évêque. Mais ces deux pouvoirs se confondent en une même autorité ; c'est une gestion de famille. Brigham Young, le président suprême, a reçu du Congrès de Washington le titre de gouverneur ; ses conseillers sont présidents des assemblées législatives ; l'un d'eux est en même temps maire de la ville du lac Salé, et les notabilités du clergé font partie des assemblées. Le peuple élit pour ses représentants temporels les hommes qui lui sont désignés par ses chefs spirituels. Nul candidat ne se présente dans une idée d'opposition. Nul bulletin ne trompe l'espoir de ceux qui l'ont dicté. Les mormons citent dans leurs gazettes cette opération électorale comme un témoignage éclatant de leur parfait accord. C'est tout simplement le résultat d'une tyrannie, l'acte absolu d'une oligarchie agissant sous le masque de la démocratie.

Combien de temps durera cet état de choses, c'est ce qu'il serait difficile de dire. Quant à présent, les nouveaux prosélytes qui, pour la plupart, ne jouissaient d'aucune liberté dans les pays d'où ils ont émigré n'en demandent pas plus dans l'Utah. Les chefs actuels, qui ont été les premiers apôtres de l'Église mormonienne, ont par cette raison une grande autorité ; mais ceux qui leur succéderont pourront-ils garder le même ascendant, c'est assurément très-douteux.

Au mois de novembre 1855, le gouverneur a fait dans son message annuel un tableau très-détaillé et très-intéressant de l'état actuel de la colonie. Il parle fort nettement dans ce travail de l'exploitation des mines et de diverses manufactures de l'Utah, de l'amélioration des écoles et de la fondation d'un collége. Il recommande à l'attention particulière des législateurs le tracé d'une nouvelle route pour l'émigration par le haut Missouri et le Colorado, et le projet d'annexion de la colonie à la Confédération américaine. Il termine son rapport par une comparaison entre l'état de paix, de concorde, de prospérité de l'Utah et les guerres et les agitations des autres empires. Dans ce même message, le président exprime le plus grand respect pour l'Union fédérale. « Quant au régime colonial, c'est, dit-il, le plus absurde et le plus tyrannique des systèmes, un système que la monarchie anglaise a voulu imposer aux Américains et que les Américains n'ont pu supporter. Nous qui nous trouvons placés à présent dans la même situation que nos pères à l'égard de la métropole britannique, nous demandons à être affranchis de ce servage et à jouir des prérogatives des autres États de l'Union. »

Par cette annexion, les habitants de l'Utah auraient le privilége de nommer eux-mêmes leur gouverneur, leurs juges, et de régler leurs propres affaires sans l'intervention du Congrès qui, jusqu'à présent, a, je dois le dire, fort peu usé de ce droit d'intervention.

J'ai vu depuis, l'acte de constitution de l'Utah. Il est très-court et fort bien rédigé. Il ne fait aucune mention de la polygamie et proclame la tolérance religieuse.

Quoique les mormons croient à des prophéties qui leur annoncent la destruction de toutes les nations de la terre, ils ne sont point intolérants. Brigham a prononcé quelques discours d'un caractère libéral. Cependant il est probable qu'on ne souffrirait pas aujourd'hui dans l'Utah l'organisation d'une Église dissidente ou l'existence d'un journal d'opposition.

Il serait assez difficile aussi de décider quels sont les vrais sentiments des mormons à l'égard des États-Unis. Lorsqu'ils furent chassés de Nauvoo, ils espéraient obtenir du gouvernement mexicain, à très-bas prix, quelque vaste territoire où ils formeraient un Etat indépendant. La cession de la Californie au Congrès américain leur enleva cet espoir. Ils en vinrent ensuite à demander l'adjonction de l'Utah à la Confédération. Le général Taylor la leur refusa et annonça même l'intention de les chasser du lac Salé dans la crainte qu'ils ne s'alliassent aux Indiens pour barrer la route de la Californie. Quelque temps après, Taylor mourut et, à un grand dîner, Brigham Young, en parlant de lui, s'écria :

« Maintenant il rôtit dans l'enfer !

— Comment, lui répliqua un des juges des États-Unis, osez-vous parler ainsi ?

— Vous le rejoindrez quelque jour, répondit tranquillement Young, et alors vous me croirez. »

M. Fillmore, à son avénement à la présidence, signa l'acte organique de l'Utah et nomma Brigham Young gouverneur de cette colonie. Aussi les mormons sont-ils toujours prêts à applaudir au nom de Fillmore, tandis qu'ils conservent une profonde animosité pour la mémoire de Van Buren qui n'a pu les empêcher d'être expulsés du Missouri.

D'après les prophéties que nous avons déjà mentionnées, quelques personnes attribuent aux sectateurs de Joe Smith une haine invétérée pour le monde entier. Mais ceux qui ont une telle opinion ne connaissent point la communauté des mormons. Il y a là des gens du nord et du sud, des gens de tous les pays qui se souviennent avec affection de leur première patrie et qui, en dépit de toutes les prophéties, ne peuvent maudire le lieu où ils sont nés et le peuple au sein duquel ils ont vécu. Notre opinion à nous est que si les habitants du lac Salé obtenaient leur admission dans la Confédération, s'ils n'avaient pas la crainte d'être poursuivis par la violence, ils resteraient assez fidèlement attachés aux États-Unis. Les classes inférieures ont des penchants pour une administration républicaine; quant aux chefs, c'est une autre question.

Un jour ou l'autre, par un président démocratique, par une majorité démocratique dans les deux assemblées du Congrès, le territoire de l'Utah peut être annexé à la Confédération. En attendant, ce n'est pas un petit avantage pour Brigham Young d'être gouverneur de cette colonie. En cette qualité, il perçoit une somme considérable sur les fonds fédéraux et en répand une partie parmi les Indiens [1].

Comme nous l'avons dit, les mormons pensent que les Indiens sont destinés à reprendre un rang notable parmi les peuples civilisés, et leur intérêt particulier les porte à se concilier l'affection de ces tribus sauvages. Ils se souviennent d'ailleurs que lorsqu'ils furent chassés de Nauvoo, ils furent, dans leurs souffrances et dans leur longue migration, très-généreusement assistés par les Indiens des États-Unis, ils savent que dans ce périlleux conflit ils n'auraient pas de meilleurs auxiliaires que les bandes d'Indiens qui peuvent, dans leurs habitudes de déprédation, enlever les animaux d'une armée et l'affamer.

Il y a au lac Salé trois juges nommés par le président de la Confédération et qui n'appartiennent point au mormonisme. L'exercice de leur autorité est en réalité fort restreint, et le chef de cette magistrature abandonne volontiers quelques-unes de ses principales prérogatives, pourvu qu'on le laisse tranquillement arrondir sa fortune. Quand j'étais au lac Salé, il avait établi une auberge, il y tenait ses audiences et s'arrangeait de façon à y garder pendant des mois entiers les jurés dont il faisait ensuite payer largement la dépense par le Congrès.

La ville du lac Salé est divisée en neuf quartiers. Dans chaque quartier est un évêque et une maison d'école. Tous les pères de famille sont tenus d'envoyer leurs enfants à cette école. S'ils ne sont pas en état d'acquitter la rétribu-

---

1. Les journaux des États-Unis ont annoncé récemment que Brigham Young était dépossédé de ses fonctions de gouverneur.

tion prescrite, elle tombe à la charge de la communauté. Le maître d'école reçoit environ cinquante dollars (250 fr.) par mois, partie en argent, partie en nature. Il peut être pris parmi les *infidèles*, à la condition toutefois qu'il n'enseigne rien de contraire au dogme mormonien. L'évêque est, comme nous l'avons dit, chargé de surveiller les écoles, de pourvoir aux besoins des indigents et de recouvrer le produit des dîmes.

Il y a trois sortes de dîmes. D'abord, quand un nouveau converti arrive au lac Salé, il doit remettre à la communauté le dixième de ce qu'il possède. Ensuite, il doit lui abandonner chaque année le dixième de ce qu'il a gagné. Enfin, il est astreint aussi à la dîme de la corvée pour la construction du temple ou les autres travaux publics. La plupart des dîmes sont payées en nature. Il y a des magasins spéciaux pour recevoir les céréales, et les bestiaux sont conduits dans les pâturages de l'Église. Je ne sais quelle part les chefs spirituels de la colonie prennent dans ces différents tributs. On m'a affirmé que Brigham Young a, sur ce point, une très-grande honnêteté. Il est assez riche par les terrains considérables qui lui ont été concédés, par la propriété de tout un quartier de la ville, pour se montrer désormais suffisamment désintéressé, mais on ne pourrait en dire autant de ses subalternes.

Les procès ici sont assez rares. Les mormons, qui se donnent l'un à l'autre le nom de frère, tiennent à ne pas se montrer *chicaneurs* comme les infidèles. S'il s'élève entre eux quelque question litigieuse, elle est soumise d'abord à l'évêque, qui remplit en cette circonstance les fonctions de juge de paix ; puis, en dernier ressort, on en appelle à Brigham, qui tranche de lui-même la difficulté. sans consulter aucun Code. Cette justice patriarcale peut être très-efficace, quand la question qu'il s'agit de résoudre est assez claire et le bon droit évident. Mais elle ne peut manquer de s'égarer en plus d'une occasion, et elle est souvent entravée ou paralysée par la situation particulière des délinquants. Aussi, peu de mormons oseraient citer devant le tribunal un des dignitaires de l'Eglise. Un jour, par exemple, un des douze apôtres, nommé Snow, obligea une cohorte d'émigrants à conduire gratuitement pour lui un assez grand nombre de chariots, en leur disant que c'était pour le service de l'Église. Trois de ses voitures renfermaient, en effet, des denrées appartenant à l'Église, trente autres étaient chargées de ses propres marchandises, car il avait une maison de commerce au lac Salé, et une maison qui ne jouissait pas d'un très-bon renom. Les malheureux charretiers, accablés de fatigue après leur long voyage, disaient : « Brigham le fera payer. » Mais aucun d'eux n'osa dénoncer le mensonge du sordide apôtre, et il ne leur fut rien accordé.

Sur toutes les questions, la sentence de Brigham est la loi même de l'Église, et ses conseils sont avidement recherchés. Souvent il doit être fort importuné des requêtes continuelles qui lui sont adressées ; car pas un de ses fidèles sectateurs n'entreprendra une affaire de quelque importance sans vouloir d'abord la lui exposer, et plus d'une vieille femme ira lui demander si elle ferait bien de changer sa vieille robe pour une pèlerine, ou sa génisse pour un pourceau.

Très-vif et parfois très-agressif quand il parle en public, Brigham est d'une humeur agréable et joviale, dans la vie privée. Il n'affecte aucun air de supériorité, il ne cherche point à se distinguer du commun des fidèles par son costume, et tend amicalement la main à quiconque s'approche de lui.

Les mormons ont du goût pour les titres pompeux, et parlent avec emphase du gouverneur ou de Son Excellence le gouverneur. Mais dans chaque famille, à la prière du soir, on dit tout simplement : « Seigneur, bénis ton serviteur Brigham, bénis-le dans ses pensées et dans ses œuvres. Bénis ses conseillers notre frère Kimball et notre frère Grant. »

J'essayerai, dans le cours de ce récit, de faire voir quel est parmi les mormons le véritable état de la polygamie, qui a suscité contre eux les plus vives récriminations. Il est certain que, d'une part, la polygamie doit produire une profonde détérioration morale et sociale ; que, de l'autre, elle doit être considérée comme un grossier sensualisme ; mais lorsqu'elle est sanctionnée par la loi, par la religion. elle n'a point le même caractère. En premier lieu, les mormons la regardent comme une bonne et légitime coutume. En second lieu, on ne peut les accuser d'être sensuels, et la nature de leur sol ne leur permet pas d'être indolents.

Les institutions du mariage sont, à leur point de vue, assez judicieusement établies pour atténuer autant que possible le dangereux effet de leur système matrimonial. L'inégalité des sexes est un des principes de leur doctrine religieuse et une des règles de leur vie. Le mari est le patriarche, le chef de la famille. Ses femmes sont tenues de lui obéir sans restriction ; l'ordre qu'il leur donne est leur justification dans ce monde et dans l'autre. Il est leur souverain absolu et leur prêtre ; elles ne doivent pas se permettre de contrôler un de ses actes ni une de ses volontés, et les enfants sont astreints à la même soumission passive. Quelques apôtres du mormonisme ont même prévu le jour où les enfants rebelles seraient lapidés selon la loi de Moïse. Cependant les rigueurs de cette théorie se modifient de jour en jour par la pratique de la vie. Le cœur de Salomon fut subjugué par les femmes ; la même influence ne doit-elle pas s'exercer sur d'autres individus moins sages que le grand roi d'Israël ?

Ainsi que le musulman, le mormon ne peut prendre plusieurs femmes qu'autant qu'il se trouve en état de leur offrir une situation convenable, et dans les plus basses classes il est obligé d'avoir pour chacune d'elles une chambre distincte. Les hommes n'obtiennent le divorce que pour cause d'adultère : les femmes, au contraire, peuvent le réclamer pour de minimes désagréments. Ces sortes de divorces sont assez fréquents, et la femme alors trouve sans peine un autre époux. Elle a le droit d'emmener avec elle ses enfants; leur père est obligé de leur abandonner une partie de sa propriété. Si, dans cette pratique de la polygamie, il n'y avait qu'un élément de sensualité ; si les femmes n'étaient prises que comme des concubines, les enfants courraient risque d'être très-négligés et maltraités. Mais les mormons ont une très-grande affection pour leurs enfants, surtout pour leurs fils qu'ils regardent avec une sorte de sentiment spartiate, comme les défenseurs du foyer et de l'autel. Pour eux, en général, la polygamie est considérée surtout comme un moyen d'accroissement de la peuplade mormonienne.

On s'est fait une idée exagérée des souffrances de la femme dans l'Utah. Il est vrai que c'est une cruelle situation que celle de l'émigrante d'Europe qui arrive dans cette colonie, sans connaître les lois de la polygamie, et qui voit son mari prendre une autre femme. Il en est qui vivent dans la crainte perpétuelle de cette décision, et qui peut-être y échappent par la pauvreté. Mais la nature humaine finit par s'assouplir à la nécessité. Après la première douleur que leur a causée la présence d'une rivale qu'elles doivent traiter comme une sœur, la plupart des femmes se résignent assez vite à cette nouvelle situation, et d'ailleurs leurs occupations journalières ne leur permettent guère de s'abandonner à des rêveries mélancoliques. Quant à celles qui sont nées dans une famille mormonienne, ou qui y ont été élevées, elles considèrent la polygamie comme un principe social et naturel. Si l'affection conjugale est moindre dans ces réunions multiples que dans le vrai mariage, les infidélités n'y sont pourtant pas plus fréquentes. Les femmes des mormons se révoltent contre une tentative de séduction tout aussi bien que celles des autres contrées. Si elles étaient tentées de succomber, elles résisteraient par la crainte de la sentence qui les menace, par la crainte d'être flétries ou privées de tout refuge.

Les degrés de parenté ne gênent guère dans ce pays les projets matrimoniaux. Selon la coutume patriarcale antérieure à Moïse, deux sœurs peuvent avoir en même temps le même mari. C'est une question encore de savoir si, comme aux temps d'Abraham, un homme peut épouser celle qui n'est point complétement sa sœur, mais sa sœur d'un autre lit. Il est probable que de même que le roi de Perse n'avait pas le privilége de se marier avec ses sœurs, mais le droit de faire tout ce qui lui plaisait, les saints du mormonisme peuvent agir en vertu du même principe élastique selon leur libre arbitre. Une mère de famille m'a dit un jour qu'elle espérait que sa fille épouserait son frère d'un autre lit; car, grâce à cette union, ils se trouveraient tous, après cette vie terrestre, réunis dans le même royaume. Il arrive ainsi, surtout parmi les chefs de l'Église, qu'un homme épouse la mère et la fille. Mais ces alliances monstrueuses sont rares, et j'ai entendu un mormon les condamner.

Abstraction faite de ces hideuses coutumes qui révoltent toute âme délicate, on ne peut s'empêcher de reconnaître parmi ces mormons de sévères habitudes de moralité. Une loi rigoureuse sur le débit des boissons les oblige à la sobriété. Le blasphème est puni par une amende de cinq dollars.

Le vol est réprimé par un autre règlement. Si un homme a commis un larcin même très-minime, il lui est enjoint de ne plus se rendre coupable du même délit, ou de quitter la communauté ; s'il récidive, il est banni du territoire.

« Nous ne voulons point souffrir de voleurs parmi nous, » disent les mormons. Cependant les émigrants de Californie les accusent de dérober leurs bestiaux. De leur côté, les mormons se plaignent des déprédations de ces émigrants. Il est probable que ces accusations sont également fondées, que dans l'un comme dans l'autre parti il y a eu des larrons.

J'ai entendu parler d'un marchand mormon qui, par sa prestesse à enlever le bien d'autrui, rivalisait avec les Indiens : seulement, il n'exerçait pas son habileté au détriment de ses frères ; il ne l'appliquait qu'à dévaliser les étrangers.

Les mormons reconnaissent bien qu'ils ont parmi eux plus d'un individu fort peu recommandable, et ils ajoutent que si un mormon se pervertit, il devient plus mauvais que tout autre, parce qu'il est plus coupable que tout autre, après avoir reçu la lumière de l'Esprit saint. J'ai connu au lac Salé deux ou trois francs coquins. Mais je dois déclarer qu'en général je considère la colonie mormone comme une population honnête, industrieuse, loyale et hospitalière.

J'ai cru devoir faire d'abord ces observations préliminaires. Je vais maintenant raconter mon séjour dans la vallée du lac Salé.

A mon arrivée au lac Salé, le hasard me conduisit dans la maison de M. S..., une maison singulière, mais intéressante. La voix argentine d'une agréable jeune femme qui répondit à mes premières questions, quand je me présentai sur le seuil de la porte, me détermina à m'installer dans cette demeure, et je vis avec plaisir qu'elle n'était pas la seule femme du logis. C'était une bonne occasion pour moi d'observer les conséquences de la polygamie.

Mon hôte était un des dignitaires de l'Église. Il n'avait pas moins de quatre épouses et une douzaine d'enfants. C'était un homme de quarante-quatre ans, né dans le Massachusetts, intelligent et entreprenant, qui, par son travail, avait acquis une certaine fortune. L'un des premiers, il s'était converti à la doctrine de Joe Smith. Lorsque les mormons furent chassés de Nauvoo, il abandonna sa ferme, son foyer, se joignit aux émigrants, et arriva dans l'Utah au mois de septembre 1847. Il avait été ensuite envoyé en mission en Angleterre, il y était resté trois ans, et avait recueilli des notions assez exactes sur cette contrée. Dans toutes nos transactions il se conduisit honorablement, bien qu'en sa qualité de véritable Américain il ne résistât guère à l'appât d'un bon marché. Je ne dirai pas que c'était un mari exemplaire, mais je lui rends cette justice qu'il avait de l'affection pour ses femmes, toutes quatre jolies, et qu'il ne négligeait aucun de ses enfants. Il était, du reste, charitable et hospitalier.

Sa première femme, plus jeune que lui de cinq ou six ans, était comme lui originaire de Massachusetts. Elle me parlait souvent de ce pays, des années qu'elle avait d'abord passées à gagner péniblement sa vie dans une manufacture de coton, puis du bien-être dont elle avait joui après son mariage dans la grande ferme où elle avait une nombreuse basse-cour et un vaste jardin. Elle me dit ensuite comment elle passait avec son mari des nuits entières à lire la Bible des mormons, comment elle en vint à croire que là était la vérité, et comment sa famille la répudia, parce qu'elle était la première femme de la contrée qui se fût convertie au mormonisme. Quand vint le moment où elle se proposait de suivre son mari vers les lointaines régions de l'Utah, ses parents se rapprochèrent d'elle, et lui offrirent tout ce qu'elle désirerait si elle voulait renoncer à ce projet. Mais elle resta inébranlable, et elle entreprit ce long et effrayant voyage, si long et si pénible, qu'elle ne croyait pas pouvoir l'achever. Elle me conta ensuite sa première installation au lac Salé. Là s'arrêta sa narration. Si les entraînements matrimoniaux de son mari l'affligèrent, elle ne voulut pas me le révéler. Elle ne parlait pas même de ses rivales. Quelques fois seulement, elle disait dans le cours de son récit : « C'était avant l'arrivée de Lisa. » Ce nom l'aidait à fixer une date.

La seconde femme de M. S... était une mormonienne

déterminée. Pour se dévouer au dogme des mormons, elle avait abandonné sa maison, ses enfants, son mari. Elle parlait de ce premier mari sans haine et sans regret. Probablement de vives querelles avaient éclaté entre elle et lui avant leur séparation. Elle disait qu'il était honnête, et que pourtant il avait fermé son cœur à la vérité. Mais souvent elle songeait à son enfant, elle calculait l'âge qu'il devait avoir, s'il vivait encore. Depuis huit ans elle n'avait plus entendu parler de lui. Elle se disait qu'elle le reverrait peut-être quand le chemin de fer, qui doit atteindre à l'océan Pacifique, passerait près du lac Salé, et elle se demandait s'il la reconnaîtrait.

La troisième femme, Lisa, était une jolie personne, aussi rose, aussi fraîche que sa petite fille âgée de quatre ans. Née en Angleterre, dans le comté de Bedford, elle était arrivée très-jeune à Nauvoo, et s'était mariée à quinze ans. Malgré son jeune âge, elle accomplissait très-sévèrement ses devoirs de mère, châtiait son enfant dès qu'il avait commis une faute, et pleurait et se lamentait dès qu'elle le voyait malade.

La quatrième femme de mon hôte était également une belle personne de dix-sept ans, sa cousine, mariée avec lui depuis peu de temps. Elle était la favorite des enfants. A tout instant, ils avaient recours à elle : « Lydie, donne-moi à boire ; Lydie, viens près de moi ; Lydie, raccommode donc mon habit ; » tels étaient les cris qui résonnaient perpétuellement dans la maison. Les enfants ne lui donnaient point comme aux autres le nom de tante, en vertu du principe mormonien, qui oblige toutes les femmes à se donner le nom de sœur. Ils la traitaient comme une amie, comme une compagne. L'aînée des femmes exerçait sur eux un autre pouvoir. Quand ils étaient indisposés, ou quand ils se montraient un peu indociles, c'était à elle qu'on les confiait. Elle les soignait ou les réprimandait avec une égale bonté, sans faire une différence entre les siens et ceux des autres.

Dans la journée, ces quatre femmes occupaient deux chambres ; mais pour la nuit, chacune d'elles avait sa chambre distincte.

La maison qu'elles habitaient était un vaste édifice à deux étages, très-simplement meublé, car les premiers émigrants de l'Utah ne pouvaient apporter avec eux dans leur long trajet que ce qui leur était rigoureusement nécessaire, et tout ce qui se fabrique dans le pays est assez mal fait et coûte fort cher. Mais chaque chambre était munie d'un excellent poêle qui vaut à Saint-Louis vingt-cinq dollars, et qui, dans la vallée du lac Salé, en vaut cent vingt-cinq. De plus, la maison était pourvue d'une quantité de luisants ustensiles.

Çà et là brillaient quelques miroirs et quelques montres en or, derniers restes du luxe européen, et les murailles étaient couvertes d'écheveaux de fil qui devaient être employés un jour à faire des vêtements. Dans une de ces chambres on voyait encore de grands coffres remplis d'étoffes de manufacture anglaise. Le digne missionnaire, tout en prêchant le mormonisme, n'avait pas oublié les intérêts de son négoce. L'été, les femmes étaient séparées. Deux d'entre elles conduisaient les bestiaux sur les pâturages des collines ; les deux autres restaient en ville pour y vendre les produits de leur industrie.

Dans cette maison, j'en vins promptement à jouer avec les enfants, surtout avec trois petites sœurs, roses et joufflues, à peu près du même âge. J'allais les chercher à l'école, et elles me traitaient sans façon, comme un vieux camarade.

Le dimanche n'est point ici un jour de rigide prescription comme en Angleterre. Le travail même n'est pas défendu. Mais il est rare que le dimanche les mormons se livrent au travail. Ils aiment à jouir d'une journée de repos, et d'ailleurs ils ne peuvent avoir dans leur petit coin de terre les fiévreuses préoccupations des Américains. Leur livre leur dit : Ne vous inquiétez pas du lendemain ;

le lendemain viendra assez de lui-même vous apporter votre tâche et vos soucis.

J'étais curieux d'assister au service religieux des mormons, et, le premier dimanche après mon installation au lac Salé, je me rendis à leur tabernacle. C'est un vaste édifice oblong, assez spacieux pour contenir trois mille personnes ; d'un côté sont des rangées de bancs disposés à peu près comme dans un parterre ; de l'autre, les sièges des apôtres, des principaux membres du clergé, une tribune pour l'orateur, et un orchestre.

L'office commença par un hymne, puis on récita une prière, pendant laquelle tous les assistants se tenaient debout ; ensuite, un second hymne, puis l'allocution de Brigham Young qui, ce jour-là, était d'une inconcevable vulgarité. Mais je me réjouissais de voir dans l'exercice d'une de ses principales fonctions ce chef suprême du mormonisme.

C'est un homme de taille moyenne, de quarante et quelques années. Sa figure a une expression de bon sens et de fermeté. Je n'y remarquai pas la moindre émotion, lorsque, dans la prière qui venait d'être récitée, on lui donna le titre de prophète et de révélateur.

Après avoir adressé à ses auditeurs une harangue religieuse qui dura à peine quelques minutes, il se plaignit des visites perpétuelles qu'on lui faisait souvent sans raison. « Les femmes, disait-il, entrent chez moi à tout instant par curiosité, demandant à me voir et à visiter ma maison. Cela me fatigue. J'ai perdu des chemises. Mes femmes ont perdu plusieurs objets de toilette. Je veux bien voir mes amis et les gens qui ont à me parler d'affaires, mais je vous préviens que j'ai dernièrement reçu de Londres une nouvelle paire de bottes, et que les importuns en sentiront la pesanteur. »

Après cette gracieuse admonestation, il en revint tout à coup à l'exposé de ses doctrines religieuses, et dit que Dieu, pour punir les Américains de ne pas croire aux révélations du mormonisme, les livrait à l'aberration, et que ceux qui avaient rejeté l'enseignement de Joe Smith étaient maintenant aveuglés par les méchants esprits.

Là s'arrêta son discours.

Je n'en comprenais pas la fin. On m'expliqua que c'était une allusion aux tables tournantes, mises en mouvement, disent les mormons, par l'esprit du mal pour tromper les infidèles.

J'avais été frappé aussi du grossier avertissement et de la menace brutale que le pontife du mormonisme adressait à ses auditeurs. Mais telle est son habitude. Jamais il ne flatte le peuple, et jamais il n'essaye de prendre un air inspiré; il affecte au contraire d'employer un langage rude et trivial. Par son habileté et son énergie, il sait se maintenir à la tête de sa communauté, quoiqu'il n'en soit pas l'homme le plus intelligent ni le plus éloquent.

Le dimanche, il y a encore dans l'après-midi un office à peu près semblable à celui du matin. C'est à ce second service qu'on administre la communion avec de l'eau au lieu de vin. Les uns disent qu'il serait trop difficile de se procurer du vin non falsifié; d'autres, que l'emploi de cette boisson coûterait trop cher. Toutes ces cérémonies se terminent par une bénédiction et par une prière dont le commencement est le même que celui du *Pater noster*. A l'une de ces réunions dans le tabernacle, j'ai entendu un apôtre parler pendant une heure et demie avec une extrême facilité, mais dans un langage subtil qui ne pouvait guère être compris de la plupart de ses auditeurs. J'ai entendu aussi des missionnaires raconter leurs voyages d'une façon intéressante et quelquefois amusante. Le peuple les écoutait avec attention et respect.

Le soir, il y a des réunions dans les écoles de chaque quartier, sous la présidence de l'évêque. On y chante des hymnes, on y récite des prières, puis chacun a le droit d'y prendre la parole et de raconter ses saintes visions. Les femmes surtout usent largement de ce privilége. Celles qui n'ont rien vu, rien rêvé, rien senti, tiennent pourtant à faire voir qu'elles ont été visitées par l'esprit. Elles se lèvent; et, d'un ton solennel, elles profèrent ces paroles sacramentelles : « Frère, tu as demandé la sagesse, elle te sera accordée. L'esprit du Seigneur m'est apparu et il m'a dit... »

A la suite de ce pompeux début, elles retombent le plus souvent dans les plus singulières banalités.

Ainsi se passe le dimanche dans l'Utah. Je manquais rarement d'assister à deux et trois assemblées, soit par curiosité, soit que je n'eusse rien de mieux à faire.

La curiosité me portait aussi à interroger les nouveaux émigrants qui arrivaient dans la contrée. Je voulais savoir ce qu'ils pensaient de la colonie, et ce qui les avait déterminés à se convertir au mormonisme. Près de moi se trouvaient plusieurs nouveaux venus : un ébéniste, un charpentier, un ferblantier, un tisserand de Nottingham, un mineur de Cornouailles et un tailleur de Yorkshire.

L'ébéniste avait une très-bonne opinion de la doctrine mormonienne et une meilleure encore de lui-même. Il prédisait le plus grand succès à l'église de Brigham Young, et ne doutait pas qu'il n'y prît lui-même une part considérable. Il avait une suite de visions surnaturelles. Il se vantait de l'ardeur de sa foi et des dons qu'il avait faits aux missionnaires mormoniens pendant qu'il était encore en Angleterre. Il avait abandonné sur la terre natale sa femme, qui n'avait pas voulu se convertir, et croyait s'être magnifiquement conduit envers elle, en lui payant son loyer un mois d'avance et en lui laissant son mobilier. Quel homme généreux, disait-il, pourrait agir plus délicatement? Cependant il aurait désiré qu'elle vînt le rejoindre, car elle faisait très-bien la cuisine et gagnait ses quinze à vingt shillings par semaine, en travaillant de son métier. En résumé, c'était un pauvre être inquiet, vaniteux et ambitieux, qui se serait enrôlé parmi les chartistes, s'il ne s'était adjoint aux mormons.

Le charpentier était, au contraire, un franc et joyeux garçon, qui était venu au lac Salé avec une croyance naïve, travaillant gaiement et ne demandant rien de plus.

Le tailleur, non moins jovial, parlait avec enthousiasme des livres des mormons qu'il n'avait jamais lus, et les déclarait infiniment supérieurs à la Bible, qu'il n'avait pas lue davantage. L'idée de posséder un royaume de saint dans l'autre monde le ravissait; en attendant, il se délectait, chaque fois qu'il en trouvait l'accasion, à savourer dans celui-ci d'amples cruches de bière.

Le tisserand et le mineur, mariés, pères de famille, vivaient dans de grands soucis. Ni l'un ni l'autre n'avaient pu trouver dans cette contrée l'emploi de leur métier, et ils regrettaient la vieille Angleterre. A la fin, le tisserand entra dans une ferme en qualité de laboureur; quant au mineur, son mécontentement ne faisait que s'accroître. Une circonstance accidentelle, un mouvement de dépit l'avaient porté à une violente détermination. Un de ses frères étant mort près de Londres, il partit de Cornouailles pour se rendre aux funérailles. Le prêtre qui devait les faire demanda trente shillings. Le pauvre mineur ne pouvait les donner, et son frère fut enseveli sans l'assistance du clergé. Dans la colère que lui inspira cette exigence de l'Église anglicane, il s'affilia d'abord à une des nombreuses sectes de l'Angleterre, puis à une autre, et ne les trouva pas meilleures que celle dont il s'était séparé. Sur ces entrefaites, il entendit parler d'une nouvelle communauté religieuse qui administrait tous les sacrements sans rétribution : c'était celle des mormons. Il y entra sans autre examen, se fit baptiser, fit baptiser aussi sa femme et ses enfants, puis partit pour le lac Salé. Mais là, il fut cruellement déçu dans son espoir. Il estimait son labeur à un haut prix, et plutôt que de travailler pour un salaire de manœuvre, il aimait mieux, disait-il, mourir de faim. Mon hôte eut pitié de lui : il lui donna une chambre, lui prêta des ustensiles de cuisine et lui remit quelques provisions. Je pense que plus tard son orgueil aura fléchi devant la nécessité.

Les vivres sont chers dans l'Utah, surtout à une certaine époque de l'année. Le laboureur donnera volontiers ving-cinq à trente dollars par mois à un bon ouvrier, au printemps et en été; mais pendant les mois d'hiver, il croit faire un acte de charité s'il s'engage seulement à le nourrir. Les bûcherons et les artisans employés à la fabrication des briques ou à la construction des maisons peuvent plus aisément s'occuper toute l'année. Un des hommes qui m'avaient accompagné dans mon voyage gagnait deux dollars et demi (12 fr. 50 c.) par jour et sa nourriture, à son métier de plâtrier; un autre, qui était peintre, gagnait plus encore. Mais il faut se rappeler que ce salaire est presque toujours payé en marchandises de diverse nature, ce qui en diminue considérablement la valeur réelle. Qu'un ouvrier vienne le dimanche réclamer les quinze dollars qui lui ont été alloués pour son travail de la semaine, il peut arriver qu'on lui remette pour quinze dollars de chapeaux. On conçoit ce qu'il doit perdre à un tel mode de payement.

L'argent a toujours été rare dans la vallée du lac Salé, et chaque année il devient encore plus rare. Les premiers colons, qui se composaient en grande partie des habitants de Nauvoo, avaient vendu leurs propriétés à bas prix. Le petit capital qu'ils emportèrent avec eux sur le sol où ils cherchaient un refuge leur suffit à peu près dans les premiers temps. Ils n'avaient là rien à acheter, et point de domestiques, point d'ouvriers à payer. Le pays où ils allaient s'établir leur apparaissait comme une réalisation de l'utopie (dans le vrai sens du mot grec); ils pensaient que, dans cette région, chaque homme devait se suffire à lui-même, récolter lui-même le grain nécessaire à sa nourriture, façonner ses vêtements, bâtir sa maison. C'était un état social d'une nature toute primitive, qui pouvait bien subsister quelque temps, mais qui ne pouvait se maintenir dans les mêmes conditions, quand il faudrait en venir à faire des achats nécessaires.

A cette époque, éclata la nouvelle de la découverte des gissements aurifères de la Californie. Les mormons, il faut leur rendre cette justice, ne se laissèrent point saisir par la fièvre de l'or. Brigham leur dit que l'Angleterre s'était élevée à sa haute puissance, non point par des mines d'or, mais par des mines de fer et de charbon, et que ces dernières, ces vrais trésors, se trouvaient dans l'Utah. Il n'ajouta pas à cette judicieuse remarque que le lac Salé était situé à huit cents milles de distance de tout port de mer et de toute rivière navigable. Un certain nombre de mormons se laissèrent pourtant entraîner au courant universel, et quelques-uns revinrent avec leur butin. Par le territoire de l'Utah passaient des milliers d'émigrants, qui ne demandaient qu'à se décharger, pour un prix minime, de l'excédant de leurs bagages, et qui payaient fort cher les animaux dont ils avaient besoin pour continuer leur voyage. Bientôt les mineurs de Californie se trouvèrent sans provisions au milieu de leurs riches *placers*. Les mormons avaient du bétail qu'ils conduisirent au milieu d'une population affamée et vendirent à des sommes exorbitantes. Alors l'argent afflua au lac Salé. Mais la Californie du sud, l'Orégon, le Texas avaient aussi de nombreux troupeaux et firent les mêmes exportations. Peu à peu les prix baissèrent par l'effet de la concurrence, et maintenant le bétail est plus cher au lac Salé que dans la Californie.

Dans une ère rapide de prospérité, d'aventureux spéculateurs de l'Utah avaient acheté aux États-Unis des masses de marchandises, et l'argent que la contrée avait recueilli par le passage des émigrants, par un heureux trafic, retourna en Amérique.

Maintenant les émigrants ont pris une autre route; les mormons n'ont plus rien à gagner en Californie, et il ne leur reste plus que deux ressources pécuniaires : l'argent que les nouveaux colons apportent avec eux et celui qui est alloué par le Congrès pour le traitement des fonctionnaires. De 1854 à 1855, ils ont eu, en outre, celui des dépenses faites pour la légion américaine, qui stationna environ six mois dans l'Utah. Mais l'accroissement de la population est loin d'être en proportion avec l'état de ses capitaux : c'est pour cette raison que les magistrats engagent le peuple à se priver rigoureusement de toute emplette de luxe et à tenter, par tous les moyens possibles, d'importer des dollars dans la colonie.

L'argent monnayé est l'objet d'un agiotage considérable, et les règlements de compte en marchandises deviennent de plus en plus difficiles. Je me rappelle qu'un bûcheron, qui livrait à mon hôte une charge de bois pour laquelle il demandait quatre dollars, discuta longtemps avant de consentir à recevoir un bon de six dollars sur le magasin d'un charpentier.

Il y a seulement certaines denrées pour lesquelles on accepte une assignation au pair, si elle présente des garanties suffisantes; ainsi, par exemple, la farine, le sucre, le café et les ustensiles de ménage ou d'agriculture. Au mois de novembre 1855, cent livres de farine représentaient parfaitement un billet de six dollars (30 fr.). Les négociants qui ont des comptes à payer en acquittent ordinairement la moitié en marchandises qui ont une valeur monétaire, comme celles que nous venons de citer, et en marchandises d'un prix inférieur, comme le coton, les vêtements, etc. Mais les premières sont si recherchées qu'on ne peut se les procurer en certaine quantité qu'à la condition de prendre une part proportionnelle des secondes. Ainsi, le prix de cent livres de sucre est de quarante dollars (200 fr.); mais on n'obtiendra, l'argent à la main, un quintal de sucre qu'en payant en même temps certains objets de second ordre; car, dit le marchand, si je me défais de ce que j'ai de plus désiré dans mon magasin, que deviendra le reste? Il faut pour ma sécurité que tout s'écoule en même temps.

Un tel état de choses est une fatale entrave aux progrès de la colonie, et se fait surtout cruellement sentir aux gens du peuple, aux ouvriers qui, comme nous l'avons dit, ne sont presque jamais payés en argent, et qui ont bien de la peine à réaliser leurs assignations dans cette banque d'échange. Dès qu'on sort de la catégorie des denrées à prix fixe, les autres sont taxées arbitrairement. On sait ce que valent la farine et le sucre, et quelques autres choses de première nécessité ; mais, pour le reste, il faut s'en rapporter au bon vouloir ou à la probité, souvent fort équivoque, du marchand.

Je n'avais pas apporté dans l'Utah une grande quantité de dollars, et, par bonheur, j'avais peu de dépenses à faire. Cependant il y a dans la capitale du lac Salé plus d'une occasion de dépenser de l'argent; on y trouve même un théâtre qui donne trois représentations par semaine. J'y ai vu jouer *Othello*, l'*Othello* de Shakspeare, puis la *Lycie* de Ch. Mathews. Les rôles du More et d'Iago n'étaient pas mal remplis: mais Emilie et Desdemone étaient on ne peut plus grotesques. Le public me parut s'intéresser fort peu à la grande œuvre du tragique anglais, mais, en revanche, il applaudit avec transport à la comédie de Ch. Mathews, qui, du reste, était beaucoup mieux jouée.

Vers la fin de novembre, je résolus de visiter les établissements du nord, puis de pénétrer dans une vallée encore inoccupée, si ce n'est par quelques pâtres qui y conduisent leurs troupeaux, et par quelques Indiens nomades. Le fils de mon hôte était là avec une partie de son bétail, et je comptais passer une semaine dans ce district désert, où l'on pêche d'excellent poisson et où l'on trouve beaucoup de castors. Donc, une après-midi, je mis dans une sacoche des provisions; car celui-là qui porte des provisions sur son dos, plutôt que de l'argent pour en acheter, est l'homme vraiment indépendant, et je traversai les redoutables remparts de la cité des saints par la porte du nord.

Ce n'est pas chose facile de trouver ici son vrai chemin, bien qu'on ait pour se diriger la chaîne de montagnes qui s'étend le long de la plaine. Différentes routes se rejoignent aux diverses habitations, et l'on ne sait laquelle prendre. Il faut remarquer, en outre, que si les mormons sont, en général, d'un caractère assez hospitalier, leurs enclos sont entourés par des fossés profonds et de plus gardés par des chiens farouches. Lorsqu'enfin on est parvenu à franchir le fossé, à écarter une meute impétueuse, à atteindre le seuil d'une porte, on court grand risque de trouver là un Hollandais ou un Danois qui ne parle que sa langue maternelle.

Grâce à la bienfaisante clarté de la lune, je finis cependant par arriver, le soir, à une maison décorée d'une enseigne qui m'annonçait une auberge. C'était justement l'heure du souper Les gens de la maison étaient à table ; ils avaient devant eux du beurre et du lait dont l'aspect me réjouit; point de thé ni de café, ce sont de ces denrées de luxe dont les chefs de la colonie engagent le peuple à s'abstenir.

Les premières questions que l'on adresse à un étranger sont celles-ci : « A quelle époque êtes-vous arrrivé dans la vallée ? Avec quelle caravane ? Appartenez-vous à l'Église ? »

A la suite de cet interrogatoire habituel, j'engageai un long entretien avec mon hôte, qui était un homme pratique et entreprenant, dont la propriété s'étendait sur un espace de plusieurs milles. Il me dit que lorsqu'il entendit promulguer la loi de la *pluralité* des femmes (car on n'emploie jamais ici que ce mot de pluralité, celui de polygamie serait considéré comme une injure), cette décision le jeta dans un grand trouble ; il en vint à se demander si Joe Smith était vraiment un prophète. Mais plus tard il s'est rassuré, si bien rassuré, qu'il a eu quatre femmes. L'une d'elles est morte; il m'en parla avec affection, et me dit qu'elle serait la première de ses femmes dans l'autre monde. Il aimait à disserter sur les félicités de cet autre monde; il avait à cet égard de nombreuses théories qu'il prétendait justifier par divers passages de l'Ecriture sainte. Le lendemain matin, nous nous quittâmes en très-bons termes.

Devant moi se déroulait une plaine silencieuse de plus de trente milles d'étendue; mais l'aspect du lac, dont je suivais les bords, me récréait. Dans ma marche solitaire, je traversai la rivière du Weber, qui descend dans la vallée par un ravin, et j'arrivai au village qui porte le même nom, un village allongé sur une seule ligne et entouré, comme la capitale, d'un rempart en terre.

Je cheminais au pied des montagnes; leur ombre se projetait sur les flots du lac, et leur cime, couverte de neige, resplendissait aux rayons du soleil couchant. Je passai la nuit dans une autre demeure que l'on m'avait indiquée. Je dois dire que c'est la seule maison de l'Utah où je n'aie pas trouvé un accueil civil et hospitalier.

Le propriétaire de cette maison, nommé Brown, portait le titre de capitaine, parce qu'il avait servi dans la légion de Nauvoo. En ce moment, il était absent de son domaine; il siégeait à la Chambre des représentants.

Ce vaillant capitaine de la primitive Église des mormons ne possédait pas moins de treize femmes, qui occupaient diverses maisonnettes en bois, rangées autour de l'habitation principale. La maîtresse de cette habitation, voyant que le matin je ne me disposais point à partir, supposa que j'étais quelque pauvre diable sans ressource qui voulait profiter de l'absence du capitaine pour s'installer dans sa demeure, et me traita en conséquence. Je vis qu'elle ne voudrait pas me donner à dîner, et je me rendis chez un cultivateur du voisinage, qui m'offrit très-amicalement de partager son rustique repas.

A mon retour au logis où j'avais couché la veille, la

vilaine Mme Brown me signifia qu'elle ne pouvait me garder plus longtemps, et m'engagea à m'adresser à l'évêque, qui devait héberger les voyageurs sans ressource. Je refusai de me rendre à ce charitable conseil, et, qui plus est, déclarai que je voulais avoir à souper; mais en même temps je promis de partir le lendemain. Le soir, je vis entrer dans la salle où je m'étais installé une jeune veuve danoise qui s'exprimait assez bien en anglais. C'était une des treize épouses du galant Brown. Elle s'entretint longtemps avec mon hôtesse du projet que l'insatiable capitaine paraissait avoir formé de contracter un quatorzième mariage. Toutes deux se demandaient quelle pouvait être leur nouvelle compagne, et en parlaient tranquillement, comme ailleurs on parle des fiançailles d'un de ses amis.

La cité d'Ogden, où je faisais cette halte de vingt-quatre heures, est construite sur le modèle de la capitale. Elle a une étendue d'un mille carré, divisée par quartiers d'égale grandeur et défendue par un rempart en terre. Une partie du terrain, entourée par un boulevard, était encore inoccupée; mais sur la place s'élevaient déjà l'église, l'école et deux petites boutiques. Les chemins qui aboutissent à cette ville naissante sont dans un état déplorable. Souvent une charrette court risque de s'y abîmer. C'est à peine si le piéton peut, en certains temps, les suivre sans danger.

Le lendemain je partis, comme je l'avais promis à ma rapace hôtesse. Mais la neige qui tombait à gros flocons m'obligea à changer de direction et à chercher un refuge dans la plaine. J'entrai chez un forgeron où j'eus la joie de voir luire un bon feu de cheminée et de sécher mes vêtements. Ce forgeron était un brave homme et sa femme une personne agréable. Il n'avait point de lit à m'offrir, mais il me fit une couche excellente sur le plancher. Le lendemain, pour l'asile et les deux repas qu'il m'avait donnés, il ne me demanda que cinquante cents

(2 fr. 50 c.), ce qui était très-modéré dans un pays où tout est si cher.

Quelques jours après, je retournais à la cité du lac Salé. C'était un dimanche. Sur la route je rencontrai un grand nombre de paysans en voiture qui étaient venus de quatre à cinq lieues de distance assister à l'office. Je rentrai avec joie chez mon vieil hôte, et en m'asseyant le soir avec lui à une table abondamment servie, je l'égayai par le récit de mon séjour chez l'avare Mme Brown.

Pendant plusieurs semaines, mon zélé propriétaire entreprit de me convertir à sa religion, disant qu'il n'avait jamais rencontré un infidèle aussi dégagé que moi de tout mauvais préjugé, et qu'il avait confiance en sa tâche de prédicateur. Je me résignais avec peine à l'entendre réciter de longs passages des Tables d'or. Mais il m'amusait quand il en venait à expliquer et à commenter les prophéties, et quand il dépeignait le monde des esprits tel qu'il l'entrevoyait dans son imagination. Souvent aussi il dissertait sur la pluralité des femmes, en présence même de ses femmes, avec une liberté, et je pourrais dire un cynisme de langage incroyable. Mais les mormons, en général, n'emploient pas plus de ménagements, quand ils touchent à cette délicate question, ce qui est un signe manifeste de la détérioration morale produite par la polygamie.

Mon hôte était bien amusant encore, lorsqu'il se mettait à parler des méthodistes, qu'il abhorrait. Il se plaisait à contrefaire leur ton nasillard, leur organe larmoyant, et ne manquait pas, en terminant cette scène de comédie, de déclarer qu'ils étaient tous condamnés à l'enfer éternel. Quant aux autres sectes protestantes, il les connaissait moins et ne s'en occupait pas.

C'était une distraction journalière pour moi d'écouter ses entretiens, d'autant plus que je ne pouvais guère avoir celle de la lecture, car il n'y a pas de librairies au lac Salé. Seulement, dans un de ces magasins où l'on échange toutes sortes de denrées contre d'autres denrées, j'ai trouvé au milieu d'un amas de mocassins, de pièces d'étoffe, de tonnes de cidre, un bahut où étaient entassés pêle-mêle les livres les plus disparates et la plupart dépareillés : les *Œuvres* de Xénophon, les *Analecta græca minora*, les *Ballades* de Walter Scott, un *Virgile* mutilé, une traduction en anglais de *Paul et Virginie*, deux volumes de *Waverley*, cinquante exemplaires d'un livre de voyage américain, le *Howadji en Égypte*, et tout autant d'exemplaires non coupés du *Raphaël* de Lamartine, de plus l'*Histoire* de Macaulay, la *Vie des Saints* de Butler, et un vieil atlas de géographie. Telle est la librairie de la capitale des saints : *floreat Utavensis bibliotheca!* Mais jusqu'à présent personne ne paraît s'en soucier, et celui qui a acheté et fait venir à grands frais ce fonds de boutique n'a pas lieu de se réjouir de sa spéculation.

Les mormons n'admettent pas d'autres écrits que les leurs. Probablement ils apprécieraient mieux les *Lettres persanes* qu'un de nos romans psychologiques modernes en trois volumes, et les habitudes de polygamie ne leur permettent pas de juger la plupart des situations sociales dépeintes par nos écrivains, comme, par exemple, celle de Jane Eyre.

Une nouvelle religion doit avoir ses historiens, ses moralistes, ses poëtes. S'il s'élevait parmi les mormons un homme de talent et d'imagination, il aurait déjà, il faut le dire, un assez beau sujet d'épopée, dans la persécution de Nauvoo, dans ce long trajet des premiers disciples de Joe Smith à travers les immenses plaines silencieuses et les déserts sauvages.

Les mormons ne méprisent pas la poésie, mais nulle imagination ne peut prendre l'essor sous leur despotisme théocratique. Dante flagella les papes et les princes, mais dans la colonie de l'Utah nulle voix n'oserait s'élever contre la volonté de celui qui est à la fois le chef spirituel et le gouverneur territorial de la contrée.

Un mormon nommé Mills a pourtant fait preuve d'une agréable facilité de versification. Une jeune femme, Élisa Snow, la Sapho de la vallée, a composé quelques odes où l'on remarque un certain enthousiasme.

Dans les cérémonies publiques, on chante, en l'honneur du président, des strophes comme celle-ci :

« Les jours d'oppression sont passés. La fête de la liberté nous a été donnée par le prophète et par sa femme. »

Ou comme celle-ci :

« Que le cœur du prophète se réjouisse, ainsi que celui de sa femme ! »

Dans la rustique population de l'Utah, la musique ne fleurit pas plus que la littérature. La métropole possède seulement une bande de musiciens qui figure dans toutes les cérémonies de l'Église et de l'État, qui, le dimanche, se joint aux chants du tabernacle, et le soir joue des valses et des cotillons. Çà et là on trouve encore quelques flûtes, et l'on sait qu'il existe cinq pianos dans toute l'étendue du territoire. Mais la nature elle-même n'a donné à une grande partie de ce pays aucun de ses sons harmonieux. A une longue distance autour de la capitale du lac Salé, on n'entend ni le murmure des arbres, ni le chant des oiseaux, ni le bourdonnement des abeilles. On n'entend que le souffle de la brise dans les champs de maïs et le bruissement des sauterelles, ces terribles, ces effroyables sauterelles qui, en quelques jours, dévastent une récolte, appauvrissent une population.

J'ai fait connaissance avec un marchand nommé Thrupp, qui étant à San-Francisco, il y a quatre ans, se convertit au mormonisme, puis vint s'établir dans l'Utah. Il a une maison petite mais agréable, et sa femme, qui a des manières distinguées, possède l'un des cinq pianos que l'on compte dans l'Utah. Elle s'appelait Lydie. Elle avait été mariée avec un homme qui avait déjà deux femmes, dont l'une, nommée Lucie, lui inspirait une vive jalousie. Un jour, son mari, qui était aussi un négociant, partit pour les placers californiens et emmena avec lui sa favorite. Quand il fut près de revenir, Lydie lui écrivit que s'il ramenait sa rivale elle le quitterait aussitôt. Le marchand ne voulut pas tenir compte de cette menace, et Lydie fit ce qu'elle avait dit, elle divorça, déclarant qu'elle ne comprenait pas pourquoi l'homme ne se contenterait pas d'une seule femme, puisque les femmes n'ont qu'un mari. Elle est la fille d'un vieux juge très-riche, ce qui lui donne la hardiesse de parler.

Je suis retourné plusieurs fois aux danses du soir. Elles commencent par une prière et se terminent de même. A l'un de ces bals, qui eut lieu pour célébrer le retour de quelques missionnaires, on a même chanté des hymnes.

C'est une chose assez curieuse à observer dans ces réunions que l'attitude des hommes mariés envers les jeunes filles. En s'occupant d'elles, ils n'ont point à craindre qu'on les accuse de s'abandonner à un désir coupable et de compromettre celle qui le leur inspire. Ils peuvent librement courtiser et épouser la jeune personne avec laquelle ils dansent dans un quadrille sous les yeux de celle qui porte déjà leur nom. Si cet homme marié a plusieurs femmes, il est probable que leur jalousie est neutralisée par cette pluralité et qu'elles le verront sans trop de dépit en prendre une quatrième ou une cinquième. S'il n'en a qu'une encore, il est rare qu'elle ne souffre pas de ses nouvelles velléités matrimoniales et ne lance pas quelque regard de colère sur celle qui va devenir sa rivale. Mais alors les autres femmes s'approchent d'elle et lui disent que c'est une folie de s'abandonner à de telles susceptibilités et une faute condamnée par la sainte loi de Joe Smith.

Cependant, au milieu de toutes ces scènes de *flirtation*, il serait difficile de trouver quelque incident romanesque. Les préliminaires du mariage ne durent pas longtemps, et le mormon, qui considère la femme comme un être d'une nature inférieure, croirait s'abaisser s'il lui montrait trop de déférence. Dès qu'il a pris sa résolutiou, il formule tout simplement sa demande, et si elle est agréée, le mariage est conclu.

J'avais passé plusieurs mois dans la métropole des mormons, j'aspirais à voir une autre partie de la contrée et à me rendre en Californie. Seulement je ne pouvais guère m'aventurer seul à travers des régions inconnues, et je n'avais pas assez d'argent pour soudoyer une escorte. Mais, dès que l'on apprit mon projet, plusieurs mormons demandèrent à s'adjoindre à moi. Ce n'était pas là ce que je désirais. Je voulais m'associer à une caravane et non pas en former une moi-même. Enfin, je me décidai à partir avec un Canadien nommé Savage, qui faisait le service de courrier de la malle. C'était un homme d'un caractère un peu rude, mais honnête, connaissant parfaitement la route que nous devions suivre et les Indiens que nous devions rencontrer. Pour la somme de cent dollars, il s'engageait à me conduire à l'extrémité de l'Utah, jusqu'à San-Bernardino, d'où je pourrais assez aisément me rendre en Californie.

Tous mes préparatifs étant achevés, je ne quittai pas sans regret la demeure de mon hôte. Depuis mon départ de l'Angleterre j'avais erré en divers pays et stationné dans différentes villes, mais dans cette maison de la cité mormonienne, j'avais vécu comme dans ma propre maison, j'étais devenu le confident de la famille, le compagnon de jeu des enfants, l'ami de tous. Je m'éloignais d'eux avec douleur et ils étaient affligés aussi de me dire adieu. Il faut que les voyageurs soient comme des plantes vigoureuses pour pouvoir résister à tant de translations, car ils prennent racine assez vite et parfois assez profondément.

Nous nous mîmes en route, le 1er janvier, par une nuit glaciale, pendant que les habitants de la ville célébraient le commencement d'une nouvelle année. Des feux joyeux brillaient dans toutes les maisons et çà et là retentissaient les sons de la flûte et du violon, les rires et les chants des danseurs.

Le premier village où nous nous arrêtâmes est celui de Cottonwod. Tout y était sombre et silencieux. Mais Savage connaissait sur toute la route les meilleures maisons et partout il était bien accueilli, car, en sa qualité de courrier des États-Unis, ses dépenses sont acquittées par les agents de la poste en sonores dollars.

Dans l'habitation où nous nous arrêtâmes, nous n'avions besoin que d'un bon feu qui bientôt flamboya à nos regards, et nous nous étendîmes près du foyer, enveloppés dans nos vêtements. Il faut être chaudement vêtu pour voyager dans ce pays. J'avais sur moi deux couvertures, un épais manteau en peau de loup, des bottes en peau de buffle avec le poil tourné en dedans et un bonnet pour me couvrir les oreilles. Savage avait également pris ses précautions ; mais quoiqu'il fût plus endurci que moi au froid, en plusieurs occasions il se sentit les pieds à moitié gelés.

Un jeune Écossais nous rejoignit sur le chemin de la station voisine, et nous pria de vouloir bien le laisser monter sur notre voiture. Il avait été, disait-il, travailler quelque temps à la ville, en qualité de charpentier, et il avait gagné assez d'argent pour pouvoir en envoyer à sa femme qui demeurait à la ville du Cèdre (*Cedar-City*), puis l'ouvrage lui avait manqué, et il se trouvait sans ressources. Savage lui fit observer que nos mules n'étaient pas fortes, que la route était difficile et le chariot lourd. Cependant, il finit par s'apitoyer en voyant ce pauvre piéton, si courageux et si résigné, et le fit monter à côté de nous.

Nous traversâmes par un froid rigoureux la vallée d'Utah qui a environ vingt-cinq milles de longueur sur dix à douze de largeur. Les montagnes qui la couvrent ont une teinte bleu foncé assombrie encore par de noires masses de forêts de cèdres.

Nous soupons à Battle-Creek. Plusieurs voisins se réunissent dans la demeure où nous sommes installés. Savage, qui est une de leurs vieilles connaissances, et qui ne se gêne point avec eux, se met à parler fort irrévérencieusement de leur évêque qui est son ennemi, et pour lequel les gens du village ne paraissent pas avoir un grand respect. Il leur dit que cet évêque, qui se montre si orgueilleux, et qui parle avec tant d'emphase de ses prétendues révélations, ne gardera pas longtemps sa dignité ecclésiastique, et tout l'auditoire applaudit à cette prédiction, ce qui prouve qu'il y a dans la sévère discipline du mormonisme des dissidences.

A Prowa, nous logeons dans une agréable maison, entretenue avec soin par une riante femme, la seule femme de notre hôte.

De là, nous faisons sans nous arrêter un trajet de cinquante milles sur un sol encombré de neige, à travers un district d'une tristesse mortelle.

Nous n'arrivons qu'à minuit à Salt-Creek. Ce village, brûlé autrefois par les Indiens, est maintenant entouré d'une forte palissade. La porte en était fermée. Savage essaye d'escalader le rempart, tombe dans le fossé, se relève en jurant, et enfin réussit à pénétrer dans la place, et revient nous chercher à l'endroit où nous stationnions dans la voiture fort piteusement par une température de vingt degrés au-dessous de zéro.

De là, nous avions à traverser un espace de soixante milles, complétement désert. Malgré sa longue expérience, notre brave courrier s'égara; nous perdîmes plusieurs heures à chercher notre route, et nous n'arrivâmes que le soir aux bords d'une large rivière qu'on appelle la Sévère, et qui mérite bien de porter ce nom, tant son aspect est sombre. Ce n'était pas une petite affaire que de déterminer nos mules à entrer dans cette eau glacée. Enfin, à force de cris, de tiraillements et de coups de fouet, nous y parvînmes.

Le lendemain, nous nous arrêtions à Fillmore, le chef-lieu du gouvernement territorial de l'Utah, comme la ville du lac Salé est son chef-lieu ecclésiastique. Fillmore n'est qu'un village de chétive apparence, mais les mormons songent à en faire une cité, et déjà ils y ont construit un hôtel de ville en granit. Brigham était là qui vociférait et tempêtait contre le trafic des lots de terrain, car tous ceux qui avaient pris part à la dernière guerre contre les Indiens avaient reçu du gouvernement fédéral, comme une récompense de leur courage, des concessions de propriétés, et il se trouvait là des spéculateurs qui offraient d'acheter pour diverses marchandises ces concessions qu'ils espéraient revendre à beaux deniers comptants. C'était là ce qui irritait le prévoyant Brigham : « Si nous nous mettons, disait-il, à vendre ce sol sur lequel nous sommes entrés sans rien payer, et qui nous appartient, bientôt nous verrons venir les infidèles qui en prendront la meilleure part, puis les États-Unis interviendront dans nos transactions, et ce sera le diable. »

Le soir, un apôtre fit en public une longue harangue dans le même sens. « Voyez, dit-il, quel avantage c'est pour nous, si nous fortifions le pouvoir de l'Église. Si elle dispose elle-même de tout le territoire, et qu'un infidèle, un sectaire, un perturbateur de la communauté vienne s'y établir, elle peut défendre aux dociles mormons de le fréquenter, elle peut lui ordonner de quitter le pays. »

L'argument est assez spécieux. Reste à savoir comment de telles raisons peuvent être acceptées par le gouvernement de Washington.

Fillmore a deux hôtels. Nous logeâmes dans celui qu'on regarde comme le meilleur. Il était rempli d'une foule de dignitaires : prélats, législateurs, magistrats, qui se traitaient l'un l'autre d'une façon si solennelle, que près d'eux je me sentais plus petit qu'au milieu d'une cohorte de membres du Congrès dans un grand hôtel de Washington.

A dîner, à la table d'hôte, on disserta longuement sur l'organisation d'un service journalier de voitures, qui, en passant par le lac Salé, conduiraient les voyageurs du Missouri en Californie, en quatorze jours, c'est-à-dire trois à quatre jours plus tôt que par la route de Panama. Quelques-uns des assistants représentèrent les difficultés de réaliser un tel projet, les frais énormes qu'entraînerait l'approvisionnement des mules et des chevaux sur un espace de deux mille milles (près de 700 lieues), la nécessité d'établir des relais et des auberges de distance en distance, le péril auquel on serait exposé par les attaques des Indiens, et l'impossibilité de parcourir cette route en hiver. D'autres, au contraire, s'attachaient à démontrer les avantages positifs d'une telle combinaison. Par là, disaient-ils, nous aurons le transport des dépêches, nous recevrons une ample subvention des États-Unis, nous ferons affluer l'argent dans le pays. Le chef de la justice soutenait énergiquement cette opinion et il ajoutait : « Remarquez quel éclat une pareille œuvre répandra sur l'Église. Les Américains diront : Voyez ces mormons que nous avons persécutés et proscrits, ils ont pourtant réussi à faire ce que notre gouvernement fédéral n'avait pu faire. Il y a de la vigueur et de l'intelligence dans le mormonisme. »

Le chef de la justice qui parlait un langage si agréable pour les mormons, n'est nullement affilié à la secte des mormons ; mais, comme je l'ai déjà fait remarquer, il cherche à les flatter, il y trouve son intérêt.

Après cette importante discussion, on en vint à parler d'une question plus amusante, du procès intenté au juge Drummond, et voici l'histoire que j'entendis raconter.

Un jour, Drummond se mit à jouer aux cartes avec un juif d'Utah. Une querelle s'éleva entre eux. Le juge se contint. Mais le lendemain, un nègre nommé Caton qu'il avait à son service, se rendit chez le juif, lui cracha à la figure et lui arracha le nez. L'Israélite en appelle aux lois du pays. Il s'était converti au mormonisme, et son agresseur était un descendant de la race maudite. Le nègre et son maître furent traduits devant un tribunal institué pour ce cas spécial. Drummond en déclina la compétence et refusa de comparaître. Il s'agissait maintenant de savoir quels moyens on emploierait pour l'obliger à rendre compte d'un acte de violence dont il était évidemment l'instigateur.

Mais il y avait encore contre lui un autre chef d'accusation. Dans le courant de l'été dernier, un misérable mormon, nommé Monro, ayant organisé une bande de pillards, s'était porté sur la route de la Californie, et dévalisait et parfois égorgeait les émigrants sans montrer plus d'égards pour les mormons que pour les infidèles. Une troupe de quarante hommes armés fut envoyée à sa poursuite. Au mois d'octobre elle l'arrêta, et le conduisit au lac Salé. Là, pourtant, il devenait difficile de lui faire un procès, car on ne pouvait trouver aucun témoin pour attester ses crimes, ceux qu'il avait pillés n'étant point restés dans le pays. On résolut alors de se borner à le poursuivre pour avoir tué jadis un Indien à Santa-Clara. Mais comme Santa-Clara se trouve située dans le district de Drummond, le juge, jaloux de ses prérogatives, revendiqua l'affaire. Sur sa demande, le prisonnier fut transféré à Fillmore. L'affaire pourtant traînait en longueur faute de preuves suffisantes, et comme la prison de Fillmore offrait très-peu de sécurité, le secrétaire d'État prit le parti d'en faire sortir Monro pour le reconduire au lac Salé. Drummond, furieux de voir qu'on lui enlevait un de ses justiciables, fit arrêter le secrétaire d'État ainsi que deux ou trois fonctionnaires, et les fit incarcérer à Fillmore. Bientôt après pourtant il les remit en liberté. Mais ils venaient de lui intenter un procès pour cause d'emprisonnement illégal. Tel est l'histoire de Drummond, qui donne une singulière idée des procédés judiciaires dans l'Utah.

Le 7 janvier, nous nous remîmes en route avec notre

Écossais et le marchand Thrupp, qui était venu nous rejoindre. Nous campâmes le soir dans une vallée sous des rameaux de cèdre si étroitement enlacés l'un à l'autre, qu'ils forment un abri parfait contre la pluie et la neige.

De là, nous cheminâmes lentement par des plaines couvertes de neige, par des collines escarpées. C'est à peine si nous parvenions à faire une lieue en une heure. Le 9, nous nous arrêtons dans le petit village de Parowan, chez une aimable maîtresse de maison. Nous rencontrons chez elle des émissaires de la justice qui conduisent à Fillmore quelques Indiens appelés à rendre témoignage dans le procès de Monro.

Je n'aime pas les Indiens, et quiconque a voyagé dans les contrés où ils sont dispersés aura, je crois, à leur égard, le même sentiment que moi. On n'est jamais sûr d'échapper à leur rapacité et à leur traîtrise. Cependant, il faut le dire, leur défiance et leur inimitié envers les étrangers ont été malheureusement surexcitées non-seulement par les guerres qu'ils ont eu à soutenir en diverses occasions mais par des actes de cruauté des émigrants. Auprès de la Mohave, j'ai entendu raconter cette histoire. Quelques Indiens étaient campés près de cette rivière ; une femme, une de leurs squaws, préparait leur repas. Six émigrants arrivèrent en cet endroit. L'un d'eux en partant, avait parié qu'il tuerait un Indien avant d'arriver à l'autre extrémité du territoire. Il n'en était plus qu'à une trentaine de lieues, et ses compagnons lui dirent qu'il courait grand risque de perdre son pari.

« Ah ! vous croyez, répliqua-t-il, eh bien ! je vais le gagner à l'instant même.

— Non, non, s'écrièrent ses compagnons, n'allez pas commettre un meurtre qui peut nous exposer au plus grave danger. Nous renonçons à la gageure. »

Il les regarda en souriant, arma sa carabine et tua la squaw. Une demi-heure après, plus de cent Indiens étaient réunis autour du cadavre. Ils le contemplèrent quelques minutes dans un morne silence, puis s'avancèrent vers le campement des Américains, et commencèrent par s'emparer de leurs chevaux. Ils étaient tous armés de leurs flèches, qui à une longue distance sont aussi redoutables que le fusil du meilleur calibre. Ils auraient pu aisément anéantir la petite troupe qui se tenait immobile et terrifiée devant eux. Mais peut-être que sa faiblesse même tempéra leurs désirs de vengeance. Ils se contentèrent de demander qu'on leur livrât le meurtrier. Ses compagnons manifestaient l'intention de le défendre. Mais il ne voulut point accepter leur offre généreuse. Il se rendit près des Indiens qui aussitôt relâchèrent les animaux dont ils s'étaient emparés et traversèrent la rivière avec leur prisonnier. De l'autre côté de la Mohave, ils l'écorchèrent vivant, et enveloppèrent dans sa peau la femme qu'il avait tuée et l'ensevelirent.

Je termine par cette légende sauvage le récit de mon séjour dans le territoire de l'Utah.

Quelques jours après avoir franchi la Mohave, j'arrivais à San-Bernardino, le dernier établissement des mormons du côté du sud. De là, je me rendis en Californie avec des voitures qui y transportaient un chargement de farine.

Tel est, en abrégé, le récit de M. Chandless. Nous en avons reproduit les parties essentielles, sans y rien changer ; nous ne pouvions essayer de contrôler ou de discuter des observations recueillies sur les lieux mêmes. par un homme qui a certainement de la perspicacité, et qui paraît dire de bonne foi ce qu'il a vu et ce qui l'a frappé.

Mais nous trouvons dans le livre d'un voyageur américain, recemment publié, quelques autres observations qui méritent d'être jointes à celles de M. Chandless.

Ce voyageur, c'est M. Carvalho, qui accompagnait, en qualité d'artiste, l'intrépide colonel Frémont dans sa dernière expédition en Californie. Après un voyage de cinq mois à travers les longues plaines désertes, les montagnes couvertes de neige, les périls de l'hiver et de la famine, et les périls des batailles contre les hordes rapaces des Indiens nomades, M. Carvalho arrive enfin à Parowan, sur les frontières du territoire de l'Utah, à moitié gelé et tellement affaibli par ses longues souffrances, qu'il est obligé d'abandonner sa caravane. Il est artiste de profession, mais Américain avant tout, et, pour mieux constater les privations qu'il a subies, il traduit son élégie par des chiffres. « A mon arrivée dans le pays de l'Utah, je reconnus, dit-il, que j'avais perdu près d'un tiers de mon poids normal. A mon départ de cette bienfaisante région, non-seulement j'avais reconquis ma première solidité, mais je pesais vingt-deux livres de plus qu'à mon départ de New-York. » Cet heureux résultat, on ne l'obtient pas dans la contrée des mormons par la salubrité de l'air ou par l'hospitalité gratuite des habitants; il faut pouvoir y employer une bonne somme de dollars. Dans la cité du lac Salé, M. Carvalho payait une livre de sucre brun six francs, et une livre de café au même taux; et il ajoute qu'on lui faisait une grâce spéciale en lui livrant ces provisions à si bas prix. Quant aux autres objets de première nécessité, qu'il était aussi obligé d'acheter, tels que chemises de coton, souliers, vêtements, le tout était coté seulement à 400 pour 100 plus cher qu'à New-York.

La première maison où il séjourne est celle d'un cordonnier nommé Heap. Il y payait huit francs par jour une chétive nourriture. Mais il se loue beaucoup des attentions affectueuses que l'on a eues pour lui dans cette demeure. M. Heap était un vrai mormon qui avait amplement profité d'un des priviléges du mormonisme, car il avait épousé les trois sœurs. Il ne lui en restait plus que deux qui vivaient en bonne intelligence et travaillaient constamment. L'une était chargée de traire les vaches, de battre le beurre, de faire le pain; l'autre prenait soin des enfants, blanchissait le linge et façonnait les vêtements de son noble époux qui, à sa profession de cordonnier, joignait le don de l'apostolat et prononçait à ses moments de loisir de superbes discours.

De cette édifiante habitation, M. Carvalho se rend à la cité du lac Salé, où il a l'insigne honneur de faire le portrait de Brigham Young.

Le théocratique gouverneur de l'empire des mormons s'est montré plein de bienveillance envers le peintre américain, et M. Carvalho le cite à diverses reprises comme un homme des plus distingués.

La rapide description que M. Carvalho a faite de la cité du lac Salé s'accorde avec celle de M. Chandless. « Cette ville, située, dit-il au pied d'une chaîne de montagnes, s'étend sur un espace de quatre milles carrés, entouré par un mur de douze pieds de hauteur et de six pieds de largeur à sa base. La maison du gouverneur, construite en bois, est assez vaste pour contenir toute sa famille, dix-neuf femmes et trente-trois enfants.

« La population de cette ville se compose, en grande partie, de paysans d'Écosse, d'Angleterre et du pays de Galles, tous appartenant primitivement à la religion protestante. Je n'y ai pas découvert un seul prosélyte catholique. La plupart de ces adeptes du mormonisme ne savent ni lire ni écrire, et s'abandonnent avec une confiance absolue à la direction de leurs chefs spirituels. Sous un certain rapport, le missionnaire qui les a convertis, qui les a décidés à quitter leur terre d'Europe, pour se rendre dans la lointaine région de l'Utah, n'a point trompé leur attente; car, lorsqu'ils arrivent dans ce pays, on pourvoit à leurs premiers besoins, on les aide à construire une habitation et on leur donne des terres. Mais ces terres, ils ne peuvent les garder qu'autant qu'ils restent fidèles au dogme du mormonisme. Du jour où ils tomberaient dans l'apostasie et où ils voudraient quitter la communauté, il ne leur est pas permis de vendre le terrain qui leur a été concédé. S'ils y parvenaient en secret, l'acte qu'ils auraient conclu serait déclaré nul ; l'acquéreur n'aurait aucun droit de revendiquer le bénéfice de son contrat. »

Pendant son séjour dans la métropole des mormons, M. Carvalho a assisté à une cérémonie de baptême, et la raconte en ces termes :

« 30 *mars*. — Temps très-froid, un demi-pied de neige sur le sol.

« Un courant d'eau vive de douze pieds de largeur, qui descend des montagnes, coule à quelque distance du temple. Le matin, ayant vu plusieurs personnes se diriger de ce côté, je les suivis, et j'arrivai là au moment où l'on allait célébrer plusieurs baptêmes. La première immersion fut celle d'une jeune femme de dix-huit ans. Le prêtre était dans le ruisseau jusqu'à la ceinture, son habit et ses manches retroussés. La jeune femme fut obligée d'entrer comme lui dans l'eau glacée, et tous ses membres en tressaillirent. Le prêtre lui plaça une main sur le dos, une autre sur le front, en prononçant ces paroles : « Il m'est « enjoint par Jésus-Christ de vous baptiser au nom du « Père, du Fils et du Saint-Esprit. *Amen.* »

« Alors il l'obligea à se courber pour que l'eau lui passât sur les épaules ; mais le mari de cette nouvelle catéchumène, qui assistait à cette cérémonie, n'était pas satisfait. Il s'écria que sa femme n'avait pas plongé sa tête dans le ruisseau, et demanda qu'elle fût plus convenablement baptisée. La pauvre mormonienne fut forcée d'obéir ; après quoi elle sortit enfin du ruisseau, toute transie.

« Ensuite vint une vieille femme de soixante-quinze ans, qui descendit en tremblant dans le bassin, appuyée sur sa béquille, puis un beau jeune homme d'une vingtaine d'années, à la démarche calme, à la figure placide. Sa physionomie avait une touchante expression de pureté et de candeur. Par le baptême, les hommes acquièrent une sorte de caractère sacerdotal et peuvent, à leur tour, baptiser les néophytes.

« La plupart des Européens qui adoptent la doctrine des mormons ignorent, dit M. Carvalho, l'une des lois de leur nouvelle religion, la loi de la polygamie. Le missionnaire leur parle seulement des beautés et de la fécondité du pays d'Utah, des terres qui leur seront accordées et de la liberté dont ils jouiront. Ceux qui sont mariés emmènent avec eux leur femme, leurs enfants, et, à son arrivée dans cette contrée, la femme apprend avec douleur quels droits cruels sont accordés à son mari. »

M. Carvalho raconte deux histoires de polygamie qui nous semblent assez curieuses pour que nous les relations en entier d'après lui.

« En 1854, il y avait dans la ville du lac Salé un jovial Écossais, nommé Golightly, boulanger de profession, musicien par goût et très-fidèle mormon dans ses pratiques. Il faisait du pain, des biscuits excellents, et de plus, dans les grandes occasions, préparait, avec un vrai talent culinaire, des déjeuners et des dîners. A sa boutique était jointe une petite maison, et dans la cour on voyait un wagon couvert, qui servait de salon et de chambre à coucher à sa vieille femme et à ses trois filles.

« Cette vieille femme, je la rencontrais souvent dans l'échoppe du boulanger. Elle se tenait assise au coin du feu, enveloppée avec soin dans un manteau. Elle avait l'air malade, parlait peu, et souvent exhalait de profonds soupirs. Les trois filles assistaient leur père dans son travail.

« Golightly ne manquait pas d'une certaine instruction. Il avait été déiste, puis méthodiste, puis enfin il avait adopté très-sincèrement le dogme du mormonisme.

« Tout en faisant son métier de boulanger, il était l'un des membres les plus actifs de l'association musicale. Un jour qu'il devait, en cette qualité, assister aux funérailles de Richards, l'éditeur des *Desert News*, j'entrai, selon ma coutume, dans sa boutique pour déjeuner, et je trouvai sa femme assise à sa place habituelle, dans un profond état d'abattement. Je lui demandai la cause de sa tristesse, et elle me narra son histoire.

« Elle était née en Écosse et mariée depuis vingt-cinq ans avec Golightly, qui exerçait alors sa profession de boulanger à Édimbourg. Elle avait eu douze enfants, dont quatre vivaient encore, et elle possédait une assez jolie petite maison. Enfin, elle était heureuse. Un soir, son mari revint d'une assemblée où il avait entendu prêcher des missionnaires mormons, et, dès ce jour, toute la tranquillité de sa vie fut anéantie.

« Golightly, séduit par la doctrine de Joe Smith, s'était fait baptiser et voulait déterminer sa fidèle Betty, très-zélée presbytérienne, à faire comme lui, mais elle s'y refusa obstinément. Après ses inutiles tentatives, Golightly résolut de se rendre dans le pays d'Utah, dans cette terre de bénédiction *arrosée de lait et de miel*. Ne pouvant décider Betty à le suivre, il vendit sa boulangerie et s'embarqua à Liverpool, laissant pourtant à sa famille quelques moyens de subsistance.

« A son arrivée dans la cité du lac Salé, il construisit sa petite maison, ouvrit sa boutique, vit en peu de temps son commerce prospérer et écrivit à sa femme qu'il l'attendait, qu'elle devait vendre tout ce qui lui restait et venir le rejoindre.

« Cette fois, la bonne Betty obéit. Elle ne pouvait se résoudre à vivre plus longtemps séparée de celui avec qui elle avait passé tant d'années heureuses. Pour le rejoindre, elle se sentait résolue à braver les périls d'un long voyage par delà l'Atlantique, par delà les prairies et les montagnes sauvages. Elle se hâta donc de réaliser son petit patrimoine et en tira cinq mille francs, avec lesquels elle et ses enfants se mirent en route.

« A New-York, elle acheta, d'un de ces filous qui pullulent dans les libertés démocratiques de l'Empire-City, des billets de chemins de fer qui devaient la conduire fort loin, et qui, à quelque distance, n'avaient plus la moindre valeur[1]. Un conducteur de convoi, touché de sa situation, la conduisit gratuitement jusqu'à Saint-Louis, où elle s'embarqua pour Indépendance. De là elle partit avec une caravane qui se rendait dans la vallée de l'Utah. Mais, par suite des chagrins qu'elle avait éprouvés et des fatigues du voyage, elle contracta une grave maladie. Ses filles conduisaient elles-mêmes le chariot qu'elle avait acheté à Indépendance; ses compagnons de route harnachaient ses chevaux et l'aidaient chaque soir à préparer son campement.

« Ce qui soutenait son courage, ce qui lui ravivait le cœur, c'était l'idée de se reposer bientôt au foyer de son époux. Un jour, elle rencontra des voituriers qui revenaient du lac Salé, et arrêta le premier qu'elle aperçut pour lui demander s'il connaissait le boulanger Golightly.

« Certainement, répondit le voiturier; j'ai acheté chez
« lui ma provision de biscuits. Il se porte très-bien et sa
« femme aussi.

« — Comment? sa femme! s'écria Betty. Il n'en a pas
« une autre que moi!

« — Ah! reprit le voiturier, il a pris une femme spi-
« rituelle.

« — Une femme spirituelle! murmura Betty. Je ne
« sais ce que cela signifie. »

« En y réfléchissant, elle se dit que ce grossier charretier s'était trompé; que probablement il voulait parler d'une domestique que Golightly avait prise à son service,

---

[1]. Il nous souvient que, dans cette même républicaine ville de New-York, nous avons eu la même confiance et subi la même fraude. Les billets que nous avions achetés pour un trajet de trois cents lieues n'étaient plus acceptés à quinze lieues de distance. Cette fraude ne s'accomplit point à la dérobée, mais en plein jour, au bord de l'Hudson, dans un bureau qui a toutes les apparences d'un très-respectable bureau. Celui qui se livre à cette lucrative occupation a sa patente d'agent d'affaires, élit les commissaires de police, les juges de la ville, le président de la république. S'il devient riche, il est cité comme un très-respectable citoyen; sinon, il a tort.

et elle continua tranquillement son chemin. Mais quel fut son désespoir, lorsqu'en arrivant à la porte de la demeure de son infidèle époux qu'elle venait chercher de si loin, au péril de sa vie, elle apprit qu'en effet il avait épousé une autre femme. Elle tomba évanouie dans son waggon, et, lorsqu'elle eut repris connaissance, elle déclara qu'elle ne franchirait jamais le seuil de la maison profanée par une abominable trahison.

« Qui croyez-vous, me dit-elle, qu'il a choisie pour « contracter son mariage spirituel? Une servante, une « coquine que j'avais moi-même chassée de ma maison « d'Édimbourg, qui l'a suivi dans son voyage et lui a « persuadé que je ne voudrais jamais quitter l'Écosse. »

« Peu à peu pourtant, les prières, les témoignages d'affection de Golightly apaisèrent les fureurs de Betty. Il la détermina même à se faire baptiser selon le rite des mormons, en lui disant que, si elle n'y consentait pas, elle ne le rejoindrait pas dans l'autre monde. Mais jamais elle n'a pu se résoudre à entrer dans le corps de logis occupé par sa rivale. Elle ne sort de son waggon que pour aller quelques instants s'asseoir dans la boutique, puis retourne dans son waggon et y passe chaque nuit avec ses filles. Du reste, elle est atteinte d'une maladie incurable, au dire du médecin à qui j'en ai parlé, et si elle est encore de ce monde, elle n'a plus que peu de temps à y rester.

« Un jour, je dis à Golightly qu'elle m'avait raconté son histoire. « Ah! s'écria-t-il, c'est la meilleure créature « de la terre. Je l'aime de tout mon cœur, mais, pour son « salut comme pour le mien, j'ai dû prendre une femme « spirituelle. C'était mon devoir. »

« Cette autre histoire m'a été racontée pendant mon séjour au lac Salé par la jeune femme même qui y joue le principal rôle. Je la rapporte telle que je l'ai apprise, je ne fais que changer les noms des personnages :

« J'appartiens, me dit Fanny Oldham, à une famille

d'anciens presbytériens qui se convertit au mormonisme, et qui, en 1842, habitait Nauvoo.

« Un jour que ma tante était malade, j'obtins de mes parents la permission d'aller la voir, et de passer quelque temps chez elle pour lui rendre les services dont elle avait besoin. A cette époque, j'avais dix-sept ans, je ne voyais que des mormons, je n'entendais parler que du dogme des mormons, mais je voulais rester fidèle à la religion dans laquelle j'avais été élevée. »

« Pendant que j'étais chez ma tante, son mari me témoignait des attentions toutes particulières, et chaque soir, quand nous nous quittions, et chaque matin, à notre première entrevue, il m'embrassait. Moi, je l'embrassais aussi affectueusement. Un matin que j'étais assise sur le canapé, dans le parloir, il vint se mettre à côté de moi, et me passa le bras autour de la taille. Très-choquée de ce procédé, je voulus me retirer. Mais il me retint avec force et tenta de m'embrasser. Je lui demandai avec indignation comment il osait se conduire ainsi envers moi. Il me répondit tranquillement qu'il en avait le droit, puisque je devais être sa femme.

« Cette fois je crus qu'il plaisantait, mais il m'affirma d'un ton sérieux que j'étais destinée par le Tout-Puissant à être sa femme spirituelle.

« Je me précipitai hors de la chambre en pleurant, et m'enfuis aussitôt dans la maison paternelle. Mon père était un homme d'un caractère irascible, emporté. Je n'osai lui dire l'insulte que je venais de subir, mais j'allai trouver ma mère, et lui racontai en fondant en larmes ce qui venait de se passer. »

« Nous interrompons ici le récit de Fanny, pour dire qu'elle avait un cousin nommé Terry, qu'elle aimait et dont elle était également aimée. Tous deux avaient promis de s'épouser. Les parents de Fanny avaient opiniâtrement refusé leur sanction à ce mariage, et Terry venait de partir pour le Missouri, déclarant à la jeune fille qu'il reviendrait prochainement et l'épouserait malgré tous les obstacles.

« Mme Oldham écouta tranquillement le récit de sa fille, puis lui dit que, d'après une révélation que Joe Smith avait reçue du ciel, certains prêtres mormons pouvaient adjoindre à leur première femme plusieurs épouses spirituelles, que son oncle Wilson avait ce privilége, et qu'il n'y avait nulle raison pour qu'il ne l'épousât pas. Elle ajouta que, du reste, c'était une affaire résolue, et que ce mariage devait être célébré dans quelques jours.

« A ces mots, Fanny resta comme pétrifiée ; elle comptait trouver près de sa mère un appui, une consolation, et sa mère ne lui répondait que par une sentence affreuse. Dans son désespoir, elle courut se jeter aux pieds de son père. Elle le supplia d'avoir pitié d'elle, et de ne pas la condamner à une union qui lui faisait horreur. Son père inflexible lui signifia que telle était la volonté de Joe Smith, et qu'elle devait s'y soumettre.

« Hors d'état d'obéir, et convaincue qu'elle essayerait en vain de fléchir la fanatique résolution de ses parents, elle se décida à se soustraire par la fuite au sort qui la menaçait. Elle rentra dans sa chambre, rassembla à la hâte ce dont elle avait besoin pour son voyage, puis, le soir, sortit à la dérobée de la maison où elle ne pouvait plus espérer aucun repos, se dirigea en toute hâte vers le port, et s'embarqua sur un bateau à vapeur qui partait pour Saint-Louis.

« Elle avait dans cette ville une sœur chez laquelle elle se retira, et qui lui promit de la protéger.

« Le lendemain, elle écrivit à Terry pour le prier de venir la rejoindre au plus tôt.

« Huit jours après il arrivait à Saint-Louis, et, pour avoir mieux le droit de la défendre contre les persécutions de son oncle, il l'épousait.

« Quelque temps s'écoula. Fanny avait annoncé son mariage à ses parents et n'en avait reçu aucune réponse.

Son mari s'était associé à un de ses amis pour établir une maison de commerce à Saint-Louis. Ses affaires prospéraient, la jeune femme était heureuse. La naissance d'un fils fut pour elle un surcroît de joie.

« Quelle fut sa surprise, lorsqu'un jour on lui remit une lettre de sa mère ainsi conçue :

« Ma chère Fanny, vous serez bien étonnée d'apprendre
« qu'après avoir vécu vingt ans avec votre cher père, et
« lui avoir donné neuf enfants, lui et moi nous allons
« nous séparer dans ce monde. Il nous a été révélé par un
« esprit céleste que nous devions nous quitter pour notre
« salut éternel. Votre oncle, qui devait vous épouser, m'a
« été assigné pour être mon époux spirituel, et votre père
« devient le mari spirituel de votre tante. D'un côté et
« de l'autre nous faisons nos préparatifs pour nous rendre
« dans une vallée lointaine, où nous devons trouver un
« sûr et paisible refuge. J'espère vous voir là quelque
« jour. »

« En 1849, Fanny partit aussi pour l'Utah avec son mari, qui venait d'échouer dans ses spéculations. Elle y trouva son père qui ne pouvait plus vivre avec l'épouse spirituelle qu'un esprit spirituel lui avait désignée, sa mère qui se résignait à sa nouvelle destination, et son oncle qui était devenu une des lumières de l'Église. Sa position dans la communauté des saints lui donnait des priviléges peu ordinaires. Pour se consoler des rigueurs de Fanny, il avait jugé à propos d'épouser deux de ses autres nièces, les deux sœurs de celle qui n'avait pas voulu se rendre à ses vœux mormoniens. »

M. Carvalho n'est point hostile aux mormons, tant s'en faut. Il se plaît au contraire en diverses occasions à signaler leurs qualités. Nous ne pouvons donc supposer qu'il ait inventé les deux histoires que nous venons de raconter, et si elles sont vraies, comme nous avons tout lieu de le croire, elles nous paraissent deux des stigmates les plus marqués de la doctrine de Joe Smith et de son effroyable principe de dépravation.

C'est pour cette raison que nous avons cru devoir les publier.

XIV

SOUVENIRS DU CANADA.

C'était en 1534.

Vers la fin du siècle précédent, la vieille Europe tressaillait à l'annonce d'un événement prodigieux, et d'année en année, comme les enfants écoutent des contes de fées, les rois et les princes, les bons bourgeois dans leur cercle de famille, les artisans dans leur atelier, écoutaient les récits des *Descubradores*, les aventures des navigateurs dans des régions si longtemps inconnues. Quelles merveilleuses aventures! Les antiques colonnes d'Hercule franchies; la main de Satan, qui s'étendait sur l'ancienne carte de l'Océan, vaincue, anéantie par le génie de Christophe Colomb; un nouveau monde, un nouvel hémisphère découvert par l'immortel Génois; Alvarez de Cabral emporté par une tempête et abordant sur les côtes du Brésil; Vasco de Gama doublant le cap de Bonne-Espérance; Nunez de Balboa contemplant du haut des montagnes du Darien les vagues de l'océan Pacifique; Fernand Cortez conquérant le Mexique.

C'était en 1534.

Tandis que les Portugais et les Espagnols se partageaient les splendides régions dont une bulle du pape leur attribuait la possession exclusive, deux petits bâtiments de soixante tonneaux quittaient le port de Saint-Malo et se dirigeaient vers l'Amérique du Nord. Jacques Cartier, l'habile marin qui les commandait, arriva en vingt jours à Terre-Neuve, traversa le golfe de Saint-Laurent, et sur la plage érigea une croix décorée d'une fleur de lis.

Là commence l'histoire de notre colonie du Canada. Il n'y a eu nulle part une histoire plus pure, plus touchante, et nulle part tant d'actes de courage et de vertu accomplis par un si petit nombre d'hommes dans un si grand pays.

Voltaire crut faire une jolie plaisanterie en disant avec son rire cynique : « En ce temps-là on se battait pour quelques arpents de neige au Canada. »

Quelques arpents de neige! Cette magnifique plaine arrosée par l'un des plus beaux fleuves que l'on puisse voir; ces gigantesques forêts de hêtres, d'érables, de sapins; ces vallées et ces collines si fructueuses; ces étonnants plateaux où mugit le tonnerre du Niagara, une des merveilles de la création; où se déroulent ces lacs pareils à des océans, ces innombrables cours d'eau par lesquels nos aventureux colons, nos *voyageurs*, nos *coureurs* des bois, s'en vont, d'une part, jusqu'à la baie de Hudson; de l'autre, jusqu'au golfe du Mexique, tout cet immense espace dix fois plus grand que la France.

Quelques arpents de neige! Oh! pauvre châtelain de Ferney! Pauvre vieux railleur!

Mais dans cette région de l'Amérique septentrionale, il n'y a point de mines d'or, ni de mines de diamant. On dit que les Espagnols y arrivant avant Cartier et n'y trouvant aucun indice de métaux précieux, se retirèrent en s'écriant : « Ici rien, *Aca nada.* » De là, selon quelques étymologistes, le nom de Canada.

Et la France n'a point terrifié, subjugué ces régions par de farouches légions de soldats. Ceux qui l'habitaient n'ont point été torturés par une féroce cupidité. La blanche fleur de lis plantée par Cartier sur le sol canadien n'a point été entachée du sang de l'innocent, et la croix est restée là debout comme un vrai signe de miséricorde.

Ceux qui ont formé peu à peu cette colonie étaient de braves gens. C'étaient des gentilshommes désireux d'occuper utilement leur vie ou de s'illustrer par quelque action d'éclat. C'étaient des négociants, des laboureurs, des ouvriers, des prêtres et des sœurs de charité.

La religion fut l'un des premiers mobiles et l'un des principaux éléments d'action de cette lointaine entreprise. La plupart des émigrants, nobles et bourgeois, artisans et marins, avaient un sincère sentiment religieux. Jacques Cartier commence ainsi le récit d'un de ses voyages : « Le dimanche, jour et feste de la Pentecoste, seizième jour du mois, du commandement du capitaine, et bon vouloir de tous, chacun se confessa, et reçurent tous ensemble notre Créateur en l'église cathédrale de Saint-Malo. Après l'avoir reçu, fûmes nous présenter au cœur de la dite église devant révérend père en Dieu, M. de Saint-Malo, lequel en son estat épiscopal nous donna sa bénédiction. »

De Monts, qui fut nommé par Henri IV gouverneur de l'Acadie, était calviniste ; mais il n'avait autour de lui que des catholiques.

Champlain, l'intelligent, l'actif Champlain qui fonda Québec et dont le nom est resté si populaire dans le Canada, ne cessait de demander en France des missionnaires pour convertir les Indiens.

Les premiers qui se dévouèrent à ce nouvel apostolat étaient des Récollets, doux et patients religieux qui s'appelaient humblement les Frères mineurs. On ne pouvait choisir de meilleurs instituteurs pour enseigner les vertus du christianisme à la pauvre race ignorante au milieu de laquelle nos colons allaient s'établir.

L'un d'eux, le frère Sagard, a raconté leurs voyages, leurs fatigues, leurs prédications. Quel édifiant et touchant récit!

De leur couvent de Paris, les bons religieux vont à pied, sans argent, à la ville où ils doivent s'embarquer, confiant dans la Providence.

Quand ils sont arrivés sur la terre canadienne, ils se jettent à genoux pour remercier Dieu de la protection qu'il leur a accordée. A l'aide des matelots dont ils sont devenus les amis pendant leur trajet, ils construisent une chapelle avec des branches d'arbres et y célèbrent la messe.

Puis ils commencent leur œuvre de missionnaires. Pour l'accomplir, ils se résignent à toute sorte de souffrances et de privations. Ils s'associent à l'Indien, vivent de sa vie, voyagent avec lui sur les lacs et les rivières dans son canot d'écorce, pénètrent avec lui dans les forêts sauvages où il poursuit sa proie et reposent avec lui dans son *wigwam* enfumé. Voyager au milieu des forêts profondes, sur un sol hérissé de ronces ou de pierres aiguës, par les mauvais temps, ce n'est rien. Coucher sur la terre nue, avec une bûche pour oreiller, ce n'est rien encore. « Ce qui nous était le plus difficile, dit le frère Sagard, c'était de surmonter le dégoût produit par la nourriture qui nous était offerte. »

Cette nourriture se compose ordinairement de maïs. L'Indien en fait une espèce de bouillie qu'il appelle la *Sagamité* et qui est préparée par les mains les plus sales, dans les vases les plus répugnants. S'il y a dans le wigwam un morceau de viande ou de poisson, il est dépecé avec les doigts et jeté dans une chaudière qui n'a jamais été nettoyée. Mais le pire, c'est le pain, et pour un Européen, ce n'est pas chose facile de toucher à un tel aliment quand il l'a vu triturer. Des femmes, des enfants prennent des grains de maïs entre leurs dents, les mâchent, puis les versent dans des écuelles. De ces grains ainsi broyés, on forme une pâte que l'on fait cuire sous la cendre. Dans les banquets des wigwams du nord, c'est le mets favori des gourmets.

Peu à peu, cependant, les religieux parviennent à vaincre leur répulsion pour ce régime culinaire. Peu à peu, aussi, ils apprennent la langue de l'Indien, ils s'entretiennent alors fraternellement avec lui, ils l'attendrissent par leur mansuétude, et comme ils se montrent sans cesse si bons envers lui, ils lui persuadent aisément que le Dieu dont ils lui enseignent la loi est le vrai Dieu de bonté.

Telle a été l'action bienfaisante de la France dans ses possessions d'Amérique. Au sud, les Espagnols suppliciaient, massacraient la pauvre race indienne. Au nord, les Anglais la refoulaient de zone en zone jusque dans les froids et arides déserts. Nos missionnaires l'adoucissaient et l'humanisaient.

Au Mexique et au Pérou, on fouillait les entrailles de la terre pour en arracher des pépites d'or ou d'argent. A New-York, on construisait des navires. A Montréal et à Québec, on fondait des chapelles, des couvents, des hôpitaux.

Autour de ces vénérables édifices s'élevait le comptoir du marchand, la cabane du laboureur, la maison du général et la forteresse, tout ce qui constituait la colonie.

Par cette colonie, nous avons conquis la péninsule acadienne (aujourd'hui la Nouvelle-Écosse) et la Louisiane.

En 1537, Hernandez de Soto, gouverneur de Cuba, un des compagnons d'armes de Pizarre, entreprit de chercher la fameuse fontaine de Jouvence qui devait se trouver dans la Floride. Il mourut dans son expédition ; mais, chemin faisant, il avait découvert le Meschacébé (autrement dit le Mississipi), le plus grand fleuve du monde : 1400 lieues de longueur.

Maintenant une pareille découverte serait immédiatement annoncée par tous les fils électriques à toutes les contrées civilisées, et aussitôt enregistrée, discutée, commentée dans des milliers de journaux. A cette époque, on n'avait pas de tels moyens de propagation; on n'écrivait pas tant. On faisait tout simplement de grandes choses, bientôt effacées par d'autres grandes choses.

Plus d'un siècle s'écoule. L'expédition de l'ambitieux Soto est oubliée. Mais les Indiens du Canada parlent d'un fleuve superbe qui ne coule ni à l'est, ni au nord, et qui, selon les hypothèses des géographes, doit aboutir à l'océan Pacifique ou au golfe du Mexique.

Deux hommes courageux prennent la résolution de vérifier ce fait : un négociant de Québec, M. Joliet, et un récollet, le P. Marquette.

Le 13 mai 1673, ils s'embarquent avec cinq bateliers, emportant pour toute provision du maïs et de la viande boucanée. Le long de leur route, ils rencontrent diverses tribus qui, au lieu de leur donner d'utiles renseignements, cherchent à les détourner de leur projet, leur disant que la grande rivière est très-dangereuse, pleine de monstres effroyables qui engloutissent les hommes et les embarcations. Le P. Marquette, en remerciant les indigènes de leurs avis, déclare qu'il ne craint point les démons des fleuves, et que, du reste, il exposera volontiers sa vie dans l'espoir de faire entendre à quelque âme la parole de Dieu.

Et il continue son trajet par le lac Huron, par le lac Michigan, par la rivère des Outogamis et le Missouri.

Le 17 juin, il entre dans le Mississipi et descend ce splendide fleuve jusqu'à sa jonction avec l'Arkansas. Là, les hardis voyageurs ne trouvèrent plus de villages; leurs provisions étaient à peu près épuisées. Ils furent forcés de retourner en arrière. Mais ils en avaient assez vu pour pouvoir constater la grandeur du Mississipi et son cours vers la mer. A leur entrée à Québec, les cloches sonnèrent, et les habitants de la ville, évêque en tête, allèrent à l'église chanter le *Te Deum*.

Huit ans après, un autre plébéien, animé d'une noble

ardeur, Robert Lasalle, obtint de Louis XIV, par la protection de M. de Frontenac, gouverneur du Canada, une vaste étendue de terres sur les bords de l'Ontario et des priviléges particuliers pour les découvertes qu'il pourrait faire dans les grandes régions de l'Amérique. La royale patente lui enjoint seulement de reconstruire un de nos forts délabrés. Il part avec une trentaine d'hommes, qui s'associent avec confiance à sa fortune. Il reconstruit le fort à l'endroit où s'élève aujourd'hui la citadelle anglaise de Kingston, puis il s'embarque pour de lointains parages.

Il parcourt les lacs du nord, élève des fortifications sur plusieurs points. Tantôt reçu avec amitié par les Indiens, tantôt menacé d'une ligue hostile, il surmonte par son courage ou écarte par sa prudence tous les dangers.

A la fonte des neiges, il entre dans le fleuve où les Indiens se jettent avec une religieuse superstition, en s'écriant : « Meschacébé ! Meschacébé ! » Il le descend à travers des tribus qui voulaient s'opposer à son passage. Le 7 avril 1681, il touchait au golfe du Mexique. De Québec jusque là, il avait parcouru un espace de 1000 lieues, et il prend possession de ce pays en lui donnant le nom de Louisianne.

Lasalle alla lui-même porter en France la nouvelle de sa conquête, et fut reçu à la cour de Versailles avec la distinction qu'il méritait. Le fils du peuple reçut les compliments du grand roi. Il demandait à retourner sur les rives du Mississipi. On lui donna quatre bâtiments, sur lesquels s'embarquèrent douze gentilshommes, douze familles de cultivateurs, cinquante soldats, des ouvriers, en tout deux cent cinquante personnes.

Là s'arrêta le dernier rayon de bonheur du noble Lasalle. A partir de cette époque, sa vie n'est plus qu'une suite de revers, terminée pas un affreux drame. Abandonné sur les côtes du Texas par le commandant de la flottille, privé de sa dernière ressource par un naufrage, il essaya de se rendre par terre au Canada, dans l'espoir d'y trouver quelque secours. En route, il fut assassiné avec son neveu par deux de ses compagnons.

La Louisiane, découverte par le Canadien Lasalle, fu colonisée par Iberville, encore un Canadien. Son père et cinq de ses frères étaient morts sur la terre d'Amérique en combattant pour le drapeau de la France. Il lui restait cinq autres frères qui furent ses auxiliaires. Avec eux, il conduisit deux cents colons à l'extrémité du Mississipi. C'était tout ce que la France lui donnait pour prendre possession des rives d'un fleuve plus grand que la Seine, le Rhin et le Danube réunis. Il explora le sol où s'élève aujourd'hui la Nouvelle-Orléans, donna à un des lacs de cette plaine le nom de Maurepas, à un autre celui de Pontchartrain, construisit une citadelle dans la baie de Bilexi, et y fixa le siége de sa colonie.

De retour d'un voyage en France, où il avait été demander des renforts, il fut pris de la fièvre et mourut. Deux de ses frères continuèrent son œuvre.

Qu'elle était petite pourtant cette colonie du Canada, qui étendait si loin son énergique action! Des ministres, des princes, des souverains l'avaient, il est vrai, patronée, à commencer par François Ier qui ordonna l'expédition de Jacques Cartier. A diverses reprises, on s'était occupé d'elle dans les conseils du roi. On écoutait ses demandes, on manifestait l'intention de l'assister dans ses difficultés, de lui donner plus de développement, puis on l'oubliait.

Elle restait ainsi souvent privée d'un renfort nécessaire, parfois même dépourvue de munitions, protégée par quelques petits bastions et entourée d'ennemis : les Indiens et les Anglais ; les Indiens, qui d'abord nous avaient fait un très-bon accueil, qui ensuite apprirent à se servir de nos propres armes pour les tourner contre nous ; les Anglais, nos voisins sur le sol d'Amérique comme sur le continent européen, nos rivaux, nos perpétuels antagonistes.

En 1536, des marins de cette jalouse nation qui venaient de faire une malheureuse expédition dans les régions déjà explorées par Cartier, s'en retournaient piteusement en Angleterre, lorsqu'ils aperçurent un navire français très-bien approvisionné. Ils s'en emparèrent par la ruse et le dévalisèrent.

Telle fut notre première rencontre avec les Anglais dans les parages de l'Amérique du Nord. Dès cette époque, nous les retrouvons là, armés à tout instant contre nous, et soulevant contre nous les Iroquois et d'autres peuplades indiennes, voire même les Hurons que nous nous plaisions à regarder comme nos alliés. Aussitôt qu'une guerre éclate entre la France et l'Angleterre, cette guerre se reproduit de l'autre côté de l'Atlantique et souvent même se continue longtemps après que la paix a été signée entre les deux gouvernements.

Nos colons combattent avec un courage héroïque, et la prolongation de la lutte, au lieu d'affaiblir leur résolution, enflamme leur ardeur.

On peut dire sans exagération que l'histoire de nos dernières batailles dans le Canada est une des pages les plus glorieuses de nos annales militaires, et que jamais peut-être on ne vit une si faible population se défendre avec tant d'opiniâtreté, pendant plusieurs années, contre des armées considérables et remporter tant de succès.

A la bataille de la Monongahela, deux cent trente-cinq Canadiens, sous les ordres de M. de Beaujeu, mettent en déroute un corps de troupes six fois plus nombreux commandé par le général Braddock. Huit cents Anglais restent sur le champ de bataille. Le général y périt avec soixante-trois officiers.

Au mois d'août 1756, M. de Montcalm faisait capituler le fort Osway défendu par dix-huit pièces de canon, quinze mortiers et dix-huit cents soldats.

L'année suivante, Montcalm forçait encore à capituler la citadelle de W. Henry, avec ses deux mille quatre cents hommes de garnison.

Le 8 juillet 1758, le général Abercromby attaquait, avec une armée de seize mille hommes, le fort de Carillon, où Montcalm s'était retranché avec trois mille soldats. Toute la puissance d'Abercromby échoua devant quelques faibles remparts, qui furent plusieurs fois enflammés par son artillerie. Après une bataille de six heures, il se retira, laissant sur le terrain cent vingt-six officiers tués ou blessés et deux mille soldats.

Mais les pertes de nos adversaires étaient promptement réparées Ils reparaissaient même en plus grand nombre après une défaite, tandis que notre pauvre colonie ne recevait aucun renfort et parfois souffrait la disette. En 1757, cette disette du pays était telle, que les habitants des villes furent mis à la ration de quatre onces de pain par jour. L'année suivante, cette ration fut diminuée de moitié.

Ainsi attaquée sans relâche par des ennemis qui en un de leurs corps d'armée comptaient plus de soldats qu'il n'y en avait dans tout le Canada, affaiblie par ses privations, décimée par ses propres victoires, notre noble et vaillante colonie devait succomber et elle succomba.

D'abord, les Anglais s'emparèrent de l'Acadie. Ils l'avaient déjà envahie à diverses reprises et avaient été forcés de l'abandonner. Cette fois, ils voulaient y rester et en écarter tout ce qui pouvait inquiéter leur domination.

Il y avait là environ dix-huit mille Français, patients laboureurs, industrieux ouvriers qui ne demandaient qu'à conserver leurs religieuses coutumes, et à continuer en paix leur honnête labeur.

Longfellow, le délicieux écrivain, les a glorifiés dans son *Évangeline*, un des plus charmants poëmes des temps modernes, et l'on ne peut lire sans une émotion de cœur cette description qu'il a faite d'un de leurs villages :

« Dans le pays d'Acadie, sur les bords du bassin de Minas, au milieu d'une vallée féconde, s'élève le calme, solitaire village de Grandpré. A l'est, s'étendent les vastes prairies qui lui ont donné son nom, et les pâturages remplis de troupeaux ; à l'ouest et au sud, les champs de lin et de céréales, les arbres fruitiers, toute une grande plaine sans barrières ; au nord, les vieilles forêts et les montagnes sur lesquelles les brumes de la mer, les nuages de l'Atlantique flottent et tournoient sans descendre dans l'heureuse vallée.

« Les maisons du village sont bâties solidement en bois de chêne et de noyer, comme les maisons des paysans de Normandie au temps des Henri ; le toit couvert en chaume, les fenêtres taillées selon une ancienne forme ; les pignons se projetant sur toute la largeur de l'édifice, ombrageant et protégeant la porte d'entrée.

« Là, dans les paisibles soirées d'été, quand les derniers rayons du soleil éclairaient la rue du village et doraient le faîte des cheminées, les matronnes et les jeunes filles, avec leur bonnet blanc et leurs robes bariolées de diverses couleurs, s'asseyaient sur le seuil de leur demeure avec leur quenouille, et le bruit de leurs rouets et le son des navettes des tisserands se mêlaient à l'harmonie des chants juvéniles. En ce moment, le prêtre de la paroisse descendait solennellement le long du village. Les enfants s'arrêtaient dans leurs jeux pour baiser la main vénérée qui les bénissait. Les femmes se levaient à son approche et le saluaient avec une respectueuse affection. Les laboureurs revenaient des champs et le soleil disparaissait graduellement à l'horizon, et les lueurs du crépuscule succédaient à sa brillante clarté. Alors la cloche de l'église tintait l'*Angelus*. Sur les toits du manoir s'élevaient des colonnes de fumée bleuâtre, comme les nuages d'encens d'une centaine d'innocents et paisibles foyers. Là, vivaient dans une douce concorde, dans l'amour de Dieu et l'amour de leur prochain, les simples Acadiens, libres de toute crainte, des terreurs de la tyrannie, de l'envie et des vices de la république. Point de serrures à leurs portes. Point de barreaux à leurs fenêtres. Jour et nuit leurs habitations restent ouvertes comme leur cœur, et le plus riche d'entre eux est pauvre et le pauvre est dans l'abondance. »

Tout en se soumettant au pouvoir des Anglais, les bons Acadiens ne pouvaient dissimuler l'attachement qu'ils conservaient à la France.

Trois hommes se réunirent pour extirper cette fidélité qui les inquiétait.

Ces trois hommes, dont il faut clouer le nom au pilori de l'histoire, c'étaient l'amiral Borcawen, l'amiral Mostyn et le gouverneur Lawrence.

Leur détermination étant prise et leurs préparatifs mystérieusement faits, les Acadiens de chaque district furent sommés de se rendre sur la plage, à certain jour, pour régler une affaire importante. Tous obéirent à cet ordre, ne se doutant guère du sort qui les attendait. Lorsqu'ils furent réunis, ils apprirent que leurs terres étaient confisquées et qu'ils devaient quitter immédiatement, et à jamais, leur pays natal. Pour qu'ils n'eussent même plus la pensée d'y revenir, leurs maisons furent incendiées.

Toute tentative de résistance était inutile. Ils étaient sans armes et entourés d'une légion farouche qui exécutait sans miséricorde son mandat. Un certain nombre d'entre eux parvint à s'échapper et à se réfugier dans les forêts. Les autres, hommes et femmes, vieillards et enfants, furent entassés pêle mêle sur des navires, transportés à une longue distance de leur chère Acadie, jetés de ci, de là sur les côtes de la Virginie, de la Caroline, de la Pensylvanie, et abandonnés sans ressources. Il y en eut qui, errant à l'aventure, ne sachant où aller et où trouver un refuge, périrent misérablement. Il y en eut qui, dans leur détresse, étant entrés à Philadelphie, s'enfuirent avec horreur en apprenant que les habitants de cette puritaine cité, qui se vantait de sa philanthropie, se proposaient de les vendre comme esclaves.

Plusieurs milliers de ces malheureux se réunirent, et à l'aide des Indiens qui les guidaient charitablement se dirigèrent vers la Louisiane. Ils savaient qu'il y avait là une colonie française. Ils voulaient la rejoindre. Dans leur amour pour la France, ils allaient à la recherche de la terre lointaine habitée par des Français.

Là enfin, ils trouvèrent un asile, une consolation, des mains ouvertes, des cœurs de frères. Le gouverneur de la Louisiane leur assigna, sur les rives du Mississipi, un vaste terrain où ils creusèrent de nouveaux sillons, où ils se firent un nouveau foyer. En mémoire de leur pays aimé, ils donnèrent à ce domaine le nom de côte d'Acadie.

Là, elle a vécu, là, elle s'est développée cette pauvre petite colonie de proscrits. Quand je visitai le séjour où elle s'est établie, je me plaisais à entendre parler d'elle. On me disait que de génération en génération, elle avait conservé toutes ses saines coutumes d'ordre, de travail, toutes ses religieuses traditions.

Qu'est-elle devenue dans l'effroyable guerre de la confédération américaine ? Les Yankees sont entrés comme les soldats de Brennus dans la capitale de la Louisiane, le fer à la main, la rage dans le sang. Malheur aux vaincus !

Au dix-huitième siècle, les fidèles paysans de la péninsule septentrionale étaient écrasés par une horrible sentence. Au dix-neuvième, leurs descendants n'ont-ils pas subi une pareille infortune, une sentence de Butler ?

Après leur exécution dans l'Acadie, les Anglais enhardis par l'accroissement de leurs troupes, par l'affaiblissement des nôtres, entreprirent de s'emparer de Québec, et faillirent échouer dans leur tentative. Wolf, leur jeune et courageux général, refoulé dans ses retranchements, battu à Montmorency, éprouva un tel chagrin de sa défaite qu'il en fut malade. Ses officiers lui suggérèrent l'idée d'un autre plan d'attaque qui raviva son espoir.

Dans la nuit du 13 septembre 1759, il gravit la falaise du Saint-Laurent et rangea ses régiments dans la plaine d'Abraham. A la nouvelle de ce mouvement inattendu, Montcalm accourut avec sa généreuse ardeur, engagea le combat, sans vouloir attendre que toutes ses forces fussent réunies.

Dernier suprême combat après une lutte séculaire, au milieu des forêts gigantesques, sur un des plateaux de l'immense région américaine, au-dessus des ondes superbes du Saint-Laurent, dans la silencieuse et solennelle grandeur du nouveau monde, les étendards des deux plus puissants royaumes de l'ancien continent les fusils et les canons de l'Europe, adjoints aux tomahawks et aux flèches de la race indienne ; des artisans et des bourgeois transformés tout à coup en soldats, des cœurs candides animés soudain d'un ardent désir de gloire ; des Achille et des Hector marchant fièrement l'un contre l'autre, fidèles champions de la patrie. Admirable spectacle ! Sublime épopée ! Quel Homère la racontera ?

Les deux généraux tombèrent sur le champ de bataille. Mais Wolf, avant d'expirer, connaissait son triomphe, et Montcalm, le noble, le chevaleresque, l'héroïque Montcalm, apprenait sur son lit de mort la reddition de Québec.

En 1763, le traité de Paris livrait définitivement le Canada aux Anglais, et en même temps nous abandonnions la Louisiane à l'Espagne.

Ainsi, d'un trait de plume, les ministres de Louis XV retranchaient des domaines de la France la plus magnifique conquête de la France. Ainsi, il ne nous restait plus rien de ces possessions transatlantiques, plus vastes que le plus vaste royaume de l'Europe, de ces milliers de lieues de terrain découverts par nos marins, explorés par nos voyageurs, défendus si longtemps par nos soldats, ennoblis par tant d'actes de courage et de dévouement, glorifiés par des Lévi, des Lasalle, des Iberville, des Montcalm, sanctifiés par nos institutions de charité, par nos prêtres et nos religieux, par des trésors de vertus, et arrosés du sang de nos martyrs.

Jusqu'au dernier moment, quelques navires auraient

suffi pour sauver le Canada de l'invasion des Anglais. Montcalm, Vaudreuil sollicitaient instamment des secours Bougainville, l'illustre marin qui remplissait alors à Québec les fonctions de colonel, vint lui-même en France pour représenter aux ministres le péril imminent de notre colonie. Ses efforts furent inutiles. La cour de Versailles ne comprenait point l'importance de cet empire d'Amérique. Il ne nous rapportait rien, et il demandait encore des hommes et des approvisionnements. On aimait mieux l'abandonner. Triste page de notre histoire ! Amère réminiscence !

En 1800, par le traité de Saint-Ildefonse, la Louisiane nous fut rendue, et Napoléon la vendit pour soixante-quinze millions aux États-Unis. « Par cette adjonction, dit-il, les États-Unis s'affermissent et constituent une puissance maritime qui tôt ou tard abaissera l'orgueil de l'Angleterre. »

C'était aussi l'idée du duc de Choiseul que la conquête du Canada serait fatale à l'Angleterre. « Ses colonies américaines, disait-il, sont lasses de son pouvoir. Elles ne lui restent soumises que parce qu'elles en ont besoin pour continuer leur guerre contre le Canada. Quand cette guerre sera finie, elles se soulèveront contre leur souverain. »

Le fait est que dix ans après le traité de Paris, la révolte éclatait à Boston.

Mais que les Anglais, après quelque injuste combinaison, ou quelque guerre cruelle, soient déçus dans leurs ambitieuses espérances, c'est pour leurs adversaires une pauvre consolation.

En ce qui tient au Canada, nous leur en devons une meilleure. Ils ont fait du bien à ce pays qui nous est attaché par tant de liens. Ils ont respecté son caractère national, ses anciennes institutions, ses mœurs, sa religion. En même temps, ils lui ont donné une puissante impulsion.

Quelle différence entre la colonie que nous avons abandonnée au siècle dernier, et celle qui fleurit aujourd'hui dans cette province qu'on appelle le Bas-Canada, qui s'étend du lac Ontario à l'embouchure du Saint-Laurent, de la baie d'Hudson au Nouveau-Brunswick. En 1763, en dehors de la population indienne, on ne comptait là que 65 000 habitants; aujourd'hui, il y en a plus de 600 000. En 1763, on ne voyait sur ce vaste espace que quelques champs cultivés, quelques groupes de maisons, quelques navires. Aujourd'hui tout est là, tout ce qui annonce le mouvement intellectuel : écoles et musées, bibliothèques publiques et académies; tout ce qui est le résultat d'un grand travail agricole et industriel : féconde culture, active exploitation de mines et de forêts, chemins de fer, bateaux à vapeur, chantiers maritimes, villes superbes.

Nos pauvres soldats qui jadis n'avaient là que de chétives palissades en bois, comme ils seraient étonnés, s'ils voyaient aujourd'hui les remparts et les maisons de Québec! Nos saintes sœurs qui s'estimaient heureuses quand elles parvenaient à construire une cabane pour y recueillir les malades, nos prêtres qui disaient la messe sous une tente et suspendaient la cloche de leur chapelle à un arbre, quelle serait leur joie à l'aspect des institutions de bienfaisance et des belles églises édifiées sur un sol si longtemps dénudé !

Il faut l'avouer, quoi qu'il nous en coûte : très-probablement, le Canada ne serait point devenu si prospère, s'il était resté en notre possession. Nous n'avons pas le génie colonisateur. Notre histoire le prouve, et ce qui se passe depuis trente-cinq ans en Algérie semble encore confirmer ce fait.

Telle est pourtant la force des liens de la France, qu'on s'en détache difficilement. L'île Maurice ne peut oublier le temps où elle s'appelait l'Ile-de-France, et le Canada abandonné par notre gouvernement, il y a un siècle, et dès cette époque, très-dignement régi par l'Angleterre, est resté français, essentiellement français, par les souvenirs de cœur, par la langue, par les habitudes, par le caractère..

J'ai eu le bonheur de visiter ce pays, et souvent j'y songe. Je venais de séjourner quelque temps aux États-Unis. Là, n'en déplaise aux apôtres de la démocratie, je n'éprouvais que de pénibles impressions. Il me tardait de quitter ce modèle des républiques. Dès mon arrivée au Canada, je me sentais au contraire le cœur dilaté et réjoui par tout ce que je voyais, et tout ce que j'entendais autour de moi. Je me rappelle mes jours d'étude à Montréal, à Québec, et mes poétiques excursions dans la vallée de Saint-Laurent. Je me rappelle le château du gentilhomme, le cabinet du professeur, le presbytère du curé du village, le foyer du paysan. Avec quelle bonté partout j'étais reçu. On ne s'informait point de mon état, ni de ma fortune. Pour ces fidèles descendants de nos anciens colons, il suffisait que je fusse Français. Au nom de la patrie lointaine, on me tendait la main, on m'accueillait comme un ami.

Si le Canada se souvient ainsi de la terre de ses aïeux, la France aussi se souvient de lui. Nous nous intéressons tout particulièrement à ses progrès, à son bien-être. Nous recherchons avec une avide curiosité tout ce qui a rapport à son histoire, et cette noble, touchante histoire, si nous ne la connaissons point pleinement, ce n'est point faute de documents.

En dehors des États-Unis, cette inépuisable officine de tant d'écrits de toute sorte, il n'est pas une région d'Amérique sur laquelle dans l'espace de trois siècles, on ait tant publié de livres que sur le Canada. D'abord les naïves relations de notre vaillant Jacques Cartier, puis les pieux récits de nos missionnaires, et ceux de nos pionniers ; l'histoire de Lescarbot, et celle de Charlevoix, puis les recherches ethnographiques de Schoolcraft, les mémoires de la Société de Québec, et l'œuvre classique de M. Garneau; ensuite les études des Anglais : Hériot, Mac-Gregor, Buckingham, Murray, Warburton, mistress Jamieson, et les narrations des fantaisistes : *The shoe and canoe*, et les larges volumes illustrés par Bartlett. Je ne parle pas des dissertations politiques, ni des publications officielles.

Mais la plupart de nos anciens ouvrages sur le Canada ne se trouvent plus guère dans les librairies, et il en est qui sont totalement épuisés.

Un habile et patient éditeur, M. Ed. Tross, bien connu des bibliophiles, a eu l'heureuse idée de reproduire quelques-uns de ces livres choisis parmi les plus rares et les plus curieux : la relation du premier et du second voyage de Cartier dont il n'existe plus en Europe qu'un seul exemplaire; le *Grand voyage du pays des Hurons* par le frère Gabriel, Sagard, Théodat; l'*Histoire du Canada* par ce même humble récollet qui était un homme très-lettré et très-instruit; l'*Histoire de la Nouvelle-France* par Marc-Lescarbot.

M. Ed. Tross n'a point voulu faire de cette publication une opération ordinaire de librairie, mais une œuvre d'art typographique et une œuvre vraiment littéraire.

Tous ces volumes, dont le texte a été soigneusement copié et collationné sur les manuscrits et dans les éditions originales devenues rarissimes, ont été imprimés sur un large, fort papier, selon l'ancien mode d'impression, avec leur ancienne orthographe, et leurs lettres ornées, et leurs fleurons. Ils nous offrent ainsi une image fidèle, quoique rajeunie, des volumes qui faisaient la joie de nos pères et que le temps a détruits. De plus, on y trouve des cartes et des notes explicatives.

A l'*Histoire du Canada*, M. Émile Chevalier a joint une notice très-détaillée sur le frère Sagard, sur les Récollets et sur leur mission dans notre colonie d'Amérique. M. Michelant a complété, par de curieux documents, la relation du premier voyage de Cartier, et, en tête de la seconde relation de notre illustre marin, M. d'Avezac a mis une introduction historique et géographique qui est un modèle de sagacité et d'érudition.

Quel bonheur de voir ces bons vieux livres si bien édités, et si bien annotés!

FIN.

TABLE.

I.	La Sibérie orientale et occidentale.................	1
II.	Albert Thorwaldsen............................	31
III.	Une vie de poëte. — Andersen...................	45
IV.	Jean Paul Richter.............................	65
V.	Le prince de Metternich........................	97
VI.	Le Monténégro................................	143
VII.	La Lycie et la Myliade........................	175
VIII.	Ceylan......................................	203
IX.	Un nouveau voyage en Afrique..................	239
X.	Les sources du Nil............................	265
XI.	Lettres sur l'Alabama.........................	289
XII.	Les voyages du général Frémont................	319
XIII.	Les Mormons chez eux........................	335
XIV.	Souvenirs du Canada..........................	395

FIN DE LA TABLE.

Librairie de L. HACHETTE et Cⁱᵉ, boulevard Saint-Germain, n° 77, à Paris.

EXTRAIT DE LA BIBLIOTHÈQUE VARIÉE
FORMAT IN-18 JÉSUS, A 3 FR. 50 CENT. LE VOLUME.

About (Edm.). Causeries. 1 vol. — La Grèce contemporaine. 1 vol. — Le progrès. 1 vol. — Madelon. 1 vol. — Le salon de 1864. 1 vol. — Théâtre impossible. 1 vol. — Le Turco. 1 vol.
Achard (Amédée) Album de voyages. 1 vol.
Ackermann. Contes et poésies. 1 vol.
Arnould (Edm.). Sonnets et poëmes. 1 vol.
Barrau. Histoire de la Révolution française. 1 vol.
Bautain (l'abbé). La belle saison à la campagne. 1 v. — La chrétienne de nos jours. 2 vol. — Le chrétien de nos jours 2 vol. — La religion et la liberté 1 v. — Manuel de philosophie morale. 1 vol. — Idées et plans pour la méditation. 1 vol.
Bellemare (A.). Abd-el-Kader. 1 vol.
Belloy (de). Le chevalier d'Aï. 1 vol. — Légendes fleuries. 1 vol.
Bersot (E.). Mesmer ou le magnétisme animal. 1 v.
Beulé. Phidias, drame antique. 1 vol.
Byron. OEuvres complètes, trad. de Laroche. 4 vol.
Calemard de la Fayette (Ch.). Le poëme des champs. 1 vol.
Caro (E.). Etudes morales. 1 v. — L'idée de Dieu. 1 v.
Castellane (de). Souvenirs de la vie militaire. 1 v.
Cervantès. Don Quichotte. 2 vol.
Charpentier. Les écrivains latins de l'empire 1 v
Chateaubriand. Le génie du christianisme. 1 vol. — Les martyrs. 1 vol. — Atala, René, les Natchez. 1 v
Cherbuliez (V.). Le comte Kostia. 1 vol. — Paule Méré. 1 vol. — Roman d'une honnête femme. 1 vol.
Chevalier (M.). Le Mexique ancien et moderne. 1 v.
Chodzko. Contes slaves. 1 vol.
Crépet (E.). Le trésor épistolaire de la France. 2 v.
Dante. La Divine comédie. trad. par Fiorentino. 1 vol
Dargaud (J.). Marie Stuart. 1 vol. — Voyage aux Alpes. 1 vol. — Voyage en Danemark. 1 vol.
Daumas (E.). Mœurs et coutumes de l'Algérie. 1 v.
Deschanel (Em.). Physiologie des écrivains. 1 vol — Études sur Aristophane. 1 vol.
Duruy (V.). Causeries de voyage; De Paris à Vienne. 1 vol.
Enault (L.). Constantinople et la Turquie. 1 vol.
Ferry (Gabr.). Le coureur des bois. 2 vol. — Costal l'Indien. 1 vol.
Figuier (Louis). Histoire du merveilleux. 4 vol — L'alchimie et les alchimistes. 1 vol. — Les applications nouvelles de la science. 1 vol. — L'année scientifique, 11 années (1856 1866). 11 vol.
Fléchier. Les grands jours d'Auvergne. 1 vol.
Fromentin (Eug.). Dominique. 1 vol.
Garnier (Ad.). Traité des facultés de l'âme. 3 v.
Guizot (F.). Un projet de mariage royal. 1 vol.
Hoëfer. La chimie enseignée par la biographie de ses fondateurs. 1 vol. — Les Saisons. 1 vol.
Houssaye (A.). Le violon de Franjolé. 1 vol. — Histoire du 41ᵉ fauteuil. 1 vol. — Voyages humoristiques. 1 vol.
Hugo (Victor). Notre-Dame de Paris. 2 vol. — Bug-Jargal, Le dernier jour d'un condamné. 1 vol. — Odes et ballades. 1 vol. — Les voix intérieures, Les rayons et les ombres. 1 vol. — Légende des siècles. 1 vol. — Orientales, Feuilles d'automne. Chants du crépuscule. 1 vol. — Théâtre. 4 vol. — Les contemplations. 1 vol. — Le Rhin 3vol. — Mélanges. 2 vol. — Han d'Islande, Discours. 2 vol.
Jouffroy. Cours de droit naturel 2 vol. — Cours d'esthétique. 1 vol. — Mélanges. 2 vol.
Jurien de la Gravière (l'amiral). Souvenirs d'un amiral. 2 vol. — Voyage en Chine. 2 vol. — La marine d'autrefois 1 vol.
La Landelle (G. de). Le tableau de la mer. 2 v.
Lamartine (A. de). Méditations poétiques 2 vol. — Harmonies poétiques 1 vol. — Recueillements poétiques. 1 vol. — Jocelyn. 1 vol. — La chute d'un ange. 1 vol. — Voyage en Orient. 2 vol. — Lectures pour tous. 1 vol.
Lanoye (F. de). Le Niger. 1 vol. — L'Inde contemporaine. 1 vol.
Laugel. Études scientifiques. 1 vol.
La Vallée (J.). Zorga le chasseur. 1 vol.
Lecoq (Henri). La vie des fleurs. 1 vol.

Lindau (R.). Un voyage autour du Japon. 1 vol.
Loiseleur. Les crimes et les peines. 1 vol.
Lucien. OEuvres complètes, tr. par M. Talbot. 2 vol.
Macaulay (lord) OEuvres diverses. 2 vol.
Malherbe. OEuvres poétiques. 1 vol.
Marmier. En Alsace; L'avare et son trésor. 1 vol. — En Amérique et en Europe. 1 v. — Gazida. 1 v. — Hélène et Suzanne. 1 vol. — Un été au bord de la Baltique. 1 vol. — Le roman d'un héritier. 1 vol. — Les fiancés du Spitzberg. 1 vol. — Lettres sur le Nord. 1 vol. — Mémoires d'un orphelin. 1 vol. — Sous les sapins. 1 vol.
Michelet. L'amour. 1 vol. — La femme. 1 vol. — La mer. 1 v. — L'insecte. 1 v. — L'oiseau. 1 v.
Moges (de). Souvenirs d'une ambassade en Chine 1 v.
Molènes (P. de). Caprices d'un régulier. 1 vol.
Monnier. L'Italie est-elle la terre des morts? 1 v.
Mortemart (baron de). La vie élégante. 1 vol.
Moury (Ch. de). Les jeunes ombres. 1 vol.
Nisard (Ch.). Curiosités de l'étymologie française. 1 v.
Nodier (Ch.). Sept châteaux du roi de Bohême. 1 vol.
Nourrisson. Les Pères de l'Église latine. 2 vol.
Ossian. Poëmes gaéliques. 1 vol.
Patin. Études sur les tragiques grecs. 4 vol.
Perrens (F. T.) Jérôme Savonarole. 1 vol.
Pfeiffer (Mme Ida). Voyage d'une femme autour du monde. 1 vol. — Mon second voyage autour du monde. 1 vol. — Voyage à Madagascar. 1 vol.
Pouchkine. Poëmes dramatiques. 1 vol.
Prevost-Paradol. Études sur les moralistes français. 1 vol. — Histoire universelle. 2 vol.
Quatrefages (de). Unité de l'espèce humaine 1 v.
Raymond (X.). Les marines de la France et de l'Angleterre. 1 vol
Renaud. Les pensées tristes. 1 vol.
Rendu (V.). L'intelligence des bêtes. 1 vol.
Roland (Mme) Mémoires. 1 vol.
Roussin (A.). Une campagne au Japon. 1 vol.
Saintine (X.-B.). Picciola. 1 vol. — Seul ! 1 vol. — Le chemin des écoliers. 1 vol. — La mythologie du Rhin. 1 vol.
Sand (George). Jean de la Roche. 1 vol.
Scudo. Critique et littérature musicales. 2 vol. — Le chevalier Sarti, roman musical. 1 vol. — L'année musicale, 3 années (1859-1861). 3 vol.
Sévigné (Mme de). Lettres. 8 vol.
Simon (Jules). Le devoir. 1 vol. — La religion naturelle. 1 vol. — La liberté. 3 vol. — L'ouvrière. 1 v.
Strada (de). Essai d'un ultimum organum, ou considération scientifique de la Méthode. 2 vol.
Taine (H.). Voyage aux Pyrénées. 1 vol. — Essai sur Tite Live. 1 vol. — Nouveaux essais de critique et d'histoire. 1 vol. — La Fontaine et ses fables. 1 vol. — Les philosophes français du xixᵉ siècle. 1 vol.
Théry. Conseils aux mères. 1 vol.
Töpffer (Rod.). Le presbytère. 1 vol. — Nouvelles genevoises. 1 vol. — Rosa et Gertrude. 1 vol. — Réflexions et menus propos. 1 vol.
Trémaux (P.). Origine et transformations de l'homme et des autres êtres. Première partie 1 vol.
Vapereau (Gust.). L'année littéraire, 9 années (1858-1866). 9 vol.
Viardot (L.). Les musées d'Allemagne. 1 vol. — Les musées d'Angleterre, de Belgique, etc. 1 vol. — Les musées d'Espagne. 1 vol. — Les musées de France. 1 vol. — Les musées d'Italie. 1 vol.
Viennet. Fables complètes 1 vol.
Vigneaux. Souvenirs d'un prisonnier de guerre au Mexique. 1 vol.
Vivien de St-Martin. L'année géographique 5 années (1862-1866). 5 vol.
Wallon Vie de N.-S. Jésus-Christ. 1 vol. — La sainte Bible. 2 vol.
Wey (Francis). Dick Moon en France. 1 vol. — La haute Savoie. 1 vol.
Widal. Études sur Homère. 1re partie : Iliade 1 vol.
Zeller (J.). Épisodes dramatiques de l'histoire d'Italie. 1 vol. — L'année historique, 4 années (1859-1862). 4 vol.
Zschokke (H.). Contes suisses, traduits. 1 vol.

www.ingramcontent.com/pod-product-compliance
Lightning Source LLC
Chambersburg PA
CBHW050919230426
43666CB00010B/2242